走進中國
文學殿堂

请您循着中国文学的历史长河，开始我们的文明之旅……

现在，我们把开启文学宫殿之门的钥匙交给您，

并从中品味其品格气节和心路历程吗？

您想与文学家进行思想感情的畅快交流，

中国文学的动人形象、丰富内容和曲折流变由此展开在您面前。

和社会生活的变迁之中。采英撷华，形神兼摄，

将回味无穷的作品欣赏融入文学家的人生起伏、文学流派的兴衰

本书上达远古，下至现世，承袭百代之流，会乎当今之变，

中国文学史源远流长，文人骚客，灿若星辰；名篇佳制，浩如烟海。

走进中国文学殿堂

◎高奇 等编著

山东大学出版社

图书在版编目（CIP）数据

走进中国文学殿堂／高奇编著．—济南：山东大学出版社，2014.7
（中华文明之旅）
ISBN 978-7-5607-5064-4

Ⅰ．①走… Ⅱ．①高… Ⅲ．①中国文学—文学史
Ⅳ．① I209

中国版本图书馆 CIP 数据核字（2014）第 134886 号

中华文明之旅丛书——走进中国文学殿堂

编　著：高　奇　帅　震　吕则丽　昝风华　杨　斌
戚　钧　李爱民　陈力新　张学强　耿爱英

策划编辑：刘旭东
责任编辑：武迎新
美术编辑：牛　钧
版式设计：王　钧

出版发行：山东大学出版社
社址：山东省济南市山大南路20号
邮编：250100
电话：市场部（0531）88364466
经销：山东省新华书店
印刷：山东华鑫天成印刷有限公司
规格：720毫米×1000毫米　1/16　137.75印张　3048千字
版次：2014年7月第1版
印次：2014年7月第1次印刷
定价：480.00元

目录

走进中国文学殿堂

第一章 文学的起源

翻开人类文学艺术发展的历史篇章就会看到，无论古今中外，人们对文学艺术的产生与起源的看法都是经过了很长时间的摸索的。有的认为文艺起源于人们模仿自然的活动，有的认为文艺是在游戏或巫术中产生的，有的则用精神分析法来解释。直到19世纪，一些文艺史家和思想家才提出了文学艺术起源于人类生产劳动的观点，他们认为，最早的文艺作品应该是在人们的劳动过程中产生的，这一说法已得到大量史料的印证，也已为大多数人所接受。中国文学作为世界文学之林中的一株繁茂的大树，同样也曾经存在这一问题，当谜底解开之后，一切都豁然开朗了。

原始祖先的劳动，简单而繁重，在紧张的劳作中，他们常常会发出一种节奏一致的呼喊声，这样不仅可以使动作协调，而且还可以减轻疲劳。《淮南子·道应训》说："今夫举大木者，前呼'邪许'，后亦应之，此举重劝力之歌也。"说的就是这种情况。伴随着手拍足踏的动作、有规律的间歇节奏和渐次发展的语音的介入，原始诗歌产生了。关于这一点，鲁迅在《且介亭杂文·门外文谈》中说得最为贴切："人类是在未有文字之前，就有了创作的，可惜没有人记下，也没有法子记下。我们的祖先的原始人，原是连话也不会说的，为了共同劳作，必须发表意见，才渐渐地练出复杂的声音来。假如那时大家抬木头，都觉得吃力了，却想不到发表。其中有一个叫道‘杭育杭育’，那么，这就是创作。大家也要佩服，应用的，这也就等于出版；倘若用什么记号留存下来，这就是文学；他当然就是作家，也就是文学家，是‘杭育杭育’派。”

中国文学的源头就是这些音调简单、语句单纯的原始诗歌。这种原始艺术最初的形态，还不是纯粹的文学作品，而是以歌、乐、舞合一的形式出现的；而且在还没有出现文字之前，原始诗歌是原始人类口耳相传的口头创作。

一、原始歌谣

我们已经知道，原始口头文学是中国文学的起点。这种原始诗歌创作是与劳动密切相关的，人们在诗歌中表现劳动生活，表达理想和愿望。现在所见的保存在古籍中比较原始的诗歌有《弹歌》和《伊耆氏蜡辞》，不仅情调古朴，而且从思想和表现上都接近于原始状态，可确信为原始诗歌。

《弹歌》保存在《吴越春秋》中，全诗如下：

断竹，续竹；飞土，逐宍。

射鸟　汉代石刻

诗里讲的是人们伐竹、接竹，制造工具，然后打出弹丸，追逐野兽的狩猎生活。这首小诗节奏鲜明，词句质朴，寥寥八个字就活现出紧张有序、斗志昂扬的追猎场面，从中可以感受到一种从劳动中迸发出来的激情和对劳动工具的赞美之情。

《伊耆氏蜡辞》保存在《礼记·郊特牲》中，全诗如下：

土，反其宅！水，归其壑！昆虫，勿作！草木，归其泽！

这是一首祝祷词，诗中用近乎命令的口气对天祷祝：

狩猎　内蒙古岩刻

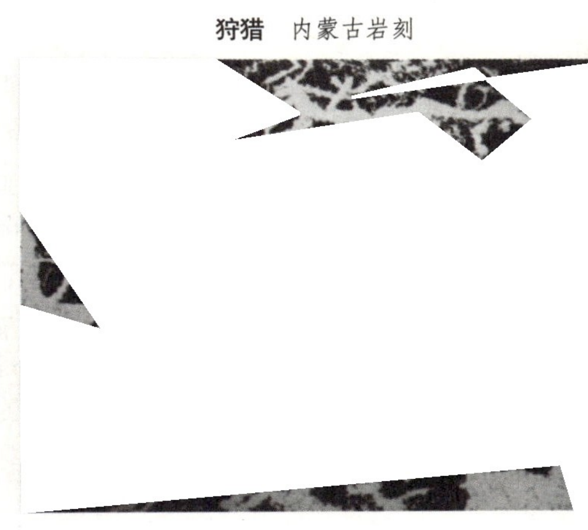

土啊，快返回你的原地！
水啊，快流归你的沟壑！
昆虫千万不要兴起！
野草灌木快长到你的山泽去！

原始人类认识和适应自然的能力还很低，在这篇祷词里就能明显地感觉到，人类企图控制自然的愿望是多么强烈！从中我们也可以看到原始先民面对的自然是什么样子：洪水泛滥，昆虫猖獗，野草丛生……在这种恶劣的自然环境中，人们总是希望周围的世界可以随着自己的意志而改变。他们的这些幻想和意愿

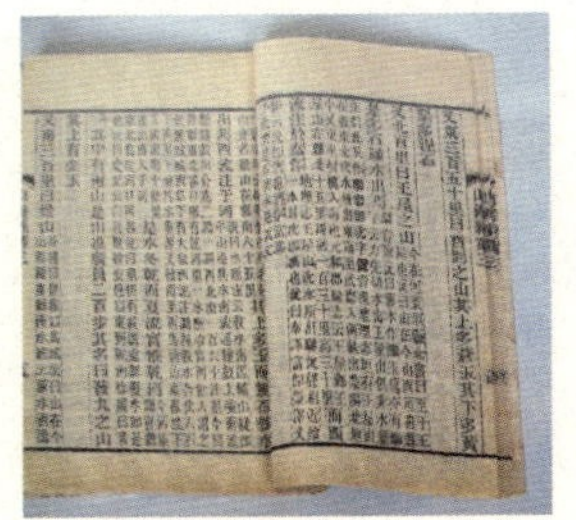
《山海经》书影

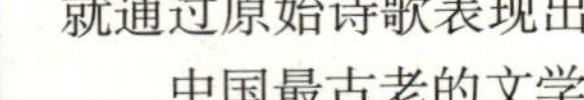

就通过原始诗歌表现出来。

中国最古老的文学形式是诗歌，这些存留下来的原始古拙的诗歌就是文学最初的样子，其价值绝不可低估。原始人类在简单重复的劳作中，创作出一种反复呼喊、高低间歇的调子，成为诗歌最初的节奏模式；兼之以手拍足踏的动作辅助，不仅将诗、乐、舞合一，而且在相当程度上推动了人们语言思维的发展。

盘古像

二、古代神话传说

洪荒时代，原始先民在荆棘密布、野兽横行的大自然中艰难地生存，对于大自然的风雨雷电、日出月落等现象充满了迷茫和恐惧。人类的幼年时期，对自然界和社会生活种种现象还无法作出科学合理的解释。于是远古人就通过虚幻的想象或口头加工来反映人类战胜自然的愿望，这种不自觉的艺术创作就是神话传说。

刑天

中国古代神话传说很丰富，但佚失很多，被保存记录下来的只散见于《庄子》、《列子》、《淮南子》、《山海经》等古籍中，其中尤以《山海经》为最多，也较接近当时的文本原貌。古代神话传说按内容大体上分为三类：一为创世神话。如盘古开天、女娲造人的故事，反映了先民对于宇宙开辟和人类起源的探索和想象。二为自然神话，如精卫填海、女娲补天、夸父逐日等。这些神话故事多描写动人的自然神形象，表现了先民试图征服自然（海洋、天地、太阳等）的愿望和决心。其中的自然神以无畏无私的伟大慈爱保护人类。这种敢于与天地奋战的大气魄永远感召着后人。三为英雄神话。如鲧禹治水、后羿射日、黄

嫦娥奔月 战国帛画局部

羿射十日图

帝杀蚩尤、共工颛顼之战、刑天舞干戚等故事，主人公都是些无所畏惧、坚定执著的英雄神，他们的行为充盈着浩然之气。这其中也有被神化了的人的形象，反映了原始社会后期部落之间的战斗。

古老的神话传说因其神奇浪漫的色彩和其中流动着的不息的变革命运的创造力，对后世产生了深远的影响。历代作家从中吸取养料，诱发了他们瑰丽的艺术灵感和奔放的创作热情，抒写出许多美丽动人的篇章。更重要的是，神话传说中所流淌出的敢于与自然和现实作斗争的精神和追求美好生活的强烈愿望，始终激励着人们奋发向上。

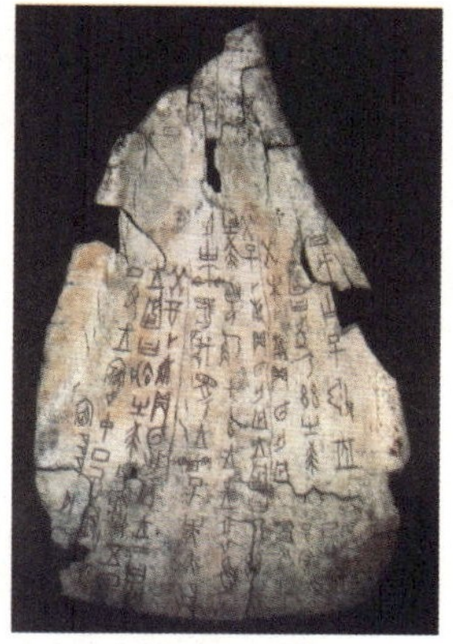
祭祀狩猎涂朱牛骨刻辞

三、殷周散文

散文是与文字一同产生的，这是因为文字的产生本身即带有某种实用性，它总是要记载某些事，表达某种意思。现在发现最早的文字是殷商甲骨文，而其所记述的那些卜辞就可视为古代散文的萌芽。

19世纪末，河南安阳小屯村先后出土了10多万片殷商时期刻有文字的龟甲和兽骨。在这些占卜用的甲骨上，可以看到汉字在商末业已成熟，而且当时人们运用书面语言已达到了相当的水平。比较完整的甲骨卜辞显示了人们在观察思考、记载事件的同时，还有了比较明确的时空观念、朴素简洁的形式美追求以及叙述事件的情节性要求。如：

毛公鼎

> 癸卯卜，今日雨？其自西来雨？其自东来雨？其自北来雨？其自南来雨？

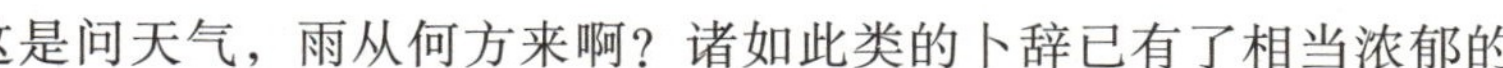

这是问天气，雨从何方来啊？诸如此类的卜辞已有了相当浓郁的文趣，而且有了一定的节奏美。甲骨卜辞虽是殷商时人们迷信鬼神占卜时用于记载的特殊的应用文字，却可视为古代散文的雏形。

有关殷商的文字记述还有刻于青铜器上的铭文，又称“金文”，多是颂功显荣的颂扬文字，铭文也较简单，少者一二字，多者四五十字。至西周时，铜器铭文篇幅加长了，大多在百字以上，如西周末的毛公鼎，铭文已长达498字；铭文内容也更为细致丰富，除了赏赐记功之外，还记述土地交

毛公鼎铭文

易、地界堪定等；另外，一些重大历史事件也有所反映。这些铭文很少修辞，多用四字句，有的还具有浓厚的文学趣味。

《易经》中的卦爻辞也可看作古代散文的萌芽之一，其六十四卦，每卦有“卦辞”，每爻有“爻辞”，皆是判断吉凶祸福的卜筮短文。这些短文涉及畜牧生产、爱情婚姻、宗教祭祀、刑罚诉讼、自然灾害等内容，广泛反映了殷末周初的社会生活。有些卦爻辞内容已有了一定的中心和层次，文句生动，情感细腻，善用比喻叙事抒情来判断吉凶。如《坤卦·上六》：“龙战于野，其血玄黄。”《屯卦·上六》：“乘马班如，泣血涟如。”前者比喻战争双方均受重创，后者则将一幅血泪斑斑的抢亲图呈现于人们面前。

如果说甲骨卜辞、铜器铭文和《易经》卦爻辞还是散文的滥觞的话，那么真正标志殷周散文成就、真正意义上的古代散文的开端是保留至今的殷周历史文告汇编《尚书》。

《尚书》又称《书》，原指“上古之书”，分虞、夏、商、周四书，书中记录了四代的典（史实记载）、谟（君臣谋略）、训（臣谏君之言）、诰（君勉臣之语）、誓（誓辞）、命（君对臣之训诫），文辞简约，语言古拙朴质，有叙有议，初步形成了比较完整的篇章结构，能集中表达一个思想，记叙一个完整的事件，是中国古代散文形成的一个标志。如《商书》中的《盘庚》篇，是对商王盘庚迁殷的史实记载，可以看作盘庚决定迁都前对百官及庶民的一篇动员讲话。这篇演说辞中心明确、语言生动、感情饱满，从中可以看到一位果敢威严的君主形象。其中的一些句子沿用至今，如“若网在纲，有条而不紊”、“若火之燎于原”等，比喻贴切，增强了文章的生动性和说服力。

《尚书》整体语言艰涩，古人以为“周诰殷盘，佶屈聱牙”（韩愈语），但其文以叙事为主、善用比喻等风范，为以后散文创作奠定了基础。此外，六种体例也成为古代散文体式的早期形态。

第二章 文学的奠基

春秋、战国是西周灭亡、平王东迁后所分出的两个历史时期，又称东周，前后近550年之久。由于铁器和牛耕的使用和推广，生产力发展很快，兼之“初税亩”承认了土地私有制的合法性，诸侯大夫因拥有私田而势力壮大，王室因之衰微，齐桓公、晋文公、秦穆公、宋襄公、楚庄王相继称霸。之后，随着兼并战争的扩大，世卿大夫开始夺取瓜分诸侯国的统治权，历史进入了七雄争霸的战国时代。这个时代的农业、手工业和商业空前发展，各国竞相革新变法，扩张自己的经济和政治势力。这是一个新旧交替的动乱时代，如何结束割据而一统，如何建立新制度适应新形势，是摆在人们面前的大问题。

顺应时代的需要，社会上涌现出了一大批杰出的人物，他们中有哲学家、政治家、法学家、军事家、科学家、文学家等。班固在《汉书·艺文志》中将其概括为“九流十家”，即儒、道、阴阳、法、名、墨、纵横、杂、农家，外加小说家。战国各诸侯国养士之风大盛，齐、赵、楚等君主的门下食客数千。士阶层为了宣传推行自己的政治主张，纷纷投靠君主，各执一词，相互论争，当时思想学术气氛活跃，出现了中国历史上有名的“百家争鸣”的局面。

春秋战国是散文勃兴的时代。诸子百家著书立说，产生了《老子》、《论语》、《孙子》、《墨子》、《孟子》、《庄子》、《荀子》、《韩非子》、《列子》等诸子散文，他们阐述了各自的思想主张，文风上也呈现出不同的个性风格，语言艺术技巧也已相当成熟，篇幅上经历了从只言片语到对话体再到鸿篇巨制的发展过程，为后世论说散文的体制定型奠定了基础。春秋战国时期社会变动激烈，这为史官提供了丰富的素材，历史散文得到了长足发展，出现了《春秋》、《左传》、《国语》、《战国策》等史学著作，它们不仅有极高的史学价值，同时又有很高的文学价值，无论在体制、叙事还是在文辞方面都颇具特色，成为后世历史散文创作的典范。

《诗经》作为一部主要反映西周初至春秋中叶社会生活画卷的伟大作品，在抒情言志、风雅精神、比兴手法，乃至体裁结构、语言艺术等方面为后世诗歌创作奠定了基础，成为中国诗歌的光辉起点。此后的楚辞对《诗经》既有继承，又有超越，以其浓郁的地域文化特色、独特的艺术构思、炽热的爱国激情，与《诗经》双峰并峙，对中国文学史产生了广泛而深远的影响。

一、《诗经》：中国诗歌的起点

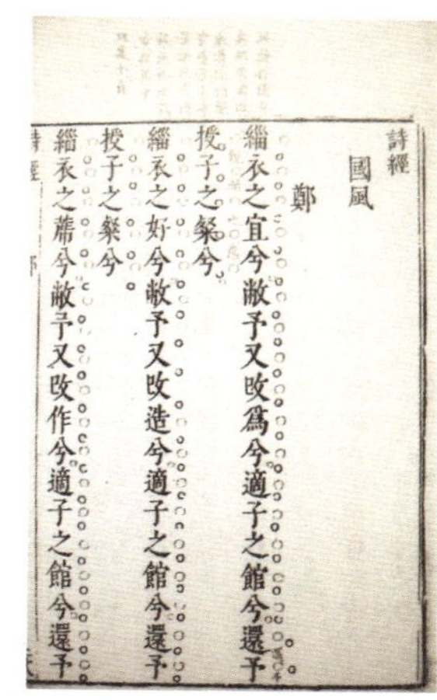
詩經
國風
鄭
緇衣之宜兮敝予又改爲兮適子之館兮還予
授子之粲兮
緇衣之好兮敝予又改造兮適子之館兮還予
授子之粲兮
緇衣之蓆兮敝予又改作兮適子之館兮還予

《诗经》 明三色套印本

《诗经》是中国第一部诗歌总集，主要收录了西周初年至春秋中叶五百多年间的诗歌305篇（另有6篇有目无辞的“笙诗”不计在内）。《诗经》原称《诗》或《诗三百》，至汉代被官方推尊为儒家经典，所以又称为《诗经》。依据音乐的不同，《诗经》可分为风、雅、颂三部分。“风”指音乐曲调，《诗经》有十五“国风”，即十五个国家和地区的乐歌，共160篇；“雅”是正统的朝廷音乐，又分为《大雅》和《小雅》，共105篇；“颂”是专门用于宗庙祭祀的乐曲，包括《周颂》、《鲁颂》和《商颂》，共40篇。《诗经》是经过多人之手采集整理而成的，最后编定成书大约是在公元前6世纪。

姜嫄弃弃 清印本

《诗经》是一轴囊括周代社会方方面面的巨幅画卷。其中有一部分是祭祀诗，它们除祭祀、歌颂祖先外，有些还叙述了部族产生和发展的历史，如《生民》、《公刘》、《绵》、《皇矣》、《大明》五篇作品便赞颂了后稷、公刘等先公先王的德业，并反映了西周的开国史。《生民》一诗尤为精彩，它是献给周族祖先后稷（又叫弃）的颂歌。诗中说有个叫姜嫄的女子，偶尔踩到了天帝的大脚趾印而受孕，生下一个男孩。姜嫄以为不祥，先后把他抛弃到窄巷里、树林中、寒冰上，但这个孩子命大造化大，每次都能逢凶化吉，连牛羊都来给他喂奶，鸟儿也张开翅膀保护他。此人长大还是个种庄稼的能手，他种瓜得瓜，种豆得豆，除杂草，播良种，祭鬼神，祈丰年，禾苗茁壮成长，自己也成家立业，子孙兴旺，成为周族的始祖。

《诗经》中还有许多描写农业生产和生活以及相关活动的农事诗。如《周颂·丰年》写周人喜获丰收，酿造美酒祭祀祖先；《周颂·载芟》写王室公田的春耕大忙，使人如临其境。农事诗中最优秀的作品当推《豳风·七月》，此诗以时令为序，详尽切实地描述了农夫一年到头的劳作过程和生活状况。他们从春到夏，从秋到冬，从早到晚，无休无止地从事耕种、收割、采桑、养蚕、织布、裁衣、打猎、盖屋、凿冰、造酒等各种繁杂劳动，到头来却仍然衣食无着，不得不堵门窗孔隙来御寒，吞苦菜叶

《豳风·七月》插图 宋·马和之

来充饥。全诗以风俗景物描写穿插其间，情景相映，真切感人。

周代战争频仍，徭役繁多，战争和徭役诗在《诗经》中也占有相当大的比重。其中有些战争诗是属于正面歌颂型的，对天子、诸侯的武功表示赞美，充满昂扬斗志和乐观自豪精神，如《大雅·常武》、《秦风·无衣》等。但更多战争诗表现的是对战争的厌倦和对和平的向往，情调忧郁感伤。如《豳风·东山》表达了一位出征多年的士兵战后还乡的哀思。他离家远征，旷日持久，在一个阴雨蒙蒙的日子，他终于踏上回乡之路了，不禁浮想联翩，百感交集。他一边庆幸自己死里逃生，一边又担心往日家园可能已经荒芜破败，还遥想自己的结发之妻是怎样独守空房，寂寞凄凉，日日翘首盼夫归，并由此回忆起当年新婚时她是如何仪态万方，不知如今又成怎生模样？全诗以细腻的笔触，刻画了征人复杂的内心世界，展示了战争和兵役带给人们的创伤。《诗经》中的徭役诗倾吐了服役者的强烈不满。如《唐风·鸨羽》写差役侵夺农时，致使田园荒芜，老年人失去奉养，人民怨愤至极而发出“悠悠苍天，曷其有极”的哀呼；《小雅·何草不黄》写征役不息，征夫被统治者像禽兽一般役使，憔悴愁怨之情状浮现于字里行间。一些诗篇还以战争、徭役为背景，唱出了夫妻离散的思妇心曲。如《卫风·伯兮》写良人远征，玉人独居，失去了悦己者，以致不思膏沐，首如飞蓬；《王风·君子于役》写黄昏时分，牛羊回栏，鸡禽归栖，而闺中人日思夜梦的夫君却久久不归，不觉相思难耐。这些思妇的哀戚痛苦颇能打动人心。

反映丧乱、针砭时政的怨刺诗是《诗经》的又一重要组成部分，这些被后人称为“变风”、“变雅”的诗歌是政治腐朽、社会黑暗的产物。如《大雅·桑柔》写周室衰微，祸乱丛生，君王昏庸，奸臣当道，人民陷于水深火热之中。《小雅·正月》的作者痛感形势险恶，前途惨淡，而满朝文武只知醉生梦死，不恤国事，自己报国无门，忧心如焚，只能哀叹生不逢时。《小雅·节南山》抨击奸臣横行霸道，欺君罔民，以致天怒人怨，祸乱迭起。而在《魏风·硕鼠》中，劳动者更发出了愤怒的呐喊：

> 硕鼠硕鼠，无食我黍。三岁贯女，莫我肯顾。逝将去女，适彼乐土。乐土乐土，爰得我所。
>
> 硕鼠硕鼠，无食我麦。三岁贯女，莫我肯德。逝将去女，适彼乐国。乐国乐国，爰得我直。
>
> 硕鼠硕鼠，无食我苗。三岁贯女，莫我肯劳。逝将去女，适彼乐郊。乐郊乐郊，谁之永号？

东周魏国的农奴把统治者比作贪得无厌的大老鼠，企盼能够跳出牢笼，寻找到自己理想的乐土以重建家园，安居乐业。《魏风 · 伐檀》则是伐木工匠鞭挞尸位素餐者的不平之鸣。

反映婚姻爱情生活的诗歌是《诗经》中最精彩动人的篇章。这些作品主要集中在“国风”部分。其中的情诗广泛展示了当时青年男女爱情生活中的喜怒哀乐、音容笑貌。如《周南 · 关雎》歌唱了男女之间的相悦之情、相思之意：

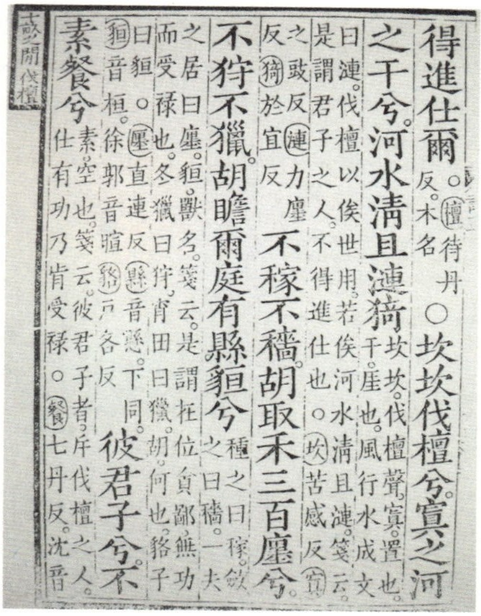

关关雎鸠，在河之洲。窈窕淑女，君子好逑。
参差荇菜，左右流之。窈窕淑女，寤寐求之。
求之不得，寤寐思服。悠哉悠哉，辗转反侧。
参差荇菜，左右采之。窈窕淑女，琴瑟友之。
参差荇菜，左右芼之。窈窕淑女，钟鼓乐之。

《伐檀》之一页

在一处鸟语花香的江中小洲上，一个多情善感的贵族青年遇上了一位漂亮灵巧的采荇女，于是一见钟情，朝思暮想，希望能与女子永结琴瑟之好。此诗坦诚真切地表达了青年人对爱情的渴慕和追求，其中“窈窕淑女，君子好逑”一句已成为千古名言。再如《邶风 · 静女》描写了恋爱双方幽期密约的情景：

静女其姝，俟我于城隅。爱而不见，搔首踟蹰。
静女其娈，贻我彤管。彤管有炜，说怿女美。
自牧归荑，洵美且异。匪女之为美，美人之贻。

一对恋人相约在城台幽会，不知为何姑娘久久没有露面，把小伙子急得搔着头皮直打转转。他的意中人终于姗姗而至了，并且还拿彤管、白茅赠给他，而小伙子对这普通的小礼物竟然珍惜玩摩，爱不释手，原来他是爱屋及乌了。诗中主人公的恋爱心理表现得颇为细腻真挚。《郑风 · 子衿》则写女子对情郎的思念：

青青子衿，悠悠我心。纵我不往，子宁不嗣音？
青青子佩，悠悠我思。纵我不往，子宁不来？
挑兮达兮，在城阙兮。一日不见，如三月兮！

由盼到怨，登城远眺，徘徊不安，竟觉得一天如同数月那样长。而《王风·采葛》中“一日不见，如三秋兮”的咏叹，则更真挚缠绵地表达出了一腔相思之苦。恋爱中人难免有些磕磕碰碰，《郑风·狡童》便是写一对情侣闹别扭，小伙子故意不跟姑娘说话，也不与她一块吃饭，弄得对方寝食不安。《鄘风·柏舟》则是一篇爱情受挫者的坚贞誓言：

> 泛彼柏舟，在彼中河。髧彼两髦，实维我仪。之死矢靡它！母也天只，不谅人只！
>
> 泛彼柏舟，在彼河侧。髧彼两髦，实维我特。之死矢靡慝！母也天只，不谅人只！

主人公誓死捍卫自己的爱情，她怨母呼天的喊声至今仍然回响在人们的耳畔。

《诗经》中那些反映婚姻生活的作品，很多表现了妇女的不幸。如《邶风·谷风》写一位勤劳善良的民女由于丈夫变心而遭到欺凌和抛弃，于是对那位过河拆桥、“但见新人笑，哪闻旧人哭”的负心汉发出了血泪控诉。《卫风·氓》叙写了一个女子从恋爱到结婚再到被弃的痛苦经历，客观上挞伐了当时男尊女卑的婚姻制度。这两首诗成为《诗经》弃妇诗的代表作。

《诗经》不仅广泛而深刻地反映了当时的社会现实，而且也表现出高度的艺术成就。《诗经》艺术特征的一个重要标志是对赋、比、兴表现手法的运用。“赋”是对事件、景物和人物的直接描述，如《七月》叙述农夫一年四季的生活情状就是用赋法。“比”是利用事物作比喻，以便具体形象地讲道理，说感受，如《氓》以桑树由枝繁叶茂到枝枯叶落比喻女主人公由年轻貌美到年老色衰的变化，并暗示出夫妻感情的由热转冷。《诗经》中的很多精彩比喻至今仍然流传在人们中间，如“有女如玉”、“巧言如簧”、“其甘如荠”、“它山之石，可以攻玉”，等等。“兴”是触物兴词，借用与所述事件或所抒情感有着密切关联的景物、事物来引起诗人歌唱，大多是用在诗歌的发端。比和兴都是通过联想、想象寄寓思想感情于形象之中的艺术手法，所以后世往往将二者合称。《诗经》中运用比兴手法最为成功的篇章已经创造出了情景交融、物我相谐的艺术境界。如《秦风·蒹葭》：

> 蒹葭苍苍，白露为霜。所谓伊人，在水一方。溯洄从之，道阻且长。溯游从之，宛在水中央。
>
> 蒹葭凄凄，白露未晞。所谓伊人，在水之湄。溯洄从之，道阻且跻。溯游从之，宛在水中坻。

　　蒹葭采采，白露未已。所谓伊人，在水之涘。溯洄从之，道阻且右。溯游从之，宛在水中沚。

《小雅·采薇》插图　宋·马和之

霜重芦苇、秋色苍凉的环境氛围，正是诗中主人公爱心不遂、愁情难了之心境的外化，此诗情景相映，虚实相生，已成千古绝唱。再如《小雅·采薇》的末章：

　　昔我往矣，杨柳依依。今我来思，雨雪霏霏。行道迟迟，载渴载饥。我心伤悲，莫知我哀！

诗人融情于景，把征夫久役得归既悲且喜的心理刻画得生动而又真切。这种艺术境界对后世诗歌意境的创造有直接的启发作用。

此外，描写具体生活并抒发切身感受的现实主义创作方法、重章叠句的章法、四言为主的句式、朴素简洁的语言风格等也都是《诗经》艺术成就的重要方面。

《诗经》在中国文学史上具有崇高的地位和深远的影响。《诗经》是中国诗歌的光辉起点，两千多年来一直源源不绝地为中国诗歌的发展提供着丰富养料。《诗经》中无论是“饥者歌其食，劳者歌其事”的民间诗，还是悯时伤政、忧国忧民的文人讽喻诗，都表现出关心现实和参与政治的热情、强烈的道德意识、积极的人生态度，这些被后人概括为“风雅”精神，立为诗歌思想内容的重要标准。《诗经》的表现手法，特别是比兴，则愈传愈新，愈用愈妙，成为中国古代诗歌独有的传统，并由此形成了古诗含蓄蕴藉、韵味无穷的艺术特色。借用《周南·桃夭》中的一句话：“桃之夭夭，灼灼其华。”《诗经》作为中国文学园圃中的东风第一枝，引来了“百花齐放春满园”的无边春色。

二、诸子散文

春秋战国时代的诸子散文，可谓风格多样，异彩纷呈，不仅阐发出了深刻的哲理，表现出了对社会历史与人生极富理性化的思考，更重要的是，它们在散文发展史上有着重要的意义和深远的影响，留下

孔子看不惯礼崩乐坏的局面，于是退修诗书　明《圣迹之图》

了光辉灿烂的一笔。

《论语》是一部语录体散文著作，共20章，主要记述了孔子及其弟子的言行，集中体现了孔子的“仁”与“礼”的思想。孔子说“克己复礼为仁”，为达到“仁”的目的，要重视礼乐的作用。作为散文作品而言，《论语》虽文辞简古，多记口语，却也使人物神情自现，富于形象性。它首先描绘出一位恭谨端正、平易温和的至圣先师——孔子的生动形象。他“饭疏食饮水，曲肱而枕之，乐亦在其中矣。不义而富且贵，于我如浮云”（《述而》），清高自洁；他执生病的伯牛之手感慨“斯人而有斯疾也”（《雍也》），善良多感；他在齐闻《韶》乐，而“三月不知肉味”，本性率真；他痛斥“乡愿，德之贼也”（《阳货》），嫉恶如仇；他不正面回答季路的疑问，只说“未知生，焉知死”（《先进》），又严肃谨慎；他与学生一起讨论兴趣志向，循循善诱，平易温和，真是一位形象饱满的师长啊！《论语》言简意赅，语言朴素隽永，富有哲理和情感色彩，其中许多短句如“三人行，必有我师焉”，“学而不思则罔，思而不学则怠”，“人无远虑，必有近忧”，“三军可夺帅也，匹夫不可夺志也”等，至今仍传为格言警句。总之，《论语》在语言和风格方面的特点，代表了诸子散文早期的风貌。

孔子像　宋·马远

《墨子》是记载墨翟及其门人言论的著作，全书共53篇，阐明了墨子“尚贤”、“兼爱”、“非攻”、“节用”等政治主张，语言流畅，说理明晰，虽稍逊文采，却有极强的逻辑感。他论述一个问题往往由小到大，分层展开，用许多事例，层层推进，文章结构完整，富有说服力。如《公输》篇，墨子阻止楚攻宋。面对公输盘和楚王的诘难，墨子从容不迫地由一些浅显的事例作譬喻，向对方发问，尔后顺手牵羊将对方的言辞作为论据，从而轻松取胜。即使我们今天来读这些论辩之辞，也不禁为之击节叫好！《墨子》虽也以记言为主，但已带有论说文长篇议论的色彩，于语录体的《论语》又有了长足的进步。

墨子像

《孟子》则富于雄辩。孟子直接继承了孔子“仁义”学说，并将其应用到政治生活中去，提出“仁政”、“王道”等治国思想，但其行

文风范已较《论语》进了一大步。一则文章形式已渐由语录体发展为对话式论辩文章，少则几十字，长则上千字；二则《孟子》一书气势充畅，辞采丰赡，论辩中善用比喻和寓言，感情强烈，引人入胜，极富说服力和鼓动性。孟子说“我善养吾浩然之气”，正是这种充沛的内心情感和个性气质常常使他以居高临下的架式迎接论辩，使其文章充满了理直气壮、酣畅淋漓的气势。如《梁惠王上》“齐桓晋文之事”章，孟子将齐宣王想要谈论的“霸道”渐渐引到“王道”上来，在肯定齐王有“仁心”的前提下才开始正面阐述自己的主张，这种迂回包围、层层设问的方式在这一名篇中体现得尤为明显。

孟子像

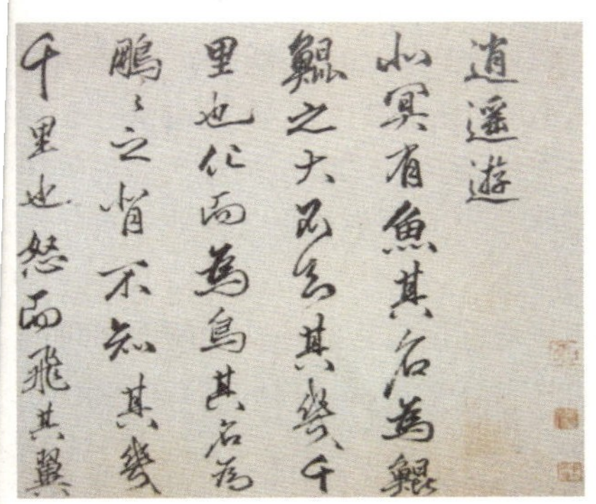

逍遥游 明

《庄子》在诸子散文中艺术成就最高，鲁迅评论说：“汪洋辟阖，仪态万方，晚周诸子之作，莫能先也。”（《汉文学史纲要》）庄子追求一种超脱于世俗之外的绝对的精神自由，这种追求是以奇幻的想象、生动的比喻和极富情节性的寓言故事来实现的。《庄子》“十余万言，大抵率寓言也”（《史记》）。这些寓言是一种神话式的幻想故事，大多由庄子自创，如鲲化为鹏、蜩与学鸠、坎井之蛙、庖丁解牛等，万事万物，上天入地，江河湖海，飞禽走兽，无不集拢于笔端，成为描写对象，而且这些形象神乎其神，怪异谐趣，令人叹为观止。打开《庄子》，这个奇幻诡谲、色彩斑斓的艺术境界便呈现在我们面前，令人目不暇接。这是一个前所未有的艺术世界，岂是几百字所能尽言？

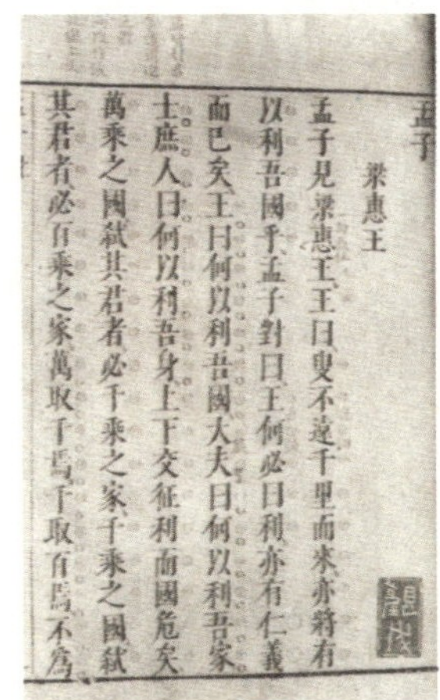

孟子

梁惠王

孟子見梁惠王王曰叟不遠千里而來亦將有
以利吾國乎孟子對曰王何必曰利亦有仁義
而已矣王曰何以利吾國大夫曰何以利吾家
士庶人曰何以利吾身上下交征利而國危矣
萬乘之國弑其君者必千乘之家千乘之國弑
其君者必百乘之家萬取千焉千取百焉不為

《孟子》书影

《荀子》是一部论文集，且主要是长篇专题学术论文，大多为荀子自著，小部分由门徒记录整理而成。《荀子》体现了荀子的思想，即在继承孔子儒学的同时，又批判吸收了当时法、道、名、墨名家学说，并且还完善了论说文的体制。《荀子》中的论文大都写得论点明确，说理透辟，结构严谨，语言质朴简洁，多用比喻论述观点，排比而出，文章显得气势宏伟，文采焕然。如耳熟能详的《劝学》篇中论述学习态度的一段文字：

庄子像

积土成山，风雨兴焉；积水成渊，蛟龙生焉；积善成德，而神明自得，圣心备焉。故不积跬步，无以致千里；不积小流，无以成江海。骐骥一跃，不能十步；驽马十驾，功在不舍。锲而舍

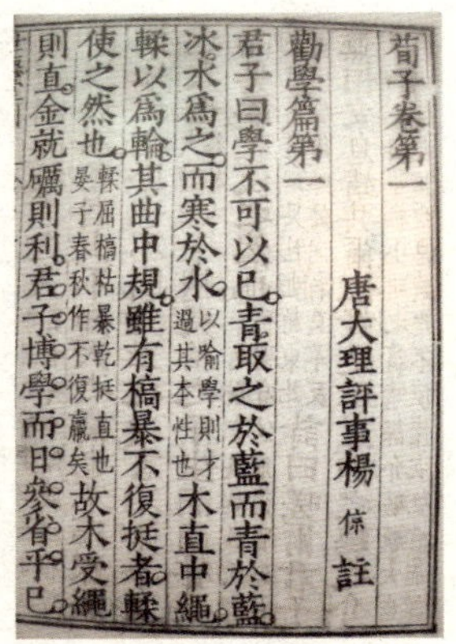
荀子卷第一　唐大理評事楊倞註
勸學篇第一
君子曰學不可以已青取之於藍而青於藍
冰水爲之而寒於水以喻學則才過其本性也木直中繩
輮以爲輪其曲中規雖有槁暴不復挺者輮
使之然也輮屈槁枯暴乾挺直也晏子春秋作不復贏矣故木受繩
則直金就礪則利君子博學而日參省乎已

《荀子》 明嘉靖刻本

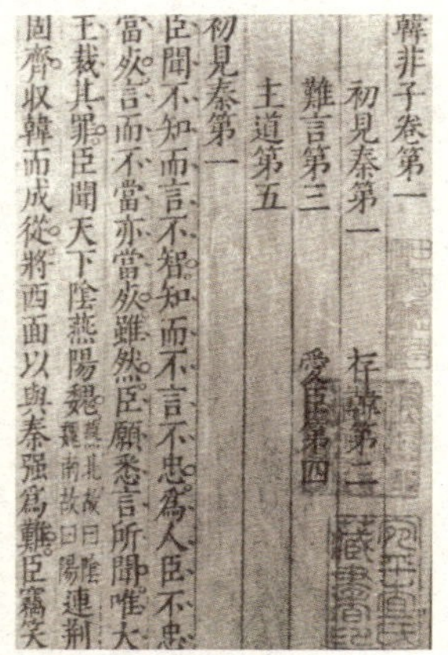
韓非子卷第一
初見秦第一　存韓第二
難言第三　愛臣第四
主道第五
初見秦第一
臣聞不知而言不智知而不言不忠爲人臣不忠
當死言而不當亦當死雖然臣願悉言所聞唯大
王裁其罪臣聞天下陰燕陽魏燕北故曰陰魏南故曰陽連荊
固齊收韓而成從將西面以與秦強爲難臣竊笑

《韩非子》书影

之，朽木不折；锲而不舍，金石可镂。

这一段用一连串比喻说明了学习中应注意积累、锲而不舍的道理。想象丰富，气势连贯，文句流畅，音调铿锵，读来朗朗上口。第一个以“赋”名篇的作品《赋》篇也出现在《荀子》中。这五篇小赋借物咏志，开汉代咏物赋之先河，在文学史上有重要地位。

《韩非子》是战国末期法家集大成者韩非的一部论文集，共55篇。作者渊博的学识、严谨的思维和细密的观察在书中均有所体现。韩非文章结构严密，条理清晰，逻辑性强。如《亡徵》篇中，作者一连举出了亡国的47种征象，且都与当时的政治问题相关联，极有见地。包括文章的标题也能看出作者分析总结的能力，如《二柄》、《三守》、《五蠹》、《六征》、《十过》等等，无不条分缕析，高度概括。《韩非子》还创造出大量生动形象的寓言，如“守株待兔”、“郑人买履”、“买椟还珠”等，这些寓言故事情节生动幽默，发人深省。至《韩非子》先秦诸子散文已发展到论说文的成熟阶段。

最后，值得一提的是，先秦诸子普遍用寓言故事作为阐明事理的论据，不仅使论述更加生动具体，而且寓意丰富，具有高度的文学价值。

三、历史散文

中国很早就有以文字记录的历史著作。据《汉书·艺文志》记载，古代史官分工记录帝王言行：“左史记言，右史记事，事为‘春秋’，言为‘尚书’。”《尚书》和《春秋》分别是中国的记言和叙事文之祖，而《左传》、《国语》、《战国策》等历史著作的出现，则标志着古代叙事散文的成熟。

《春秋》是经过孔子修订的鲁国编年史，它记载了鲁隐公元年（前722）至鲁哀公十四年（前481）发生在鲁国、周王室及其他诸侯国（主要是鲁国）中的重大事件。《春秋》的基本精神是维护周礼，讲究社会伦理秩序。《春秋》记事极为简略，是一种大纲式的叙述，好似有骨而无肉，然而其行文却简而有法，不仅语言精练严谨，还在记事中暗寓褒贬之意。例如，仅就杀人而言，《春秋》中就有多种不同的说法，杀有罪者为“诛”，杀无罪之人为“杀”，臣杀君、子杀父母称“弑”。所谓“一字褒贬”、“皮里春秋”（或“皮里阳秋”）即是指这种微言大义的“春秋笔法”。

《左传》与《公羊传》、《穀梁传》合称《春秋三传》，旧说认为它们都是配合《春秋》的解经之作，因而得名。其中《公羊传》、《穀梁

传》以阐释《春秋》的微言大义为主，文体近于史论，而《左传》实质上是一部独立的史书，解释《春秋》“笔法”的话很少。《左传》是《春秋左氏传》的简称，又名《左氏春秋》、《春秋古文》，其作者相传为春秋末年鲁国史官左丘明。《左传》以《春秋》的记事为纲，增加了大量的历史事实和传说，成为中国第一部完备的编年史。《左传》记事，起于鲁隐公元年（前722），止于鲁哀公二十七年（前468），基本与《春秋》重合。全书表现出鲜明的民本思想，尊礼尚德意识也很突出。《左传》不仅是一部历史著作，同时也是具有极高文学价值的散文名著。《左传》擅长叙事，它注重完整地叙述事件的过程和因果关系，并把事件叙述得很具有故事性、戏剧性。《左传》叙事最突出的成就在于描写战争，诸如对城濮之战、崤之战等战役的描述都堪称脍炙人口。《左传》还描写了形形色色的历史人物，其中许多人物形象都写得个性鲜明。《左传》中的叙述语言简练含蓄、词约义丰，记言文字则用词典雅、渊懿美茂，极具辞令之美。《左传》在中国史学和文学的发展中具有重大的开创和奠基意义。

执书问史图 清

《国语》是中国第一部国别史，全书共21卷，汇集了西周至春秋时代周、鲁、齐、晋、郑、楚、吴、越八国的史料，而以记言为主。据《史记》记载，《国语》的作者也是左丘明，但后人对此颇有异议。现在一般认为《国语》成书于战国初年，作者不详。《国语》的思想倾向略近于《左传》，主要反映了儒家的崇礼重民等观念。《国语》的记言文字通俗活泼，并有一系列大小故事穿插其中，有时也能写出鲜明生动的人物形象。《国语》文采虽不及《左传》，但也不乏精彩篇章，尤其是《吴语》和《越语》，以吴越争霸和勾践报仇雪耻的故事为中心，写得跌宕起伏，引人入胜。

《战国策》是一部战国时期分国记事的史料汇编，全书33卷，杂记东周、西周、秦、齐、楚、赵、魏、韩、燕、宋、卫、中山诸国军政大事，而以记录战国纵横家的言论为主。此书非一人所作，作者大多是战国后期纵横家，最后由西汉刘向在各国史籍的基础上编校整理成书，并由他定名为《战国策》。与《春秋》、《左传》、《国语》以儒家思想为主导不同，《战国策》主要反映了纵横家的思想。战国中期以后，纵横家在政治舞台上非常活跃，他们崇尚权谋策略，强调审时

左丘明像

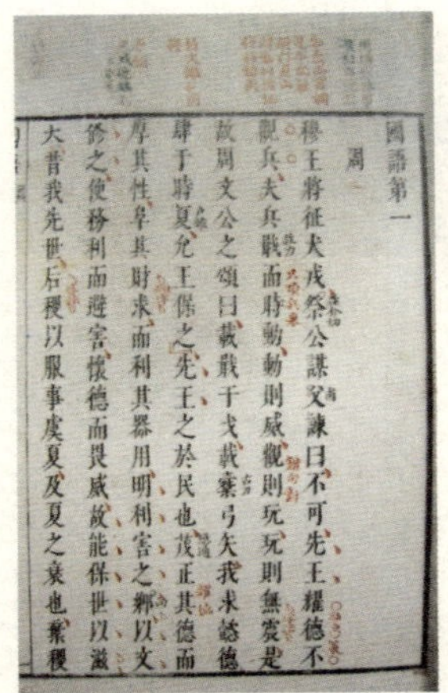
國語第一

周

穆王將征犬戎祭公謀父諫曰不可先王耀德不觀兵夫兵戢而時動動則威觀則玩玩則無震是故周文公之頌曰載戢干戈載櫜弓矢我求懿德肆于時夏允王保之先王之於民也茂正其德而厚其性阜其財求而利其器用明利害之鄉以文修之使務利而避害懷德而畏威故能保世以滋大昔我先世后稷以服事虞夏及夏之衰也棄稷

《国语》 明万历三色套印本

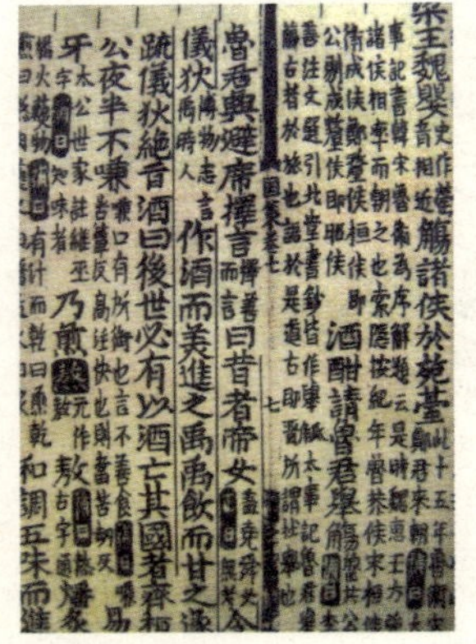

《战国策》书影

苏秦像

荆轲刺秦王 汉代石刻片段

度势，其中许多人还对功名显达、富贵利禄艳羡不已。《战国策》表现出明显的贵“士”倾向，这反映了战国时代“士”阶层的崛起和士人精神的张扬。

《战国策》表现出细致传神的描写技巧。作者善于运用腾挪跌宕、波澜起伏的故事情节来抓住人心。如《燕策三》写燕太子丹使荆轲刺秦王，荆轲向秦王进献燕国地图，图穷匕首见，双方在殿堂上展开了一场生死搏斗，攻陷进退，巨细毕现，紧张激烈，令人目不暇瞬。《战国策》还擅长通过传神的形态和细节来描写人物。如《秦策一》中，苏秦的游说之举未能奏效，落魄而归，“羸縢履蹻，负书担橐，形容枯槁，面目犁（黧）黑，状有归（愧）色”，这一绵密细致的状貌描写，使得人物形象跃然纸上。《战国策》还善于运用比喻和寓言来说明抽象的道理，其中的寓言故事非常丰富，如“鹬蚌相持”、“狐假虎威”、“画蛇添足”、“南辕北辙”、“惊弓之鸟”等均出自此书。这些寓言大多情节完整，首尾清楚，独出心裁，切情入理，用以比附现实，表情达意，具有极强的艺术力量。此外，《战国策》铺张扬厉、辩丽横肆的语言艺术也为后人所称道。

《左传》、《国语》、《战国策》等历史散文，不仅为后世史传文学直接祖述，还成为历代散文创作的楷模，并奠定了中国古代小说的叙事传统。作为中国叙事散文发展史上最初的一批硕果，它们至今仍然吸引着无数读者、研究者前来攀枝折果，咀嚼回味。

四、楚辞与屈原

楚辞是战国中晚期兴起于长江流域楚地的一种诗歌样式，是继《诗经》之后出现的一种新诗体。当时，江汉一带流行着一种句子长短参差、形式比较自由并多用“兮”字的民歌，楚人屈原利用这种民歌形式来抒发自己的情感，创作了以《离骚》为代表的众多诗篇。这种具有浓厚楚国地方色彩的新的文学体裁，就是楚辞，后人也称之为“骚体”。楚辞的作者除屈原外还有宋玉、唐勒、景差等人。汉成帝时，刘向整理古籍，把屈、宋等人的作品编辑成书，定名为《楚辞》，于

是“楚辞”又成为一部总集的名称。

宋代楚辞学者黄伯思说：“盖屈、宋诸‘骚’，皆书楚语，作楚声，纪楚地，名楚物，故可谓之‘楚辞’。”（《校定楚辞序》）受南方楚国文化的美学特质影响，楚辞比《诗经》更富有个性，更充满激情和想象力，并打破了《诗经》古板的四言方块形式，而代之以从三四言到七八言的参差不齐的形式，篇幅也相应扩大。楚辞大量吸收楚国的方言入诗，善作渲染、形容，词语繁富，颇为讲究形式美。这些都使它与《诗经》作品有了显著区别，从而在诗歌史上另辟天地。

击鼓舞蹈图　战国

屈原是楚辞体诗歌的奠基者和代表作家。屈原（约前340—前277），名平，字原，是和楚王同姓的贵族。他博闻强识，具有振国兴邦、协助楚王统一天下的远大理想。他早年曾在朝廷担任要职，“入则与王图议国事，以出号令；出则接遇宾客，应对诸侯”（《史记·屈原贾生列传》），使楚国的政治和外交取得了不小的成就。然而，屈原的年轻得志却招致了上官大夫等人的嫉恨，他们屡次在楚怀王面前诋毁屈原，怀王竟听信谗言疏远了他。屈原在政治上失势以后，旧贵族集团将楚怀王团团包围，他们任意胡为，甚至卖国求财，而昏庸贪利的楚怀王因受到秦使张仪的政治欺骗与齐国绝交，导致楚国孤立无援。怀王发现上当，大举攻秦，但在一系列战役中连遭惨败。之后，屈原曾受命赴齐国修复旧盟，并顺利完成任务，但怀王在外交上的举措失当又使他的努力付诸东流，楚国接连遭到秦、齐等国的围攻，陷入极端的困境之中。在楚怀王二十五年左右，屈原被流放到汉北一带。楚怀王三十年，秦人诱骗怀王会于武关，将其扣留。三年后，怀王客死秦国。继立的楚顷襄王以其弟子兰为令尹，对秦一味屈膝妥协，屈原坚决反对他们的可耻行径，结果再次遭到放逐，流浪于沅、湘一带。屈原空有满腹济世之才、一腔报国之志，但终因奸佞当道，难展宏图。顷襄王二十一年，秦兵攻破楚都郢，大约于次年，壮志未酬的屈原在悲愤交加中自沉于汨罗江。

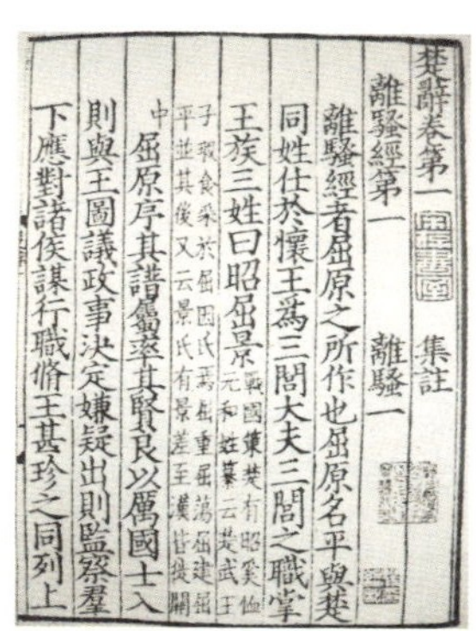

楚辭卷第一　集註

離騷經第一　離騷一

離騷經者屈原之所作也屈原名平與楚

同姓仕於懷王爲三閭大夫三閭之職掌

王族三姓曰昭屈景（戰國策楚有昭奚恤 元和姓纂云楚武王子瑕食采於屈因氏焉屈重屈蕩屈建屈平並其後又云景氏有景差至漢皆徙關中）

屈原序其譜屬率其賢良以厲國士入

則與王圖議政事決定嫌疑出則監察羣

下應對諸侯謀行職脩王甚珍之同列上

《楚辞集注》　宋端平刻本

屈原像　日·横山大观

为了国家的强盛和进步，屈原同贵族腐朽势力进行了不屈不挠的斗争，尽管一再遭受排斥和打击，他却始终没有放弃自己的理想和追求。司马迁在《史记》中说：“屈平疾王听之不聪也，谗谄之蔽明也，邪曲之害公也，方正之不容也，故忧愁幽思而作《离骚》。”在颠沛流离的岁月里，屈原内心积聚了深厚的悲愤和思念之情，他把自己强烈而深沉的情感化为如泣如诉的歌唱，创作出了惊天地泣鬼神的浩然诗篇。

《离骚》是屈原的代表作，是一部以忠怨之思为主题的回旋曲。此诗大致可分为两个部分：前一部分首先叙述个人的家世生平，认为自己出身高贵，生日美好，因此具有“内美”。诗人从早年起就汲汲修身，砥砺品行，目的是辅佐楚王，兴盛宗国，实现“美政”理想。他

豪迈地对楚王许下驱驰之愿：

> 不抚壮而弃秽兮，何不改乎此度？乘骐骥以驰骋兮，来吾导夫先路！

但楚王的昏昧、群小的毁谤无情地击碎了他的理想，他痛心疾首地大声呼喊：

> 惟夫党人之偷乐兮，路幽昧以险隘。岂余身之惮殃兮，恐皇舆之败绩！

面对重重打击和迫害，诗人痴心不改。在理想和现实的尖锐冲突之下，他坚定地表示：

> 既替余以蕙纕兮，又申之以揽茝。亦余心之所善兮，虽九死其犹未悔！

诗歌后半部分叙写诗人对未来道路的探索："路漫漫其修远兮，吾将上下而求索。"在现实世界中备受压抑的诗人来到奇幻的境界中寻求通往理想之国的道路。他上扣天门，但门隶倚门不；他下求美女，也终无所遇。巫师劝他出国远游，另寻用武之地，可当他升腾远逝时，却看见了生他养他的祖国大地：

> 陟升皇之赫戏兮，忽临睨夫旧乡。仆夫悲余马怀兮，蜷局顾而不行。

诗人心头顿时升腾起对故国乡土的无限眷恋，再也不忍离去，他最终选择了以死殉国。

在《离骚》中，抒情主人公上天下地，入水登山，体现出作者的丰富想象力。《离骚》运用一系列的美人和香草意象来作比喻象征，使得诗歌蕴藉而生动。《离骚》写奇人，造奇境，作奇语，可称得上是一篇别开生面的奇文。

《九歌》也是屈原的重要作品。它是屈原吸取楚地民间神话故事，并利用民间祭歌形式写成的一组抒情诗，共11篇。就内容而言，《九歌》以描写爱情为主，同时也表达了对神灵的赞颂和虔敬之情。《九歌》想象优美而丰富，风格以缠绵哀婉见长。如《湘夫人》的开头几句：

离骚图　现代 · 范曾

> 帝子降兮北渚，目眇眇兮愁予。嫋嫋兮秋风，洞庭波兮木叶下。

以凄清杳茫的秋景映衬湘君久候夫人不来的怅惘，情致幽微绵缈，动人心弦，后人称之为“千古言秋之祖”。

《山鬼》一篇则写一位美丽的山中女神，她披荔带萝，含睇宜笑，却盛年独处，寂寞孤独，刻骨铭心地思念着自己的意中人：

> 采三秀兮於山间，石磊磊兮葛蔓蔓。怨公子兮怅忘归，君思我兮不得闲。山中人兮芳杜若，饮石泉兮荫松柏。君思我兮然疑作。雷填填兮雨冥冥，猨啾啾兮又夜鸣。风飒飒兮木萧萧，思公子兮徒离忧。

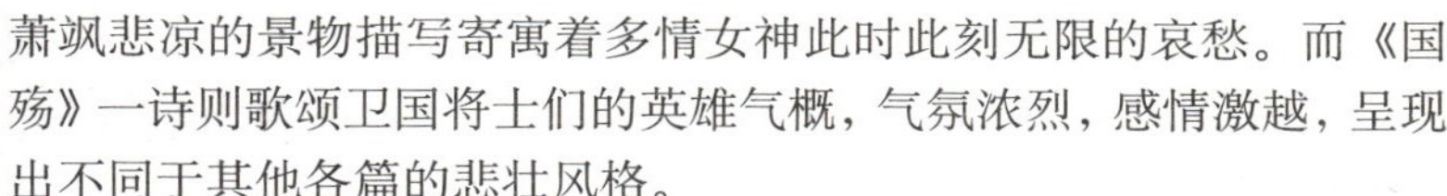

萧飒悲凉的景物描写寄寓着多情女神此时此刻无限的哀愁。而《国殇》一诗则歌颂卫国将士们的英雄气概，气氛浓烈，感情激越，呈现出不同于其他各篇的悲壮风格。

湘君湘夫人图局部　明 · 文徵明

《九章》是屈原所作的又一组抒情诗歌，包括9篇作品。其内容接近《离骚》，主要是叙述身世遭遇，抒发自己的苦闷悲愤之情。不过《九章》所表达的情感较为直接、奔放，也比《离骚》具有更多的纪实性。如《涉江》一诗突出抒写了诗人志行高洁而不为世人所理解的悲哀，表达了“不能变心而从俗”的决心。在《哀郢》中，诗人回忆了自己遭谗被逐离开郢都的情景，在诗的最后，他沉痛地低吟道：

> 鸟飞返故乡兮，狐死必首丘。信非吾罪而弃逐兮，何日夜而忘之！

诗人念念不忘故都家园，忠直愤怨，凄音苦节，如同声声杜宇啼血，读之裂人肺腑。

山鬼　现代 · 徐悲鸿

屈原还作有一首体制瑰奇的长诗《天问》。它是作者对自然和社会中一系列不可理解的现象发出的疑问，可看作是一篇别开生面的咏史诗。从诗中170多个关于天地万物、古往今来的问题中，可以窥见诗人思想的博大精深和对真理的执著探求精神。《天问》通篇由问句结撰而成，但句法灵活多变，读来并无板直枯燥之感。

屈原是中国文学史上第一位伟大的诗人，他写出了一系列发愤抒情、个性鲜明的诗篇，开创了从集体歌唱到个人独立创作的新时代。

他砥砺不懈，特立独行，坚持理想，九死不悔，以其人格力量鼓舞感召了后世无数的仁人志士。他所创造的楚辞作品以大胆的想象、夸张的手法和瑰丽的文辞见长，从而继《诗经》之后为中国文学开辟了另一影响深远的传统。在中国古代诗歌史上，“风”、“骚”并称，成为古人对诗歌所悬出的两个最高标准。“屈平词赋悬日月”（李白《江上吟》），屈原以其楚辞作品而受到历代文人士子的推崇敬仰，垂范千载，衣被古今。

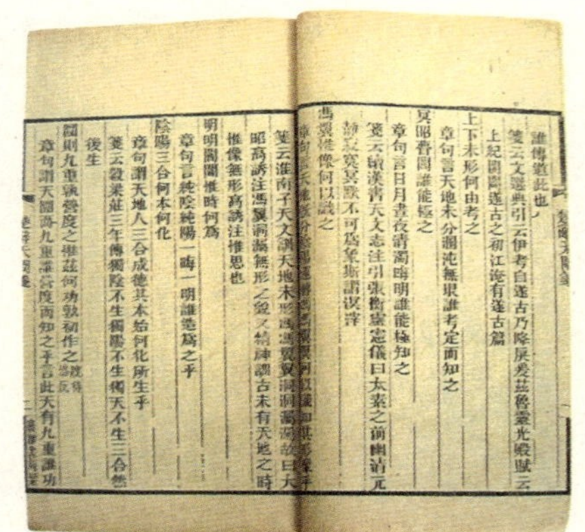
《天问》书影

“屈原既死之后，楚有宋玉、唐勒、景差之徒者，皆好辞而以赋见称。然皆祖屈原之从容辞令，终莫敢直谏。”（《史记·屈原贾生列传》）这三个人虽缺乏抗争精神，却是屈原作品的文辞与体制的直接继承者。《汉书·艺文志》言“唐勒赋四篇”，今均已亡佚，景差之作则未见著录，唯一有作品流传后世的是宋玉。

宋玉是继屈原之后出现的一位杰出的楚辞作家，后人以“屈宋”并称，可见其影响力之大。宋玉的作品争议较大，据《汉书·艺文志》记载有赋16篇，均无篇名，后收录于《楚辞章句》和《文选》中的有《九辩》、《风赋》、《高唐赋》、《神女赋》、《登徒子好色赋》等，其中《九辩》是大家公认的较为可信的宋玉作品。

《九辩》是宋玉模仿屈原《离骚》而作的一首长篇抒情诗，通过抒发赋家“悲秋”的情怀，感慨自己仕途不遇的不幸，以真实的情感体验和匠心独运的抒情手法引发了后世读者无限的联想和共鸣。其中写道：

> 悲哉秋之为气也！萧瑟兮草木摇落而变衰。憭栗兮若在远行，登山临水兮送将归。泬寥兮天高而气清，寂寥兮收潦而水清。……廓落兮羁旅而无友生，惆怅兮而私自怜。燕翩翩其辞归兮，蝉寂漠而无声。

诗人将一片草木摇落、凄切悲凉的深秋景象和自己悲哀孤独的心境融合为一，创造出一种情景交融的艺术境界，大大增强了诗歌的艺术感染力。

《九辩》不仅文辞绚烂，音韵协美，而且句法灵活，还运用丰富的词汇和辅叙手法将哀怨情绪渲染得淋漓尽致，这些对汉赋的产生发展有直接影响。虽然宋玉的艺术手法、思想境界还难以与屈原比肩，但他于继承中又有创新，后世亦不乏仰慕者。杜甫就曾说过：“摇落深知宋玉悲，风流儒雅亦吾师。”（《咏怀古迹》）

第三章 文学的拓展

经过了短暂统一的秦王朝，中国历史进入了长达400年之久的汉王朝统治。自公元前221年秦王朝建立至东汉末汉献帝建安元年（196），这一历史时期的文学被称为秦汉文学。

秦王朝焚书坑儒，实行极端的文化专制政策，文学创作衰落，唯有李斯的散文、铭文及一些刻石等约略留下些许文学的影像。两汉王朝统治者总结秦朝速亡的教训，无论从经济还是从文化上均实行了一些有利的措施，国力增强，社会进步，作家辈出，文学呈现出与秦朝迥然不同的蓬勃发展的景象，在许多领域都拓展出了新境界。

随着南北文化的合流和儒学主导地位的确立，熔诗、骚、文于一体的汉赋异军突起，成为汉代最具代表性的文体。其铺排描写事物的手法，委婉讽喻的技巧，鸿篇巨制的结构，文才斐然的传世佳作，既体现了大汉帝国的气派，又为文学创作积累了丰富的经验。最重要的大赋作家有司马相如、扬雄、班固、张衡，其中又以司马相如为代表。

汉代散文内容丰富，形式多样。主要有政论散文、记事散文、抒情议理散文和史传散文。以贾谊为代表的政论散文直抒己见，富于气势和文采，在思想和艺术上都取得了很高的成就。刘向的记事散文名篇迭出，其中包含了丰富的儒家治国思想。《史记》和《汉书》这两部史书，同时也是史传散文的杰作。另外值得一提的是，《吴越春秋》开历史演义小说的滥觞，进一步强化了史传散文的文学性。

汉乐府民歌来自民间，传达出劳动人民的心声。其中尤以《陌上桑》和《孔雀东南飞》为佳。东汉文人受时代感召，在乐府民歌的影响下，开拓出完整的五言诗，《古诗十九首》是文人诗的代表，其中浓重的感伤情绪是汉末动乱现实的曲折反映，而作家在诗中所表现出的对人的生命、命运及价值的思索，昭示着一个文学自觉的时代即将到来。

一、秦代文学

公元前221年，秦始皇统一了中国，建立了中国历史上第一个中央集权的封建帝国。秦统一后，在政治、经济、文化方面实施了一系列政策，如统一法律、统一文字、统一度量衡等，这对社会历史发展起了积极的作用。但在文化上却采取了一系列专制手段，先是焚书，把除“医药卜筮种树之书”之外的其他文化典籍都尽毁无遗，后又坑儒，将所谓“訞言以乱黔首”的儒生四百六十余人，“皆阬之咸阳”。这种扼杀文化的政策使本来短命的秦代文学几乎处于荒芜的境地。

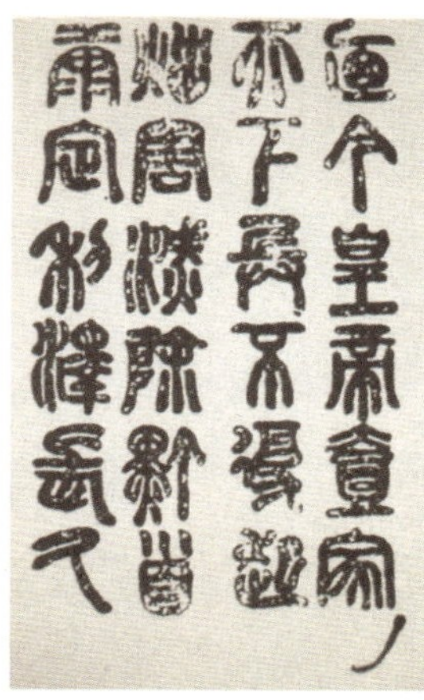
李斯手书峄山刻石

秦代文学除散落于泰山、琅玡台、会稽等几处的歌功颂德的刻石外，唯一值得一提的是李斯的散文作品《谏逐客书》。这是一篇针对秦宗室决议驱逐在秦的客卿这一问题而作的驳论文，作于秦统一之前（秦王政十年，前237）。当时有间谍深入秦国进行离间活动，于是秦就打算将一切客卿皆尽驱出，李斯亦在被驱之列。因此这篇论文言辞恳切，而且文章颇有战国纵横家陈说议论的气势，多用比喻排比，如“太山不让土壤，故能成其大；河海不择细流，故能就其深；王者不却众庶，故能明其德”，“夜光之璧不饰朝廷，犀象之器不为玩好”，“江南金锡不为用，西蜀丹青不为采”，等等，词采富丽，音节和谐，显示了散文辞赋化的倾向。

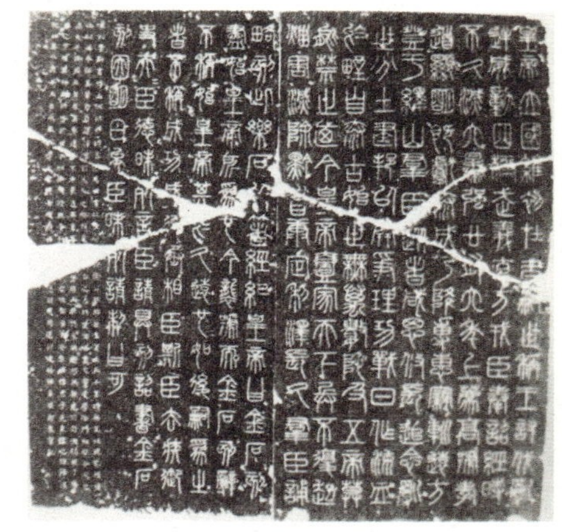
琅玡刻石

李斯还有一些奏议，风格大不同于以往，或上书言志，或投其所好，或为专制张目，不乏有阿谀奉迎之论，亦有隐忍苟活之文，则不足为叙也。

然而，李斯的《谏逐客书》是写于秦统一之前的，杂采众说的《吕氏春秋》虽说是秦相吕不韦召集门客编写而成，然亦是秦兼并六国之前为逞秦之强而作的舆论准备。另外，《汉书 · 艺文志》提到秦有杂赋9篇，却未见流传，因而说“秦世不文”（《文心 · 诠赋》）是不夸张的。

二、汉代论说散文

汉代论说散文是先秦散文发展来的。诸子散文已将论说散文推向成熟，先秦历史散文《国语》、《左传》、《战国策》中的不少篇章，也在说事议理方面达到了逻辑严密、语言通畅的地步，这些都对汉代论

贾谊像 《历代名臣像解》

说散文产生了巨大影响。

汉初文人对统一与安定的社会局面备感珍惜，他们冷静客观而又积极热情地总结前代兴亡教训，为统治者提供借鉴。因这一时期的论说散文形式上多表现为奏、议、疏、策等，与当时政治息息相关，因而也可称为政论散文。

现在流传下来的西汉最早的论说作品是陆贾的《新语》12篇，真伪参半，已非原貌；后有贾山上汉文帝的奏疏《至言》，告诫统治者要尊贤纳谏，放言高论，眼光宏阔。而代表汉初论说散文最高成就的是贾谊。

贾谊是西汉初期最主要的政论家，亦是著名的辞赋家。他最重要的作品是《过秦论》，此文也可说是西汉论说散文中最优秀的代表作。全文分上、中、下三篇，总结了秦朝在政治上的过失，旨在从中汲取教训而给当时的统治者以借鉴参考。文章总揽了秦代的盛衰史，每篇下一个论断，最后总结秦亡的原因在于“仁义不施，而攻守之势异也”。文章构思巧妙，舒放自如，气势磅礴，纵横捭阖，连续排比，前后对比，大起大落，实开后世专题性政论文之先河。如写秦国历史，用高度凝练的几句话即将150余年的史事概括出来，写秦始皇称霸：

> 及至始皇，奋六世之余烈，振长策而御宇内，吞二周而亡诸侯，履至尊而制六合，执敲扑以鞭笞天下，威振四海。

秦始皇像

八个动词连用，则秦始皇君临天下的形象呼之欲出。鲁迅亦赞誉《过秦论》为“西汉鸿文”。贾谊还著有《论积贮疏》和《陈政事疏》（又名《治安策》），两篇政论都比较有名。前者说明了积贮粮食在防备灾荒和战争方面的重要性，提出了“驱民而归之农，皆著于本”的主张。后者则痛陈社会弊端，提出一系列政治主张。文章开头便写道：“臣窃惟事势，可为痛哭者一，可为流涕者二，可为长太息者六。”总括全篇，条理清晰，言辞激切。

代表汉初论说文风格的还有晁错。他的《论贵粟疏》主要阐述重农、贵粟、抑商的主张，这三层意思层层推进，论证充实，言辞恳切。最后还提出了具体的措施，要言不烦，可操作性强。这一点贾谊未能及之。

此外，枚乘的《上书谏吴王》和邹阳的《上吴王书》等亦是有名的篇章，二者文字皆多用韵，奇偶相生，语多骈俪，有辞赋化倾向。

汉帝国由盛转衰，论说散文相对于汉赋、史传散文也衰落下来，成就不高。司马相如和刘向尚有几篇文章可观。及至东汉末，朝政腐败，谈论政治的清议之风兴起，王符的《潜夫论》30篇，崔寔《政论》15篇，仲长统《昌言》34篇，皆是发愤而作、指陈时弊之文，受汉赋影响，铺叙、骈偶兼用，富于激情，却略乏文采，较西汉初期散文稍逊一筹。

三、《史记》和《汉书》

中国历史从古至今绵延不绝，汇成一条历史的长河，这在世界史上堪称奇迹。而在这条长河的上游，就有一部伟大著作彪炳千秋，它就是被列为中国第一部“正史”的《史记》。

《史记》的作者是司马迁。司马迁（约前145—约前87），字子长，其父司马谈精通天文、历史、《易经》，武帝时做了太史令。司马谈广博的学识和倾向于道家的思想，对司马迁有直接影响。司马迁青少年时代受到过良好的教育，他从小酷爱读书，在黄河边的龙门山麓度过童年时，他就一边放牧一边请家乡有文化的人教他识文习字。10岁时随父亲来到京城长安，开始诵读古文。十七八岁时就曾向著名儒学大师董仲舒学习《公羊春秋》，向孔安国请教古文《尚书》，进一步加强了学术文化修养，他年纪轻轻就成了博古通今、满腹经纶的学者。

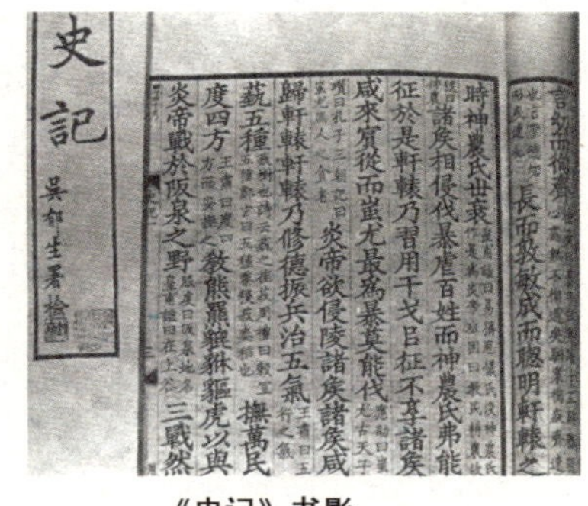
史記
吳郁生署檢

長而敦敏成而聰明軒轅之
時神農氏世衰
諸侯相侵伐暴虐百姓而神農氏弗能
征於是軒轅乃習用干戈以征不享諸侯
咸來賓從而蚩尤最爲暴莫能伐
炎帝欲侵陵諸侯諸侯咸
歸軒轅軒轅乃修德振兵治五氣
蓺五種
撫萬民
度四方
教熊羆貔貅貙虎以與
炎帝戰於阪泉之野
三戰然

《史记》书影

司马迁20岁开始漫游生活，足迹踏遍长江中下游和今山东、河南广大地区。在游历过程中，他观察地形，考察历史遗迹，采访历史人物的遗闻逸事。他曾在今湖南一带凭吊屈原墓，又上姑苏城巡访伍子胥在吴国的事迹，接着北上曲阜参观孔子故居，到今江苏沛县东部拜访汉高祖刘邦的家乡，还到过魏都大梁，瞻仰了信陵君枉驾屈尊请教过侯嬴所在的夷门。这次远足使司马迁开扩了眼界，扩大了胸襟，为他后来写作《史记》奠定了生活上的知识上的牢固基础。此外，他在34岁以后还出使或侍从武帝到过广大西南、西北地区，更加丰富了他对历史和现实的认识，为写作史书作好了思想和资料方面的准备。

司马迁像

就在司马迁出使西南刚刚返回时听到了父亲病危的消息，他匆匆赶到洛阳，接受了父亲的临终遗言：“余死，汝必为太史。无忘吾所欲论著矣。”司马迁流泪答应下来。父亲死后第三年，司马迁被任命为太史令。他开始大量阅读、整理皇家典籍、档案，42岁开始动手写作，不料刚刚写了一

西楚霸王

刘邦像

班固像

小半就因为替不得已投降匈奴的李陵仗义执言了几句而激怒了汉武帝，遭受了极为耻辱的“腐刑”。这一遭遇使他思想起了很大变化。但当他想到历史上一些著名人物遭遇不幸后发愤著书、立言后世，想到父亲临终前的殷殷期望，就忍辱含垢活了下来，并以极大的毅力秉笔直书，直到53岁时，这部饱含着血和泪的《史记》才著完。

司马迁写作《史记》是为了“究天人之际，通古今之变，成一家之言”。这部厚厚的史书记叙了从黄帝到汉武帝太初年间大约三千年的历史。全书130篇，52万多字，由十二本纪（叙帝王）、十表（系时事）、八书（详制度）、三十世家（记诸侯）、七十列传（志人物）五部分组成，开创了中国纪传体通史的史书体例。将如此绵长的历史、庞大的人物体系勾联起来，贯通古今，这种设计独具匠心，历代不衰。书中记载了帝王事迹、英雄行为、平民生活，叙事范围空前广阔，各类人物的生活一一囊括其中，共同组成了色彩斑斓、波澜壮阔的历史画卷。《史记》一书最有文学价值的是人物传记，显示出司马迁高超的艺术技巧。本纪、世家、列传中的人物来自不同阶层，上至帝王将相，下至市井细民，诸子百家，三教九流，应有尽有，涉及人物达四千多个。对于如此庞大的人物群像，司马迁能通过精心选材、细致描述，利用倒叙、插叙等手法有条不紊地将人物的生平事迹、性格特征凸显出来，其高超的叙事技巧不能不令人叹服。可以说《史记》既是一部光辉的历史巨著，又是一部伟大的文学杰作。

司马迁善于通过个性化的语言来表现人物性格。《陈涉世家》写陈涉说：“王侯将相宁有种乎！”《项羽本纪》写项羽说：“彼可取而代也。”《高祖本纪》写刘邦说：“嗟夫！大丈夫当如此也！”这三个人物的独白，符合他们各自不同的身份和个性：陈涉力图改变佣耕地位，语言坚毅有力；项羽有过人力气，出言大胆直率；刘邦乃市井无赖，贪慕享受，因此对秦始皇的豪奢生活垂涎之至。《史记》所运用的通俗、简练、富于个性化的语言，使塑造的人物和描写的故事更为生动，更富于表现力。

鲁迅在《汉文学史纲要》中赞扬《史记》为“史家之绝唱，无韵之《离骚》”，这确是切中肯綮的评价。且不说《史记》以极高的文学笔法同时登上了史学与文学两座高峰，单就其遭受困厄而仍能发愤著书这一举动，不正与屈原怀忧而作《离骚》相似吗？《史记》既是一部通史，又是作者带着心灵肉体的创伤所作的倾诉，渗透着他对自身不幸遭遇的隐痛，这确乎是“无韵之《离骚》”了。

《汉书》为东汉史学家班固（32—92）所撰。它是中国第一部纪传体的断代史，记载了上起汉高祖元年（前206），下迄王莽地皇四年（23），共二百多年间的史事。全书共100篇，分为十二帝纪、八

表、十志、七十列传，计80余万言。《汉书》继承了司马迁所创造的纪传体裁，变通史为断代史，并在体例上略有更动，成为后来所谓“正史”写作的基准。

李陵大战单于王

《汉书》的内容相当深广丰富，它不仅通过对西汉士人宦海沉浮、官僚世家兴衰变迁的艺术再现，多方面展示了社会风貌和时代精神，而且许多传记中还增载了有关政治、经济、军事等方面的奏疏，与《史记》相比可谓各有千秋。班固在一定程度上继承了司马迁的实录精神，对西汉社会的阴暗面多所暴露，如《景十三王传》、《外戚列传》、《霍光传》等均据实直书皇室、侯王、外戚集团中的种种秽行丑态。但班固生活于儒家思想在意识形态领域占统治地位的时代，本人具有颇强的封建正统观念，再加上《汉书》是奉诏而作的官史，因此他对历史人物的评价主要是以儒家伦理道德为准则，在见识的深刻和批判的大胆上都不及司马迁。

朱买臣

就艺术表现而言，《史记》感情激切，笔法疏荡多变，风格雄浑雅健；《汉书》则感情含蓄，笔法精细谨严，风格醇厚典重。《汉书》的文学成就虽逊于《史记》，但其中也有一些较为出色的人物传记。如《朱买臣传》写朱买臣的失意与得意以及人们对他的前倨后恭，展出了一幅惟妙惟肖的世态炎凉图。《苏武传》刻画苏武坚守气节、凛然不屈的英雄形象，《李陵传》写李陵孤军奋战、无力回天的悲剧命运，都颇为生动感人。《陈万年传》写陈万年善于以巴结权贵作为进身之阶，《王莽传》写王莽处心积虑谋求篡位终致身败名裂，都以笔法精严著称。

《汉书》在叙事写人方面达到了很高的造诣，它是继《史记》之后诞生的又一部史传文学的典范之作，因此，后人往往将《史》、《汉》对举，班、马并称。

四、汉赋的兴盛

赋是汉代最流行的文体，当时的文人大都致力于这一文学样式的写作，故后人往往将它视为汉代文学的标志性文体。赋是在楚辞的基础上孕育和发展起来的，在汉代大致呈现出两种不同的流向：一派承屈原余绪，以抒情述志为主，称为骚体赋；一派接宋玉衣钵，以体物叙事为主，称为散体大赋，这是汉赋的主体。

梁孝王 《博古叶子》

汉代骚体赋的开山作家是贾谊。贾谊的身世经历与屈原相似。他才能出众，颇受汉文帝赏识。但因年轻得志，遭到一些贵族的打击和诬陷，因而逐渐被文帝疏远，贬谪为长沙王太傅。赴任之时，贾谊途经屈原所沉之汨罗江，感念前贤的不幸命运而伤及自身，便作了一篇《吊屈原赋》以发抒愤懑。在赋中，作者悲愤地指斥善恶颠倒、是非不明的社会现实：

> 鸾凤伏窜兮，鸱枭翱翔。阘茸尊显兮，谗谀得志。贤圣逆曳兮，方正倒植。……腾驾罢牛，骖蹇驴兮；骥垂两耳，服盐车兮。章甫荐履，渐不可久兮。嗟苦先生，独离此咎兮。

作者一腔无辜遭贬的愤慨流露于字里行间。他的另一篇有影响的赋作《鹏鸟赋》则表达了对生死祸福的达观态度。贾谊赋在体制上对屈原赋多有借鉴，而又体现出某些新体赋的因素，他是较早的一位由楚辞向汉大赋演进的过渡作家。

汉代以皇帝、诸侯王等统治集团中的人物为中心，形成了若干赋家集团。西汉初期百废待兴，朝廷尚无暇致力于文化建设，帝王也并不爱好辞赋，所以赋家大都依附于某些喜好文学之士的藩王。当时以招致文士而出名的有吴王刘濞、梁孝王刘武和淮南王刘安。吴王门下的文士有枚乘、邹阳、庄忌（即严忌）等，皆擅长辞赋。后来刘濞谋反，枚、邹等人见其不听劝谏，便“良臣择主而仕”，离开吴地投奔梁孝王，孝王待他们为上宾。当时诸侯王养尊处优乃至骄淫失道的问题很严重，枚乘为此作《七发》一赋，假吴客自喻，托楚太子比藩王，以主客问答形式层层铺叙，讽谏诸侯王应当厚招游学之士以为辅佐，应当从思想上根除颓靡之病。此赋成为汉大赋的开山之作。后来枚乘被汉景帝任命为弘农都尉，但他“久为大国上宾，与英俊并游，得其所好，不乐郡吏，以病去官。复游梁”（《汉书 · 枚乘传》）。梁孝王曾率宾客朝见汉景帝，其时身为武骑常侍的司马相如（约前 179 —前 118）见后很是羡慕，于是以病辞官，跟随了梁孝王，宾主相得，文酒高会，孝王还曾大建宫苑并组织游乐。据晋葛洪《西京杂记》载，“梁孝王游于忘忧之馆，集诸游士，各使为赋”，枚乘作《柳赋》，路乔如作《鹤赋》，公孙诡作《文鹿赋》，邹阳作《酒赋》，公孙乘作《月赋》，羊胜作《屏风赋》，而韩安国作《几赋》不成，遂由邹阳代作，梁孝王对邹、韩二人罚酒三升，赐枚、路每人绢五匹。此说虽不可靠，但梁孝王处的赋家群确实是极富雅名的，“梁园”也成为文士聚集饮酒与创作之地的代称。

汉武帝像

西汉初藩国中以淮南赋风为最盛。据《汉书 · 艺文志》著录，淮

南王刘安有赋82篇，其群臣有赋44篇，今存淮南小山《招隐士》一篇。作品生动地描写了深山野林的荒凉恐怖，呼唤“王孙兮归来，山中兮不可以久留”，其中“王孙游兮不归，春草生兮萋萋”二句，尤为历来文人传诵。

上林甘泉瓦当　汉

自汉王朝实行“削藩”政策以后，侯王失势，宾客流散，幸好汉武帝及其后的宣、元、成诸帝都是文学爱好者，于是大批辞赋作家聚集到了中央朝廷。武帝非常好赋，即位之初就用安车蒲轮征召善赋的枚乘进京，不幸枚乘年老不堪颠沛之苦，死于途中。武帝读到司马相如在梁所作的《子虚赋》大为赞叹，说：“朕独不得与此人同时哉！”狗监杨得意是司马相如的同乡，此时恰巧在旁服侍，便乘机进言道：“臣邑人司马相如自言为此赋。”（《汉书·司马相如传》）武帝惊喜万分，便召见司马相如，相如说《子虚赋》的确是自己写的，但它仅言诸侯之事，不足观，于是复作《上林赋》。《子虚赋》、《上林赋》是汉赋的典范之作。二赋假设“子虚”、“乌有”、“亡是公”三人为辞，盛推天子、诸侯苑囿之大和田猎之壮。例如关于上林苑广大无边和兽类之富的一段描写：

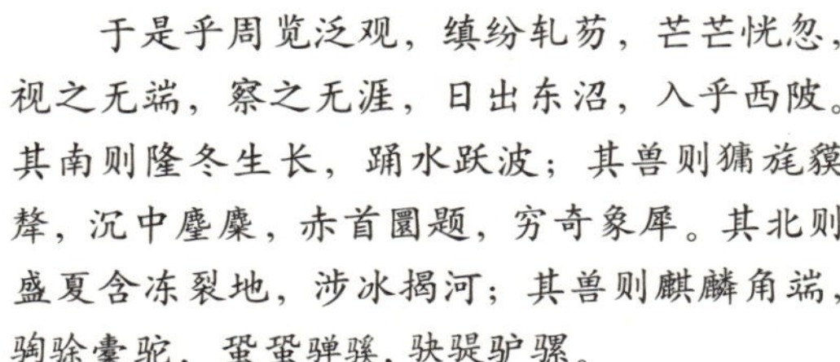

于是乎周览泛观，缜纷轧芴，芒芒恍忽，视之无端，察之无涯，日出东沼，入乎西陂。其南则隆冬生长，踊水跃波；其兽则獑旄貘犛，沉中麈麋，赤首圜题，穷奇象犀。其北则盛夏含冻裂地，涉冰揭河；其兽则麒麟角端，騊駼橐驼，蛩蛩驒騱，駃騠驴骡。

想象虚构，排比夸张，笔力雄健，意气纵横。《上林赋》篇终奏雅，讽谏天子要戒奢尚俭，减轻民难，潜心六经，推行仁义之道。二赋由此确立了一种铺张扬厉、“劝百讽一”的大赋传统。枚乘之子枚皋文思敏捷，武帝有所感触便令他作赋。枚皋受诏辄成，作赋甚多。自汉武帝起，作赋便成为朝廷的一大雅事，除了专职的辞赋作家以外，许多高官显宦也都附庸风雅，纷纷作赋进献。

司马相如与卓文君　《博古叶子》

汉宣帝也颇好辞赋，有人攻击辞赋为淫靡不急之务，宣帝还为之辩护，说“辞赋大者与古诗同义，小者辩丽可喜”。王褒就是因为能作赋，并当面为宣帝作《圣主得贤臣颂》而得到赏识的。王褒等随从宣帝游猎或行幸离宫别馆，宣帝令他们制作赋颂，然后按作品水平的高下赐予丝帛。有一次太子身体欠安，宣帝便让王褒等人朝夕诵读奇文及所自作诗赋为太子治病解闷。太子尤其喜爱王褒所作的《洞箫赋》、《甘泉赋》，还号召后宫贵人、左右都来诵读。

汉成帝时，蜀人扬雄（前53—18）游于长安，因其文风颇似司马相如而受到举荐，成为皇帝的文学侍从。扬雄是西汉后期最大的辞赋家，与司马相如并称“马扬”（或“扬马”）。他曾奉命作《甘泉》、《河东》、《羽猎》、《长杨》四赋，其中前两篇是因侍从成帝郊祀甘泉泰畤、汾阴后土而作，后两篇是因侍从成帝行幸长杨宫校猎而作。四赋都寓有讽喻劝谏之意，但因铺排夸饰太多而淹没了讽谏性宗旨。

东汉辞赋在题材和创作宗旨等方面发生了一系列变化，这主要表现为京都赋的崛起和抒情赋的勃兴。班固的《两都赋》开创了京都赋的范例。赋文虚拟“西都宾”、“东都主人”两个人物展开对话，前者鼓吹定都品物繁盛的长安，后者力主定都崇尚礼乐文明的洛阳，其宗旨则在于批判旧的京都意识，建立新的京都观。此后，与班固并称“班张”的张衡又作了颇负盛名的《二京赋》，赋中详尽描述了汉代京都圈的社会生活内容，以其规模宏大被称为京都赋之极轨。东汉时期抒情赋蔚为大观，如蔡邕的《述行赋》、张衡的《归田赋》、赵壹的《刺世疾邪赋》皆为其中名作，后者对汉末社会风气的败坏作了尖锐批判：

> 佞谄日炽，刚克消亡。舐痔结驷，正色徒行。妪㛂名势，抚拍豪强。偃蹇反俗，立致咎殃。捷慑逐物，日富月昌。浑然同惑，孰温孰凉。邪夫显进，直士幽藏。

这是当时士人在黑暗社会现实和统治者高压政策的压抑下发出的不平之鸣。

汉代国力强盛，社会文化显著进步，再加上统治者的爱好和提倡，以及文学之士的呼朋引类、竞相造作，推动了“一代之文学”——汉赋的持续发展和兴盛。

五、乐府民歌

乐府本指管理音乐的机关，乐即音乐，府即官府。大约在秦代已有称为“乐府”的机构，汉承秦制，惠帝初已设有乐府，到汉武帝时，乐府的规模和职能得以扩大和加强，它不仅组织许多文人从事制作歌

辞、协和音律等工作，还广泛采集民间歌谣并诵习演唱。汉人通常把乐府配乐演唱的歌辞称为“歌诗”，六朝时期，人们往往把这些“歌诗”通称为“乐府”，于是乐府便由音乐机构的名称而变为一种带有音乐性的诗体称谓。同时，六朝文人沿用乐府旧题写作的诗，不管其合乐与否，也往往被一概称为“乐府”。后来，在唐代又出现了不注重音乐特征而只是仿照乐府诗的某种特点写作的诗，称为“新乐府”。宋元时，“乐府”又成为合乐能唱的词、曲的别称。

秦代铜钟

上面有“乐府”二字

汉代乐府民歌是两汉乐府诗的精华部分，它们“感于哀乐，缘事而发”（《汉书·艺文志》），广泛地反映了在当时具有普遍意义的社会问题，表现了丰富多样的人生情怀。

乐府民歌对比鲜明地展示了不同社会阶层的苦与乐。如《妇病行》描写贫人妻死后孤儿生活的惨状，《孤儿行》写兄嫂虐待孤弟，《十五从军征》写繁重不息的兵役带来的人生悲剧，而《悲歌》一首则极为悲痛地道出了流民游子的普遍心态：

> 悲歌可以当泣，远望可以当归。遥望故乡，郁郁累累。欲归家无人，欲渡河无船。心思不能言，肠中车轮转。

本来悲痛至极，却偏要放声歌唱；本来无家可归，却还要登高远望。他乡漂泊，无路可走，无人可诉，只得听任无法排解的忧愁像车轮一般在九曲回肠中翻转滚动。寥寥数语，羁旅者的悲愁哀苦尽括其中。而《鸡鸣》、《相逢行》、《长安有狭斜行》三诗，则把人们带入了一个锦衣玉食、花天酒地的富人世界。富人们黄金为门，白玉为堂，置酒作乐，华灯煌煌，后园珍禽罗列，子弟官大位尊，一派富贵气象。这两类诗篇客观上揭示了当时社会成员之间贫富的悬殊、苦乐的不均，世道的不公自在不言之中。

乐府民歌真实地袒露了围绕男女两性而产生的爱与恨。如《上邪》是一位热恋中的女子表达坚贞不渝爱情的自誓之词：

> 上邪！我欲与君相知，长命无绝衰。山无陵，江水为竭，冬雷震震，夏雨雪，天地合，乃敢与君绝。

连举五种反常的甚至根本不可能发生的自然现象作为与对方绝交的条件，实际上是正话反说，更深一层表达了对爱情的矢志不移。再如《箜篌引》：

> 公无渡河，公竟渡河。堕河而死，当奈公何！

孔雀东南飞 现代·肖玉田

传说此诗是一位女子悼念被河水夺走生命的丈夫所作，它以如泣如诉的声调表达了一腔缠绵悱恻的伤悼爱恋之情，可谓字字血泪。《白头吟》则写一女子对负心男子的怨恨：

皑如山上雪，皎若云间月。闻君有两意，故来相决绝。今日斗酒会，明旦沟水头。躞蹀御沟上，沟水东西流。凄凄复凄凄，嫁娶不须啼。愿得一心人，白头不相离。竹竿何嫋嫋，鱼尾何簁簁。男儿重意气，何用钱刀为！

这些诗歌为我们塑造出一系列敢爱敢恨的女性形象，她们爱得是那样深沉，又恨得那样刚烈。此外，《陌上桑》和《孔雀东南飞》都是写女子忠于爱情拒绝富贵之家威逼利诱的，但前者是一出强大者自讨没趣的喜剧，后者则展示了一场弱小者双双殉情的悲剧。作为汉乐府民歌中最长的一首叙事诗，《孔雀东南飞》尤为光彩夺目。诗中的刘兰芝和焦仲卿本是一对恩爱夫妻，可是蛮横专制的焦母却把勤劳贤惠的儿媳看作眼中钉、肉中刺，逼迫儿子把她休回了娘家。随后兰芝那长着一双势利眼的兄长又逼她嫁给太守的公子，兰芝自知无法脱身，便决心与仲卿一齐逃往幽冥世界。太守家迎亲之夕，兰芝“举身赴清池”，仲卿闻听也“自挂东南枝”。二人虽然生不能同室，毕竟得来一个死后同穴，黄泉为伴。刘、焦二人的婚恋悲剧，是对封建礼教、封建家长制的控诉，这对认识当时妇女们的低下地位和悲惨处境很有启发意义。

汉乐府民歌中还有一部分作品表达了人类对自身生死存亡问题的各种感受。如《薤露》、《蒿里》二诗抒写了对生命短促、人生无常的悲哀，前者云：

薤上露，何易晞。露晞明朝更复落，人死一去何时归！

再如《董逃行》、《王子乔》等作品表达了求仙长生的愿望，而《长歌行》（青青园中葵）则以“百川东到海，何时复西归？少壮不努力，老大徒伤悲”这样充满智慧的人生经验催世人警醒。《枯鱼过河泣》是

一篇别具一格的寓言诗：

> 枯鱼过河泣，何时悔复及！作书与鲂鱮，相教慎出入。

河鱼因为行动不慎而遇害丧生，追悔莫及，于是写信警告同类，莫要重蹈覆辙。这是枯鱼的现身说法，更是逢祸遭难者的经验总结。

汉乐府民歌不仅反映了广阔的社会生活，表达了多样的人生思考，艺术上也达到了很高水平。它以浓重的叙事性和成功的叙事手法、富有诗意的生活镜头、形形色色的人物形象、丰富奇特的想象、生动活泼的语言、灵活多样的形式而享誉后世。汉乐府民歌是继《诗经·国风》之后出现于中国诗苑中的又一道清新亮丽的风景。

六、文人五言诗的兴起

汉武帝时代，乐府大量采集民间歌谣，出现了反映民生、自然朴质、独具特色的汉乐府民歌。至汉末，乐府民歌渐趋雅化，出现了由文人创作的被誉为“五言之冠冕”的文人五言诗——《古诗十九首》。

双人像 东汉

《古诗十九首》的名称最早见于萧统编的《文选》。这组古诗产生于桓、灵之际，不是一人所作，因为内容和风格相近，萧统将其编在一起。作者大多为中下层文人，内容大致分为两类：一类描写仕途失意的苦闷和悲哀，另一类写游子思妇的别离相思之苦。

在东汉后期那个统治思想崩溃、社会动荡不宁的时代，一向以兼济天下、报效君国为人生目标，以圣人言行为最高价值标准的文士们，失去了他们赖以安身立命的精神支柱，儒学崇高的价值观日益显露出它的苍白与虚伪，人生的出路到底在哪里？他们面临着巨大的痛苦与困惑。生命短促，人生无常，昨是今非，文人们拿起手中的笔，写下了这些五言诗句：

> 盛衰各有时，立身苦不早。人生非金石，岂能长寿考？奄忽随物化，荣名以为宝。
>
> ——《回车驾言迈》

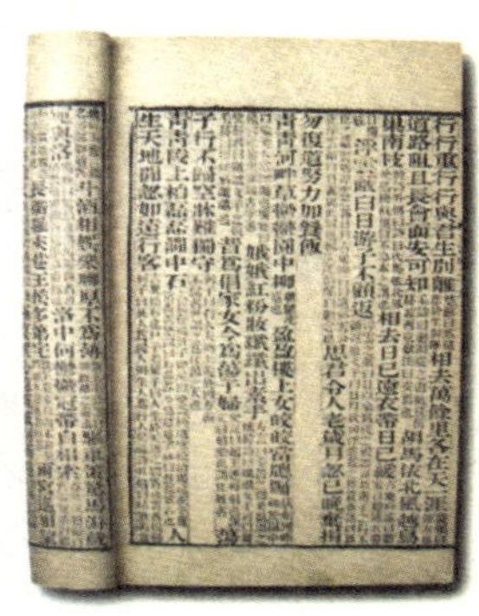

《古诗十九首》书影

> 人生忽如寄，寿无金石固。万岁相更迭，圣贤莫能度。服食求神仙，多为药所误。不如饮美酒，被服纨与素。
>
> ——《驱车上东门》

出水芙蓉图　南宋

生年不满百，常怀千岁忧。昼短苦夜长，何不秉烛游？为乐当及时，何能待来兹？

——《生年不满百》

诗人感到时光易逝、人生短促，希望尽早建立功名，但仕途失意之后，内心苦闷，服药以达神仙境界又觉虚幻，倒不如“饮美酒”，穿上“纨与素”，及时行乐呢！更有甚者，怕黑夜睡觉耽误行乐，索性秉烛夜游，以增加生命的“密度”，这是对生命多么强烈的留恋啊！

离人相思作品在《古诗十九首》中占了一半以上，这些抒发夫妇、恋人、朋友之间离别相思之情的作品，也是同感叹人生短促、生命无常的主题联系在一起的，实际上这两类作品是一脉相承的。请看下面的诗句：

涉江采芙蓉，兰泽多芳草。采之欲遗谁？所思在远道。还顾望旧乡，长路漫浩浩。同心而离居，忧伤以终老。

——《涉江采芙蓉》

游子涉江采芙蓉花，又入泽采兰草，采好后却四顾茫然无法赠给亲人，彷徨无依的状貌如在眼前。

行行重行行，与君生别离。相去万余里，各在天一涯。道路阻且长，会面安可知？胡马依北风，越鸟巢南枝。相去日已远，衣带日已缓。浮云蔽白日，游子不顾返。思君令人老，岁月忽已晚。弃捐勿复道，努力加餐饭。

——《行行重行行》

《天河配》局部　河北年画

闺妇思念久行不归的亲人，情感真挚而强烈。诗中对亲人不返的原因作了含蓄的猜测，但最终还是归于劝慰游人多加餐饭的温柔关怀中。

迢迢牵牛星，皎皎河汉女。纤纤擢素手，札札弄机杼。终日不成章，泣涕零如雨。河汉清且浅，相去复几许？盈盈一水间，脉脉不得语。

——《迢迢牵牛星》

该诗借牛郎织女的神话故事来写人间男女的离别之苦。素手纺织，泣如雨下，偶然一抬头，盈盈一水却隔断了相会之途。尤其结束二句，真是委婉缠绵，情景难分，让读者也流连于愁绪之中，不能移步。

《古诗十九首》长于抒情，运用比兴和写景手法抒写游子思妇的万般情怀，千头万绪只为一个“情”字，结构精巧，语言朴素自然，其艺术代表了汉代文人五言诗的最高成就。

七、汉人小说

两汉时期，“小说”作为一种独立的文学体裁已被提了出来。最初，刘向、刘歆父子在《七略》中提出过，可惜原书已佚，幸有东汉荀悦所撰的《汉纪》中曾引用刘氏的话：“又有小说家流，盖出于街谈巷议所造。”东汉桓谭和班固也对此有过论述。桓谭在《新论》中说：“若其小说家，合丛残小语，近取譬论，以作短书，治身理家，有可观之辞。”班固在《汉书·艺文志》中说：“小说家者流，盖出于稗官，街谈巷语，道听途说者之所造也。”

刘向像

从汉人对小说文体的认识中，可知他们心目中的小说是经过文人加工过的“街谈巷语，道听途说”的短篇，而且小说多用譬喻、夸张，具有一定的故事情节，并且小说还具有“治身理家”的教化功能，具备“有可观之辞”的娱乐性和知识性。

两汉时期的小说作品，有《汉书·艺文志》中著录的和后人著录的两类。其中前者的“诸子略”中著录小说十五家，多涉及神仙、方术之事，虽合于汉代小说概念，但与当今小说定义还有距离；而后者流传至今的有十种，其中三种可定为汉人小说，如《燕太子》讲燕太子丹自秦归国后，谋报秦王无礼之仇，鞠武荐田光，田光荐荆轲，后荆轲易水诀别刺秦王，事败而死。故事情节完整，曲折起伏，人物个性鲜明生动，特别是荆轲刺秦王一段，情节紧张，形象跃然纸上。明代胡应麟称“《燕太子》三卷，当是古今小说杂传之祖”，评价中肯。还有两种：一为托名东方朔撰的《神异经》，此书从内容到形式均仿《山海经》；一为晋葛洪撰的《西京杂记》，多记逸事。这二者均为魏晋志怪、志人类笔记小说的产生奠定了内容和形式方面的基础。

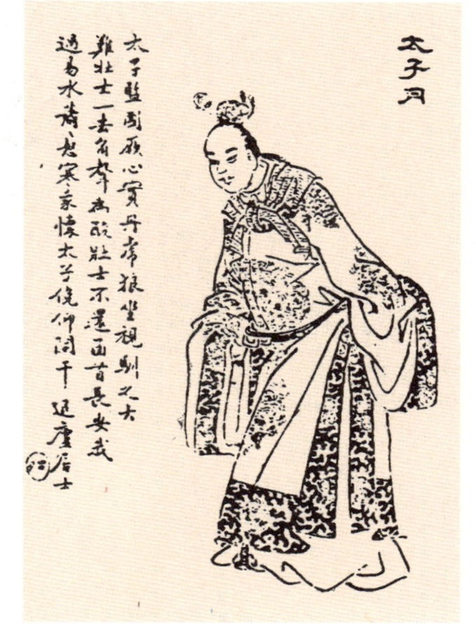

燕太子丹

成书于东汉的一部历史散文《吴越春秋》当推汉人小说之典范。自《史记》、《汉书》之后，历史散文中的非史官文化的因素进一步发展，有一部分文人私承史官之职，采撰著述，也成一家之言。东汉赵晔就是其中之一，他所

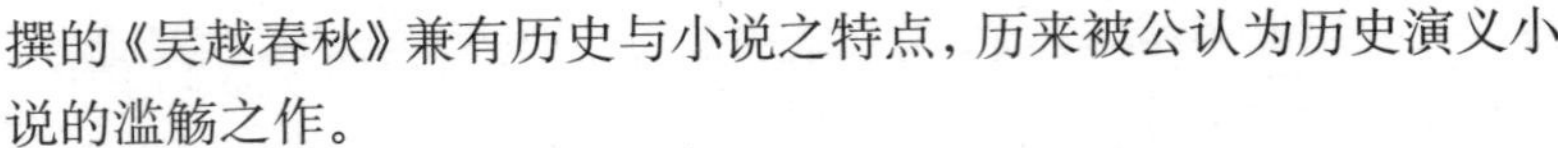

撰的《吴越春秋》兼有历史与小说之特点，历来被公认为历史演义小说的滥觞之作。

东方朔偷桃图　明 · 吴伟

《吴越春秋》全书今存10卷，主要叙述吴越争霸的故事，前五卷以吴为主，后五卷以越为主。全书所叙写的重要事件都标明了年代，却并不准确，多有讹误。书中许多故事在正史中都有记载，而写入本书时又依据传说或发挥想象，增加了许多生动的细节。如写伍子胥奔亡吴国过程中的渡江、乞食二事，《史记》中只用一百余字加以叙述，而在《吴越春秋》中则占用了很大篇幅，长达六七百字，并增加了为躲追捕避入芦中、渔夫击节唱歌、击绵女仗义保护等生动环节，情节复杂，险象环生，扣人心弦，更富于小说的魅力。

《吴越春秋》的许多情节荒幻离奇，如夏禹化熊、干将莫邪铸剑、老人化猿、公孙圣三呼三应之类，都近于志怪。《吴越春秋》所依据的正史本身就有明显的小说因素，在此基础上又加以夸张和虚构，再吸收大量的神话传说，因而行文颇具浪漫色彩，已愈加脱离历史散文的规范，进入杂史别传甚至小说的范畴。

伍子胥逃亡吴国

《吴越春秋》的人物刻画生动鲜明，个性突出，注重写出人物性格的发展，如伍子胥奔吴后，前期小心谨慎，后来直言强谏，随人物身份的不同而有逻辑地展现人物性格。书中还注重通过人物外貌的描写来凸显性格特点。如说伍子胥“身长一丈，腰十围，眉间一尺”，乃伟丈夫也，而伯嚭则“鹰视虎步”，专擅好杀之性如在眼前。这些描写对后世小说的人物形象刻画有很大影响。

汉人小说已具后世小说的雏形，直接引导了魏晋笔记小说的成熟，尤以《吴越春秋》大放异彩。

第四章 文学的自觉

魏晋南北朝时期，中国社会长期处于分裂状态，战乱频繁，动荡不安。两汉所实行的独尊儒术的政策，在这一时期已失去约束力，文人名士或崇奉老庄，融入自然；或读经谈佛，循入空门，儒、道、释并行于世，人们的思想观念发生了深刻变化。儒家诗教观也受到冲击，文学开始从儒学的束缚中解放出来，逐渐摆脱与其他学科的杂糅状态，而日益走向独立，文学的自觉时代来临了。

这一时期，人们开始关注文学自身独立存在的意义，多方探寻文学自身的特点、分类、价值、创作经验和发展规律，出现了多部有影响的文学理论和文学批评著作，如曹丕的《典论·论文》、陆机的《文赋》、刘勰的《文心雕龙》、钟嵘的《诗品》等，以及多部文学总集，如萧统的《文选》、徐陵的《玉台新咏》等。文学的审美特质也受到了空前的重视和自觉的追求，文学作品的抒情性和形式美被放到了突出位置。

文学的自觉使得这一时期的文苑出现了各种文体争新斗妍、各展风采的繁荣景象。文学之花竟在艰难时世中盛开了。其间，以抒情性和形式美为灵魂的诗歌最为引人注目。五言古诗在汉乐府和“古诗十九首”的直接滋养下，经过“建安七子”、曹植、阮籍、左思、陶渊明、谢灵运等人的辛勤浇灌，绽放出最为绚丽的花朵。七言诗也在这一时期成长起来，曹丕开创于前，鲍照改造于后，从而奠定了其在诗苑的地位，并对后世诗歌尤其是唐诗产生了极大影响。齐梁时期产生的“永明体”，是一种重视文采、讲究对偶和声律的新体诗，经由庾信等人的大力开拓，为唐人律诗的兴盛指明了方向。南北朝乐府民歌也大放异彩，南方民歌清新柔婉，以咏叹爱情为主；北朝民歌粗豪健朗，题材广泛，它们受到了当时和后世许多人的喜爱。诗歌而外，骈文、赋、小说等文体在这一时期也有新的发展，取得了新的成就。

骈文作为散文的变体，是一种骈俪化的、富于诗性的散文。它在魏晋时期兴起，并在整个文学界追求形式美的潮流中取散文而代之，占据了文坛的统治地位。几乎与此同时，铺张扬厉的汉大赋由于作家们对文学抒情性的标举而演变为优美动人的抒情小赋，并在骈文的影响下呈现出明显的骈俪化倾向，进而形成了骈赋。在这一时期涌现出不少骈文、骈赋名家和名作，成为文学史无法绕过的一道风景。这时，小说较两汉时期有了很大的发展，已经粗具后世小说的梗概。志怪小说与志人小说二水分流，《搜神记》和《世说新语》分别代表了这两类小说的最高成就，并对此后小说的发展产生了深远的影响。

一、建安风骨

建安（196—220）是汉献帝的年号。建安时期的诗歌继承并发扬了汉乐府民歌关注现实的精神，比较广阔而真实地反映了汉末的社会动乱，表现了诗人积极奋发的进取精神。人们在谈到建安诗歌的时候，常常称誉“建安风骨”。所谓风骨，是指诗作内在的慷慨悲凉的情感和感染力，以及语言表达上的简练刚健的特点。后世作家在反对片面追求形式和修辞美，而强调文学本身的热情和内在的感染力时，往往标举“建安风骨”的旗帜。

建安时期的重要诗人是“三曹”（曹操、曹丕、曹植）、“七子”（孔融、陈琳、王粲、徐幹、阮瑀、应玚、刘桢），还有一位女诗人蔡琰。他们大都经历过战乱，饱尝忧患之苦，亲身体验过离乱的悲怆；他们又对流民有深切的同情，有建功立业的愿望，所以他们的诗歌大多有很强的现实感，慷慨悲凉，梗概多气，将忧时伤乱、悲叹人生短暂和渴望建立不朽的功业三者结合起来，使建安诗歌具有一种异乎寻常的感染力。这种悲凉慷慨的感情需要与之相适应的诗歌形式。建安诗歌一方面继承了汉乐府民歌中的五言形式；另一方面又加以发展和改造，吸收了辞赋的某些特点，诗歌趋向于精致华丽，但并不过分铺张渲染，语言仍然清朗而紧凑，形式与内容相得益彰，共同构成了“建安风骨”的内在气韵。

当时，曹氏父子不仅操纵着政坛，也是文坛的主持者。由于曹氏父子的倡导和创作实践，建安文学呈现出一派繁荣景观和崭新气象。

曹操（155—220），字孟德，小字阿瞒，沛国谯（今安徽亳县）人。他是三国时期杰出的政治家、军事家和文学家。他在汉末大乱中自聚兵马，剪灭群雄，逐步统一并实际统治了北方。曹丕代汉自立后，追尊他为武帝。曹操也非常爱好文学艺术，并具有这方面的深厚修养。史载他“文武并施，御军三十余年，手不舍书，昼则讲武策，夜则思经传，登高必赋，及造新诗，被之管弦，皆成乐章”（《三国志》注引《魏书》）。曹操还擅长书法、围棋，尤其喜爱音乐，甚至在遗令中要求在他死后于铜雀台上置床帐，每月朔望向帐前作伎乐，以便他在天国继续聆听。大约是出于对清商俗乐的热爱，曹操在戎马倥偬中创作了大量借古题写时事的乐府诗，这些诗歌上继“感于哀乐，缘事而发”的汉乐府传统，既反映了汉末战乱不息的社会现实，又表达了他本人的抱负主张和各种人生感慨，情调慷慨悲凉，语言质朴自然，风格沉雄古直。例如《蒿里行》：

关东有义士，兴兵讨群凶。初期会盟津，乃心在咸阳。军合力不齐，踌躇而雁行。势利使人争，嗣还自相戕。淮南弟称号，刻玺于北方。铠甲生虮虱，万姓以死亡。白骨露于野，千里无鸡鸣。生民百遗一，念之断人肠。

全诗以沉郁苍凉的格调真实描绘了汉末军阀混战造成的动荡不安、民不聊生的社会现实，寄寓着作者悲天悯人的诗人情怀，可当作诗史来读。再如《短歌行》：

对酒当歌，人生几何？譬如朝露，去日苦多。慨当以慷，忧思难忘。何以解忧，惟有杜康。青青子衿，悠悠我心。但为君故，沉吟至今。呦呦鹿鸣，食野之苹。我有嘉宾，鼓瑟吹笙。明明如月，何时可掇？忧从中来，不可断绝。越陌度阡，枉用相存。契阔谈宴，心念旧恩。月明星稀，乌鹊南飞。绕树三匝，何枝可依？山不厌高，海不厌深。周公吐哺，天下归心。

此诗从感慨人生不永入手，通过几个低昂回旋，充分表达了诗人思贤若渴的心情和收揽人才一统天下的政治理想。《短歌行》又是一篇成功的四言诗作。四言诗发展到汉魏时期已经流于呆板僵化，曹操却将自己的真实情感和独特个性注入到这一诗体中，并在修辞、句法等方面对它进行了一系列改造，从而自唱新声，独步一时。除《短歌行》外，《步出夏门行》中的《观沧海》、《冬十月》、《河朔寒》、《龟虽寿》也是一组出色的四言作品，兹录《龟虽寿》如下：

神龟虽寿，犹有竟时；腾蛇乘雾，终为土灰。老骥伏枥，志在千里；烈士暮年，壮心不已。盈缩之期，不但在天；养怡之福，可得永年。幸甚至哉，歌以咏志。

步出夏门行 现代 · 范曾

开头连用了三组比兴句，简洁形象地表达了人终有一死的哲理和作者老当益壮的情怀。此诗真气回荡，情调极为高亢。据《世说新语》记载，晋代王敦常在酒酣耳热之际用如意敲打着唾壶吟诵“老骥伏枥”四句，以至于将唾壶敲得满是豁口。

曹丕像

曹丕（187—226），字子桓，是曹操的次子。他在建安二十二年（217）被立为魏太子，建安二十五年继曹操为魏王，同年废汉献帝自立，改国号魏，史称魏文帝。曹丕在政治方面没有什么大的建树，但在文化事业上却颇有贡献。史载他“年八岁，能属文。有逸才，遂博贯古今经传诸子百家之书”。曹丕诗、赋、文皆能，在诗歌方面尤多创举。清代沈德潜说过：“子桓诗有文士气，一变乃父悲壮之习矣。要其便娟婉约，能移人情。”（《古诗源》）与曹操相比，曹丕在诗歌中更致力于个人情感的抒发，善用清词丽句，讲究音韵谐和，形式上也富于变化，从而将建安诗歌的文人化推进了一大步。曹丕诗中最为出色的是描写男女爱情和离愁别恨的作品，如《燕歌行》其一：

> 秋风萧瑟天气凉，草木摇落露为霜，群燕辞归雁南翔。念君客游思断肠，慊慊思归恋故乡，君何淹流寄他方？贱妾茕茕守空房，忧来思君不敢忘，不觉泪下沾衣裳。援琴鸣弦发清商，短歌微吟不能长。明月皎皎照我床，星汉西流夜未央。牵牛织女遥相望，尔独何辜限河梁？

诗中萧瑟凄清的秋夜景色与缠绵悱恻的思妇情怀融为一体，虽为拟女性口吻而作，却具有极强的感染力。此诗语言清丽，表达委婉细腻，颇能代表曹丕诗歌的一般风格。《燕歌行》在诗歌体裁上也具有开创意义，是中国现存最早的成熟的七言诗。

曹植（192—232），字子建，是曹丕的同母弟。他自幼才华出众，史载他十余岁便诵读诗论及辞赋数十万言，善作文章，人称“绣虎”。曹操起初还不相信他的文章才能，以为有人捉刀，曾当面出题试验，结果曹植援笔立就，写成了一篇文辞可观的《铜雀台赋》，曹操很是惊异。曹植因文才超群备受其父宠爱，几欲被立为太子，但终因任性放达、胸无城府而告失败。曹丕在立嫡之争中对曹植怀恨在心，因此称帝后便对他施以打击报复，百般迫害。据《世说新语》记载，曹丕曾勒令曹植在七步内作成一诗，否则便有性命之忧。曹植眼含热泪，百感交集，愤然吟下了这首传世名作：

> 煮豆燃豆萁，豆在釜中泣。
> 本是同根生，相煎何太急！

兄逼弟曹植赋诗

在曹丕及其子曹睿（魏明帝）的嫉恨压制下，曹植名为王侯，实则囚徒，终于在郁郁寡欢中与世长辞。死后谥“思”，故又称陈思王。

青少年时代的曹植涉世不深，生活优裕，具有强烈的建功立业意识，因此他早期的诗歌以抒唱烈士悲心和公子豪情为主，情调激昂乐观。例如《白马篇》：

白马饰金羁，连翩西北驰。借问谁家子？幽并游侠儿。少小去乡邑，扬声沙漠垂。宿昔秉良弓，楛矢何参差。控弦破左的，右发摧月支。仰手接飞猱，俯身散马蹄。狡捷过猴猿，勇剽若豹螭……捐躯赴国难，视死忽如归！

此诗以浓墨重彩塑造了一位武艺高强、壮怀激烈的少年游侠形象，颇能显示曹植此期的精神风貌。

曹植的后半生是在频繁的迁徙和严密的监禁中度过的，因此他这一时期的诗歌充满了幻灭之感和忧生之嗟，诗风也趋于深沉悲凉。曹植后期最有代表性的作品是《赠白马王彪》。黄初四年（223），曹植与白马王曹彪、任城王曹彰一同进京朝见曹丕，没料到曹彰暴死京城，一去不返，而曹植和曹彪在返回封地的途中又被强令分道而行。曹植悲愤难抑，于是写了这首诗送给曹彪。全诗既有“奈何念同生，一往形不归”的死别之悲，又有“离别永无会，执手将何时”的生离之痛；既有“人生处一世，去若朝露晞”的生命之感，又有“丈夫志四海，万里犹比邻”的豪迈之词，情感复杂多端，情、景、事、理诸因素水乳交融。此时，出现在曹植诗歌中的抒情主人公形象已与前期有了显著差别，他再也不能身跨白马“连翩西北驰”，“捐躯赴国难”，而只能“揽辔止踟蹰”，“抚心长太息”了。曹植的诗歌“骨气奇高，词采华茂，情兼雅怨，体被文质”（钟嵘《诗品》），兼有曹操、曹丕之长，达到了风骨与文采的完美结合，完成了乐府民歌向文人诗的转变。谢灵运称赞曹植为“天下才有一石，曹子建独占八斗”，钟嵘则誉之为“建安之杰”。

诗歌以外，曹植的辞赋和散文也取得了较高成就。曹植的辞赋以《洛神赋》为代表，这篇赋描述“君王”对洛神的追求与幻灭，借此寄寓作者个人的政治失意、理想破灭之感。赋中充满了弥漫天地、笼盖人神的哀愁气氛，这使它产生了摇撼人心的魅力。作者对洛神多侧面多角度的精心描绘也甚是脍炙人口：

洛神赋图局部 东晋 · 顾恺之
曹植带着随从在洛水之滨仿佛看到了洛神

洛神赋 元 · 赵孟頫

……其形也，翩若惊鸿，婉若游龙；荣曜秋菊，华茂春松。仿佛兮若轻云之蔽月，飘飖兮若流风之回雪。远而望之，皎若太阳升朝霞；迫而察之，灼若芙蕖出渌波。秾纤得衷，修短合度。肩若削成，腰如约素。延颈秀项，皓质呈露。芳泽无加，铅华弗御。云髻峨峨，修眉联娟。丹唇外朗，皓齿内鲜。明眸善睐，靥辅承权。瑰姿艳逸，仪静体闲。柔情绰态，媚于语言。奇服旷世，骨相应图。披罗衣之璀粲兮，珥瑶碧之华琚。戴金翠之首饰，缀明珠以耀躯。践远游之文履，曳雾绡之轻裾。微幽兰之芳蔼兮，步踟蹰于山隅。于是忽焉纵体，以遨以嬉。左倚采旄，右荫桂旗。攘皓腕于神浒兮，采湍濑之玄芝……

这段文字写出了洛神的外形美、内蕴美、整体美、局部美、动态美、静态美、神态美、衣饰美……众美纷呈，美得光彩照人，美得超尘拔俗，美得宛如芙蓉出水，自然而然地会在读者心中唤起对美的爱慕与追求。曹植的散文也是情辞并茂，摇曳多姿，如《与吴季重书》、《求自试表》等都是其中名篇。

曹氏父子虽然政治道路、人生经历、个性气质都有不同，诗文风格也存在差别，但他们作为建安文人的领袖和核心人物，都对当时文学的发展起着重要的组织和示范作用。

汉末建安时期的作家除“三曹”外，最著名的是“七子”。其中孔融年辈较长，且在建安十三年（208）被曹操杀害，其他六人都做过曹家的幕僚，是以“三曹”为核心的邺下文人集团的重要成员。“建安七子”作为一个文学群体，既体现出共同的时代特征，又有着各自不同的文学个性。

孔融像

孔融（153—208），字文举，鲁国（今山东曲阜）人，孔子二十世孙，曾任北海相，后入汉献帝朝任职。孔融为人恃才傲物，言行狂放，又与曹操颇多政治分歧，终致被杀。但曹丕对孔融却很赏识，他不但在《典论·论文》中将孔融列为“今之文人”之首，称帝后还曾悬赏募集孔融的文章，孔融最初的文集就是由他编订的。孔融的文学成就主要在散文方面，其作气势雄放而辞采飞扬，代表作《论盛孝章书》、《荐祢衡疏》都被后人广为传诵。

王粲（177—217），字仲宣，山阳高平（今山东邹城）人。他出身世家，少年时代便以才闻名，往见当时名士蔡邕，邕倒屣而迎。王粲曾因躲避战乱而客居荆州十六年，后北归投曹操。他是“七子”中成就最高的作家，刘勰在《文心雕龙·才略》中誉之为“七子之冠冕”。他能诗善赋，代表诗作是《七哀诗》三首，尤以第一首最为著名：

> 西京乱无象，豺虎方遘患。复弃中国去，委身适荆蛮。亲戚对我悲，朋友相追攀。出门无所见，白骨蔽平原。路有饥妇人，抱子弃草间。顾闻号泣声，挥涕独不还。“未知身死处，何能两相完？”驱马弃之去，不忍听此言。南登灞陵岸，回首望长安。悟彼下泉人，喟然伤心肝。

这首诗是王粲在初平三年（192）避董卓部将之乱时从长安赴荆州途中所作。全诗不仅真切反映了骨肉分离、白骨遍地的悲惨现实，还流露出深沉的忧患意识：忧国、忧民、忧己，感情浓烈，苍凉悲慨，体现出王粲诗作的一般风格。王粲辞赋的代表作是《登楼赋》。

与王粲齐名的刘桢（？—217），字公干，东平（今山东东平）人。他性格豪迈，狂放不羁，曾在大庭广众中平视曹丕夫人甄氏。其诗一如其人，呈现出俊逸奇丽的风格。如《赠从弟》第二首：

> 亭亭山上松，瑟瑟谷中风。风声一何盛，松枝一何劲。冰霜正惨凄，终岁常端正。岂不罹凝寒，松柏有本性。

此诗表面是写不畏严寒、枝杆坚劲的松柏，其实是借此表现自己对高风亮节的追求。诗中虽藻采不多，却充满了“贞骨凌霜，高风跨俗”（《诗品上》）的气概。

陈琳（？—217），字孔璋，广陵射阳（今江苏淮安县东南）人。阮瑀（？—212），字元瑜，陈留（今河南开封）人。二人都以书檄文擅名当时。陈琳的《为袁绍檄豫州》是他依附袁绍时为讨伐曹操所作的檄文，文中历数曹操的罪状，气势壮盛，咄咄逼人。据说曹操当时正患头痛，一听人诵读此文，骇然汗出，头痛竟为之痊愈。阮瑀的《为曹公作书与孙权》列举史事，陈说利害，对孙权恩威并用，具有一种纵横驰骋的气势。史载阮瑀曾在马上为曹操草具书信，书成呈上，曹操“揽笔欲有所定，而竟不能增损”。在诗歌方面，署名陈琳的乐府诗《饮马长城窟行》写繁重徭役下征夫思妇的苦难和真情，阮瑀的乐府诗《驾出北郭门行》写“后母憎孤儿”的家庭悲剧，格调都颇为拙朴质直，汉乐府民歌古风犹存，不过前一篇的作者问题尚存疑问。

徐幹（170—217），字伟长，北海（今山东潍坊附近）人。他著有《中论》，这是今存建安七子唯一的子书。徐幹诗虽不多，但也有佳篇。他拟作的思妇词《室思》六章，写闺中女子对远方爱人的思念、盼望、失望和希望，婉转情深，特别是“自君之出矣，明镜暗不治。思君如流水，何有穷已时”几句，常为后人传诵和化用。应玚（？—217），字德琏，汝南南顿（今河南项城）人。他的散文《弈势》以弈喻战，以战证弈，雅趣盎然，堪称佳篇。

“建安七子”大多年寿不长，在曹丕称帝前就先后谢世，但他们的文学活动却是光彩夺目的。他们竞逞才藻，各造新诗，与“三曹”和其他文人才士一起开创了建安文学“彬彬之盛”的壮丽景观。

建安文学的代表作家还有一位女诗人蔡琰，字文姬。她是汉末著名文学家蔡邕的女儿。她自幼生长名家，耳濡目染，加之天资聪慧，所以博学多艺，精通音律，还擅长书法。文姬虽16岁即嫁卫仲道，但不久丈夫就死去，只得回娘家，不想家遭祸乱，父亲蔡邕被构陷与汉贼董卓一党而惨死狱中。在汉末割据动乱中，又为董卓部下所掳，流落到南匈奴为左贤王妻，在胡地生活了12年，生有二子。建安十二年，曹操统一北方，念与其父为旧交，派人将文姬赎回，并令改嫁同郡董祀。

蔡文姬的一生可以说尝尽了人世间的悲欢离合、艰难苦辛。这些苦难的经历，又成就了她的诗名。今存她的作品有三篇，五言《悲愤诗》、骚体《悲愤诗》和《胡笳十八拍》。可断定是其作品的是五言长篇叙事诗《悲愤诗》。全诗共108句，分三大段：第一段主要写动乱中人民遭殃及自己被掳入胡的惨痛遭遇，“斩截无孑遗，尸骸相撑拒。马边悬男头，马后载妇女”，可谓触目惊心；第二段写自己在南匈奴的遭遇以及被赎归汉的情形，这一段写得极为沉痛，动人心弦：

边荒与华异，人俗少义理。处所多霜雪，胡风春夏起。翩翩吹我衣，肃肃入我耳。感时念父母，哀叹无穷已。有客从外来，闻之常欢喜。迎问其消息，辄复非乡里。邂逅徼时愿，骨肉来迎己。己得自解免，当复弃儿子。天属缀人心，念别无会期。存亡

文姬归汉图 金·张禹

> 永乖隔，不忍与之辞。儿前抱我颈，问"母欲何之？人言母当去，岂复有还时？阿母常仁恻，今何更不慈？我尚未成人，奈何不顾思？"见此崩五内，恍惚生狂痴。号泣手抚摩，当发复回疑。

独处异乡的女诗人常常怀念故里，而终于可以回归故乡时，却又舍不下两个孩子，虽是胡人，但毕竟是自己的亲骨肉啊！文姬此时面对追问母亲哪里去的二娇儿，真是欲罢不能，肝肠寸断！一边是朝思暮想、阔别十几年的家乡，一边是号泣追问的亲生儿子，叫人怎样取舍！这段以抒情为主、夹以叙事的文字，通过细节描写，非常生动地传达出离别时人物的内心世界，使人如临其境，不禁也为之扼腕一叹！

诗的第三段写诗人回到故乡后的状况。悠悠千里，途中念子，心如刀割，回到家乡后却见到了满目荒凉：

> 城郭为山林，庭宇生荆艾。白骨不知谁，纵横莫覆盖。出门无人声，豺狼号且吠。茕茕对孤景，怛咤糜肝肺。

昔日城市变为荒林，往日庭宇也生满杂草，白骨蔽野，人声绝迹，只有与自己的影子相伴，令人痛彻心肺。这泣血的描写出自女诗人善感细腻的笔端，让人体尝到她不幸遭遇的苦涩滋味。最后诗人流露出重组家庭的忧虑与渴望安定生活的心愿。

蔡文姬另有《胡笳十八拍》，其真伪目前仍有争议，但有些内容符合文姬生平，亦颇有可观之处，如第八拍写道：

> 为天有眼兮何不见我独漂流？
> 为神有灵兮何事处我天南海北头？
> 我不负天兮天何配我殊匹？
> 我不负神兮何殛我越荒州？

读来气韵生动，情辞激烈，语词间充满了对天与神待己不公的怨怒与无奈，将一腔怨愤尽情宣泄出来，有一种震撼人心的美感。

二、正始之音

正始是魏废帝曹芳的年号（240—249），而习惯上所说的正始文学，是指曹魏后期直至西晋立国（265）二十几年间的文学创作。曹魏后期，司马氏集团与曹氏集团展开了争权夺利的激烈斗争。司马氏在扶植党羽的同时大肆屠杀异己，何晏、夏侯玄因拥曹被杀，而文人的命运更不堪，“天下名士，少有全者”，许多文人死在这场残酷的权力斗争中。由于政治环境极其险恶，名士动辄得咎，惹来杀身之祸，在这种局面下，崇尚虚无、提倡消极避世的老庄思想有了迅速发展。文人或热衷于玄学清谈，借以逃避现实；或采取任性放达的生活方式，曲折对抗世俗人生。所以这一时期的文人再也无法写出如建安时代那样高扬奋发、积极关注现实的作品，而是代之以寄寓玄远、含蓄蕴藉的“正始之音”，现实性大大减弱。正始年间的“竹林七贤”便是这样一群“名士”。“七贤”指阮籍、嵇康、向秀、刘伶、山涛、王戎、阮咸七人，他们“常集于竹林之下，肆意酣畅，故世谓‘竹林七贤’”（《世说新语》）。“七贤”中阮籍、嵇康文学成就最大，其次为向秀、刘伶，其余三人则成就不显。

阮籍（210—263），字嗣宗，陈留尉氏（今河南开封）人，是“建安七子”之一的阮瑀之子，曾任步兵校尉，故世称“阮步兵”。阮籍以蔑视礼法、放浪形骸著称。他善为“青白眼”，见拘守礼法之士就白眼以对；反之，则以青眼相看，故后世有“青睐”一词。他常常独自驾车出游，随意而行，走到无路可走之时就痛哭而返。他嗜酒成性，曾大醉六十日，为的是躲避司马昭出于笼络目的的联姻。他把积压在心底的愤懑和痛

竹林七贤与荣启期 南朝砖刻

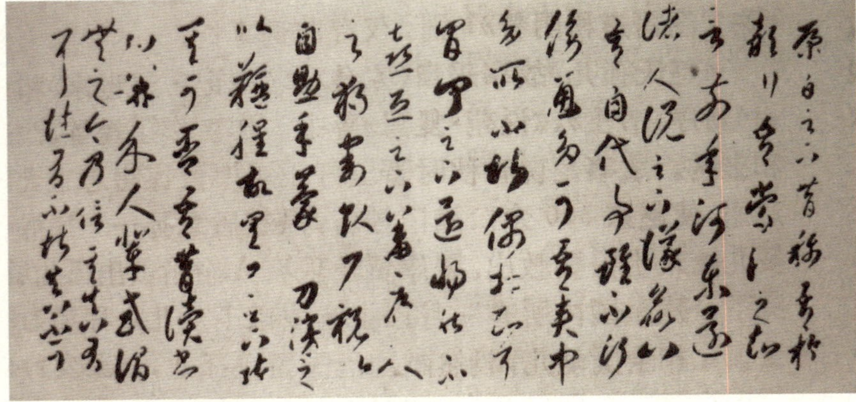

稽康《与山巨源绝交书》
唐 · 李怀琳

苦通过隐晦曲折的方式倾泻在诗歌当中，于是诞生了著名的五言《咏怀诗》82首。这些诗大多情调悲怆，风格含蓄飘逸。例如《夜中不能寐》一首：

夜中不能寐，起坐弹鸣琴。薄帷鉴明月，清风吹我襟。孤鸿号外野，翔鸟鸣北林。徘徊何所见？忧思独伤心。

此诗通过冷月清风、旷野孤鸿等意象，传达出了诗人内心无限的落寞和悲凉，特别是末尾二句，可视为全部《咏怀诗》的总纲。阮籍的散文以《大人先生传》最为有名，文中抗世傲俗、超然独往的“大人先生”形象，可以看作是作者理想人格的化身。

山涛以母老辞官
明 · 汪廷衲

嵇康（224—263），字叔夜，谯国铚（今安徽宿州）人，曾任中散大夫，世称“嵇中散”。他性情孤高，追求自然，且目下无尘，在现实生活中锋芒毕露，终因触犯司马氏集团而被诬处死。嵇康是一位散文大家，代表作为《与山巨源绝交书》。作者在此书中坦率地陈述了自己不愿为官的理由，态度决绝，辞旨尖锐，嬉笑怒骂，洒脱自如，显示出傲岸刚烈的鲜明个性。嵇康诗以四言为主，他不为风雅所羁，自铸新词，诗风清峻秀逸，成为曹操以后的一位四言名家。如《赠秀才入军》第十四首：

息徒兰圃，秣马华山。流磻平皋，垂纶长川。目送归鸿，手挥五弦。俯仰自得，游心太玄。嘉彼钓叟，得鱼忘筌。郢人逝矣，谁与尽言。

诗人在这里极力表白的是一种摆脱物累、游心于自然之道的人生情趣，尤其是“目送归鸿，手挥五弦”二句，是嵇康风神的绝妙写照。

“竹林七贤”中的其他几人很少有作品流传下来。只有向秀的《思旧赋》和刘伶的《酒德颂》较为有名。

前者抒述重睹亡友旧庐的内心感受，情真意切，悲风凛冽；后者假托“大人先生”和“贵介公子”、“缙绅处士”表达对玄学理想的弘扬和对礼法君子的批判，意旨近于阮籍的《大人先生传》。

三、太康诗风

西晋武帝泰始至惠帝元康这四十多年里，农业生产有所发展，人民生活相对稳定，文学创作也比较繁荣，史称“太康时期”。诗坛上出现了一批诗人，有“三张、二陆、两潘、一左”，即张载、张协、张亢兄弟三人，陆机、陆云兄弟二人，潘岳、潘尼叔侄两人以及左思，作为太康诗风的代表人物。钟嵘《诗品序》称他们“勃尔复兴，踵武前王，风流未沫，亦文章之中兴也”。太康诗风的典型特征就是辞采华丽，描写繁复，体现出“繁缛”的诗体形态，其中的代表诗人是潘岳和陆机。

二十四友在石崇的金谷园雅集

潘岳（247—300），字安仁，荥阳中牟（今属河南）人。从小就聪慧异常，被称为“奇童”，长大后更是才华出众，又兼之长相俊美，风流儒雅，谈吐温婉，被时人称为“璧人”。他时常独自驾车出洛阳游玩，一路观者无数，时有妇人掷水果于其车，口呼“潘郎”，潘岳每次都满载而归。

潘岳虽外表风姿俊秀，心里却难免功名荣辱之心，19岁就步入仕途，却长期沉沦下僚，滞官不迁，后终事贵戚贾谧，列为贾门“二十四友”之首。他热衷功名，为了得到贾氏青睐，曾为贾谧讲《汉书》，代为拟书表甚至代为作诗，后又参与贾后、贾谧废太子的阴谋，构陷太子。他还与当时豪富石崇共谄贾谧，常与之共守路旁，远望贾车过来，则“望尘而拜”。这何尝不是当时政治斗争漩涡中文人苟活的一种悲哀！后赵王伦专权，潘岳被人诬为谋反，死于非命，这也是西晋一代文人的悲剧。潘岳的代表作《悼亡诗》共三首，主要叙写丧妻后的悲痛之情，婉转曲折，描写繁复，情景交融。试看其一：

> 荏苒冬春谢，寒暑忽流易。之子归穷泉，重壤永幽隔。私怀谁克从，淹留亦何益。……如彼翰林鸟，双栖一朝只。如彼游川鱼，比目中路析。

陆机像

> 春风缘隟来，晨霤承檐滴。寝息何时忘，沉忧日盈积。庶几有时衰，庄缶犹可击。

笔触细腻，低徊缠绵。其《金谷集作诗》、《河阳县作诗》二首、《在怀县作诗》二首均大量运用偶句，加强了诗歌铺陈描写的功能，体现了繁缛的诗风。

陆机（261—303），字士衡，吴郡华亭（今上海松江）人。原为吴士族，吴灭后入洛，与其弟陆云都被晋重臣兼文坛领袖张华所看重，“二陆”名重一时。步入仕途，先是投靠太傅杨骏，杨骏败亡后又投贾谧，参与“二十四友”应制之游。后赵王伦辅政时又因参与诛贾谧有功而赐爵关中侯。在那纷扰的乱世，文人岂可常保，最终被谗而遇害。陆机被钟嵘誉为“太康之英”，又有“陆才如海，潘才如江”之称。陆机所作诗歌，今存104首，多为士大夫的空虚感慨，又好拟古，内容呆板贫乏，但讲求辞藻和对偶，文辞趋向华美。其十二首《拟古诗》多拟《古诗十九首》，其总体水平不及原作。《赴洛道中作诗》其二是其名作：

> 远游越山川，山川修且广。振策陟崇丘，安辔遵平莽。夕息抱影寐，朝徂衔思往。顿辔倚嵩岩，侧听悲风响。清露坠素辉，明月一何朗。抚枕不能寐，振衣独长想。

陆机《文赋》　唐·陆柬之

这首诗记叙他离开故乡吴郡华亭，到西晋首都洛阳途中的观感，既有怀念亲人的乡情，又含着前程未卜的忧虑；句式趋向骈偶，描写细腻，委婉含蓄，寄深情于形象之中，堪称陆机诗中的上乘之作。

左思是太康诗坛上比较特殊的一位，这位构思十年写成《三都赋》、令“洛阳纸贵”的寒门素族，却是因其《咏史》八首奠定其文学地位的。左思，字太冲，生卒年不可确考，齐国临淄（今属山东）人。出身寒微，仕进不如意，因其妹左棻被选入宫而随移京师洛阳，曾任秘书郎，为依附贾谧“二十四友”之一。后退隐，晚年迁冀州，数年后病终，可算是西晋文坛上少有的“善终者”。

在“上品无寒门”的西晋，出身寒微的左思，虽然为文“辞藻壮丽”，却无进身之阶，于是写下《咏史》八首以抒怀。诗歌多借古讽今，表达其对门阀制度的不满，同时又慨叹寒士生活的困顿。如其二：

郁郁涧底松，离离山上苗，以彼径寸茎，荫此百尺条。世胄蹑高位，英俊沉下僚。地势使之然，由来非一朝。金张藉旧业，七叶珥汉貂。冯公岂不伟，白首不见招。

世胄占据高位，寒士屈沉下僚，这种现象由来已久，揭露了门阀制度压抑人才的罪恶。诗歌运用比喻形象贴切，借古证今，对比鲜明，笔力矫健，气势昂扬，后人谓之“左思风力”。其《咏史》诗借咏史以咏怀的新思路，成为后世如鲍照、陈子昂等诗人效法的新范例。

四、游仙诗和玄言诗

游仙诗是以想象中的神仙世界为题材的一类诗作。诗歌以“游仙”命名始于曹植，而以游仙为题材则可上溯到屈原。清人朱乾的《乐府正义》卷十二将早期的游仙诗分为两类：一类旨在借对神仙境界的描写寄托作者的怀抱；另一类内容则不出求仙访药，追求长生。

魏晋南北朝是中国历史上极其动荡的时代，无休无止的战乱不知使多少人肝脑涂地、尸骨横野。文人们生逢乱世，对人生的艰难、生命的短促、死亡的不可抗拒极为无奈，他们或者寻求精神的寄托，或者通过服药求仙以期延年益寿，于是此期文学中产生了大量以游仙为主题的诗作。这中间既有曹植《远游篇》、阮籍《咏怀诗》（七十八）之类借神仙世界抒发忧生之情的作品，也有曹操《气出唱》和《精列》、张华《游仙诗》、何劭《游仙诗》一类主要表达企求长生愿望的作品，而郭璞的多首《游仙诗》则使游仙主题成为六朝文学中不可忽视的一个主题。

郭璞（276—324）生逢两晋易代之际，是一个兼术士、学者、诗人于一体的颇富神秘色彩的人物。他的游仙诗今存19首，其中有9首是残篇。如《游仙诗》之三：

翡翠戏兰苕，容色更相鲜。绿萝结高林，蒙笼盖一山。中有冥寂士，静啸抚清弦。放情凌霄外，嚼蕊挹飞泉。赤松临上游，驾鸿乘紫烟。左挹浮丘袖，右拍洪崖肩。借问蜉蝣辈，宁知龟鹤年？

通过描写轻举高蹈的神仙生活，表达了对于神仙长生境界的向往。郭璞的游仙诗多借游仙以“坎壈咏怀”（钟嵘《诗品》），文采富丽，形

麈尾图 北宋

孙绰像

象性很强，在当时寡淡无味的玄言诗风中可谓独树一帜。

西晋末年，玄风盛行，士族挥麈谈玄成为一种时尚，南迁后更为盛行。江南山清水秀，气候宜人，林木郁郁葱葱，清溪流水潺潺，徜徉其间，令人流连忘返；兼之多次北伐均告失败，因而朝野之人，无不希望逃避现实，"散怀山水，萧然忘羁"（王徽之）。东晋两位重要宰相王导和谢安，亦是乐得清静，手持老庄之书，口称玄言之理，这对东晋文人的心态影响很大。士大夫们往往三五成群，在山水之间吟诗作赋，表达自己对宇宙人生的思考与理解，玄言诗由此产生并发展起来，自然山水与玄言诗也就有了天然的联系。魏晋玄学认为，人是自然的一部分，"天地与我同生，万物与我同一"，人们往往以一种全新的视角去观照个体与自然山水的关系，并把山水当作一种有灵性、可与之相交流的对象。正如东晋简文帝说的："会心处不在远，翳然林木，便自有濠濮间想也，不觉鸟兽禽鱼自来亲人。"（《世说新语》）东晋士人身处山水之间，手把麈尾，清谈佛理、玄理，通过诗歌的形式，将自己对茫茫宇宙及人生苦短的思虑一一表达出来，体会玄秘幽远的人生之"道"。

东晋玄言诗的代表人物是孙绰和许询。许询的作品集已佚，今存诗亦系残篇，现有孙绰的诗作录一如下：

> 萧瑟仲秋月，飂戾风云高。山居感时变，远客兴长谣。疏林积凉风，虚岫结凝霄。湛露洒庭林，密叶辞荣条。抚菌悲先落，攀松羡后凋。垂纶在林野，交情远市朝。澹然古怀心，濠上岂伊遥。

该诗写诗人在仲秋见万木萧条时所发人生感慨，前面写景，后面运用庄子、孔子的语义，写自己希图远离市朝、逍遥林野的生活，表达自己的节操志向。全诗借自然以抒情，形象性较强。

但大多数玄言诗是把玄理用山水作引子填在诗里，几乎没有什么诗味。对于这一点，钟嵘的话最有说服力。他在《诗品序》中说："永嘉（西晋末）时，贵黄老，稍尚虚谈，于时篇什，理过其辞，淡乎寡味。爰及江表，微波尚传，孙绰、许询、桓、庾诸公诗，皆平典似道德论，建安风力尽矣。"从现存的玄言诗来看，确实是诗味寡然，仿佛老庄的传声筒，可也有一点，借山水寄托玄言，这玄言诗里却有着美丽的山水风景描绘，并不自觉地将一种理趣带入诗中，这对后来谢灵运的山水诗、宋明理学家的诗都产生了很大影响。

这里不能不提一下表现玄学风流的兰亭集会。我们今天见到的玄言诗，许多都是通过这次集会后所编《兰亭集》保留下来的。永和九年（353）农历三月三，依照旧俗，士人们在会稽山阴（今浙江绍兴）的兰亭水边举行仪式，以驱除不祥，这也成为一次盛大的文人集会。兰亭风景清幽，有青山环抱，有绿水围绕，人们尽情在河边宴饮，并定下规矩，将酒杯放入弯曲的小水渠中，让其随波逐流，文人“列坐其次”，酒杯所停处，那人便饮下这杯酒，并赋诗一首，这叫做“曲水流觞”。文人们借此机会，也可大展文采风流。王羲之、孙绰等41人参加了这次集会，并赋诗37首，多为四言、五言诗。兰亭诗大都抒写游赏山水之乐，或由山水直抒玄理，寄意玄远，如孙绰吟道：

> 莺语吟修竹，游鳞戏澜涛。携笔落云藻，微言剖纤毫。时珍岂不甘，忘味在闻韶。

再如王羲之吟道：

> 仰望碧天际，俯磐绿水滨。寥朗无厓观，寓目理自陈。

这些诗均从山水游览中体认玄理，也应该属玄言诗的范畴。

曲水流觞图　清 · 苏六朋

为兰亭集会添上精彩一笔的，当属王羲之的《兰亭集序》。这篇书法史上有名的法帖，历来被称为“天下第一行书”，其文简而意深，不可不一读而畅怀，体会魏晋玄学之要理，这虽然不是玄言诗所述范围，但这篇历代传诵的美文却反映了人们对宇宙和人生的关怀之情：在“天朗气清，惠风和畅”之日，“仰观宇宙之大，俯察品类之盛”，在这种天、地、人生生不息的玄学体察中，发出“向之所欣，俯仰之间，已为陈迹”的无限感慨，体味“古人云，死生亦大矣”的痛觉，从山川之美、饮宴之乐写到人生短促之感慨，令人产生无限遐思。

王羲之兰亭集序

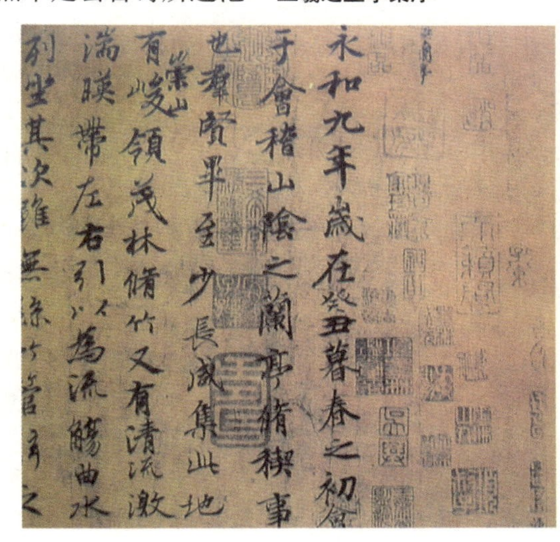
永和九年歲在癸丑暮春之初
于會稽山陰之蘭亭脩禊事
也羣賢畢至少長咸集此地
有崇山峻領茂林脩竹又有清流激
湍暎帶左右引以為流觴曲水
列坐其次雖無絲竹管弦之

玄言诗虽淡乎寡味，却使诗充盈着理趣，又借着山水作引子，开启了山水与玄理渐趋融合之门，并促成了真正的山水诗的兴起。理趣与山水，这是玄言诗的贡献。

五、拥抱田园的陶渊明

陶渊明（约365—427），字元亮（一说名潜，字渊明），号五柳先生，浔阳柴桑（今江西九江）人。其曾祖陶侃是东晋初年的名将，官至大司马，祖父做过太守；父亲早亡，母亲是东晋名士孟嘉之女，至陶渊明时家境已经衰败，生活颇为贫苦。陶渊明自少品格高洁，心系自然，疏于人事，好读书饮酒，不以荣利仕宦为念。他29岁时因亲老家贫出任江州祭酒，但不久就因不堪吏职而自请解归，后来又因贫病陆续做过参军一类的小官，过着时隐时仕的生活。陶渊明少年时也有过大济苍生的雄心壮志："少时壮且厉，抚剑独行游。谁言行游近，张掖至幽州"（《拟古》其八）；"忆我少壮时，无乐自欣豫。猛志逸四海，骞翮思远翥"（《杂诗》其五）。但政治的黑暗和官场的污浊使他一踏入仕途就感到失望和厌倦，世俗和他的本性龃龉难合，在仕与隐的矛盾冲突中，他长归田园永不出仕的决心渐渐酝酿成熟。陶渊明最后一次做官是41岁那年在彭泽县令任上。据《宋书》本传记载，当时郡上派遣督邮来县视察，县吏告诉他应束带往见，陶渊明于是叹息说："我不能为五斗米折腰向乡里小儿！"当天就解职归田，从此躬耕自给，终老在家，死谥靖节先生。

陶渊明崇尚自然，毕生热爱田园，相生相守，无怨无悔，饮酒赋诗，乐此不倦。他的诗歌涉及到了田园、咏史、行役等多种题材，而以田园诗最为著名。他沿袭了东晋清虚恬淡的诗风，并对统治当时诗坛的"理过其辞，淡乎寡味"的玄言诗进行了彻底改造，使诗歌与日常田园生活中的情、景、事、理相结合，开创了田园诗一体。他的田园诗是田园生活的写照，是躬耕甘苦的记录，更是人生理想的寄托，平淡中见警策，朴素中见绚丽，自然天成，意味隽永。如《归园田居》其一：

陶渊明像 明·陈洪绶

少无适俗韵，性本爱丘山。误落尘网中，一去三十年。羁鸟恋旧林，池鱼思故渊。开荒南野际，守拙归园田。方宅十余亩，草屋八九间。榆柳荫后檐，桃李罗堂前。暧暧远人村，依依墟里烟。狗吠深巷中，鸡鸣桑树颠。户庭无尘杂，虚室有余闲。久在樊笼里，复得返自然。

这首诗表现了陶渊明挣脱官场羁绊重返田园的新鲜感受和由衷喜悦，也传达出诗人对淳朴、宁静的生活理想的追求。全

东篱赏菊图

诗语言朴素，意境天成，读之如同面对一幅幽雅素淡的村居图，乡土气息扑面而来。其三则写作者早出晚归的稼穑生活：

> 种豆南山下，草盛豆苗稀。晨兴理荒秽，带月荷锄归。道狭草木长，夕露沾我衣。衣沾不足惜，但使愿无违。

尽管农事辛劳，草盛苗稀，但对于诗人来说都不足挂心，因为他终于脱离尘网，复归自然，如愿以偿了，只要精神舒畅，这点代价算什么呢！组诗《饮酒》的第五首也是传诵千古的名篇：

> 结庐在人境，而无车马喧。问君何能尔？心远地自偏。采菊东篱下，悠然见南山。山气日夕佳，飞鸟相与还。此中有真意，欲辩已忘言。

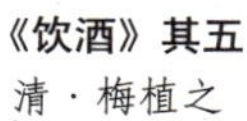

《饮酒》其五

清 · 梅植之

山花人鸟，无言相对，幽淡自然之景与悠然自得之情交融，万物各得其所、委运乘化的哲理暗寓其中，意蕴深长，味之无穷。“采菊东篱下，悠然见南山”，尤其受到后人的称道。

诗歌以外，陶渊明的辞赋、散文也取得了很高成就。他的文、赋作品皆不事雕琢，真实坦露自己的思想感情，风格一如其诗。其中《归去来兮辞》、《桃花源记》和《五柳先生传》三篇分别反映了他的生活理想、社会理想和人格理想，最能见出他的襟怀性情，也最著名。

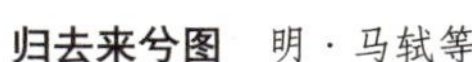

归去来兮图 明 · 马轼等

《归去来兮辞》是一篇抒情小赋，是作者脱离仕途回归田园的宣言。据赋前小序可知，这篇作品是他借口妹丧辞彭泽令时所作，当时他在官仅80多天，便因“质性自然”、“违己交病”而自请免官。赋中写归途中及到家后的情景，充满了迷途知返的喜悦和对自由田园生活的热爱：

舟遥遥以轻飏，风飘飘而吹衣。问征夫以前路，恨晨光之熹微。乃瞻衡宇，载欣载奔。僮仆欢迎，稚子候门。三径就荒，松菊犹存。携幼入室，有酒盈樽。引壶觞以自酌，眄庭柯以怡颜。倚南窗以寄傲，审容膝之易安。园日涉以成趣，门虽设而常关。策扶老以流憩，时矫首而遐观。云无心以出岫，鸟倦飞而知还。景翳翳以将入，抚孤松而盘桓。

诗人为什么这样归心似箭，以至于见到家门竟然像个孩子一样“载欣载奔”起来？原来田园中有亲人相迎，有松菊相守，有美酒可酌，有静室可居，有庭园可涉，天伦之乐、饮酒之乐、闲适之乐尽在其中，怎不令人梦萦魂牵？“云无心以出岫，鸟倦飞而知还”两句颇富哲理意味，它是作者向往自由、回归自然之心境的外化，昭示出一种极为深邃高妙的境界。村居之乐当然远不止于此，在这里可以与亲朋谈心，借琴书消愁，春来从事农作，闲暇还可任意游赏，漫步在“木欣欣以向荣，泉涓涓而始流”的生机勃勃、自由适性的世界中，作者的身心已与大自然融为一体。

《桃花源记》描写了一个美好的方外世界：

桃源图　清·袁耀

晋太元中，武陵人捕鱼为业。缘溪行，忘路之远近。忽逢桃花林，夹岸数百步，中无杂树，芳草鲜美，落英缤纷。渔人甚异之。复前行，欲穷其林。

林尽水源，便得一山。山有小口，仿佛若有光。便舍船，从口入。初极狭，才通人。复行数十步，豁然开朗。土地平旷，屋舍俨然，有良田美池桑竹之属。阡陌交通，鸡犬相闻。其中往来种作，男女衣着，悉如外人。黄发垂髫并怡然自乐。

文中构筑的那个环境幽美，没有战乱，人人任性而生，欢乐富足的桃源仙境，正是作者心目中的理想天地。全文艺术构思非常巧妙，它通过一个顺水行舟的渔人的行踪，把现实人间与理想境界巧妙地沟通起来。渔人误入

桃源，并在那里受到了热情款待，而后沿原路回来，尽管处处作标记却再也找不到通往那个神秘世界的道路了。从现实到理想，再从理想到现实，过渡自然而富于诗意，在真真假假、虚虚实实中使读者感到一种佳境似梦、难以再觅的怅惘。

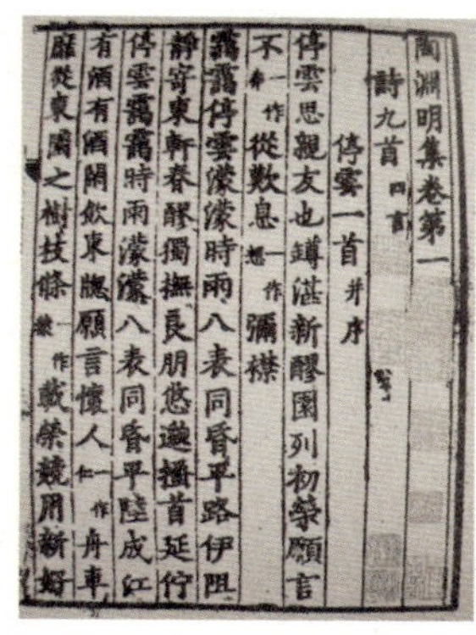

陶淵明集卷第一
詩九首 四言
停雲一首 并序
停雲思親友也罇湛新醪園列初榮願言
不(一作獲)從歎息(一作想)彌襟
靄靄停雲濛濛時雨八表同昏平路伊阻
靜寄東軒春醪獨撫良朋悠邈搔首延佇
停雲靄靄時雨濛濛八表同昏平陸成江
有酒有酒閑飲東牕願言懷人(一作仁)舟車
靡從東園之樹枝條(一作條)載榮競用新好

《陶渊明集》书影 宋刻递修本

《五柳先生传》是一篇自传性散文，它以极短的篇幅塑造了一个清高洒脱、安贫乐道的真隐士——五柳先生（实即陶渊明自己）的动人形象。文章重点介绍了五柳先生的志趣爱好、生活态度和思想性格，虽着墨不多而人物神情毕现。此外，陶渊明的临终绝笔《自祭文》也颇值一读。文章开篇云："岁惟丁卯，律中无射。天寒夜长，风气萧索。鸿雁于征，草木黄落。陶子将辞逆旅之馆，永归于本宅。"作者在自知将不久于人世之际，追索逝去的恍如过客的一生，虽自觉为人"乐天委分"，无怨无悔，暗中却也透露出丝丝有志难骋的遗憾，最后将千思万虑化作一声撼人心魄的嗟叹："人生实难，死如之何？"情调旷达中含悲凉，飘逸中寓沉重，读之令人鼻酸。

身在田园、心系自然的陶渊明，以充满诗意的素笔淡墨筑起了一方自由宁静的田园，一个远离尘俗的桃花源，一片平淡自然的艺术天地，更为后世无数的文人士子筑成了一座安顿苦恼灵魂的精神家园。怀抱自然真淳人生理想的陶渊明，至今仍散发出无穷的人格魅力。

六、元嘉三大家

元嘉是南朝宋文帝刘义隆（424—453年在位）的年号，被称为"元嘉三大家"的诗人是谢灵运、鲍照和颜延之，三人虽处同一时代，诗歌的内容和风格却很不一样，其影响也各不相同。

谢灵运（385—433），陈郡阳夏（今河南太康）人，东晋名将谢玄之孙，出身士族，18岁就袭封康乐公，所以人亦称其为"谢康乐"。后来原为谢玄手下将领的刘裕篡权立宋，谢灵运在政治上受排挤，被降为侯，外放为永嘉太守，遂肆意遨游，寄情山水，并以山水为知音，抒发心中愤懑之情。谢灵运的山水诗打破了玄言诗的长期统治，扩大了诗歌题材，改抽象的说玄为具体的描绘，对唐代王维、孟浩然的山水诗产生了直接影响。下面是他的代表作《登池上楼》：

谢灵运像

潜虬媚幽姿，飞鸿响远音。薄霄愧云浮，栖川怍渊沉。进德智所拙，退耕力不任。徇禄反穷海，卧疴对空林。衾枕昧节候，褰开暂窥临。倾耳聆波澜，举目眺岖嵚。初景革绪风，新阳改故阴。池塘生春草，园柳变鸣禽。祁祁伤豳歌，萋萋感楚吟。索居

易永久，离群难处心。持操岂独古，无闷征在今。

此诗写他出任永嘉太守的失意及病中临窗远眺所引起的归隐之意。“池塘”一联，历来为人所称赞，诗人初春望远的喜悦心情跃然纸上。但谢诗虽“如芙蓉出水”，描写景物自然生动，但诗后仍拖着一条“玄言的尾巴”，而且“写景——说玄”的单一结构模式显得僵硬死板，可他毕竟是第一个大力写作山水诗的人，不少写景诗句还有很高的审美价值，如“云日相辉映，空水共澄鲜”（《登江中孤屿》），“野旷沙岸净，天高秋月明”（《初去郡》），“明月照积雪，朔风劲且哀”（《岁暮》）等，所以其功绩不可埋没。

颜延之（384—456）与谢灵运齐名，他生性狂放不羁，诗作却写得严谨厚重，多庙堂应制之作。作品往往刻意雕琢，句句用典，据《南史》本传记载，颜延之曾经问鲍照，自己与谢灵运谁优谁劣，鲍照评价道：“谢公如初发芙蓉，自然可爱；君诗如铺锦列绣，亦雕绘满眼。”所论甚是精当。据现存诗看，只有《五君咏》、《北使洛》、《还至梁城作》几首较好，也许这些前期作品更能反映颜延之本色吧！

鲍照（约414—466），字明远，东海（今山东苍山县南）人，出身寒素的他，迫切希望凭借自己的才华在上层社会找到一席之地，但在豪门士族的统治下焉有他立锥之地？他一直沉沦下僚，终其一生，也只做过诸如县令、中书舍人、参军一类小官，他将满腔的悲愁怨愤之情发而为诗，写下了这样的诗篇：

泻水置平地，各自东西南北流。人生亦有命，安能行叹复坐愁！酌酒以自宽，举杯断绝歌路难。心非木石岂无感，吞声踯躅不敢言。

正如泻地之水因地势高低而流向四方一样，一个人也会因为出身、地位的高低而决定他的一生。诗作潜藏的愤懑不平之气仿佛随时喷发，却以忍气吞声不敢言作结，情绪由高而低，形成鲜明的对比。全诗语言简洁流畅，气势连贯，正如沈德潜评价的那样，此诗“妙在不曾说破，读之自然生愁”，令读者与之产生共鸣。以上是鲍照的《拟行路难》十八首中的第四首，他发扬汉乐府反映现实的精神，采用拟古形式，创作了不少五言、七言乐府诗，并为七言歌行体开拓了道路。再看第六首：

对案不能食，拔剑击柱长叹息。丈夫生世会几时，安能蹀躞垂羽翼？弃置罢官去，还家自休息。朝出与亲辞，暮还在亲侧。

弄儿床前戏，看妇机中织。自古圣贤尽贫贱，何况我辈孤且直！

这组诗大多不以文辞取胜，而是以真情动人，感情奔放，气势充沛，音节铿锵，富于变化，被后人称为“如五丁凿山，开人世所未有”。杜甫也赞誉说“俊逸鲍参军”，可见鲍照诗影响之深远。

七、圆美流转之永明体

随着诗歌创作的逐步繁荣，注重诗歌语言的音乐美和形式美已成为一个重要趋势，南朝齐梁两代的诗人们在这方面作出了巨大贡献。永明体的出现，使中国诗歌讲究声韵之美的特征更加明显，并直接导引了唐代律诗的产生。

这种讲究声律和对偶的新体诗最初形成于南齐永明（齐武帝萧赜年号，483—493）年间，故称“永明体”。当时周颙“善识声韵”并将其行于世，兼之逐渐繁荣起来的佛经翻译也促进了中国音韵学的发展，又有许多韵书的撰著做基础，由是人们对声韵的认识逐步深入。沈约（441—513）等人创“四声八病说”，将汉字区分包融在平、上、去、入四种声调之中，又根据字词声调的组合变化，按照高低轻浊的变化规则排列起来，以达到铿锵和谐的音乐效果，同时还要避免平头、上尾、蜂腰、鹤膝、大韵、小韵、旁纽、正纽八种声律运用上的毛病，“一简之内，音韵尽殊；两句之中，轻重悉异。妙达此旨，始可言文”（沈约《宋书·谢灵运传论》）。声韵学的发展和沈约等人对诗歌声律的探索为永明体诗的形成奠定了基础。前人往往看到烦琐苛刻的声律要求对诗歌创作的一些消极影响，而忽视了四声的发现和永明体的产生，能使诗歌声韵协和，流丽婉转，对于增强诗歌的音乐美是有积极意义的。唐诗琅琅上口，读来清脆圆转，是直接肇始于此的。

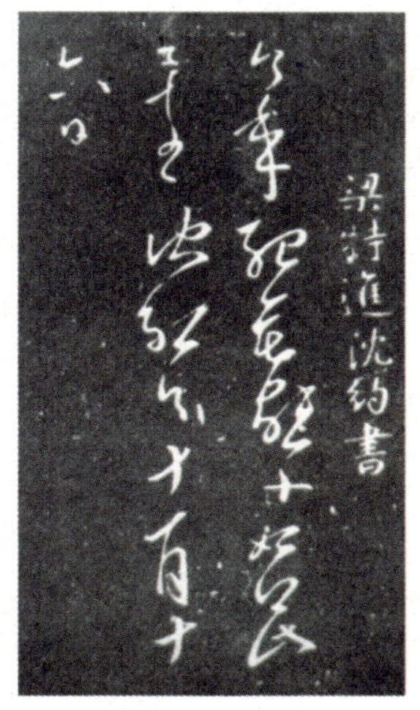

沈约手迹石刻

永明体诗人中颇为著名的有沈约、谢朓（464—499）、王融（467—493）等，他们都是所谓“竟陵八友”中的成员，其诗歌大多平仄协调，音韵铿锵，对仗工整，篇制短小，有些也具有清新的景物描写。现选录几首来体会一下声韵在诗歌中的作用：

生平少年日，分手易前期。乃尔同衰暮，非复别离时。勿言一樽酒，明日难重持。梦中不识路，何以慰相思。

——沈约《别范安成》

去秋三五月，今秋还照梁。今春兰蕙草，来春复吐芳。悲哉

人道异，一谢永销亡。帘屏既毁撤，帷席更施张。游尘掩虚座，孤帐覆空床。万事无不尽，徒令存者伤。

——沈约《悼亡诗》

灞涘望长安，河阳视京县。白日丽飞甍，参差皆可见。馀霞散成绮，澄江静如练。喧鸟覆春洲，杂英满芳甸。去矣方滞淫，怀哉罢欢宴。佳期怅何许，泪下如流霰。有情知望乡，谁能鬒不变？

——谢朓《晚登三山还望京邑》

江路西南永，归流东南骛。天际识归舟，云中辨江树。旅思倦摇摇，孤游昔已屡。既欢怀禄情，复协沧洲趣。嚣尘自兹隔，赏心于此遇。虽无玄豹姿，终隐南山雾。

——谢朓《之宣城郡出新林浦向板桥》

游人欲骋望，积步上高台。井莲当夏吐，窗桂逐秋开。花飞低不入，鸟散远时来。还看云栋影，含月共徘徊。

——王融《临高台》

这些诗篇大有唐人风采，显示出永明体诗在声律方面的积极意义，永明诗人真正有价值的创作实践即在于此：他们努力改变晋宋以来典重古涩的诗风而为轻婉流利、意韵谐美的新体诗。其中沈约的开创之功可谓大矣，他撰《四声谱》，试图将诗歌声律规范化，并积极参与创作，写出了许多清新流畅的诗作。谢朓则是继"大谢"（谢灵运）之后又一位着力打造"山水诗"品牌的诗人。他的山水诗融情、景、理于一体，进一步摆脱了玄言成分，从而形成了一种清新流转的风格，他的名句"馀霞散成绮，澄江静如练"；"大江流日夜，客心悲未央"。"鱼戏新荷动，鸟散馀落花"等等皆脍炙人口，也正符合了他"好诗圆美流转如弹丸"的审美主张，对后来唐代诗人有着相当深刻的影响。李白对他有过高度评价："蓬莱文章建安骨，中间小谢又清发。"又说："我吟谢朓诗上语，朔风飒飒吹飞雨。"许多唐代诗人受其影响，足见谢朓在中国诗史上的重要地位。

任昉像

八、丽靡轻艳之宫体诗

梁代紧承齐代，一些重要作家如沈约、范云、任昉、萧衍等直接

将永明体诗带入梁代，在永明诗风的影响下，由梁简文帝萧纲倡导而形成了另一种新诗体，即宫体诗。因为萧纲当时正是太子，居于东宫，以他为核心的文学集团专力写宫廷内帏之事，因而称为“宫体”。围绕着东宫太子的诗人主要有庾肩吾、庾信父子，徐摛、徐陵父子等。

徐陵像

南朝设有乐府，以采集民歌配乐演唱，南朝民歌中低回缠绵、柔曲轻快的因素被宫廷文人所吸取，经过加工润色后的歌词亦多侧艳之风气，正满足了统治者纵情声色的需要；由是民歌由市井进入宫廷，兼之统治者生活浮靡，提倡这种诗体写作，因而宫体诗就在这块温湿的土壤上衍生开来，在梁、陈二代达到高潮。

现存的宫体诗多收集于徐陵奉萧纲之命编撰的《玉台新咏》里，内容多涉宫廷生活，具体的题材不外乎歌咏宫廷器物与描写女性，并将女性置于男性视角中加以观照，表现出以男性权力为中心的赏玩心理，诗作对女性的容貌、体态、服饰等各个方面大力描绘，如：

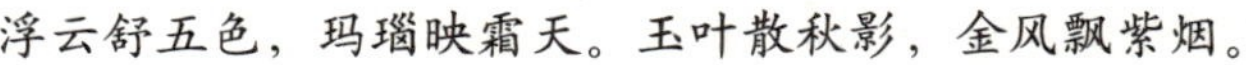

浮云舒五色，玛瑙映霜天。玉叶散秋影，金风飘紫烟。

——萧纲《咏云》

春花竞玉颜，俱折复俱攀。细腰宜窄衣，长钗巧挟鬟。洛桥初度烛，青门欲上关。中人应有望，上客莫前还。

——庾肩吾《南苑看人还》

蛾月渐成光，燕姬戏小堂。胡舞开春阁，铃盘出步廊。起龙调节奏，却凤点笙簧。树交临舞席，荷生夹妓航。竹密无分影，花疏有异香。举杯聊传笑，欢兹乐未央。

——萧绎《夕出通波阁下观妓》

这类诗歌都注重词藻、对偶和声律，描摹细腻。而有些宫体诗人出言轻佻，笔涉艳情，表现出一种病态的审美追求，诗格卑下，这也是宫体诗千百年来招致非议的最主要原因。如：

北窗聊就枕，南檐日未斜。攀钩落绮障，插捩举琵琶。梦笑开娇靥，眠鬟压落花。簟文生玉腕，香汗浸红纱。夫婿恒相伴，莫误是娼家。

——萧纲《咏内人昼眠》

萧纲曾说：“立身先须谨重，文章且须放荡。”对此，人们虽有不同理解，但人们对宫体诗描写宫廷荒淫生活的题材还是极为厌恶的，

所以人们将宫体诗视为梁陈宫廷腐朽淫靡土壤上滋生出的“恶之花”，也自有其道理。

宫体诗“伤于轻艳”，多雕摩一些细琐的题材，内容又单薄狭窄，但有些小诗虽风格纤丽，却也清婉可读。如：

隔墙花半隐，犹见动花枝。当由美人摘，讵止春风吹。

——刘孝威《望隔墙花诗》

菱花落复含，桑女罢新蚕。桂棹浮星艇，徘徊莲叶南。

——萧纲《采菱曲》

提到陈朝的宫体诗，人们会自然想起后主陈叔宝的亡国之音来。陈叔宝（553—604），字元秀。自幼颇具文才，被立为皇太子前就喜与文人交游唱和，即位后更是不问政务，溺于声色之中，终日与江总、孔范等十人游宴，称为“狎客”，还令宠妃及女学士夹坐其间，一起赋诗，互相酬答，“迟则罚酒，君臣酣饮，从夕达旦，以此为常”。他不无得意地说：“清风明月，美景良辰，对群山之参差，望巨波滉漾。或玩新花，时观落叶；既听春鸟，又聆秋雁”，过得是何等优游自在的日子。而且他还令人选取一些文辞艳丽的诗作为曲词，制成新声，叫后宫美人歌之舞之。其中就有他自己创作的这首《玉树后庭花》：

陈叔宝像

丽宇芳林对高阁，新妆艳质本倾城。映户凝娇乍不进，出帷含态笑相迎。妖姬脸似花含露，玉树流光照后庭。

此诗赞美受陈后主宠幸的张贵妃、孔贵嫔的姿容娇态，完全承袭了齐梁以来的轻靡之风，而更趋浓艳。《玉树后庭花》是一首完全意义上的宫体诗，而且抛却了南朝民歌自由活泼轻快的调子，而完全“宫廷化”了，不仅内容狭窄平庸，而且格调低靡，是宫廷淫逸生活的产物。“后庭花”一词已成为声色亡国的典型象征，它的作者陈后主也已成为荒淫误国的君主之一。当隋师陈兵江北，隔江而望的小朝廷也危在旦夕，陈叔宝却依然终日纵酒，作诗不辍。他自负地说：“王气在此！……虏今来者必自败。”（《南史·陈本纪》）即使告急文书飞递入宫，他也常在醉乡，有些表章甚至到亡国被俘时也未曾打开过！隋文帝都为之叹息：“将作诗功夫，何如思安时事！”

陈叔宝确是一个荒淫昏庸的皇帝，但他颇有文才，雅

好文学，虽伤于淫靡轻艳，但其自创歌调的才华却也可佳，而且他的一些艳情诗也写得情思婉转，有些许可读之处。如《有所思》：

> 荡子好兰期，留人独自思。落花同泪脸，初月似愁眉。阶前看草蔓，窗中对网丝。不言千里别，复是三春时。

构辞新巧，借景抒情，颇有含蓄的诗味。陈叔宝还创作了一些边塞诗，如《陇头水》：

> 高陇多悲风，寒声起夜丛。禽飞暗识路，鸟转逐征蓬。落叶时惊沫，移沙屡拥空。回头不见望，流水玉门东。

此诗声韵协和，极力渲染边塞风光，但由于生活范围的局限，其诗仍缺乏一种浩荡之气，特别是“落叶”、“流水”等意象的选择，均伤于纤巧，也显示了他题材视野的狭窄。

尽管宫体诗自初唐以来一直受到贬斥，甚至“恐与齐梁作后尘”，唯恐避之不及，但在事实上，宫体诗在艺术形式上还是有所贡献的。宫体诗扩大了诗歌审美表现的领域，促进了七言诗体的发展，并广泛影响了后世的文学创作，它继续了永明体对声律的艺术探索，使诗歌更趋格律化，对后来律诗的形成起了重要的推动作用。在唐人的许多“宫词”和“春闺曲”中，依稀还能看出宫体诗的旖旎身影来。

九、南北朝辞赋和散文

三国两晋时期，辞赋产生了新变化，原来以体制宏大、铺排渲染著称的汉大赋已渐渐失去了社会基础，取而代之的是一些咏物抒情小赋。赋的题材更加广泛，不仅有宫殿、园林、京都之赋，亦有鸟兽花虫、伤别悼亡之类的题材出现。篇幅一般短小精悍，情思活泼，往往有极强的抒情性；或写忧国怀乡之思，或赋游子离愁之恨，都情深意切，流光溢彩，常令人读之动情。更兼语言骈俪，喜用典故，辞藻更趋华美，赋中整饬的偶句大增，大大增强了赋作的艺术表现力。这些咏物抒情小赋到了南北朝时期更为盛行，名家名作颇多，至此，辞赋也逐渐完成了其骈体化的过程。

南朝辞赋，咏物抒情小赋是主流，语言日渐骈偶，风格日渐绮丽，抒情成分日趋浓重。宋代的辞赋家首推鲍照，他的《芜城赋》感叹兴亡变化，抒发人生无常的悲凉感慨，最负盛名。此外，谢惠连和谢庄

分别以《雪赋》和《月赋》闻名，前者以雪喻人，后者咏月抒情，语言精工浓丽，视角独特。

齐代赋作不多，唯谢朓有些影响。梁代是南朝辞赋的全盛期，受宫体诗的影响，这一时期的赋风格华艳，语言轻靡流荡，赋作家众多，萧纲、萧绎、江淹等均创作了大量的赋，而最有成就的辞赋作家首推江淹。江淹现存赋28篇，而最为世传诵的是《别赋》和《恨赋》。

《别赋》以“黯然销魂者，唯别而已”开篇，总括描述了离别时人们的心理状态，以春苔、秋风等景物为背景，更添伤感；后又分别描写了人间七种不同境况的离别，如富贵者之别、游侠剑客之别、从军者之别、游宦思妇之别等，以渲染“有别必怨，有怨必盈”的伤感之情，其中写恋人之别最为精彩：

> 下有芍药之诗，佳人之歌。桑中卫女，上宫陈娥。春草碧色，春水渌波。送君南浦，伤如之何！至乃秋露如珠，秋月如珪，明月白露，光阴往来。与子之别，思心徘徊。

文字极富诗意，四字成句，音韵铿锵且秀美，语言珠圆玉润，情感真挚含蓄，凄切动人。

《恨赋》以死亡为描写对象，写了历史上有名的帝王将相、英雄烈士面对人生这一不可避免的主题（死亡）时的表现。这些概括和描绘是作者对人生的一种深切思考和认识，语言亦富丽精工，叙事、议论相糅合，风格哀婉又不失苍劲，堪称这一时期抒情赋之代表作。

陈代赋唯徐陵有些名气。北朝名作极少，直到庾信（513—581）由南入北，融南北之文风，创制出一些名篇佳作来，并成为南北朝时期最杰出的辞赋家。他将六朝骈体赋推向了极致，而盛极必衰，赋这种文体的盛世也宣告结束。

庾信是在梁末战乱中出使西魏而被扣留的，终身未归。他把齐梁文学的声律、对偶技巧和清新绮艳的风格与北朝文学的雄浑劲健之气熔为一炉，创造出了“穷南北之胜”的文学硕果。庾信不仅以诗歌开北朝诗坛风气，他的赋作成就更高。他的前期赋作多为咏物抒情小赋，如《春赋》、《七夕赋》、《鸳鸯赋》、《灯赋》、《镜赋》等，都写得对仗工整，清丽自然。后期赋风大变，《小园赋》、《竹杖赋》、《枯树赋》、《哀江南赋》，一洗齐梁风貌，变得流丽清新而又苍凉悲慨。其中以《哀江南赋》最为著名。这篇带有自叙传色彩的作品，悲身世、念王室、述家风、陈世德，处处流露出流落异域的士人的乡关之思。此赋内容既反映重大历史事件，具有巨大的史诗价值，又浸透了作者深沉的感情，确是“华实相扶，情文兼至”之作。如写西魏攻破江陵之后的情景：

冤霜夏零，愤泉秋沸。城崩杞妇之哭，竹染湘妃之泪。水毒秦泾，山高赵陉。十里五里，长亭短亭。饥随蛰燕，暗逐流萤。秦中水黑，关上泥青。于是瓦解冰泮，风飞电散。浑然千里，淄渑一乱。雪暗如沙，冰横似岸。逢赴洛之陆机，见离家之王粲。莫不闻陇水而掩泣，向关山而长叹。

对偶匀称妥帖，语言骈散结合，用典繁密而不觉生硬板滞。词章机杼间无不渗透着赋家的凄苦悲壮之情，千载以来依然生发着感人的力量。

南北朝散文中衰，骈文畸形繁荣。骈文中较具气势和情韵的作品有鲍照的《登大雷岸与妹书》、孔稚圭的《北山移文》、丘迟的《与陈伯之书》、吴均的《与朱元思书》、庾信的《哀江南赋序》等。散文大多出现于史传、地理等学术著作中，但仍具有不同程度的骈俪化特色。南朝范晔的《后汉书》，词句整丽而文气通畅，呈现出与《史记》、《汉书》不同的风格。北朝在散文创作领域成就尤为突出，产生了几部颇有文学价值的散文体学术著作。郦道元的《水经注》集六朝地志之大成，文笔清朗疏朴，饶有山水自然之趣。杨衒之的《洛阳伽蓝记》追叙佛寺历史，饱含沧桑之感、兴亡之念，行文则骈散兼用，风格清丽峻拔。如写永宁寺的九级浮屠：

绣柱金铺，骇人心目。至于高风永夜，宝铎和鸣，铿锵之声，闻及十余里。

短短数语，即将佛寺的巍峨气势尽写之。又如写西游园中钓台：

累木为之，出于海中，去地二十丈，风生户牖，云起梁栋，丹楹刻桷，图写列仙。刻石为鲸鱼，背负钓台，既如从地踊出，又似空中飞下。

文字洁净秀丽，条理清晰，散文中又夹用骈偶，有很高的文学成就。

颜之推的《颜氏家训》教诫子孙，抨击世情物态，文风平易亲切。书中写道：

上智不教而成，下愚虽教无益，中庸之人，不教不知也。……子生孩提，师保固明，仁孝礼义，导习之矣。凡庶纵不能尔，当

《洛阳伽蓝记》书影　清道光刻本

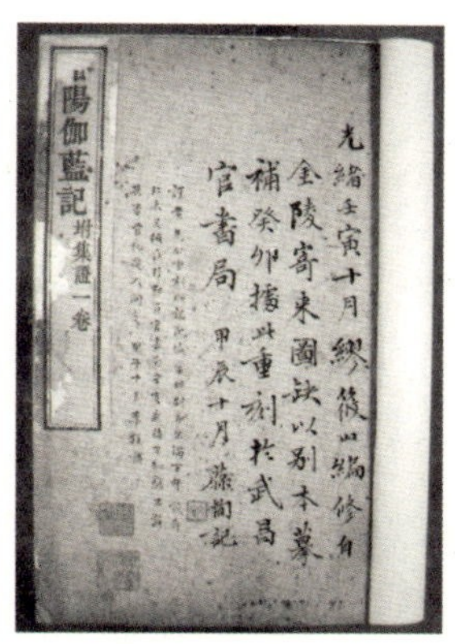
陽伽藍記 坿集證一卷
光緒壬寅十月繆筱珊編修自
金陵寄來圖缺以別本摹
補癸卯播此重刻於武昌
官書局 甲辰十月

《颜氏家训》书影　明万历刻本

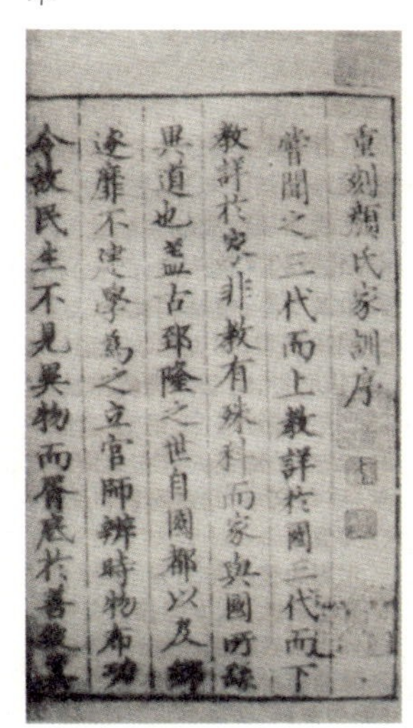
重刻顏氏家訓序
嘗聞之三代而上教詳於國三代而下
教詳於家非教有殊科而家與國所繇
異道也蓋古郅隆之世自國都以及
遂靡不建學為之立官師辨時物布功
令故民生不見異物而習

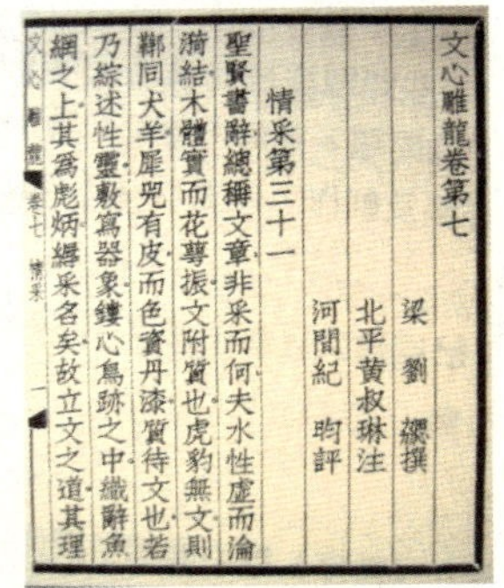

文心雕龍卷第七

梁 劉 勰撰

北平黃叔琳注

河間紀 昀評

情采第三十一

聖賢書辭總稱文章非采而何夫水性虛而淪漪結木體實而花萼振文附質也虎豹無文則鞹同犬羊犀兕有皮而色資丹漆質待文也若乃綜述性靈敷寫器象鏤心鳥跡之中織辭魚網之上其為彪炳縟采名矣故立文之道其理

文心雕龍 卷七 情采 一

《文心雕龙》书影

及婴稚，识人颜色，知人喜怒，便加教诲，使为则为，使止则止。比及数岁，可省笞罚。父母威严而有慈，则子女畏慎而生孝矣。

训诫子女自小就培养仁爱、孝悌、知礼、晓义的习惯。书中还对南北士族的某些风气作了淋漓尽致的描写，如《涉务篇》写士大夫的腐化堕落：

梁士大夫，皆尚褒衣博带，大冠高履，出则车舆，入则扶持，郊郭之内无乘马者。……及侯景之乱，肤脆骨柔，不堪行步，体羸气弱，不耐寒暑，坐死仓猝者，往往而然。

还有一则更为可笑的事例，刻画生动：

（建康令王复）性既儒雅，未尝乘骑，见马嘶喷陆梁，莫不震慑，乃谓人曰：“正是虎，何故名为马乎？”

《文章篇》则尖锐地批判了“趋末弃本，率多浮艳”的齐梁文风，主张“宜以古之制裁为本，今之辞调为末，并须两存，不可偏弃”；还提出“文章当以理致为心肾，气调为筋骨，事义为皮肤，华丽为冠冕”，对于作家的创作态度及人格修养等提出了要求，观点中肯恰切，在许多方面与文论大师刘勰在《文心雕龙》中的阐述相一致。

南北朝辞赋和散文的骈俪化是当时文坛上一种重要的新气象。虽然此期有不少作品滑入了形式主义的泥淖，但骈俪化趋向的确有助于更为充分地发挥汉语言外在形式的美感，并有利于增强作品的抒情性。

十、儿女情长与英雄气概

历史上的南北朝长期处于对峙局面，由于南北两方的政治、经济、文化以及自然环境、民族习俗的不同，造成了南北朝民歌在内容和风格上迥然相异的艺术风貌。南朝民歌婉转缠绵，以反映真挚爱情生活为主；北朝民歌粗犷豪放，多反映北方的动乱现实及人民的生活习俗。现存的南北朝乐府民歌总共500多首，以南朝为多，北朝民歌现仅存70首左右，均保存在宋郭茂倩编选的《乐府诗集》中。

自东晋偏安江南以来，长江流域的商业经济发达，城市也日趋繁荣，社会相对安定。兼之江南自然风光秀美，男女徜徉其间，物庶人

丰，鸟语花香，自然有美好的情愫产生，于是出现了许多儿女情长的民歌作品。南朝民歌大部分保存在《乐府诗集·清商曲辞》中的“吴声歌”和“西曲歌”两部分里，绝大多数是情歌，且多为女子对男子倾诉爱慕之情。如《子夜歌》二首：

始欲识郎时，两心望如一。理丝入残机，何悟不成匹！

长夜不得眠，明月何灼灼。想闻散唤声，虚应空中诺。

据《唐书·乐志》云：“晋有女子名子夜，造此声，声过哀苦。”这种说法可能为附会之辞，但42首《子夜歌》的确基调哀伤。如上两首，就反映痴情女子对情人的哀怨及缠绵的思念，借织机无法织成布匹，一语双关，隐喻二人终不能匹配成佳偶的痛苦；相思成灾，竟至听见情人在呼唤自己，“虚应空中诺”，答应一声之后才发觉是幻觉，真是痴迷到了极致。代表南朝民歌最高成就的是收入《杂曲歌辞》的《西洲曲》：

忆梅下西洲，折梅寄江北。单衫杏子红，双鬓鸦雏色。西洲在何处？两桨桥头渡。日暮伯劳飞，风吹乌臼树。树下即门前，门中露翠钿。开门郎不至，出门采红莲。采莲南塘秋，莲花过人头。低头弄莲子，莲子清如水。置莲怀袖中，莲心彻底红。忆郎郎不至，仰首望飞鸿。鸿飞满西洲，望郎上青楼。楼高望不见，尽日栏杆头。栏干十二曲，垂手明如玉。卷帘天自高，海水摇空绿。海水梦悠悠，君愁我亦愁。南风知我意，吹梦到西洲。

这首民歌既保留了民歌的淳真本色与生活气息，又有着委婉缠绵且精致巧妙的抒情风格，是一首经过文人加工润色过的艺术上最为成熟的南朝民歌。

北朝乐府民歌主要保存在《乐府诗集·横吹曲辞》的《梁鼓角横吹曲》中，也有一些在《杂曲歌辞》和《杂歌谣辞》中。作者多为鲜卑、氐、羌等少数民族，也有少数汉人。北方长期处于战乱之中，磨炼出北方人民勇敢刚硬的精神品格，如《折杨柳歌辞》：

军乐队 南北朝砖画

游牧 南北朝砖画

健儿须快马，快马须健儿。跸跋黄尘下，然后别雄雌。

鼓角横吹曲本是一种马上演奏的军乐，以鼓和号角为乐器，曲调必定高扬激昂，与南朝民歌相比，北朝民歌自有一种豪侠尚武的风格。最为人传诵不已的是这首反映北方游牧生活的《敕勒歌》：

敕勒川，阴山下。天似穹庐，笼盖四野。天苍苍，野茫茫，风吹草低见牛羊。

原由鲜卑语演唱，译成汉语后成为一首仅有7句的杂言小诗，寥寥27个字，却唱出了北方大草原辽阔苍茫的真实图景：恢弘的天宇笼罩着一望无垠的山川，劲烈的长风吹伏了莽原茂草，现出成群的牛羊，山、川、天、野与风、草、牛、羊动静相映，无不充满原始的活力。与其所表现的景象相适应，此诗语言质朴，音调铿锵，以其自然天成而展示出无穷的魅力，充满着北方人民对游牧生活的无限热爱与自豪。

北朝民歌最为杰出的作品是长篇叙事诗《木兰辞》。其产生年代说法不一，大约应流传于北魏时期，后来可能经过了文人的加工润色。《木兰辞》讲述了一位女英雄替父从军的传奇故事，也反映了普通人民的生活理想和北方少数民族的尚武精神。全诗成功地塑造了木兰这个不朽的巾帼英雄形象。

木兰本是一个织布穿梭的闺中女子，但在国难当头，父亲年迈难以应征的关键时刻，她毅然决定走下织机，女扮男装代父从军。诗中对木兰出征前的准备活动和征途中的感受作了详细的铺排描写：

木兰像

东市买骏马，西市买鞍鞯，南市买辔头，北市买长鞭。旦辞爷娘去，暮宿黄河边。不闻爷娘唤女声，但闻黄河流水鸣溅溅。旦辞黄河去，暮至黑山头。不闻爷娘唤女声，但闻燕山胡骑鸣啾啾。

写出征前四处购求鞍马器具，烘托出一派忙碌紧张的气氛，人物高昂振奋的精神状态不难想见。写征途中溅溅水声和胡马嘶鸣，以环境的冷寂反衬亲情的温暖，足见木兰既怀刚毅男儿心，又不乏柔善女儿肠。木兰从军后景况如何？诗中仅以短短四句话一带而过：

朔气传金柝，寒光照铁衣。将军百战死，壮士十年归。

虽惜墨如金却言简意赅，战场上的肃杀气氛、将士们的出生入死和木兰的英风豪气尽显其中。木兰纵横万里，转战十年，保家卫国，屡建功勋，然而凯旋回朝后却不愿接受高官厚禄，最后解甲还乡，恢复了女儿本色，重叙天伦之乐：

> 归来见天子，天子坐明堂。策勋十二转，赏赐百千强。可汗问所欲，“木兰不用尚书郎，愿驰千里足，送儿还故乡。”爷娘闻女来，出郭相扶将。阿姊闻妹来，当户理红妆。小弟闻姊来，磨刀霍霍向猪羊。开我东阁门，坐我西阁床。脱我战时袍，著我旧时裳。当窗理云鬓，对镜贴花黄。出门看火伴，火伴皆惊忙：“同行十二年，不知木兰是女郎！”

写天子如何封赏，写爷娘姊弟如何相迎，写木兰如何妆扮，写伙伴如何惊忙，铺陈排比，不厌其烦，借此制造出一种热烈欢快的气氛，透出浓郁的人情味和生活气息，而木兰纯朴高尚的心性、活泼甚或带点顽皮的神态都从中凸现出来了。结尾的构思也很奇妙：

> 雄兔脚扑朔，雌兔眼迷离。双兔傍地走，安能辨我是雄雌！

以一个别出心裁的比喻，在有意无意之间显示了木兰的自喜自豪，余味无穷。

《木兰辞》紧扣木兰“是女郎”这一特点来取舍材料，并善于通过人物行动描写和气氛烘托来刻画木兰的心理、性格。木兰这一形象虽带有传奇色彩，但她突破了封建社会“女不如男”的陈旧观念，在她身上集中了勤劳、善良、机智、勇敢、刚毅、淳朴等一系列传统美德，体现了广大人民的理想，因此千百年来一直深受人们喜爱。木兰故事一再被后世作家写成戏剧、小说，甚至走向了世界，如美国就制作了动画大片《花木兰》。全诗五言、七言杂用，句式灵活，有张力，风格上清新刚健而不失生动活泼，音调铿锵，语言流畅，读来自有一股生气贯注心头。

十一、志人和志怪

鲁迅在《中国小说的历史的变迁》中，将魏晋南北朝的小说分为志人和志怪两类，志人小说是以记录人物逸闻琐事为主的逸事小说。

《西京杂记》书影

志人小说的出现，既与先秦、两汉的史传文学所提供的写人记言的经验传统有关，又与魏晋以来崇尚清淡和品评人物的风气大有关系。志人小说多记录士族人物玄虚的清淡和奇特的举止。东晋以后，品评清淡的玄风更加盛行，记录士大夫人物言行的逸事小说更加兴盛起来，但大多已散佚，流传下来的有东晋葛洪的《西京杂记》和南朝宋刘义庆的《世说新语》，其中尤以《世说新语》为佳，是志人小说的代表作。刘义庆（403—444），彭城（今江苏徐州）人。南朝宋武帝刘裕之侄，袭封临川王。他爱好文学，喜延纳才学之士，为人谦虚素简，著述很多。

《世说新语》原名《世说新书》，宋朝改称。原本8卷，今通行本为6卷，分德行、言语、政事、文学、雅量等36门类，每门各条目又大致按时代先后顺序排列，此书由刘义庆组织门下文士编成，取材广泛，可以说是当时以记言为主的逸事小说的集大成之作。书中涉及的内容是丰富多彩的，其中有不少作品反映了当时豪门士族的穷奢极欲和凶狠残忍。如《汰侈篇》写石崇宴客杀美人以劝酒，王敦去做客时竟“固不饮，以观其变，已斩三人，颜色如故”。当丞相王导责备他时，他却说：“自杀伊家人，何预卿事？”王武子用人乳喂猪，亦是骇人听闻。《世说新语》更多地记载了当时所谓“名士”的处世态度和生活品味。如《任诞》写刘伶纵酒放达：

雪夜访戴图　元·张渥

（伶）或脱衣裸形在屋中。人见讥之，伶曰：“我以天地为栋宇，屋宇为裈衣（裤子），诸君何为入我裈中？”

同篇记王子猷雪夜访友，兴尽而返：

王子猷居山阴，夜大雪，眠觉，开室，命酌酒，四望皎然。因起彷徨，咏左思《招隐诗》。忽忆戴安道。时戴在剡，即便夜乘小船就之。经宿方至，造门不前而返。人问其故，王曰：“吾本乘兴而行，兴尽而返，何必见戴？”

晋人又以喜怒不形于色尽显雅量为不失名士风度，如《雅量篇》记谢安与人下围棋，适得谢玄淝水战捷的书信至：

（谢公）看书竟，默然无言，徐向局。客问淮上利害，答曰：

“小儿辈大破贼。”意色举止，不异于常。

《世说新语》书影
明万历刻本

同篇写王羲之二子神字：

王子猷、子敬曾俱坐一室，上忽发火。子猷遽走避，不惶取屐；子敬神色恬然，徐唤左右，扶凭而出，不异平常。

另外，在《言语》、《赏誉》、《品藻》、《排调》诸篇中，还记载了士族名士们讲究仪容修饰、神态超逸、注重社交语言等故事，我们可以从中窥见当时的“魏晋风度”是何等状貌。《世说新语》中还记述爱国志士，表彰优秀人物，如《言语》篇中的《过江诸人》，写晋室东迁后贵族“新亭对泣”，唯丞相王导“愀然变色曰：‘当共戮力王室，克复神州，何至作楚囚相对！’”，《德行》中“管宁割席”不与权贵金钱为友，《自新》中周处勇于改过、为民除害的故事，都有一定教育意义。

《世说新语》“记言则玄远冷隽，记行则高简瑰奇”（鲁迅《中国小说史略》），善于通过富有特征性的细节描写，三言两语将人物活灵活现地凸显出来。如《俭啬》写王戎：

王戎有好李，卖之恐人得其种，恒钻其核。

16个字，就活化出王戎贪婪狡黠的性格特征。又如，写性急的王蓝田吃鸡蛋：

以箸刺之不得，便大怒，举以掷地。鸡子于地圆转未止，仍下地以屐齿蹍之。又不得。瞋甚，复于地取内口中，啮破即吐之。

读之令人忍俊不住，不禁佩服作者的叙述技巧。全书语言精炼含蓄，隽永传神，典雅而不失通俗，简洁而又生动，善于运用个性化的口语表现人物的性格和情态，其艺术手法为后世小说所吸纳借鉴，确是一部值得置于案头常常品读的好书。

魏晋南北朝时期，社会动荡不安，佛、道盛行，随之而来的是宗教迷信的蔓延，兼之这个动乱时期统治者佞佛信道，不敢正视现实，处于深重苦难中的劳动人民，只能将希望寄托在无所不能的鬼神身上，而且可以通过大胆的幻想，将自己的反抗情绪和对理想的追求曲折地表达出来，正因为如此，志怪小说层出不穷，如托名东方朔的《神异经》、旧题曹丕的《列异传》、张华的《博物志》、葛洪的《神仙传》、

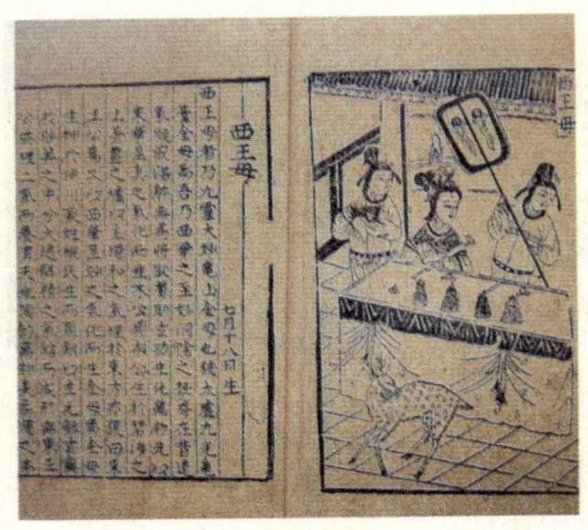

《新刊出像增补搜神记》书影
明万历刻本

刘义庆的《幽冥录》、颜之推的《冤魂志》等等，它们大多记述一些神仙方术、鬼怪妖魔、殊方异物、佛教灵异等非现实的东西，也记载了一些野史逸闻和民间传说故事。许多已散佚，现仅存30余种，其中以干宝的《搜神记》成就最高。

干宝，字令升，新蔡（今河南新蔡）人，约生活于西晋初至东晋中叶这一时期。他博学多才，东晋初召为著作郎，又领国史，官至散骑常侍，曾著《晋纪》20卷（已佚），被称为“良史”。他又“性好阴阳数术”，在博览群书之际，发现了许多鬼怪故事，于是就为鬼物神怪们立传，名为《搜神记》，凡30卷。原本已佚，今本20卷，为明人所重辑。

《搜神记》的创作目的是“明神道之不诬”，因该书相信实有鬼神，故书中不乏宗教迷信思想，但创作者态度严谨，许多故事又是优秀的民间传说，具有广泛的社会意义，所以干宝亦被称为“鬼之董狐”（董狐为春秋时良史）。如《三王墓》，记述了楚国巧匠干将莫邪为楚王铸剑，三年乃成，献之反被楚王杀害，其子赤比日思报仇，不得，遇山中客，设计杀楚王。赤比自刎由山中客持头见楚王，置赤比头于沸汤中，引楚王观之，山中客杀楚王，后自刎，三头皆落汤中。这个故事不仅揭露了统治者的血腥罪恶，而且表现了古代人民反抗残暴压迫的斗争精神。《韩凭妻》写宋康王霸占韩凭妻何氏，后韩凭夫妇先后被迫自杀，二人葬后墓间生出相思树，一对鸳鸯常栖树上，交颈悲鸣。这篇小说既暴露了统治者荒淫凶残的本性，也歌颂了韩凭夫妇生死不渝的爱情。《紫玉》写吴王夫差的小女儿紫玉与韩重相爱，夫差不许，紫玉气结而死，韩重哭于墓前，墓开而入，三天三夜尽夫妇之礼。这个人鬼之间短暂团聚的故事，写得凄楚动人。此外，书中的《嫦娥奔月》、《董永》等美丽动人的民间传说，也寄寓了劳动人民的生活理想和美好愿望，历来为人们所喜爱。

《搜神记》中有许多作品因想象丰富奇特、文风亦庄亦谐而颇具艺术魅力。如《千日酒》一则写刘玄石饮酒一醉千日，家人误以为他已经醉死，不料葬后三年打开墓穴，玄石酒气冲入众人鼻中，使他们也都醉倒了三个月。夸张调侃，着实滑稽好笑。

《搜神记》不仅故事情节生动、完整，而且人物形象的塑造也很成功，一些细节描写、诗文穿插等手法也增强了小说的表现力，直接影响了后世的小说创作，宋代洪迈的《夷坚志》、明代瞿佑的《剪灯新话》、清代蒲松龄的《聊斋志异》等均与此一脉相承。

第五章 唐诗时代的文学

隋王朝的建立，结束了南北长期对峙的局面。有意趣的是，正如秦王朝一样，它成了其后强盛王朝的一个过渡和铺垫。这个短短38年的王朝还没来得及留下什么文学痕迹，就转瞬即逝了，一个历史将近300年的强大王朝拔地而起，吸引了人们的视线，隋王朝在人们心中贮留的时间太短了。

经过短暂统一的隋朝，中国历史又迎来了辉煌灿烂的大唐盛世，中国文学也同样迎来了全面繁荣的恢弘气象。从618年唐王朝建立，中国封建社会开始进入发展高峰，到907年唐朝灭亡，形成五代十国政权的交替迭变，中国重又陷入分裂与混乱，在这近300年的时间里，唐文学以其优秀的诗歌为主导，以及多种多样文体的繁荣，而登上中国文学的最高峰，也雄踞于当时的世界文坛。

唐王朝建立后，善于吸取历史经验，实行了许多富国强兵的政策，因而唐代经济繁荣，国力强盛，更重要的是，它大大增强了民族的自信心和自豪感，文人学士激情振奋，从思想到创作都呈现出一派昂扬气势，唐诗创作空前高涨。安史之乱后，唐代政治、经济、文化均发生了巨大变化，作家们开始正面现实，深入思考，写出了许多反映民生疾苦的优秀诗篇。唐代思想文化开放，文人们在中外、南北多向文化交流中汲取了新的创作素材，从而丰富了唐代的文化内容，兼之六朝时期文学的自觉为唐代文学发展奠定了基础，再加上统治者的爱好和倡导、创作者知识水平的提高等等，所有这些都促进了唐文学的全面繁荣。

唐之诗是有唐一代的胜景，仅流传下来的诗歌作品就有5万多首，知名诗人不下千位，唐代文坛是诗的海洋，唐代可谓是诗金时代。唐代初、盛、中、晚四时期诗的发展各有可圈点之处，初唐四杰首破宫体诗风，对律诗定型亦有建树；盛唐出现了李白、杜甫两位蜚声中外的大诗人，田园、边塞诗派亦各领风骚；中唐诗人最多，流派也最多，元白、韩孟等诗派各具特色，创作极为丰富；晚唐则有“小李杜”忧患国家命运，又有皮日休、聂夷中、杜荀鹤等抒写现实的力作。

唐代散文成就仅次于诗歌，韩柳古人运动高扬起散文革新的大旗，其势直泄宋朝，延及后世。唐传奇创作繁荣，标志着中国文言小说创作趋于成熟。唐代城市繁荣，市民生活丰富多彩，通俗文学如变文在群众中广泛流行，而一种可以配乐演唱的新诗体——词也在孕育诞生。

一、初唐四杰

初唐的诗坛仍然处于齐梁浮艳诗风的笼罩之下，影响较大的诗人如虞世南、上官仪等虽也偶有佳作，但总的看来仍缺乏慷慨之情与雄杰之气。这种情况直到“初唐四杰”的出现，才开始有了改观。唐高宗至武后时期，诗坛上出现了四位并驾齐驱的才子诗人：王勃、杨炯、卢照邻、骆宾王。他们个个才高志壮，有很强的功名事业心，却又都是仕途蹭蹬，饱经磨难。“四杰”虽然落拓失意于官场，却大显身手于文苑。在一腔勃郁不平之气的驱使下，他们如初生牛犊，对当时流行的纤巧绮靡的宫廷诗风进行了迎头冲击，踏出了一片鼓怒风云的新气象。

王勃像

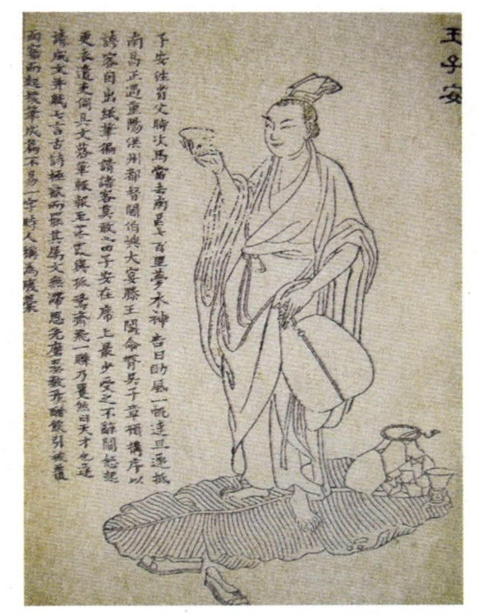

王勃（650—676），字子安，绛州龙门（今山西河津）人，是隋代大儒王通之孙，唐初诗人王绩侄孙。幼年时便聪慧过人，6岁即能作文。曾任虢州参军。27岁时远赴交趾探望父亲，渡海时不幸溺水而死。他的诗歌以五绝和五律成就最高。五绝如《山中》：

长江悲已滞，万里念将归。
况属高风晚，山山黄叶飞。

漫天飘零的落叶使万里漂泊的诗人油然而生思乡之情，回旋迟滞的江水也好像为他久客异乡而悲愁。全诗情景交融，悲凉浑壮中自有一种超拔之气。五律如《杜少府之任蜀川》：

杨炯像

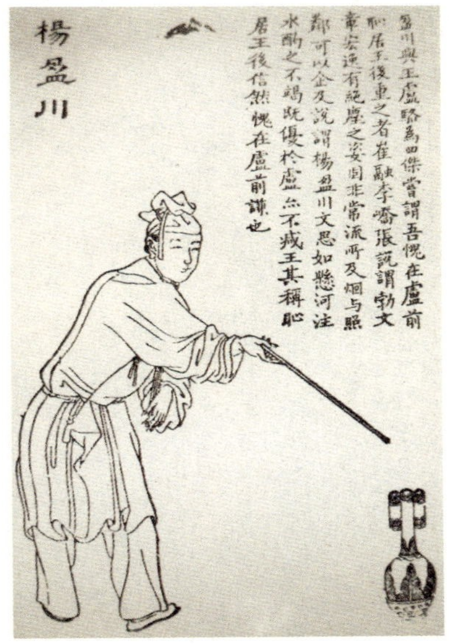

城阙辅三秦，风烟望五津。
与君离别意，同是宦游人。
海内存知己，天涯若比邻。
无为在歧路，儿女共沾巾。

这是一首送别诗，但诗中人物不是依依杨柳旁持巾拭泪的小儿女，而是壮阔天宇中放眼四海的大丈夫，从中可见作者开阔的胸襟、豪迈的气概和豁达的人生态度。全诗在平仄、对仗等方面都已符合近体诗的格律要求，而又一气贯注，极具行云流水之妙。

杨炯（650—约693），华州华阴（今陕西华阴）人，曾任盈川令。少年时即展露出不凡才华，但一生官职卑微。《从军行》是他的诗歌名作：

烽火照西京，心中自不平。
牙璋辞凤阙，铁骑绕龙城。
雪暗凋旗画，风多杂鼓声。
宁为百夫长，胜作一书生。

卢照邻像

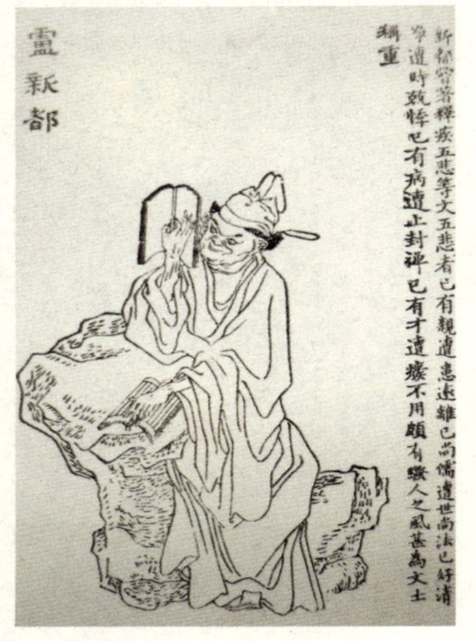

杨炯虽未经历过战争生活，但这首诗真实地再现了风紧雪急而旗不倒、鼓不息的战场景象，充满了激扬文字的书生意气。杨炯在“四杰”中以五律见长，此诗已完全符合近体诗的粘对规律。

卢照邻（约634—约685），字升之，号幽忧子，幽州范阳（今北京大兴）人。曾任新都尉，后因患风疾去官。由于忍受不住贫病的折磨，自沉颍水而死。卢照邻的诗歌以七言歌行最为擅长。《长安古意》是他的代表作，诗中写道：

长安大道连狭斜，青牛白马七香车。
玉辇纵横过主第，金鞭络绎向侯家。
龙衔宝盖承朝日，凤吐流苏带晚霞。
百丈游丝争绕树，一群娇鸟共啼花。
游蜂戏蝶千门侧，碧树银台万种色。
复道交窗作合欢，双阙连甍垂凤翼。
梁家画阁中天起，汉帝金茎云外直。
楼前相望不相知，陌上相逢讵相识？
借问吹箫向紫烟，曾经学舞度芳年。
得成比目何辞死，愿作鸳鸯不羡仙。

骆宾王像

全诗以华丽的词藻层层铺陈，描绘了长安上层社会骄奢淫逸的生活。在极写都市的浮华之后，笔调突然由热转冷，发出世事沧桑、人生无常的深沉感慨，指出荣华富贵如过眼烟云，终归幻灭，而以诗人与群书为伴、与桂花相嬉、安贫乐道的自我形象作结，对比鲜明，意味深长。

骆宾王（619—687），字务光，婺州义乌（今浙江义乌）人，曾任临海丞。他天资聪敏，7岁时就因作《咏鹅》

诗而获得神童之誉。徐敬业起兵反武则天，他参与其事，并写下了震动朝野的《讨武曌檄》。徐敬业兵败，骆宾王跳水逃亡，不知所终。同卢照邻一样，骆宾王也擅长七言歌行，代表作《帝京篇》与《长安古意》异曲同工。他的五言诗中也不乏佳作，如《在狱咏蝉》：

> 西陆蝉声唱，南冠客思侵。
> 那堪玄鬓影，来对白头吟。
> 露重飞难进，风多响易沉。
> 无人信高洁，谁为表予心。

诗人任侍御史时，因上书议论朝政而触怒武后，以贪赃罪名被诬下狱，在狱中写了这首诗自我表白。诗中，作者因蝉起兴，又借蝉自喻，含蓄地诉说了自己虽品质高洁却身陷囹圄、含冤莫白的处境。全诗语言凝练，对仗工整，用典自然，以苍凉沉雄的气韵冲击了初唐宫体咏物诗的萎弱气息。

王、杨、卢、骆的诗作，尽管还未能尽脱齐梁以来轻艳靡丽的宫体诗风，但他们作诗重视抒发个人情怀，拓展了诗歌的题材，壮大了诗歌的气势，并对五言律诗的定型和七言歌行的发展作出了贡献。杜甫在《戏为六绝句》中曾这样称赞“四杰”：“王杨卢骆当时体，轻薄为文哂未休。尔曹身与名俱灭，不废江河万古流。”这样的评价应该说是恰如其分的。

二、一代诗风的振起者陈子昂

初唐的诗歌，经过“四杰”的努力，开始逐渐摆脱齐梁以来的绮艳柔靡诗风。但真正从理论和实践两方面尽除萎靡纤弱之音，开辟诗歌发展新道路的，是武后时期登上诗坛的陈子昂。

陈子昂（659—700），字伯玉，梓州射洪（今四川射洪县）人。少年时曾有意模仿豪侠作风，后来发愤读书，遍览经史百家，树立了远大的政治抱负。举进士后上书论政，受到武则天重视，擢为麟台正字，后迁右拾遗。他虽然支持武则天的政治改革，但对武氏的弊政，也屡次作出尖锐指责，因而不受重用，宏图难展。武则天万岁通天元年（696）九月，陈子昂作为参谋随建安王武攸宜东征契丹，在急难之时自请带兵破敌，但武攸宜非但拒绝了他的建议，还把他的官职由参谋降为军曹。陈子昂满怀悲慨，写下了《蓟丘览古》组诗共七首，而后潸然泪下，唱出了传诵千古的《登幽州台歌》：

前不见古人，后不见来者。
念天地之悠悠，独怆然而涕下。

短短22个字中，吊古伤今、知音难遇的悲情，天地长久、人生短暂的慨叹，生不逢时、有志难骋的苦闷，尽在其中。千百年来，这首诗不知引起过多少读者心灵的共鸣。陈子昂在饱经宦海颠簸后解职还乡，栖居山林，以种树采药为生，但不久又遭人陷害，屈死狱中，终年仅42岁。虽然未能在政治上实现自己的抱负，他在文学上却作出了重大贡献。他反对齐梁以来的浮艳诗风，提出了鲜明的文学革新的理论主张。这集中体现在他的《与东方左史虬修竹篇序》中，文中说：

文章道弊五百年矣。汉魏风骨，晋宋莫传，然而文献有可征者。仆尝暇时观齐梁间诗，彩丽竞繁，而兴寄都绝，每以永叹。思古人常恐逶迤颓靡，风雅不作，以耿耿也。一昨于解三处见明公《咏孤桐篇》，骨气端翔，音情顿挫，光英朗练，有金石声。遂用洗心饰视，发挥幽郁。不图正始之音，复睹于兹；可使建安作者，相视而笑。

陈子昂在这里提出了作诗的标准，指出诗歌应发扬《诗经》的比兴寄托传统，具有充实的内容、壮伟的情思和明朗刚健的风格，并富于声律词采之美。陈子昂诗歌革新的实绩集中体现为他所创作的《感遇诗》三十八首。这些诗或托物言志，或借古讽今，都是有感而发，呈现出刚健质朴的风貌。如第二首：

兰若生春夏，芊蔚何青青。
幽独空林色，朱蕤冒紫茎。
迟迟白日晚，袅袅秋风生。
岁华尽摇落，芳意竟何成？

诗人是赞美香草的独秀，更是自赏品格的孤高；是哀伤幽兰杜若的摇落，更是感叹美好理想的破灭，亦物亦我，浑融无迹。再如第十三首：

林居病时久，水木澹孤清。
闲卧观物化，悠悠念无生。
青春始萌达，朱火已满盈。
徂落方自此，感叹何时平！

卧病于林间，闲观万物生化、季节轮回，春色才萌，夏意已浓，而万物的凋零也正以此为起点，这不能不令人感慨万分。

中唐大文学家韩愈说过："国朝盛文章，子昂始高蹈。"陈子昂以复古为革新，高举"风雅"、"兴寄"、"汉魏风骨"的旗帜，廓清了笼罩初唐诗坛的绮靡浮艳之风，端正了唐诗发展的方向。尽管其理论主张和诗歌创作不无偏颇与缺失之处，但他对唐诗变革所起的关键性作用却是不容忽视的。

三、吴中四士和宰相诗人张九龄

与陈子昂同时或稍后些的诗人还有所谓"吴中四士"，即贺知章、张若虚、张旭和包融，他们可算是初、盛唐之交的四位齐名的江南诗人。

张旭像

张旭和包融生卒年不详，张旭不仅是位才子诗人，更是草书的奠基者，书法上开创新体，堪称一绝。贺知章（659—744），曾任太子宾客、秘书监。他为人不拘小节，狂放不羁，酷爱饮酒，晚年归乡后自号"四明狂客"（四明为浙江古称）。他与李白交好，彼此引为知己。杜甫在《饮中八仙歌》中将他列为"八仙"之首。贺知章擅长七绝，《回乡偶书》二首向来为人们所称道：

少小离家老大回，乡音无改鬓毛衰。
儿童相见不相识，笑问客从何处来。

离别家乡岁月多，近来人事半销磨。
唯有门前镜湖水，春风不改旧时波。

知章骑马似乘船　近代·吴友如

诗人用质朴浅近的语言，表达了自己少小离家、老大还乡时的复杂感触。儿童问话的场面富有谐趣，镜湖荡波的景物描写又使人备感亲切，极易引起久客归家者的共鸣。《咏柳》同样脍炙人口：

碧玉妆成一树高，万条垂下绿丝绦。
不知细叶谁裁出，二月春风似剪刀。

这是一首咏物诗杰作。将早春嫩柳比作"绿丝

《春江花月夜》诗意
现代·贾冕

绦”，已给人以耳目一新之感，而由此引出“春风似剪刀”的比喻更是奇思妙想，令人叫绝。

值得注意的是，张若虚虽仅存诗两首，其《春江花月夜》一篇却以“孤篇压倒全唐”。这首七言古诗，用乐府旧题，紧扣题目春、江、花、月、夜五字，以月为主展开抒写，将诗情、画意、哲理融为一体，创造出一种情景交融、托意幽远的诗境，表现了诗人面对江月美景所生发出的对宇宙永恒、人生短暂的深刻思考和无限感慨。诗作先从春江月景写起：

春江潮水连海平，海上明月共潮生。
滟滟随波千万里，何处春江无月明。
江流宛转绕芳甸，月照花林皆似霰。
空里流霜不觉飞，汀上白沙看不见。
江天一色无纤尘，皎皎空中孤月轮。

江南的春天，清幽宁静的月夜，诗人坐于漾漾江水边，看月照花林，看江天一色，不禁生发出明月常照而人生无常的无限怅惘：

江畔何人初见月，江月何年初照人？
人生代代无穷已，江月年年只相似。
不知江月照何人，但见长江送流水。

在宇宙洪荒、明月流水前，人不过是很渺小的“寄客”，人去了，流水却依然向前；人亡了，明月依然皎皎如初。诗人很自然地想起了离人的悲凄：

白云一片去悠悠，青枫浦上不胜愁。
谁家今夜扁舟子？何处相思明月楼？

游子思妇的绵绵情思如水一般柔滑、细腻，流淌不尽，又给诗作渲染上了淡淡的哀愁，在无限怅惘和迷恋中，诗人仿佛看到了鸿雁南飞、春半落花，不觉“江潭落月复西斜”，离人远隔，相去万里，只有那江边摇曳的林树，浸透了离情别绪，被即将西沉的残月洒满了余辉，曼声吟哦，细诉衷肠。全篇借景抒情，处处情景交融，诗中所阐发的对于人生的感悟更为诗作增添了令人回味无穷的艺术魅力。

与此诗意境诗味极为相似的，还有刘希夷的一首《代悲白头吟》，

诗的开头写道：

洛阳城东桃李花，飞来飞去落谁家。
洛阳儿女惜颜色，行逢落花长叹息。
今年花落颜色改，明年花开复谁在。

诗人感慨“红颜美少年”亦不能常在，悲叹少年只会“三春行乐”，却不想“一朝卧病无相识”，劝诫少年不要耽于行乐，须知青春不能长驻。后面有一名句：“年年岁岁花相似，岁岁年年人不同。”渗透着生命短促的哀叹。全诗运用比兴，虽寄寓深远，但诗的意境就大不如《春江花月夜》了。不过必须承认，张若虚和刘希夷在诗歌意境创造上所取得的进展，如情与景的水乳交融，将生命意识渗透入诗中，浓烈的情思氛围的营造等，都表明唐诗在创造空明圆美的诗境方面已达到了极高的水平，为盛唐诗歌繁荣局面的出现打下了基础。

张九龄（678—740），字子寿，韶州曲江（今广东韶关）人，唐代著名的政治家，也是一位颇有成就的诗人。他少年聪敏，据说7岁就能作文。武后长安二年（702）中进士，曾任中书舍人内供奉、太常少卿等职。唐玄宗时曾为宰相，在朝直言敢谏，后受权臣李林甫排挤，被贬为荆州长史。三年后，他在忧愤交集中去世。张九龄继承魏晋诗歌比兴寄托的精神，写了12首《感遇诗》，与陈子昂的同名作品风格相近。下面是其中第七首：

张九龄像

江南有丹橘，经冬犹绿林。
岂伊地气暖，自有岁寒心。
可以荐嘉客，奈何阻重深！
运命唯所遇，循环不可寻。
徒言树桃李，此木岂无阴？

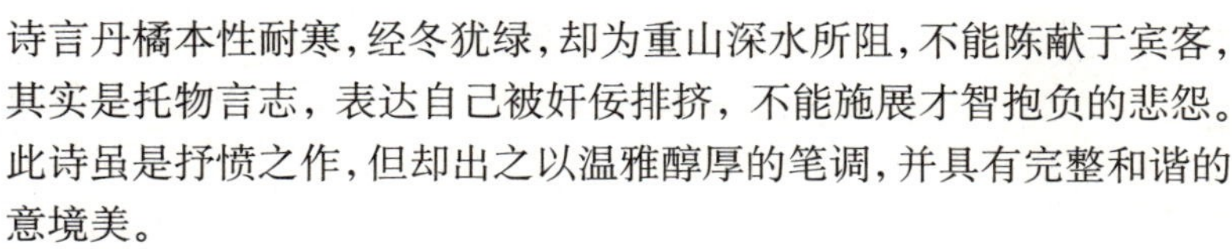
诗言丹橘本性耐寒，经冬犹绿，却为重山深水所阻，不能陈献于宾客，其实是托物言志，表达自己被奸佞排挤，不能施展才智抱负的悲怨。此诗虽是抒愤之作，但却出之以温雅醇厚的笔调，并具有完整和谐的意境美。

张九龄的《望月怀远》也是传诵久远的名篇：

海上生明月，天涯共此时。
情人怨遥夜，竟夕起相思。
灭烛怜光满，披衣觉露滋。

不堪盈手赠，还寝梦佳期。

诗人从望月着笔，婉转回环地抒发了对远人的怀念之情。结尾说月光虽然皎洁可爱，但也不能抓一把赠给对方以慰相思，倒不如回到卧室里寻找一个与所思欢会的好梦，余韵袅袅，令人回味不已。

四、山水田园诗派：孟浩然、王维

孟浩然像

盛唐山水田园诗盛行，形成了一个重要的诗歌流派。这派诗人偏重于描绘山水田园的自然之美，抒发闲逸之情、超尘之思，并能融合诗、画的艺术手法，创造情景交融的意境，总之追求的是一种静逸明秀的诗歌之美。孟浩然便是盛唐山水田园诗派的一个重要代表人物。

孟浩然（689—740），襄州襄阳（今湖北襄樊）人，“浩然”是其字。青少年时代的孟浩然除在家苦学攻读外，还一度隐居于襄阳城外的鹿门山，希望以此作为仕宦之捷径。在故乡秀丽风光的熏陶下，孟浩然特别喜爱山水，他不但足迹踏遍了襄阳胜景，而且在35岁以前还曾漫游江湘之地。后来入洛阳求仕失败，又南下游览吴越。孟浩然40岁时到长安应进士举，虽然同样失败而归，却得以与京城诸名士交游。这期间他曾与众诗人聚会于秘书省，以“微云淡河汉，疏雨滴梧桐”之句使举座搁笔（王士源：《〈孟浩然集〉序》）。据《唐诗纪事》记载，唐明皇曾因张说举荐之故召见孟浩然，让他吟诵自己的作品，孟浩然便吟道：“北阙休上书，南山归弊庐。不才明主弃，多病故人疏。白发催年老，青阳逼岁除。永怀愁不寐，松月夜窗虚。”唐明皇听后不满地说：“卿不求仕，岂朕弃卿？何不云‘气蒸云梦泽，波撼岳阳城’（此为孟浩然《临洞庭湖赠张丞相》中的诗句）？”因此不予举用。张九龄被贬荆州长史时曾征辟孟浩然为幕僚，但他不久就因病辞归。52岁那年，王昌龄到襄阳与他聚首畅饮，孟浩然不幸“食鲜疾动”而与世长辞，终生布衣。

岳阳楼图　明·安正文

孟浩然的代表作品是山水田园诗。大自然的美丽风光，隐逸生活的情趣，在他笔下得到了丰富多彩的展示。如《临洞庭湖赠张丞相》：

八月湖水平，涵虚混太清。
气蒸云梦泽，波撼岳阳城。

欲济无舟楫，端居耻圣明。
坐观垂钓者，徒有羡鱼情。

由描写波澜壮阔、声势浩大的洞庭湖气象，自然转入欲渡无舟、临渊羡鱼的感情抒发。“气蒸云梦泽，波撼岳阳城”一联，以大笔勾勒雄浑壮逸之景，尤为后人称赏。再如《过故人庄》：

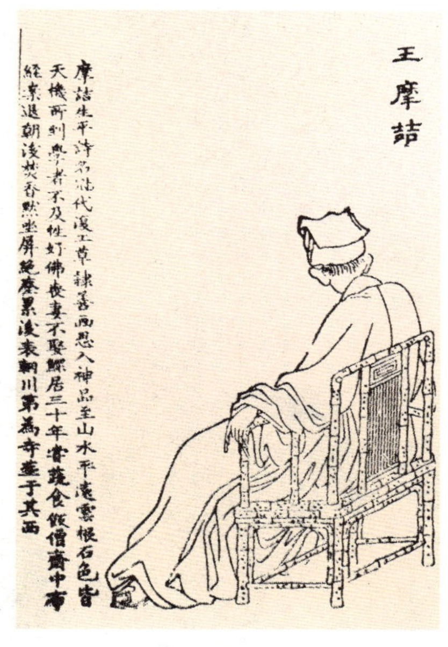

王维像

故人具鸡黍，邀我至田家。
绿树村边合，青山郭外斜。
开轩面场圃，把酒话桑麻。
待到重阳日，还来就菊花。

诗中描绘了优美宁静的山村风景和散淡恬适的田园生活，表现出诗人与友人之间淳朴深挚的情谊。全诗于平淡中见淳厚，颇有陶渊明诗歌的余韵。孟浩然还有一些清丽可喜、耐人玩味的抒情小诗。如《春晓》：

春眠不觉晓，处处闻啼鸟。
夜来风雨声，花落知多少？

竹下抚琴的王维

春晨睡起，耳闻鸟啼声声，由此忆起昨夜的风雨之声，又转而推想经此风雨不知花落几何，回环曲折的构思中透露出大自然的无限生机和诗人对美好事物的爱惜之情，语言清浅而韵味悠长。

在盛唐诗人中，孟浩然是年辈较高的一个。他的诗意境幽远，语淡意深，独标风韵，成为矗立在初唐诗和盛唐诗巅峰之间的一座丰碑。

比孟浩然稍晚，盛唐诗坛上又出现了一位成就卓越的山水田园诗人——王维。

王维（701—762），字摩诘，祖籍太原祁（今山西祁县），到其父时徙家于河东蒲（今山西永济县）。他是一个早慧之人，21岁即考中进士，被任命为太乐丞。后来得到张九龄赏识，被提拔为右拾遗，并曾于开元二十五年秋（737）出使边塞。这个时期的王维，尚且怀有较为积极向上的人生态度，写出了不少充满昂扬意气和豪壮情思的诗篇，如

王维诗意图　明

《少年行》、《陇头吟》、《使至塞上》等。《使至塞上》中的“大漠孤烟直，长河落日圆”两句以绘画一般的笔法描绘出雄奇壮丽的塞外景色，历来为人们所称道。

开元末年，张九龄罢相，朝政日非，王维对政治逐渐心灰意冷，开始过着一种亦仕亦隐的生活，曾先后隐居于长安附近的终南山和蓝田辋川别墅，对佛法佛理的兴趣日益浓厚。他后期的诗，主要是写隐居生活中的闲情逸致。如《终南别业》：

中岁颇好道，晚家南山陲。
兴来每独往，胜事空自知。
行到水穷处，坐看云起时。
偶然值林叟，谈笑无还期。

写他隐居终南山的潇洒自适，透露出禅家随缘任运的生活态度。其中“行到水穷处，坐看云起时”两句尤其富有理趣。

王维在山水田园诗的写作上表现出巨大的创造性。宋代大诗人苏轼说过：“味摩诘之诗，诗中有画；观摩诘之画，画中有诗。”王维是唐代著名的画家，这使他往往能以诗人兼画家的眼光来观察自然景物，并把绘画的技法融入诗歌创作中，因此，他的许多山水田园诗诗情画意格外浓郁。王维又是一位音乐家，这使他作诗时善于将声音与画面和谐相配，创造出有声有色的境界。试看他的名作《山居秋暝》：

空山新雨后，天气晚来秋。
明月松间照，清泉石上流。
竹喧归浣女，莲动下渔舟。
随意春芳歇，王孙自可留。

在这里，松间明月的清光，石上流泉的声响，浣纱归来的女孩子们的喧闹声，渔船缓缓穿过荷花的动态，完美地统一成一种静逸明秀的诗境，如乐如画，悦耳悦目，这正是诗人安恬闲逸之心态的形象写照。

王维作为盛唐山水田园诗派的一大代表，其亦官亦隐的处世方式和亦诗亦画的诗歌艺术都颇值得后人寻味借鉴。以孟浩然和王维为代表的山水田园诗派又称为“王孟诗派”。

五、边塞诗派：高适、岑参

盛唐时期，在官吏巡边和文人从军热流的推动下，边塞诗创作空前繁荣，作家作品数量多，内容广，风格多样，或豪迈、或沉郁、或浪漫、或写实，各臻其美。高适和岑参是边塞诗派中成就最大的诗人，因此，边塞诗派又称为“高岑诗派”。

高适（约703—765），字达夫，据《旧唐书》本传记载为渤海蓨(今河北景县）人。早年生活困顿，直到46岁才做上一个封丘县尉的小官，后又曾在陇右、河西节度使哥舒翰幕府中任职。安史乱起，唐玄宗仓皇逃蜀，高适奔赴行在陈述军事，受到玄宗的信任，擢为谏议大夫。肃宗、代宗在位时，高适继续得到重用，做过淮南节度使、彭州刺史、蜀州刺史、剑南节度使，再迁刑部侍郎、左散骑常侍，进封渤海县侯，称得上唐代诗人中的显达者。

高适一生中曾三次出塞，对边塞戎马战斗生活有亲身的体验，因此他所作的边塞诗多是有为而发，富有真情实感。《燕歌行》是他边塞诗中最杰出的代表：

> 汉家烟尘在东北，汉将辞家破残贼。男儿本自重横行，天子非常赐颜色。摐金伐鼓下榆关，旌旆逶迤碣石间。校尉羽书飞瀚海，单于猎火照狼山。山川萧条极边土，胡骑凭陵杂风雨。战士军前半死生，美人帐下犹歌舞。大漠穷秋塞草腓，孤城落日斗兵稀。身当恩遇常轻敌，力尽关山未解围。铁衣远戍辛勤久，玉箸应啼别离后。少妇城南欲断肠，征人蓟北空回首。边风飘飖那可度，绝域苍茫更何有？杀气三时作阵云，寒声一夜传刁斗。相看白刃血纷纷，死节从来岂顾勋？君不见沙场征战苦，至今犹忆李将军。

此诗虽篇幅不长，但包含的境界非常阔大，思想内容也极其深广复杂，诸如军情的紧急、敌军的凶猛、边塞的荒凉、战斗的艰险、将帅的骄奢、征夫思妇的痛苦以及战士们的以死报国精神尽在其中，这得益于作者高度的艺术概括能力。高适的一些绝句也具有境界开阔、风格浑厚雄壮的特点。如《别董大》：

> 千里黄云白日曛，北风吹雁雪纷纷。
> 莫愁前路无知己，天下谁人不识君。

在愁云密布、风雪交加的环境气氛中，诗人与友人相别，心中虽然不无伤感之情，但他的临别赠言却是那样的豪迈乐观。“莫愁前路无知己，天下谁人不识君”，与王勃的名句“海内存知己，天涯若比邻”可谓有异曲同工之妙。

岑参（715—769），荆州江陵（今湖北江陵）人。他少年孤贫，勤学苦读，热衷于功名仕宦，但直到30岁才进士及第，授右内率府兵曹参军。天宝年间曾两度出塞，先后在安西节度使高仙芝和安西、北庭节度使封常清幕府中任职，后又任右补阙、虢州长史等官，转为嘉州刺史，所以世称“岑嘉州”。秩满罢官后满怀悲愤，卒于成都旅舍。

在盛唐诗坛上，岑参写作边塞诗最多，成就也最突出。他的边塞诗内容丰富，除了描写边疆战争、歌颂戍边将士的英风豪气外，还描绘了边塞的奇异风光和习俗，风格雄奇壮丽。《走马川行奉送出师西征》、《轮台歌奉送封大夫出师西征》、《白雪歌送武判官归京》是岑参边塞诗中鼎足而三的杰作，其中后者最为后人称赏：

北风卷地白草折，胡天八月即飞雪。
忽如一夜春风来，千树万树梨花开。
散入珠帘湿罗幕，狐裘不暖锦衾薄。
将军角弓不得控，都护铁衣冷难着。
瀚海阑干百丈冰，愁云惨淡万里凝。
中军置酒饮归客，胡琴琵琶与羌笛。
纷纷暮雪下辕门，风掣红旗冻不翻。
轮台东门送君去，去时雪满天山路。
山回路转不见君，雪上空留马行处。

诗人写寒风飞雪，却以春风梨花作比喻，不仅形象地描摹出大雪装点之下玉树琼枝的景象，而且赋予萧索酷寒以无限生机，创造出一种奇丽壮美的境界，一开始就给全诗定下了豪迈乐观的基调。最后四句写雪中送客，行人渐远，送别者空见雪上马蹄痕迹，寓情于景，余韵悠悠。《走马川行奉送出师西征》写得也很出色：

君不见，走马川行雪海边，平沙莽莽黄入天。轮台九月风夜吼，一川碎石大如斗，随风满地石乱走。匈奴草黄马正肥，金山西见烟尘飞，汉家大将西出师。将军金甲夜不脱，半夜军行戈相拨，风头如刀面如割。马毛带雪汗气蒸，五花连钱旋作冰，幕中草檄砚水凝。虏骑闻之应胆慑，料知短兵不敢接，车师西门伫献捷。

诗人健笔造奇语，描写了边防将士们在风雪迷漫、酷冷荒寒的环境中，是怎样斗志昂扬，充满必胜的信心。全诗句句用韵，三句一转，节奏急促有力，很好地烘托出了军情的紧急和士气的高昂。

高适和岑参一向并称为“高岑”。相比较而言，高诗思深意广，岑诗则富于奇情异采，可谓各有千秋。除高、岑之外，边塞诗人中的突出者还有王之涣、王昌龄、李颀、崔颢等。

王之涣墓志铭

王之涣（688—742），字季陵，绛州（今山西绛县）人，曾寓居蓟门。他少年时聪明有侠气，常常击剑悲歌，后来折节读书，做过衡水主簿、文安县尉等小官。王之涣生性豪放，常与乐工制曲歌唱。开元年间，他与诗人王昌龄、高适齐名。王之涣的诗仅有6首保存至今，其中有3首是边塞之作。王之涣善于描写西北边塞地区的风光，如《凉州词》：

> 黄河远上白云间，一片孤城万仞山。
> 羌笛何须怨杨柳，春风不度玉门关。

诗人首先勾勒出了西北山川壮阔而荒凉的景色，其中隐含着戍边兵士生活的艰辛和处境的孤危；继而感叹无须再用羌笛去吹奏那哀怨的《折杨柳》曲了，因为皇恩如同春风一样是不会降临到玉门关外的征夫身上的。此诗气象雄浑，意境开阔，情调慷慨悲凉而又含蓄蕴藉，曾被清代王士祯誉为唐人七绝的压卷之作。王之涣的《登鹳雀楼》也是一首千古传诵的名诗：

> 白日依山尽，黄河入海流。
> 欲穷千里目，更上一层楼。

琉璃堂人物画

五代·周文矩

描绘了王昌龄与诗友雅聚的情景

前二句写登楼所见，境界壮阔而诗意浓郁；后二句则以一个更为广阔高远的境界召唤读者，道出了站得高才能看得远的深刻哲理。

王昌龄（约698—756），字少伯，京兆万年（今陕西西安）人，是盛唐时期以七绝见重于时的诗人。他早年曾漫游四方，开元十五年（727）登进士第，授秘书省校书郎，转汜水尉。开元二十七年被远谪岭南，后迁江宁丞，再贬龙标尉，故世称王江宁或王龙标。安史乱起，王昌龄遇赦北还，途中被亳州刺史闾丘晓杀害。

黄鹤楼图 明·安正文

王昌龄擅长七言绝句，他的七绝言少意多，极耐寻味。其中有些作品描写边塞军旅生活，如《出塞》：

秦时明月汉时关，
万里长征人未还。
但使龙城飞将在，
不教胡马度阴山。

诗人将明月边关放在广远的历史时空中加以审视，既歌颂了戍边战士保家卫国的壮志，又对他们的长期戍守不归深表同情。而对西汉名将李广的怀念，则又包含着对当时边无良将之弊病的感慨。全诗感情悲壮而深沉含蓄，意境雄浑高远，音节铿锵响亮，曾被明人称为唐人七绝中的压卷之作。王昌龄也被后人称为“七绝圣手”。

崔颢（约704—754），汴州（今河南开封）人。他大约在开元十一年（723）登进士第，曾为太仆寺丞，后迁司勋员外郎，是开元、天宝年间的知名文士。崔颢诗歌中反映女性生活的作品较多，也有一部分边塞诗和山水写景之作，其中最著名的是曾被宋代严羽推为唐人七律第一的《黄鹤楼》：

昔人已乘黄鹤去，此地空余黄鹤楼。
黄鹤一去不复返，白云千载空悠悠。
晴川历历汉阳树，芳草萋萋鹦鹉洲。
日暮乡关何处是？烟波江上使人愁。

暮色苍茫中，诗人在黄鹤楼上远眺长江的浩渺烟波，不禁触景生情，他凭吊历史，感慨世事，更有缕缕化解不掉的乡愁萦绕在心头。全诗气势雄浑，境界壮阔，写景如画。相传这首诗是他即兴题于黄鹤楼壁上的，后来大诗人李白登楼时见到此诗，非常佩服，感叹道：“眼前有景道不得，崔颢题诗在上头。”于是放弃了原来的作诗念头。李白后来所作的《鹦鹉洲》和《登金陵凤凰台》二诗，都受到这首诗的启发和影响。

李白像

六、诗仙李白

李白是盛唐时期才华盖世的诗界巨人，他以自己的生花妙笔描绘了那个时代绚丽多彩的生活和昂扬奋发的精神。

李白（701—762），字太白，祖籍陇西成纪（今甘肃秦安），先世因罪流徙到西域，幼年时随父由碎叶（今哈萨克斯坦托克城附近）移居绵州彰明县（今四川江油县）青莲乡，所以自号青莲居士。他青少年时期博览群书，以诗赋驰名，又轻财任侠，甚至因打抱不平而“手刃数人”。约在20岁后，李白开始漫游蜀中，在峨眉、青城诸名山都留下了他的足迹。开元十三年（725），为实现安邦济世的远大理想，李白又“仗剑去国，辞亲远游”，他南至江浙，北上太原，西入长安，东游齐鲁，几乎踏遍了半个中国。二十多年间，李白虽然始终未能找到恰当的入仕时机，但在漫游生活中却大大开阔了心胸和眼界，同时也结交了众多朋友，美名播扬天下。

天宝元年（742），主要是由于其巨大的声名，已逾不惑之年的李白被唐玄宗征召到长安，他以为壮志将酬，满心喜悦地高吟道：“仰天大笑出门去，我辈岂是蓬蒿人！”（《南陵别儿童入京》）。相传李白初到长安，带着自己的诗稿去拜谒当时任太子宾客的诗坛前辈贺知章，贺知章看到其中的《蜀道难》一诗，再三赞叹，称他为“谪仙人”。全诗如下：

剑阁图　明·仇英

噫吁嚱，危乎高哉！蜀道之难难于上青天！蚕丛及鱼凫，开国何茫然。尔来四万八千岁，不与秦塞通人烟。西当太白有鸟道，可以横绝峨眉巅。地崩山摧壮士死，然后天梯石栈相钩连。上有六龙回日之高标，下有冲波逆折之回川。黄鹤之飞尚不得过，猿猱欲度愁攀援。青泥何盘盘，百步九折萦岩峦。扪参历井仰胁息，以手抚膺坐长叹。问君西游何时还？畏途巉岩不可攀。但见悲鸟号古木，雄飞雌从绕林间。又闻子规啼夜月，愁空山。蜀道之难难于上青天！使人听此凋朱颜。连峰去天不盈尺，枯松倒挂倚绝壁。飞湍瀑流争喧豗，砯崖转石万壑雷。其险也如此，嗟尔远道之人胡为乎来哉！剑阁峥嵘而崔嵬，一夫当关，万夫莫开。所守或匪亲，化为狼与豺。朝避猛虎，夕避长蛇，磨牙吮血，杀人如麻。锦城虽云乐，不如早还家。蜀道之难难于上青天！侧身西望长咨嗟。

杨国忠捧砚，高力士脱靴，李白酒醉挥毫写草诏　杨柳青年画

诗人袭用乐府古题，融现实景物和历史故事、神话传说为一体，运用想象、夸张的艺术手法，淋漓尽致地刻画出了蜀道的崎岖艰险，使人感到一种崇

徐渭书《梦游天姥吟留别》
明

高雄伟之美。诗中所描绘的雄奇瑰丽的山水风光以及展现出的神秘美妙的艺术境界，寄托了诗人开阔的胸襟和豪迈的气魄以及功业难成的深沉感叹。殷璠《河岳英灵集》称赞这首诗“奇之又奇，自骚人以还，鲜有此体”。

玄宗见到李白，“降辇步迎，如见绮皓。以七宝床赐食，御手调羹以饭之”(李阳冰《草堂集序》)，对他甚是礼遇。但最终也只是让他供奉翰林，做一个文学侍从之臣，这使李白大失所望。而他又自视甚高，不屑奉承，更惹来朝中权贵的嫉恨和谗毁。为环境所不容的李白，在无可奈何之际上疏请还，终于在天宝三年满怀愤慨地离开了长安，再度开始了漫游生活。这期间他曾与诗人杜甫、高适相遇，更与杜甫结下了深厚的友情，“醉眠秋共被，携手日同行”。天宝四年秋天，李白离开东鲁前往吴越，写了《梦游天姥吟留别》一诗与杜甫等人告别：

> 海客谈瀛洲，烟涛微茫信难求。越人语天姥，云霞明灭或可睹。天姥连天向天横，势拔五岳掩赤城。天台四万八千丈，对此欲倒东南倾。我欲因之梦吴越，一夜飞度镜湖月。湖月照我影，送我至剡溪。谢公宿处今尚在，渌水荡漾清猿啼。脚著谢公屐，身登青云梯。半壁见海日，空中闻天鸡。千岩万转路不定，迷花倚石忽已暝。熊咆龙吟殷岩泉，慄深林兮惊层巅。云青青兮欲雨，水澹澹兮生烟。列缺霹雳，丘峦崩摧。洞天石扉，訇然中开。青冥浩荡不见底，日月照耀金银台。霓为衣兮风为马，云之君兮纷纷而来下。虎鼓瑟兮鸾回车，仙之人兮列如麻。忽魂悸以魄动，怳惊起而长嗟。惟觉时之枕席，失向来之烟霞。世间行乐亦如此，古来万事东流水。别君去兮何时还？且放白鹿青崖间，须行即骑访名山。安能摧眉折腰事权贵，使我不得开心颜！

诗人通过大胆的艺术想象，描绘了一个令人目眩神摇的神仙世界。在瑰丽的梦境中，他得以暂时从苦恼现实中解脱出来，获得了片刻的自由。然而，梦境转瞬即逝，诗人又不得不在惊悸怅惘中返回现实，“古来万事东流水”一句包含了诗人对人生失意的深沉感慨。在诗的最后，他表示宁愿寄身山水，也决不向达官贵人低头献媚，一吐离京归

醉饮图

饮中八仙为贺知章、王琎、李适之、李白、崔宗之、苏晋、张旭、焦遂

野后的郁闷愤激之气。

离开长安对李白来说是一个巨大的打击，但他并未对自己的政治前途完全丧失信心，《将进酒》一诗正道出了他在颓唐外表掩盖下的激昂自信的伟岸情怀：

君不见黄河之水天上来，奔流到海不复回。君不见高堂明镜悲白发，朝如青丝暮成雪。人生得意须尽欢，莫使金樽空对月。天生我材必有用，千金散尽还复来。烹羊宰牛且为乐，会须一饮三百杯。岑夫子，丹邱生，将进酒，杯莫停。与君歌一曲，请君为我倾耳听。钟鼓馔玉不足贵，但愿长醉不愿醒。古来圣贤皆寂寞，惟有饮者留其名。陈王昔时宴平乐，斗酒十千恣欢谑。主人何为言少钱，径须沽取对君酌。五花马，千金裘，呼儿将出换美酒，与尔同销万古愁。

借酒浇愁本是颓丧之举，诗人却将它写得豪情四溢。“天生我材必有用”一句所表现出的豪迈气概，充分显示了诗人狂放自信的人格风采。

随着天宝年间朝政的日趋衰败，李白对国家安危和个人前途深感忧虑彷徨，《行路难》（其一）就反映了他内心的这种痛苦和矛盾：

金樽清酒斗十千，玉盘珍馐直万钱。
停杯投箸不能食，拔剑四顾心茫然。
欲渡黄河冰塞川，将登太行雪满山。
闲来垂钓碧溪上，忽复乘舟梦日边。
行路难！行路难！多歧路，今安在？
长风破浪会有时，直挂云帆济沧海。

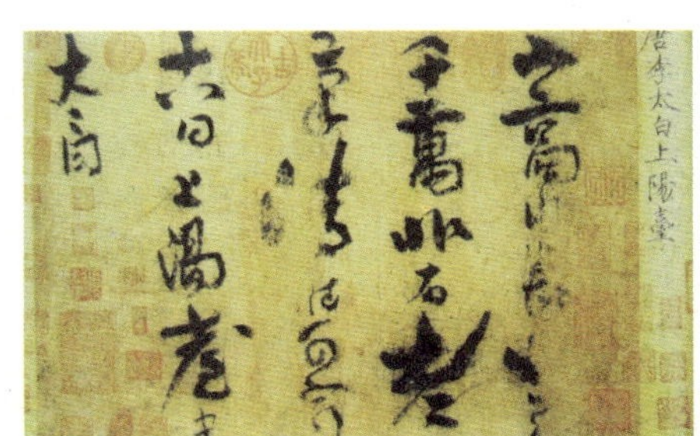

上阳台帖 李白

现实的黑暗使他感到迷惘，而对理想的执著追求又使他对前途充满信心。诗人的情感之流几经低昂起伏，使全诗呈现出跌宕纵恣之美。

安史之乱爆发后，李白隐居庐山屏风叠以避战乱，后又被玄宗之子永王李璘招入幕府。不料李璘与肃宗李亨兄弟之间萧墙祸起，永王

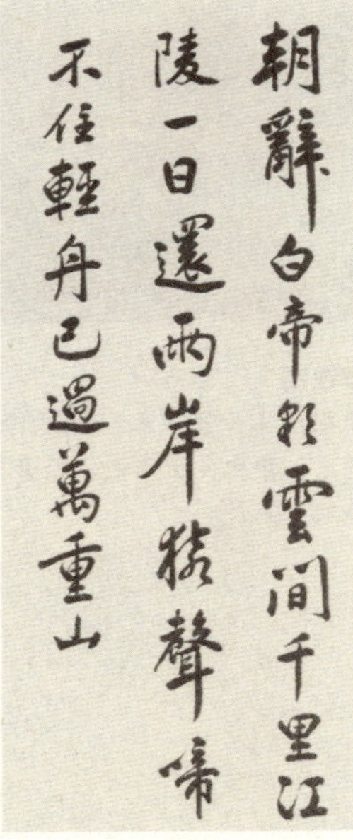

康熙书　清

违背肃宗的命令东巡，被肃宗击败，李白也获罪下狱，不久又判长流夜郎（今贵州桐梓县）。此时他已届暮年，在“世人皆欲杀”的残酷环境中，这位豪放开朗、有泪不轻弹的诗人也不得不吞声饮泣：“平生不下泪，于此泣无穷。”（《江夏别宋之悌》）他溯江西上，至巫山时，因遇大赦而被放还。李白喜出望外，写下了流传千古的七言绝句《早发白帝城》：

朝辞白帝彩云间，千里江陵一日还。
两岸猿声啼不住，轻舟已过万重山。

飞扬流转的笔势，充分表现了诗人历尽艰险后突然迸发出的欣喜。

上元二年（761），大将李光弼率军征讨史朝义，61岁的李白闻讯前往请缨杀敌，但中途因病折回，次年病死于任当涂县令的族叔李阳冰家中。

李白的诗歌现存1000多首，其中最动人的是那些发扬庄骚传统、充满奇情异采的篇章。这些作品或表达济世安民的理想，或抒发壮志难酬的愤懑，或展示傲岸不羁的人格，主观色彩浓烈，情感炽热奔放，抒情达意往往如长江大河，跌宕起伏，一泻千里。如《宣城谢朓楼饯别校书叔云》：

弃我去者，昨日之日不可留；乱我心者，今日之日多烦忧。长风万里送秋雁，对此可以酣高楼。蓬莱文章建安骨，中间小谢又清发。俱怀逸兴壮思飞，欲上青天揽明月。抽刀断水水更流，举杯消愁愁更愁。人生在世不称意，明朝散发弄扁舟。

太白醉酒图　清·改琦

诗的前两句直抒心中的忧愁，但至第三句突作转折，诗人的情绪又变得高昂起来，以至于“欲上青天揽明月”。而“抽刀”两句又从天上回到人间，于是愁绪再度袭来。但诗人不愿被这种难遣的愁闷所吞噬，而表示要披发驾舟，到隐逸生活中去寻找乐趣。全诗境界壮阔，气势豪放，章法多变，虽写烦忧苦闷而并不给人以抑郁低沉之感。李白诗歌的语言，具有一种“清水出芙蓉，天然去雕饰”的清新自然之美。如《长干行》：

妾发初覆额，折花门前剧。郎骑竹马来，绕床弄青梅。同居长干里，两小无嫌猜。十四为君妇，羞颜

未尝开。低头向暗壁，千唤不一回。十五始展眉，愿同尘与灰。常存抱柱信，岂上望夫台。十六君远行，瞿塘滟滪堆。五月不可触，猿声天上哀。门前旧行迹，一一生绿苔。苔深不能扫，落叶秋风早。八月蝴蝶黄，双飞西园草。感此伤妾心，坐愁红颜老。早晚下三巴，预将书报家。相迎不道远，直至长风沙。

诗虽不假藻饰，然而语近情遥，婉转缠绵，令人一读难忘。再如《静夜思》：

床前明月光，疑是地上霜。
举头望明月，低头思故乡。

语言明白如话，似乎是不经意间脱口吟出，但又意蕴丰富，耐人回味。

“天才英丽”的“诗仙”李白及其“惊风雨”、“泣鬼神”的诗作，千百年来一直散发着无穷的人格与艺术魅力。作为继屈原之后最伟大的浪漫主义诗人，李白在中国诗坛上具有崇高的地位。

杜甫像

七、诗圣杜甫

李杜索句图 现代·张大千

杜甫是与李白交相辉映的诗坛巨星，他生活在唐帝国由盛转衰的历史时期，以其如椽巨笔为那个风云变幻的时代作了生动真实的艺术写照。

杜甫（712—770），字子美，自号少陵野老、杜陵布衣，京兆杜陵（今陕西西安东南）人，生于巩县（今河南巩县），是晋代名将杜预之后，初唐著名诗人杜审言之孙。他自幼好学，“读书破万卷”，6岁便有赏鉴才智，7岁能作诗，十四五岁时就与当时文士交游酬唱。从19岁起，杜甫经历了为期十余年的漫游生活，先后到过晋之郇瑕及吴越、齐赵、梁宋之地，并结识了高适、李白这两位名高一代的诗人。当他仰望“五岳”之首的泰山时，写下了一首名诗《望岳》：

岱宗夫如何？齐鲁青未了。
造化钟神秀，阴阳割昏晓。
荡胸生层云，决眦入归鸟。
会当凌绝顶，一览众山小。

此诗写泰山的神奇秀丽、巍峨高大，格调昂扬，洋溢着蓬勃朝气。最后两句抒发诗人登上绝顶、俯瞰天下的雄心壮怀，尤为豪气干云，催人向上，似乎预示着杜甫将要攀上诗国的顶峰。清代浦起龙认为杜甫的全部诗作当以此诗为首，并说“杜子心胸气魄，于斯可观。取为压卷，屹然作镇”。

天宝五载（746），35岁的杜甫怀着“致君尧舜上，再使风俗淳”的豪情壮志，到京城长安求取功名。为了得到引荐，他不得不奔走于权贵门下，过着“朝扣富儿门，暮随肥马尘”的屈辱生活。杜甫在长安滞留十载却一再碰壁，直到天宝十四载，才得到右卫率府胄曹参军这样一个卑微的官职，而这时已是安史之乱的前夜。十年困守长安的生活，使他遍尝了人生的辛酸，目睹了人民的苦难，也看到了上层社会的腐败，从而写出了《兵车行》、《丽人行》、《赴奉先咏怀》等直面现实的杰作。在《兵车行》中，杜甫激烈抨击了统治者穷兵黩武、致使下层人民流血破产的“开边”政策：

> 车辚辚，马萧萧，行人弓箭各在腰。耶娘妻子走相送，尘埃不见咸阳桥。牵衣顿足拦道哭，哭声直上干云霄。道傍过者问行人，行人但云点行频。或从十五北防河，便至四十西营田；去时里正与裹头，归来头白还戍边……生男埋没随百草。君不见青海头，古来白骨无人收。新鬼烦冤旧鬼哭，天阴雨湿声啾啾！

诗一开篇就笔势汹涌，如风潮骤至，展现出一幅令人动容、催人下泪的送别图景。全诗通过一个征夫的凄怨诉说，揭示了造成“边庭流血成海水”、“千村万落生荆杞”之悲剧的根源就在于“武皇开边意未已”的好大喜功，题旨十分醒豁。

《赴奉先咏怀》写于天宝十四载岁末，此时安史叛军已经攻陷洛阳逼近潼关，而唐玄宗和他的宠妃幸臣还在不分昼夜地饮酒作乐。这首诗记录了诗人从京城至奉先途中的种种见闻和感受，其中“朱门酒肉臭，路有冻死骨”两句对当时贫富悬殊、苦乐不均的社会现实作了力透纸背的概括和揭露，极能震撼人心。诗中已隐约透露出社会动乱即将到来的消息，读之给人以“山雨欲来风满楼”的感觉。安史之乱爆发后，杜甫流亡颠沛，不幸落入叛军手中，被押解到沦陷的长安。在这里，他写下了《哀江头》、《春望》等著名诗篇。《春望》全诗如下：

> 国破山河在，城春草木深。
> 感时花溅泪，恨别鸟惊心。

烽火连三月，家书抵万金。
白头搔更短，浑欲不胜簪。

山河依旧而国都残破，春天已到却满目荒凉，诗人把国家命运与个人命运交织在一起，情感深沉真挚，动人心弦。

唐肃宗至德二载（757）夏天，杜甫只身逃出长安，投奔当时的朝廷所在地凤翔，被任命为左拾遗。但不久就因直言进谏而激怒肃宗，被贬出朝，任华州司功参军。这期间，他又写下了《北征》、《羌村》三首以及“三吏”、“三别”等大量反映现实、关心民瘼的不朽诗篇。在“三吏”（《潼关吏》、《石壕吏》、《新安吏》）、“三别”（《新婚别》、《垂老别》、《无家别》）中，诗人通过对各种人物不幸遭遇和命运的叙写，真实地反映了战乱中人民的深重苦难以及他们勇于承担苦难的坚毅精神。例如《石壕吏》：

杜甫草堂

暮投石壕村，有吏夜捉人。老翁逾墙走，老妇出门看。吏呼一何怒！妇啼一何苦！听妇前致词：三男邺城戍。一男附书至，二男新战死。存者且偷生，死者长已矣！室中更无人，惟有乳下孙。有孙母未去，出入无完裙。老妪力虽衰，请从吏夜归。急应河阳役，犹得备晨炊。夜久语声绝，如闻泣幽咽。天明登前途，独与老翁别。

在兵荒马乱的年月里，老妇人的三个儿子都去了前线，两个阵亡，另一个也朝不保夕，家里只剩下年迈力衰的老伴和她，以及衣不蔽体的儿媳和还在吃奶的孙子。可县吏还要上门来抓人，老翁被逼无奈，只好跳墙逃跑，而差役们竟然将老妇抓去充数了。诗人自始至终没有发表一句评论，但强烈的爱憎却已渗透于字里行间。

乾元二年（759）秋，杜甫弃官携眷，由华州长途跋涉，经过秦州（今甘肃天水）、同谷（今甘肃成县），历尽千辛万苦，于年底到达成都。他在成都西郊浣花溪畔觅到一块土地，建成一座草堂（就是今天尽人皆知的杜甫草堂），总算安居下来。后来，他曾在故交严武幕府中任职，官参谋、检校工部员外郎，故世称“杜工部”。因为不善于官场周旋，杜甫不久就辞幕不干了。永泰元年（765），他打算离蜀东去，途中滞留夔州二年，被后人誉为“古今七言律第一”（胡应麟《诗薮》）的《登高》便写于这一时期：

浣溪行吟图 现代 · 张大千

风急天高猿啸哀，渚清沙白鸟飞回。
无边落木萧萧下，不尽长江滚滚来。

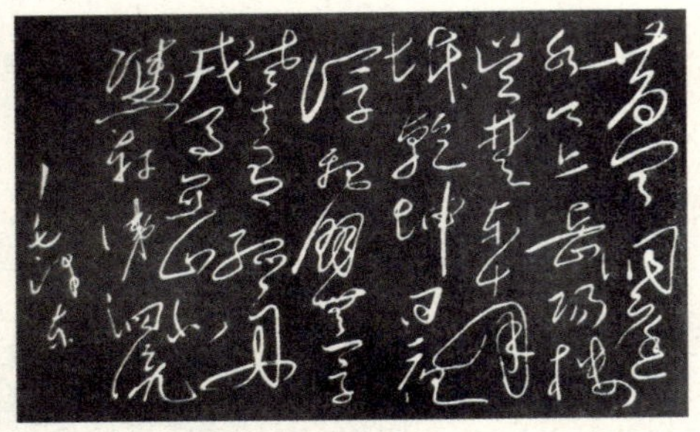

毛泽东书《登岳阳楼》 现代

万里悲秋常作客，百年多病独登台。
艰难苦恨繁霜鬓，潦倒新停浊酒杯。

诗人登高远眺，萧瑟清凉的秋景触动了他的身世之悲、羁旅之思和垂暮之叹。全诗情景交融，雄浑悲壮，诗中八句皆用对仗，不仅上下句相对，还有句中自对，格律严整而又一意贯串，气足神完，典型地体现出杜诗"沉郁顿挫"的风格特征和"老去渐于诗律细"的艺术功力。唐代宗大历三年（768），杜甫离开夔州，乘船出三峡，流寓岳州，写下了《登岳阳楼》一诗：

昔闻洞庭水，今上岳阳楼。
吴楚东南坼，乾坤日夜浮。
亲朋无一字，老病有孤舟。
戎马关山北，凭轩涕泗流。

诗中那一叶随水漂浮的孤舟，正是穷愁潦倒、老病相兼、漂泊无依的诗人的形象写照。

大历五年秋冬之际，历尽沧桑、饱尝忧患的诗人在从潭州到岳阳的一条破船上去世，终年59岁。杜甫的诗歌广泛而深刻地反映了唐王朝由盛而衰这一转折过程中的历史现实，寄寓着诗人善善恶恶的真挚情感和忧国忧民的博大胸怀，更在艺术上集前代诗歌之大成，为后世树立了光辉典范。其诗歌被后人称为"诗史"，而杜甫其人则获得了"诗圣"的美誉。

刘长卿像

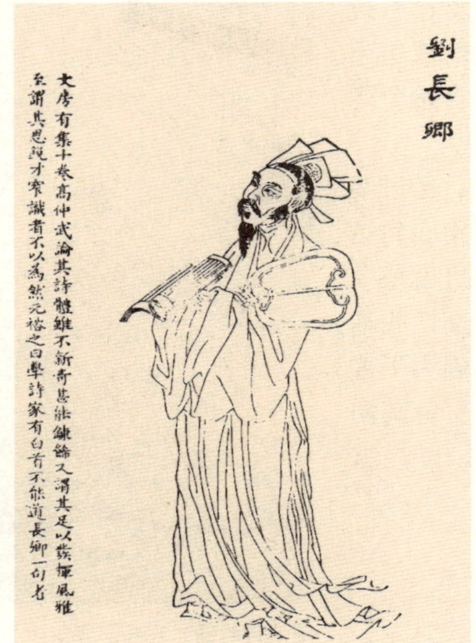

八、大历诗人

李杜之后，唐诗发展进入中唐时期。大历至贞元年间，在中唐前期诗坛上活跃着一批诗人。在经历安史之乱后，大唐帝国已大为衰落，战乱也使人们的心理状态发生了变化，使人们已失去了盛唐时期那种昂扬的精神面貌，他们的诗大多表现出孤独寂寞的心境，追求一种清雅高逸的情调，虽有风味但少有风骨气概，透露出中唐诗的气息。

在晚年进入大历诗坛的刘长卿（约726—787或788），一生大部分时间是在逆境中度过的。他创作题材广泛，各种诗歌体式均能得心应手，最擅长的要数五言律诗和五言

绝句，曾自许为“五言长城”。五律如《穆陵关北逢人归渔阳》：

逢君穆陵路，匹马向桑干。
楚国苍山古，幽州白日寒。
城池百战后，耆旧几家残。
处处蓬蒿遍，归人掩泪看。

目睹安史之乱造成的严重破坏，诗人感慨万千，忧国忧民的心情溢于言表。全诗语言朴实无华，用语工巧，风格凄凉沉郁，颇有杜甫诗的余韵。五绝如其名作《逢雪宿芙蓉山主人》：

日暮苍山远，天寒白屋贫。
柴门闻犬吠，风雪夜归人。

这首诗写雪夜投宿山中农家时的所见所闻。暮雪中荒寒的山村景象，以及主人为生计而奔忙的境况，都写得生动而逼真。诗人善于捕捉一些意象来高度概括，全诗虽只寥寥数语，但意境悠远，耐人寻味。

韦应物（约737—约791）是与刘长卿齐名的中唐诗人，二人并称“韦刘”。他少年时任侠使气，15岁即以三卫郎事唐玄宗，流落失职后，方发奋读书，中进士。韦应物的早期作品中，不乏风格健朗、关注时事的作品，如友人畅当被招从军时，他写诗以励之：“丈夫当为国，破敌如摧山。何必事州府，坐使鬓毛斑。”（《寄畅当》）气势壮伟，堪与杨炯“宁为百夫长，胜作一书生”对读。他深痛地感叹时局的动荡：“豺虎犯天纲，昇平无内备；长驱阴山卒，略践三河地。”甘愿舍身以救危亡：“甘从锋刃刀毙，莫夺坚贞志。宿将降贼庭，儒生独全义。”（《睢阳感怀》）韦应物的许多诗作都感怀今昔，表现出忧时伤乱的时代气息。

韦应物像

在韦应物的诗作中占据主导地位的，还是他描写山水田园的作品，这类诗在艺术上效法陶渊明，情感真实细腻，意境冲淡平和。如《寄全椒山中道士》：

今朝郡斋冷，忽念山中客。
涧底束荆薪，归来煮白石。
预持一瓢酒，远慰风雨夕。
落叶满空山，何处寻形迹。

风雨之夕，白石煮酒，忽念友人，料想其观空山落叶，又不知叶落何方，真有一种幽远恬淡的玄道之味，令人回味无穷，体现了韦诗“发纤秾于简古，寄至味于淡泊”的独特风格。再如《滁州西涧》：

独怜幽草涧边生，上有黄鹂深树鸣。
春潮带雨晚来急，野渡无人舟自横。

以动静相生的艺术手法，描绘了一幅幽深空寂的野渡景色，在幽玄的诗境中透露出几分清冷落寞的情绪，可谓野趣天成，实是山水诗中的佳作。

大历年间，诗坛上还活跃着一批被称为“大历十才子”的诗人。这十人包括卢纶、吉中孚、韩翃、钱起、司空曙、苗发、崔峒、耿湋、夏侯审、李端。他们诗风相近，多为唱和应制之作，以自然风物、羁旅愁思为主要内容，颇重炼词造意，借以抒发清冷落寞的情怀。十才子中钱起、卢纶、韩翃的一些诗较有价值。

钱起（约722—约785）曾与王维、裴迪等一起唱和，以“体格清新，理致清淡”为主要特色，常有警语佳句。如《省试湘灵鼓瑟》这首诗，赞美瑟声的佳妙神奇，末句“曲终人不见，江上数峰青”，千百年来传诵不已，诗境则和平静穆，有一种悠悠不尽的韵致。《暮春归故山草堂》也是他的名作：

卢仝烹茶图　宋·钱选

谷口春残黄鸟稀，辛夷花尽杏花飞。
始怜幽竹山窗下，不改清阴待我归。

春日将逝，令人略感寂寞，唯有窗前幽竹不变初衷，仍旧一片翠绿葱茏，似乎在深情地等待着主人的归来。全诗在一种物我相亲的意境中，寄寓了诗人对幽竹的赞美，表露出诗人不屑趋炎附势的人生态度。

卢纶的诗歌中以描写边塞将士军营生活的作品为最佳，如《和张仆射塞下曲》两首：

林暗草惊风，将军夜引弓。平明寻白羽，没在石棱中。
月黑雁飞高，单于夜遁逃。欲将轻骑逐，大雪满弓刀。

前者赞美李广将军夜猎的神力，后者写边关将士夜追敌酋的英勇气概，均意象鲜明，构思奇特，颇有盛唐边塞诗之豪气。

韩翃诗多酬赠之作，而以一首《寒食》久负盛名：

春城无处不飞花，寒食东风御柳斜。
日暮汉宫传蜡烛，轻烟散入五侯家。

全诗写景叙事，无一句议论，却以汉喻唐，暗寓讽刺之意。

大历十才子的创作多用白描，很少用典，语言流畅，于“清气中时露工巧”，人工之迹明显，天然之美渐薄淡。《诗薮》评价道：“盛唐前，语虽平易，而气象雍容；中唐后，语渐精工，而气象促迫。”大历诗人的创作变盛唐的壮阔为清秀，变重气韵为重韵味，诗人虽生活天地狭窄，却在艺术上获得一些突破，从纯文学的角度看，大历诗人为晚唐诗乃至后来的婉约词准备了某些条件，表现出了自己的特色。

九、韩孟诗派

唐诗经过大历年间一度中衰后，中唐后期又渐趋兴盛，可谓流派众多，名家辈出。诗人们极力探索新的表现技巧，使诗风大变于中唐，这其中就有韩孟诗派。这一诗派的代表诗人是韩愈和孟郊，此外还有贾岛、李贺、卢仝、姚合等人。韩、孟等人在创作主张和实践上都有共同趋向的审美意识，在艺术上刻意求新，注重使用新奇的物象，用李贺的话说，就是“笔补造化天无功”。孟郊也说：“天地入胸臆，吁嗟生风雷。文章得其微，物象由我裁。”足以显示其气魄宏大。韩孟诗派还特别崇尚奇崛险怪之美，对此韩愈的《调张籍》一诗最能代表这种风格：

孟郊像

李杜文章在，光焰万丈长。……我愿生两翅，捕逐出八荒。
精神忽交通，百怪入我肠。刺手拔鲸牙，举瓢酌天浆。

贾岛像

何等雄奇怪异的诗境！用语奇僻，句韵险拗。

孟郊（751—814）为人正直耿介，一生沉落下僚，过着穷困生活，其诗充满了幽僻、冷涩的意象，大都表现了诗人凄凉寒苦的境况。苏轼有所谓“郊寒岛瘦”之论，恰如其分地概括了孟诗的特色。如《秋怀十五首》中的二首：

秋月颜色冰，老客志气单。冷露滴梦破，峭风梳骨寒。
冷露多瘁索，枯风饶吹嘘。秋深月清苦，虫老声粗疏。

古贤诗意图·桃花源
明·杜堇
画中韩愈正在欣赏桃花源图

人们常念叨的倒不是他那些苦寒清冷的诗，而是那首平易感人的《游子吟》：

慈母手中线，游子身上衣。
临行密密缝，意恐迟迟归。
谁言寸草心，报得三春晖。

贾岛（779—843）向来以苦吟著称。他少年贫寒，屡试不第，曾出家为僧。后得韩愈赏识，还俗，举进士。贾岛作诗十分刻苦，往往为一字一句苦吟不已。所谓“两句三年得，一吟双泪流”，正是对他苦吟创作的准确写照。他的诗多写荒凉苦寂的生活境遇，风格寡淡幽寂、嶙峋瘦险，“岛瘦”之称即由此而来。如《题李凝幽居》：

闲居少邻并，草径入荒园。
鸟宿池边树，僧敲月下门。
过桥分野色，移石动云根。
暂去还来此，幽期不负言。

南宋的胡仔在《苕溪渔隐丛话》中记载了关于这首诗的一段文坛佳话：

岛初赴举京师，一日于驴上得句云：“鸟宿池边树，僧敲月下门。”始欲着“推”字，又欲作“敲”字，炼之未定，遂于驴上吟哦，时时引手作推敲之势。时韩愈吏部权京兆，岛不觉冲至第三节。左右拥至尹前，岛具对所得诗句云云。韩立马良久，谓岛曰：“作敲字佳矣。”遂并辔而归。留连论诗，与为布衣之交。

僧敲月下门 近代·吴友如

“推敲”的典故即由贾岛此诗而来。全诗描写孤寂的幽居境况，字斟句酌，对仗工整，刻画精细入微。尤其是颔联

中“敲”字的运用，乍看似觉平淡无奇，但仔细“推敲”，就会发现它与鸟宿树上的静态相配，比起“推”字来，更加突显了夜深人静时叩门之声的清脆，增添了月夜的静谧感，深得韵味之致。

李贺（790—816）是没落的唐宗室后裔。他的父亲当过县令，他却由于父名“晋肃”（与“进士”谐音）而不能参加进士考试，只做了3年的九品小官奉礼郎，27岁就怏怏而死。李贺作诗呕心沥血，平时身边总带一锦囊，思得好句即停马书写，投入其中。其母疼惜儿子道：“是儿要当呕出心乃已尔！”据说唐宪宗元和二年，年仅18岁的李贺便以下面这首《雁门太守行》令大诗人韩愈刮目相看：

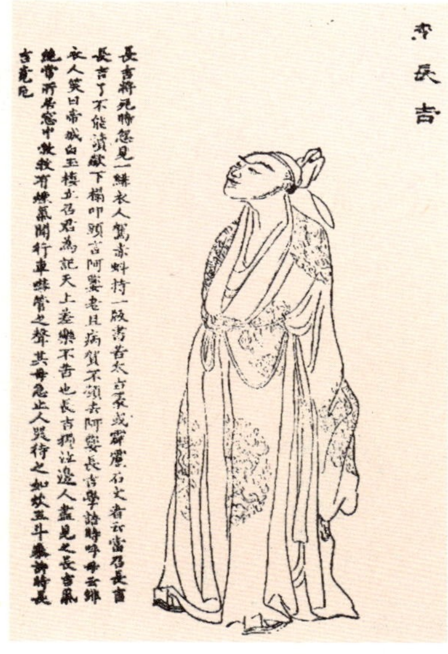

李贺像

黑云压城城欲摧，甲光向日金鳞开。
角声满天秋声里，塞上燕脂凝夜紫。
半卷红旗临易水，霜重鼓寒声不起。
报君黄金台上意，提携玉龙为君死。

这首诗沿用乐府旧题，描绘了边塞紧张激烈的战斗情景，诗人以“黑”、“金”、“红”、“紫”等浓艳的色彩与悲鸣的角声、低沉的鼓声相搭配，渲染出了一幅有动有静、有声有色的战斗画面。全诗想象奇诡，色彩光怪陆离，意境浑融蕴藉，无怪乎韩愈一见惊起，称赏不已。陆游称赞贺诗为“百家锦衲，五色眩耀，光夺眼目，使人不敢熟视”。

李贺的诗受屈原、李白、汉乐府民歌以及齐梁诗等多方面的影响，又在只言片语中，再创新奇，从而形成了自己浓艳凄清而又奇险幽幻的独特风格，被宋人评为“鬼才”。如《金铜仙人辞汉赋》：

茂陵刘郎秋风客，夜闻马嘶晓无迹。
画栏桂树悬秋香，三十六宫土花碧。
魏官牵车指千里，东关酸风射眸子。
空将汉月出宫门，忆君清泪如铅水。
衰兰送客咸阳道，天若有情天亦老。
携盘独出月荒凉，渭城已远波声小。

粗读之，总觉不顺畅，但仔细品味每一个句子，会发现每个词的组合都那样用心与奇异，秋香是“悬”的，土花是“碧”的，东关风是“酸”的，清泪却如“铅水”，神奇瑰丽的色彩通感，加上怀古伤今的悲情主题，令人不禁惊异于诗人的语词组合竟能创造出如此的意境，同时

也随金铜仙人一起备感伤神，产生强烈的共鸣感。特别是“衰兰送客”一句，更是传诵不衰，毛泽东就将其引入己诗：“天若有情天亦老，人间正道是沧桑。”不过风格已由悲凉转为豪迈。可见用语之妙，千载而下，品之犹新。

顾况像

十、元白诗派与白居易

与韩孟诗派同时或稍后，中唐诗坛又崛起了以元稹、白居易为代表的元白诗派。如果说韩孟诗派“尚奇警，务言人所不敢言”，那么元白诗派则“尚坦易，务言人所共欲言”。诗作重写实，诗人往往以亲身见闻、当下时事入诗，缘事而发，用平易通俗的语言勾画社会人生。

元白诗派承袭杜甫的写实创作倾向，反对“沿袭古题”，主张“刺美见事”、“文章合为时而著，歌诗合为事而作”。他们还自觉向民歌学习，诗歌更加通俗自然。元稹和白居易共倡新乐府运动，写出了许多真实而又通俗的诗歌。所倡“新乐府”是一种自拟新题写时事的乐府诗。中唐新乐府运动是中唐诗坛上的一件大事。对新乐府作出贡献的，紧接杜甫之后，主要有元结、顾况等人，与白居易同时的主要有张籍、王建、元稹等人。

元稹像

元结和顾况是这个运动的先驱，他们无论从理论上还是从实践上都为新乐府运动开辟了道路。元结早在安史之乱时，就写下了《悯荒诗》、《系乐府十二首》等新题乐府。顾况也是一个关心社会民生的诗人，他的代表作《上古之什补亡训传十三章》是13首复古意味很强的诗歌，效仿《诗经》体例，四言一句，取篇首二字为题，并标明主题，如“上古，悯农也”，“囝，哀闽也”等，开白居易新乐府“首章标其目”的先例。

白居易像

贞元、元和年间，诗坛上活跃着一批新乐府诗人，张籍、王建是其中的代表。张籍的诗广泛而深刻地反映了当时的社会现实，如《征妇怨》反映连年战争给妇女带来的痛苦：“不如逐君征战死，谁能独老空闺里”；“夫死战场子在腹，妾身虽存如昼烛”。王建一生官职卑微、生活贫困。他擅长乐府诗，与张籍齐名，世称“张王乐府”。王建的乐府诗内容也十分广泛，边陲、农村、渔乡以及蚕妇、织女、水夫、田家等都可入诗。如《田家行》写农民受官府剥削的痛苦：“田家衣食无厚薄，不见县门身即乐”；再如《簇蚕词》：“已闻乡里催织作，去与谁人身上著？”把富家不劳而获的怨恨凝结在这一问句中，立意深刻。

元稹（779—831）的乐府诗反映社会现实广泛，有哀叹民生的《织妇词》，有鞭挞奸佞的《胡旋女》，有反映农民生活的《田家词》，均如实叙写，感情凝重。其代表作《连昌宫词》可与白居易的长篇叙事诗相媲美，一些小诗如《行宫》：“寥落古行宫，宫花寂寞红。白头宫女在，闲坐说玄宗。”也写得情致婉约，包含着古宫寥落、宫女哀怨、世事沧桑等无穷意味。

白居易（772—846），字乐天，原籍太原，后迁居下邽（今陕西渭南），生于新郑（今河南新郑），晚年居香山，自号香山居士，又曾官拜太子少傅，后人因称白香山、白傅或白太傅。白居易的少年时代是在战乱中度过的，在离乡避乱中饱受了颠沛流离之苦，奠定了他后来描写人生的现实基础。白居易很早就表现出非凡的诗歌才能，16岁时即写出了有名的《赋得古原草送别》：

香山九老图 明 · 周臣

离离原上草，一岁一枯荣。
野火烧不尽，春风吹又生。
远芳侵古道，晴翠接荒城。
又送王孙去，萋萋满别情。

该诗以古原上的草衬托离情别绪，构思精巧，意境浑成。尤其是三、四两句，将“草”这个意象用四季轮回的动态结构勾连起来，不仅把送别友人的深情活化为野草绵延不绝的具体形象，而且赞美了野草顽强的生命力，抒发了少年诗人的壮志豪情，蕴含着发人深思的哲理。据说白居易初到长安时，携带诗卷去拜谒前辈诗人顾况，顾况开始并未在意，见其姓名有“居易”二字，便开玩笑地说：“长安米价方贵，居亦不易。”但当他展开诗卷，读到“野火烧不尽，春风吹又生”时，不禁大为惊叹，立即改口说道：“道得个语，居即易矣。”

唐德宗贞元十六年（800），白居易考中进士。后应拔萃科考试，授秘书省校书郎。元和二年，授翰林学士。元和三年至五年，任左拾遗。这一时期，白居易仕途较为顺利，因而以极高的政治热情，屡次上书指陈时政，并创作了大量反映民生疾苦的政治讽喻诗。元和五年，白居易改任京兆府户曹参军，次年因母丧回乡守制。回朝后任太子左赞善大夫，因宰相武元衡被刺杀而第一个上书请求急捕凶手，结果被权贵们加上越职进言的罪名而被贬为江州司马。这一沉重打击使其思想逐渐转向消极，政治热情随之减退。此后，白居易又先后在忠

州、苏州等地任刺史，后回朝廷任刑部尚书，闲居洛阳，直至去世。白居易和元稹同年及第，又同为校书郎，一起工作三年之久，他们对诗歌创作的理论与主张基本一致，其中尤以白居易年长又有充足时间创作，而成为新乐府运动的灵魂和旗手。

白居易将自己的诗歌分为讽喻、闲适、感伤、杂律四类，其中他最为重视的是讽喻诗，这些诗也最能体现他的诗歌理论和实践。这些讽喻诗通俗易懂，具有积极的现实内容和强烈的战斗精神，其中的《秦中吟》10首和《新乐府》50首尤称杰作。如《新乐府》的第32首《卖炭翁》：

> 卖炭翁，伐薪烧炭南山中。满面尘灰烟火色，两鬓苍苍十指黑。卖炭得钱何所营？身上衣裳口中食。可怜身上衣正单，心忧炭贱愿天寒。夜来城外一尺雪，晓驾炭车碾冰辙。牛困人饥日已高，市南门外泥中歇。翩翩两骑来是谁？黄衣使者白衫儿。手把文书口称敕，回车叱牛牵向北。一车炭，千余斤，宫使驱将惜不得。半匹红绡一丈绫，系向牛头充炭直。

这首诗是抨击唐代“宫市”制度的，宦官去市场购物，实际上是变相的勒索和掠夺。作者在诗中并未发表议论，而是把激愤的感情寓于平实的叙事之中，并且巧妙地运用反衬手法，使卖炭翁劳动的艰辛和生活的窘困，与“一车炭，千余斤”却只换得“半匹红绡一丈绫”形成鲜明的对比，有力地控诉了统治者横征暴敛的罪行。

白居易的感伤诗以《长恨歌》和《琵琶行》最为著名，这两首长篇叙事诗以摇曳多姿的诗笔描写人间的悲欢离合，千百年来，一直传诵不衰。《长恨歌》作于元和元年（806），主要根据唐玄宗和杨贵妃的故事来结构全篇。全诗120句，840字。前半篇写唐玄宗好色废政，终于引发安史之乱，从而揭示了“长恨”之因。全诗以“汉皇重色思倾国”起笔，接着写玄宗得到杨贵妃之后朝政日疏，“春宵苦短日高起，从此君王不早朝”，而杨贵妃恃宠生骄，“后宫佳丽三千人，三千宠爱在一身”，终于导致安史之乱的爆发，“渔阳鼙鼓动地来，惊破霓裳羽衣曲”，讽意极为明显。在诗的后半篇，作者则用充满同情的笔触写唐玄宗对杨贵妃的刻骨相思，使诗的主题由批判转为对他们坚贞爱情的歌颂。诗中杨贵妃死后，玄宗对景伤情：“蜀江水碧蜀山青，圣主朝朝暮暮情。行宫见月伤心色，夜雨闻铃肠断声。”玄宗回长安后则凄凉孤寂：“夕殿萤飞思悄然，孤灯挑尽未成眠。”盼望梦中相会，却是“悠悠生死别经年，魂魄不曾来入梦”，最后只落得一地萧索，两地相思，“天长地久有时尽，此恨绵绵无绝期”，留下一声绵延无绝的

长调，令人唏嘘不已。人物心理刻画细腻传神，音韵和谐婉转，千百年来仍散发着动人的艺术魅力，谓之绝唱，实不为过。

《琵琶行》诗意

《琵琶行》是诗人贬居江州的次年所写，诗中叙写了一个弹奏琵琶的女艺人沦落江湖的凄凉身世，并由此联想到自己被贬的遭际，于是发出了“同是天涯沦落人，相逢何必曾相识”的深沉感慨。全诗叙事曲折，脉络分明，语言优美明快，特别是对琵琶音乐的传神描写，让人惊叹于诗人对音乐的精深造诣和运用语言的功力，不仅生动再现了女艺人的精湛技艺，而且把人们带入了一个声情并茂的音乐殿堂，体会音乐的美妙旋律：

千呼万唤始出来，犹抱琵琶半遮面。转轴拨弦三两声，未成曲调先有情。弦弦掩抑声声思，似诉平生不得志。低眉信手续续弹，说尽心中无限事。轻拢慢捻抹复挑，初为《霓裳》后《六幺》。大弦嘈嘈如急雨，小弦切切如私语。嘈嘈切切错杂弹，大珠小珠落玉盘。间关莺语花底滑，幽咽泉流冰下难。冰泉冷涩弦凝绝，凝绝不通声暂歇。别有幽愁暗恨生，此时无声胜有声。银瓶乍破水浆迸，铁骑突出刀枪鸣。曲终收拨当心画，四弦一声如裂帛。东船西舫悄无言，唯见江心秋月白。

白居易在唐代就已负盛名，从王公贵族到歌女仆夫，都能吟诵他的诗作。不仅如此，他的诗还流传到日本和高丽等国，并受到当地人民的广泛喜爱。

刘禹锡像

十一、诗豪刘禹锡

在中唐诗坛，刘禹锡的诗歌，既不同于韩孟的奇崛瘦硬，也不同于元白的浅切直露，而是独具特色。刘禹锡（772—842），字梦得，洛阳（今河南洛阳）人。21岁与柳宗元同榜登第，后又与柳一起参加王叔文为首的永贞革新活动。失败后，支持者八人皆被贬为远州司马，史称“八司马事件”，刘禹锡是其中之一。被贬为朗州（今湖南常德）司马后九年被召还朝，后被发落广东任连州刺史，又迁移多地，晚年归洛，官至检校礼部尚书兼太子宾客。

刘禹锡在《陋室铭》中写道：山不在高，有仙则名；水不在深，有龙则灵；斯是陋室，惟吾德馨

刘禹锡远贬异地二十多年，长期接触下层人民，关心时政，他的诗歌数量虽不多，却有着强烈的批判精神。其政治讽刺诗，如《聚蚊谣》："我躯七尺尔如芒，我孤尔众能我伤"。《飞鸢操》："鹰隼仪形蝼蚁心，虽能戾天何足贵"，把权贵官僚比作渺小可恶的蚊子，徒有仪形的飞鸢，讽刺性很强，这类诗也称为"寓言诗"。

刘禹锡的一些咏史怀古诗也写得寓意深刻。如《西塞山怀古》：

王濬楼船下益州，金陵王气黯然收。
千寻铁锁沉江底，一片降幡出石头。
人世几回伤往事，山形依旧枕寒流。
从今四海为家日，故垒萧萧芦荻秋。

以东吴兴亡的历史寄寓诗人反对藩镇割据、主张国家不可分裂的政治思想，暗寓着时代危机，内容相当深刻。又如《乌衣巷》：

朱雀桥边野草花，乌衣巷口夕阳斜。
旧时王谢堂前燕，飞入寻常百姓家。

这首脍炙人口的怀古诗通过描写东晋王谢家族的衰落，抓住野草开花、夕阳斜照以及燕子入百姓家等典型意象，渲染了一种日暮时分惨淡的气氛，在今昔对比中寄寓了浓重的兴亡之感。

刘禹锡还有一类优秀诗歌是抒情言志之作，他多次被贬谪，心中充满愤懑之情，但他往往在感慨身世之余抒发自己旷达自励的情怀，富有哲思，给人启迪。如《酬乐天扬州初逢席上见赠》：

巴山楚水凄凉地，二十三年弃置身。
怀旧空吟闻笛赋，到乡翻似烂柯人。
沉舟侧畔千帆过，病树前头万木春。
今日听君歌一曲，暂凭杯酒长精神。

这是一首回赠白居易的诗作，诗中回顾了自己遭贬的经历，抒发了自己的怨愤，其中"沉舟"一联，以"沉舟"、"病树"自比，感情十分低沉，但因这一联形象鲜明生动，故后人赋予它新意并经常引用。还有两首记游抒情的诗，写诗人两次游览玄都观，看桃花盛衰，喻朝中

谄谀的新贵的可笑命运，笔调辛辣，诗人的豪迈之情、倔强之气溢于言表：

紫陌红尘拂面来，无人不道看花回。
玄都观里桃千树，尽是刘郎去后栽。
——《戏赠看花诸君子》

百亩庭中半是苔，桃花净尽菜花开。
种桃道士归何处？前度刘郎今又来。
——《再游玄都观》

刘禹锡还学习民歌，创作了不少民歌体的诗，如《杨柳枝》、《竹枝词》、《踏歌词》、《浪淘沙》等，将民歌新鲜活泼的生命力灌注到诗歌中。如《竹枝词二首》其一：

杨柳青青江水平，闻郎江上唱歌声。
东边日出西边雨，道是无晴还有晴。

以“晴”双关“情”，兴味盎然。

刘禹锡的诗风格多样，但总体以“豪迈”著称，白居易称“彭城刘梦得，诗豪者也，其锋森然，少敢当者”，确是中肯之评。其诗往往在抒情言志时充满豪迈倔强的兀傲之气，即使写景咏物亦表现出自己不同凡响的豪迈之情，如《秋词》二首其一：

自古逢秋悲寂寥，我言秋日胜春朝。
晴空一鹤排云上，便引诗情到碧霄。

这种一冲入云天的壮志豪情，的确“少敢当者”，堪当“诗豪”的美誉。

十二、晚唐诗歌

晚唐，社会矛盾进一步激化，宦官专权，藩镇割据，佛道盛行，颓风日盛，民生凋敝，整个社会处于风雨飘摇之中。诗歌创作的内容和风格也有变化，诗人在忧时悯乱、慨叹身世中流露出一种“近黄昏”的感伤情绪，而其形式也渐趋华靡绚丽，以小李（李商隐）杜（杜牧）

陆龟蒙像

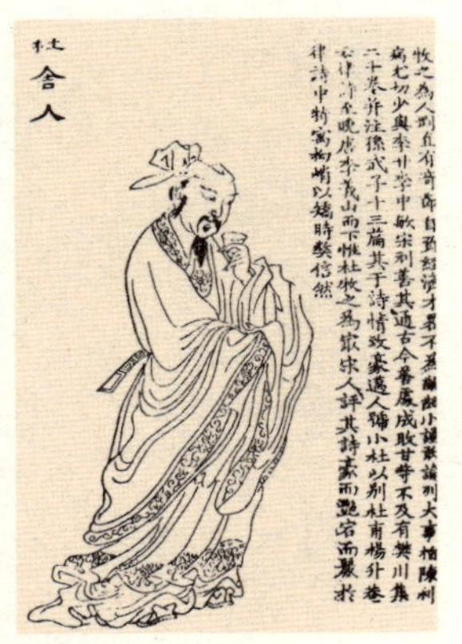
杜牧像

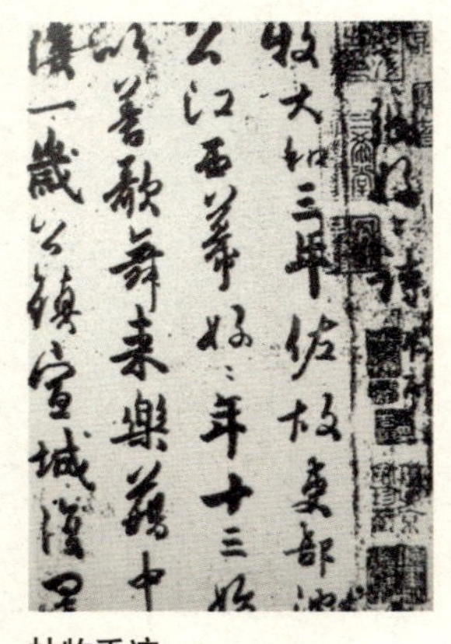
杜牧手迹

的创作为代表。而晚唐后期，社会更加动乱，诗歌创作呈现多元化发展的局面，或隐逸林泉、淡泊自处，以陆龟蒙、司空图、韩偓、韦庄等为代表，承大历诗风向重形式方面发展；或指陈时弊、感伤祸乱，以皮日休、聂夷中、杜荀鹤等为代表，承新乐府的写实讽喻传统，写下了许多反映社会现实的诗歌。

杜牧（803—852），字牧之，京兆万年人。他秉性刚直，不屑逢迎，所以屡受排挤，政治上的失意和仕途的坎坷，使其思想日趋消沉，生活上也放浪不羁。《遣怀》正是他潦倒失意时的心灵写照：

> 落魄江湖载酒行，楚腰纤细掌中轻。
> 十年一觉扬州梦，赢得青楼薄倖名。

杜牧的古诗、咏史诗很有特色，许多都是人们时时吟诵、脍炙人口的名篇，如著名的《赤壁》：

> 折戟沉沙铁未销，自将磨洗认前朝。
> 东风不与周郎便，铜雀春深锁二乔。

诗人借古喻今，感喟时机和际遇对人生命运的重要性，从而抒发自己怀才不遇的心情。全诗以小见大，构思巧妙，隽永味长。再如下面这首《泊秦淮》：

> 烟笼寒水月笼沙，夜泊秦淮近酒家。
> 商女不知亡国恨，隔江犹唱《后庭花》。

诗人从眼前的秦淮夜色落笔，以深沉的历史感收笔，以古刺今，表达自己对国家命运的深深忧虑。《山行》也是千古传诵的名篇：

> 远上寒山石径斜，白云深处有人家。
> 停车坐爱枫林晚，霜叶红于二月花。

在诗人的笔下，萧条的秋色绚烂迷人，表现出一种爽朗乐观的人生态度。

李商隐（813—858），字义山，怀州河内（今河南泌阳）人。他长期生活于牛李朋党之争的夹缝中，政治上受排挤，长期沉沦下僚。他的咏史诗托古讽今，具有相当高的艺术成就，如《贾生》：

宣室求贤访逐臣，贾生才调更无伦。
可怜夜半虚前席，不问苍生问鬼神。

诗借讽汉文帝之昏聩，慨贾谊之不遇，实寓自己心绪在其中，抒发困顿不得志的人生境遇。通篇写史，含蓄深婉，耐人寻味。

李商隐的写景诗，往往寓情于景，蕴含哲理，如《登乐游原》：

向晚意不适，驱车登古原。
夕阳无限好，只是近黄昏。

表面上写黄昏景色，实际上表达了对美好事物即将消逝的哀怜之情，语浅意深，颇富理趣。

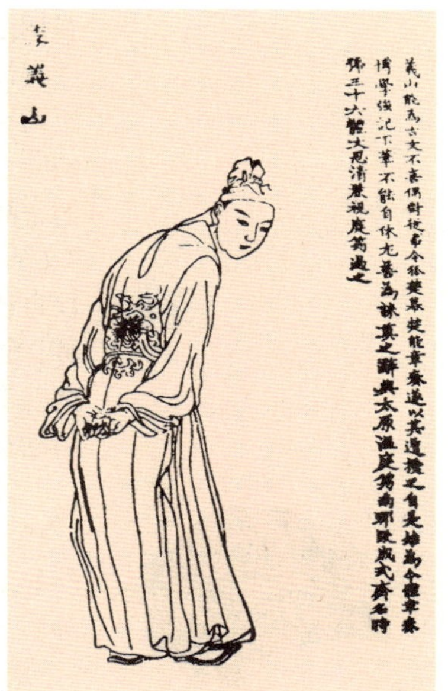

李商隐像

最能体现李商隐风格的是那些抒发情感的爱情诗，语言精美华丽，表达含蓄曲折，意境幽深朦胧，往往苦涩与甜蜜、希望与失望交织在一起，意蕴丰富，深情绵邈。如他的《无题》诗就是这种诗风的典型之作，下面是其中一首：

相见时难别亦难，东风无力百花残。
春蚕到死丝方尽，蜡炬成灰泪始干。
晓镜但愁云鬓改，夜吟应觉月光寒。
蓬山此去无多路，青鸟殷勤为探看。

十三、古文运动

“古文运动”是中唐时期由韩愈和柳宗元领导的一次文体文风和文学语言的革新运动。“古文”与六朝以来流行已久的“骈文”相对立，取法先秦两汉的散文，奇句单行，朴实自然，不拘格式，不像骈文那样讲究排偶、词藻、声律和典故。先秦两汉在时间上比六朝为古，故称“古文”。韩愈在陈子昂、萧颖士、元结、独孤及等人反对六朝骈俪文风的基础上，大力提倡“古文”体，以反对六朝以来堆砌词藻、浮华空疏的文风，并得到了柳宗元的支持。他们彼此呼应，积极从事古文的宣传和创作，从而形成了一种文学思潮，即“古文运动”。

古文运动的宗旨是宣扬儒家的道德思想，要求铲除弊政，维护统一。因此，古文理论主张以道为主，文以载道，文以明道，文道合一，强调道是文的内容。韩愈认为，作文首先要内容充实，同时也要有精美得体的艺术形式与之相适应；文章应是作者真情实感的流露，即所谓“大凡物不得其平则鸣”（《送孟东野序》），反对矫揉造作、无病呻吟。提倡为文贵在创新，反对因袭模仿；主张清除华而不实的陈旧言辞，提倡质朴清新的文辞；学古文应“师其意不师其辞”，要做到“文从字顺各识职”，“丰而不余一言，约而不失一辞”。韩、柳二人不仅自己写下了大量优秀古文，还注意培养和指导后起的古文作者，李翱、皇甫湜、李观、沈亚之等作家纷纷从事古文创作。从贞元到元和的二十多年间，古文逐渐压倒骈文，以至影响到后来北宋的诗文革新运动，开创了以唐宋八大家为代表的散文传统。

韩愈像

韩愈（768—824），字退之，河阳（今河南孟县）人。祖籍昌黎（今辽宁义县），世称韩昌黎。他三岁而孤，由嫂郑氏抚育成人。他自幼好学，贞元八年（792）举进士，先后任汴州观察推官、四门博士等职。贞元十九年，他任监察御史，因上书言关中灾情，被贬为山阳（今属广东）令。元和十四年（819）又因上谏唐宪宗拜迎佛骨而被贬为潮州刺史。唐穆宗时，任国子祭酒、兵部侍郎，后转为吏部侍郎。韩愈是唐代古文运动的领袖人物，他的创作实践充分贯彻了古文运动的理论。他的散文，无论叙事、抒情、议论、说理，皆酣畅淋漓，动人心魄，被后人列为“唐宋八大家”之首。

韩愈的议论文析理透辟，笔锋犀利，气势磅礴，最能代表其独特的文风。《原道》、《原毁》、《师说》等都是给作者带来盛誉的名篇。《原道》最集中地体现了韩愈的哲学思想，他力主排佛老，推崇儒学，恢复道统。为此，他在《原道》中构造了一个儒家的学术传统，即所谓“道统”。文中说，君主统治百姓，百姓服从君主，臣帮助君以统治人民，这是自古以来的“道”，如有违背，就应受到严厉惩罚。这个“道”，“尧以是传之舜，舜以是传之禹，禹以是传之汤，汤以是传之文、武、周公，文、武、周公传之孔子，孔子传之孟轲。轲之死，不得其传焉”，直到他才把这个“道统”恢复起来。儒家的道以“仁”和“义”为本，与佛老不同，所以他在《原道》中说：“斯吾所谓道者，非向老与佛之道也。”他又用《大学》中修身、齐家、治国、平天下的理论反对佛教的只讲个人修身养性的出世论。文中说：“古之所谓正心而诚意者，将以有为也。今也欲治其心而外天下国家，灭其天常，子焉而不父其父，臣焉而不君其君，民焉而不事其事。”因而他认为佛老之说应该一律禁止。《原道》一文立论明确，结构严谨，逻辑精密，全文如长江奔涌，具有不可阻遏之势。

《师说》则精辟地阐述了韩愈的教育思想，文中写道：

> 古之学者必有师。师者，所以传道、受业、解惑也。人非生而知之者，孰能无惑？惑而不从师，其为惑也，终不解矣。生乎吾前，其闻道也固先乎吾，吾从而师之；生乎吾后，其闻道也亦先乎吾，吾从而师之。吾师道也，夫庸知其年之先后生于吾乎？是故无贵无贱，无长无少，道之所存，师之所存也。

文中针对当时士大夫阶层耻于从师、轻视学习的普遍风气，从“古之学者必有师”出发，大胆地提出了“无贵无贱，无长无少，道之所存，师之所存”，以及“弟子不必不如师，师不必贤于弟子，闻道有先后，术业有专攻”的崭新师道思想。柳宗元读了这篇文章之后，曾感叹韩愈“抗颜为师”，以致被世俗视为“狂人”，可见此文所表现出的胆魄和勇气。另外，韩愈在《进学解》中所阐述的“业精于勤荒于嬉，行成于思毁于随”的学习理论；在《马说》中提出的“世有伯乐，然后有千里马。千里马常有，而伯乐不常有”的人才观，即使在今天，仍具有借鉴意义。

韩愈的叙事文叙事曲折而富于变化，塑造人物形象鲜明生动，历来为人们所称赏。比如《张中丞传后序》一文，作者精心选择典型事件，通过细节描写，成功地刻画了张巡、许远、南霁云三位感人的英雄形象。全文夹叙夹议，叙事写人生动逼真，爱憎分明，激情四溢。其中，南霁云向贺兰进明请求救兵一段最为精彩：

许远像

> 霁云慷慨语曰：“云来时，睢阳之人不食月余日矣！云虽欲独食，义不忍；虽食，且不下咽。”因拔所佩刀断一指，血淋漓，以示贺兰，一座大惊，皆感激为云泣下。

南霁云悲愤陈词，拔刀断指，寥寥数语，人物形象呼之欲出。

韩愈的抒情散文同样出色，如有名的《祭十二郎文》，是他为祭奠其侄十二郎所写。在文中，作者一改传统祭文的固定格式，用散体抒情叙事，将二人情谊娓娓道来，文笔平实朴素，字里行间流露出深挚的感情，产生了强烈的艺术感染力，被后人称为祭文中的“千年绝调”。韩愈的书信赠序之作，往往借题发挥，表现出对现实的褒贬。《送孟东野序》通过安慰孟郊，抒发了自己的愤慨与不平。全篇运用了38个“鸣”字，但并无冗赘重复之感。

韩愈在创作实践中身体力行，确实做到了“文以载道”、“务去陈言”、“气盛言宜”。其文章体裁多样，内容丰富，语言简练准确，鲜明生动。皇甫湜曾说韩文“如长江秋清，千里一道，冲飚激浪，瀚流不滞”。宋代大散文家苏轼则称赞他“文起八代之衰”，即散文在衰落了魏晋和六朝八个朝代后，直到韩愈才振兴起来，这并非过誉之词。清代茅坤编选《唐宋八大家文钞》，将韩愈置于“八大家”之首，充分体现了韩愈在后人心目中的地位。

柳宗元像

柳宗元（773—819），字子厚，河东（今山西永济）人，21岁中进士，曾任礼部员外郎，因参加王叔文集团的政治革新运动而遭保守势力排挤打击，贬为永州司马，后迁柳州刺史，所以有“柳柳州”之称，去世时仅47岁。柳宗元是唐代著名的散文家和诗人，与韩愈齐名，世称“韩柳”。

柳宗元是古文运动的倡导者之一，其议论文和传记文都不乏佳作。议论文如《封建论》、《捕蛇者说》，传记文如《段太尉逸事状》、《童区寄传》等都是传诵久远的名篇。如《捕蛇者说》通过对蒋氏三代经历的描写，揭示了“孰知赋敛之毒，有甚是蛇者”的主题。文中写到蒋氏虽知毒蛇之害却仍持旧业的原因：

> 曩与吾祖居者，今其室十无一焉；与吾父居者，今其室十无二三焉；与吾居十二年者，今其室十无四五焉。非死则徙尔。而吾以捕蛇独存。悍吏之来吾乡，叫嚣乎东西，隳突乎南北，哗然而骇者，虽鸡狗不得宁焉。吾恂恂而起，视其缶，而吾蛇尚存，则弛然而卧。谨食之，时而献焉。退而甘食其土之有，以尽吾齿。盖一岁之犯死者二焉；其余，则熙熙而乐。岂若吾乡邻之旦旦有是哉！今虽死乎此，比吾乡邻之死则已后矣，又安敢毒耶？

原来苛政猛于虎，蒋氏宁愿冒生命危险捕蛇也不愿受官府、悍吏的欺凌与压榨，看来赋敛之毒比毒蛇之毒还要厉害！作者对民生疾苦的关切流露于字里行间。《古文观止》曾谓此文“含无限悲伤凄婉情态”，而这种悲伤凄婉也正是《捕蛇者说》能打动读者的主要原因之一。

寓言讽刺小品是柳宗元创作中颇具特色的一类散文，同时也是他批判时弊的锐利武器。这类文章大都短小而寓意深远，如《三戒》借麋、驴、鼠的故事，写三件应该警戒之事。其中《临江之麋》写一只小鹿深得主人宠爱，“犬畏主人，与之俯仰甚善”，不敢吃它。三年后，小鹿离开主人家外出，外犬“见而喜且怒，共杀食之”，尖锐地讽刺了那些倚仗权贵而得意忘形的小人物。《永某氏之鼠》把那些自以为“饱食而无祸”的人比作老鼠，指出他们若恣意作恶以为“饱食终日为可恒”，定会难逃灭顶之灾。《黔之驴》则尖锐嘲讽了外强中干的小人物，指出他们虽然表面上“形之庞也类有德，声之宏也类有能”，而其实无德无能的本质。文章短小精悍，文笔生动，寓意深远，现引全文如下：

黔无驴，有好事者船载以入。至因则无可用，放之山下。虎见之，庞然大物也，以为神。蔽林间窥之。稍出近之，慭慭然，莫相知。

他日，驴一鸣，虎大骇，远遁；以为且噬己也，甚恐。然往来视之，觉无异能者；益习其声，又近出前后，终不敢搏。稍近，益狎，荡倚冲冒。驴不胜怒，蹄之。虎因喜，计之曰："技止此耳！"因跳踉大㘎，断其喉，尽其肉，乃去。

噫！形之庞也类有德，声之宏也类有能。向不出其技，虎虽猛，疑畏，卒不敢取。今若是焉，悲夫！

这则寓言入木三分地讽刺了现实中丑恶的当权者及其爪牙，可谓嬉笑怒骂皆成文章。

柳宗元最为人称道的是他的山水游记，明代茅坤说："古之善记山川，莫如柳子厚。"写永州山水的《永州八记》可为其代表作。《永州八记》是柳宗元任永州司马时所作，作者以清新的文笔，写永州山水的奇姿胜境，同时把自己的生活遭遇和不遇之叹融入其中。如在《至小丘西小石潭记》一文中，作者先后描写了溪水、树木、石潭、游鱼、岩岸，组成了一幅静谧孤清的山水小画轴，无论是写动静、远近，还是写颜色、声音，都自然生动，活灵活现。作者观察之细，用笔之妙，令人叹为观止。而那种清冷寂寥的景色氛围，体现出作者孤傲高洁的个性，也正是作者被贬后凄楚悲苦心情的反映。

柳宗元的后半生是在边远荒城度过的，若论及对当时文坛的影响，柳不如韩，但从创作实绩来看，无论是作品的思想性还是艺术性，则不在韩愈之下。后人将韩、柳并称，是非常有道理的。

崔莺莺造像 明 · 仇英

十四、唐传奇和变文

唐代传奇是中国小说发展的新阶段，它远继古代神话传说和史传文学的传统，近承六朝志怪志人小说的余绪，逐步发展成为以传、记名篇，叙写奇闻异事的文言小说。唐传奇的出现，标志着中国文言小说发展到了成熟的阶段。

传奇产生于初盛唐，鼎盛于中唐。初期作品数量少，艺术水平亦不高，现存作品有王度的《古镜记》、张鷟的《游仙窟》、无名氏的《补江总白猿传》等。中唐是传奇

《虬髯客传》中的风尘三侠
清·任伯年

的繁荣期，佳作大量涌现，内容丰富，情节曲折，描写细腻，人物性格鲜明，艺术上也较为成熟。这与当时城市繁华，文学日趋通俗化及古文运动在文体解放、文风革新方面的努力都有关系。蒋防的《霍小玉传》、白行简的《李娃传》、元稹的《莺莺传》、李公佐的《南柯太守传》、沈既济的《枕中记》等颇有成就的作品都产生在这个时期。晚唐是传奇的衰落期，虽然作品数量多，也出现了诸如牛僧孺的《玄怪录》、裴铏的《传奇》等小说专集以及豪侠小说《虬髯客传》等，但总体来说佳作不多，内容与现实也日渐疏远。

唐传奇小说的许多题材为后世戏曲所吸收，其艺术技巧也对后世小说产生了重要影响，是古代小说发展中重要的一环。

变文是寺院僧侣向听众作宣传的一种说唱体通俗文学，它通过讲、唱相间的形式，将不易懂的佛教经文和古典故事重新演说一番，变得通俗易懂。20世纪初，在敦煌藏经洞发现了近5万卷遗书，其中大量的文学作品中就有讲经文和变文，从而使我们可以窥见中国通俗文学一段湮没已久的历史。宣讲佛经故事起于六朝，当时佛教传播广泛，佛经亦大量被翻译出来，为使佛家教义普及，便产生了“转读”、“唱导”、“俗讲”等讲唱文学作品。至唐“俗讲”、“转变”等更为流行。

变文是说唱时用的底本，它敷衍故事，韵散夹杂，往往把佛经里的故事描绘得情节曲折，惊心动魄，绘声绘色，引人入胜。著名的有《八相变》、《降魔变文》、《大目乾连冥间救母变文》等。除讲唱佛经的变文外，讲唱世俗故事的变文也逐渐出现，它们多取材于历史故事和民间传说，主要采用写实手法，在环境描写、心理刻画方面艺术水平较突出，如《孟姜女变文》、《董永变文》、《伍子胥变文》、《王昭君变文》等。

唐代变文对唐后的通俗文学产生了很大影响，宋元话本、拟话本，后世的诸宫调、宝卷、鼓词、弹词等各种通俗文体都明显受到变文的影响，甚至在明清长篇小说中穿插诗词韵文也是受其影响的。

第六章 宋词时代的文学

五代十国，战事纷扰，文学园地里却开出了一朵艳丽的娇花，词作为一种新体诗开始慢慢成长，填词渐成风气，文人词在西蜀和南唐两地先后繁荣。西蜀词以花间派为代表，南唐词以后主李煜最为杰出，他们的词直接影响宋初词坛，并为宋词的繁荣奠定了基础。

宋朝代后周而起，自960年建国，至1279年南宋为元所灭，绵延三百余年，是继汉、唐之后又一个建立了长期统治的中央集权的封建帝国。大宋王朝总结唐亡教训，皇帝集军权、财权、政权于一身，重文轻武，建立起自周、秦以来最完备和最庞大的文官政治。宋代发达的文官体系和崇文心理，直接促成了宋代文学的高度繁荣。

宋代可谓是词的黄金时代，上至皇帝，下至平民百姓大都以填词唱曲为乐，以致“凡有井水处，即能歌柳词”。宋词成为与楚骚、汉赋、六朝骈语、唐诗、元曲相媲美的文学瑰宝。宋词在晚唐五代词的基础上大加创新，不仅题材多样，境界大开，突破了晚唐五代的言情范围，而且艺术技巧在名家辈出的词人手中渐次成熟，流派众多，佳作如林，姹紫嫣红，蔚为壮观。晏殊、欧阳修、柳永、苏轼、秦观、周邦彦、李清照、辛弃疾等宋词大家纷纷登台亮相，雅与俗两种艺术趣味既争流又渗透，宋词得以与唐诗并驾齐驱，成为古代诗歌山系中并峙争雄的双峰。

诗歌在走过唐诗这一极盛期后，在宋代面临着继承与开新这双重任务。宋诗因此另辟蹊径，另谋发展，形成以思理筋骨见长的艺术特征，也堪称一代之大观。北宋诗坛风格多样，欧阳修等人倡导的诗文革新运动开诗歌散文化、议论化之风，王安石、苏轼、黄庭坚等叱咤诗坛时进一步丰富了宋诗的题材和风格，另外宋末爱国诗也成为一个亮点。宋文在唐文基础上开疆拓土，数量和质量均超过前代。唐宋古文八大家，宋人就占了六家，影响波及明清和近代。

宋代诗文表现出讲究才学、理趣的倾向，看问题更加透脱旷达，却也失去了文学应有的形象性和生动性；宋词及宋话本等文体则以更贴近生活的语言显示了文学的感性化趋向，甚至某些作品还透露出浓重的享乐意味。这种艺术趣味上的雅、俗取向在宋代非常分明，是宋代文学中非常有趣的现象。

一、词登文坛

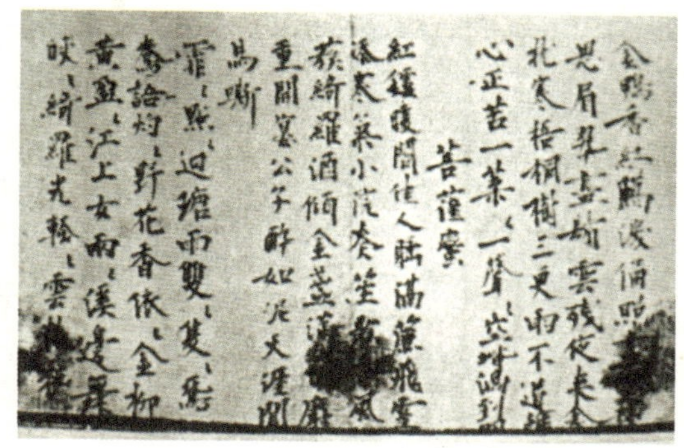

曲子词《菩萨蛮》

词是一种可以配乐演唱的歌诗，在初盛唐就已在民间和部分文人中开始创作，中唐正式形成，晚唐以至五代，词的文人化程度加强，艺术上趋于成熟完善。词最早产生于民间，在敦煌发现的曲子词中，大量的民间无名氏的创作保留了词的原始面貌，富于生活气息。如表现忠贞爱情的《菩萨蛮》：

枕前发尽千般愿，要休且待青山烂，水面上秤锤浮，直待黄河彻底枯。

白日参辰现，北斗回南面，休即未能休，且待三更见日头。

再如表现妓女不幸命运及痛苦心灵的《望江南》：

莫攀我，攀我太心偏。我是曲江临池柳，者（这）人折了那人攀，恩爱一时间。

敦煌曲子词虽格律不够严格，艺术上也较粗糙，但它题材丰富，质朴清新，引起了更多文人的注意。

至中唐，一些诗人在学习民间词的基础上开始词的创作，出现了较多的文人词。著名作家有张志和、韦应物、戴叔伦、白居易、刘禹锡等。张志和的《渔歌子》5首描写江南特有的水乡风光，寄托自己追慕自由的生活情趣、清高脱俗的个人情怀。其一曰：

西塞山前白鹭飞，桃花流水鳜鱼肥。青箬笠，绿蓑衣，斜风细雨不须归。

又如白居易的《忆江南》：

江南好，风景旧曾谙：日出江花红胜火，春来江水绿如蓝。能不忆江南？

温庭筠像

这些词浅近平易，自然流畅，情致深婉，既保留了民歌的清醇质朴，又有文人词作的典雅。

晚唐五代是词的发展期，词家众多，作品涌现，但词作的内容题材由广阔社会生活逐渐转向表现男女情爱，词作趋于富丽精工，风格柔靡绮丽，对宋词产生了一定影响。以温庭筠为代表的花间词和以李煜为代表的南唐词的创作，最能反映这一时期文人词的发展水平。五代十国形成了西蜀和南唐两个词的中心。西蜀词坛以花间词派为代表，创制了许多婉媚轻艳的词。后蜀赵崇祚辑成《花间集》10卷，选录了温庭筠等18位“诗客”曲子词500首。温庭筠虽未入五代，却被列于首位，他是中国文学史上第一个以词名家的人。

温庭筠（约812—866），本名岐，字飞卿，精通音律，善鼓瑟吹笛。温词就总体而言，风格以浓艳香软、绵密隐约为主。如有名的《菩萨蛮》：

小山重叠金明灭，鬓云欲度香腮雪。懒起画蛾眉，弄妆梳洗迟。照花前后镜，花面交相映。新贴绣罗襦，双双金鹧鸪。

孟蜀宫妓图 明·唐寅

词作将美人懒起画眉照镜穿衣等一系列娇慵情态以及精美陈设，运用浓丽的色彩，一一描摹出来，给人以感官上的刺激，在叠映闪现的意象中，又隐隐透露出美人的幽思苦情，有一种淡淡的寂寞空虚感。一些描写若隐若现，并不一语道破，语言上追求富丽精工，辞采华艳，声律也和谐谨严。又如《菩萨蛮》：

水晶帘里玻璃枕，暖香惹梦鸳鸯锦。江上柳如烟，雁飞残月天。

藕丝秋色浅，人胜参差剪。双鬓隔香红，玉钗头上风。

温馨深闺，寂寞佳人，昨宵梦远，今日新妆却难觅知己。音韵和谐，读来琅琅上口。温庭筠以其独具特色的创作为词树起了“诗庄词媚”、“词为艳科”的界碑，使词从诗中完全独立出来，开创了文人词的传统，奠定了词在中国文学史上的地位。

入蜀为相的诗人韦庄（约836—910），在作词上与温庭筠齐名，并称“温韦”。其词亦温柔缠绵，浓丽秀艳，是较为典型的花间派词风。不过他的词在笔法上和抒情方式上又稍异于花间派诸人。如《菩萨蛮》：

人人尽说江南好，游人只合江南老。春水碧于天，画船听雨眠。

垆边人似月，皓腕凝霜雪。未老莫还乡，还乡须断肠。

语言简明淡雅，风格清新疏朗，情意婉转曲折，毫无造作之态。花间词派的其他作家如欧阳炯、李珣、牛峤等均有佳作，但在艺术上难及“温韦”。

南唐词人主要有冯延巳、中主李璟和后主李煜。南唐词人较西蜀词人在词的境界上有所拓展，由女性饰品、闺房装饰等外在颜色质感的描写转向了内心情致的抒写。特别是李煜的词作，达到了很高的艺术境界。

李煜像

李煜（937—978），字重光，是南唐的末代皇帝，世称李后主。他25岁即位时，南唐政权已处于风雨飘摇之中。976年，南唐为宋所灭，李煜被俘虏到汴京，在度过了三年以泪洗面的囚徒生活之后，被宋太宗赵匡义赐药毒死。李煜的词作可以南唐覆灭为界，分为前、后两期。前期的词主要描写声色宴乐的宫廷生活，情调虽然不高，但词风率直，颇能见其真性情。如《玉楼春》：

晓妆初了明肌雪，春殿嫔娥鱼贯列。笙箫吹断水云间，重按《霓裳》歌遍彻。

临风谁更飘香屑，醉拍阑干情味切。归时休放烛花红，待踏马蹄清夜月。

李煜书

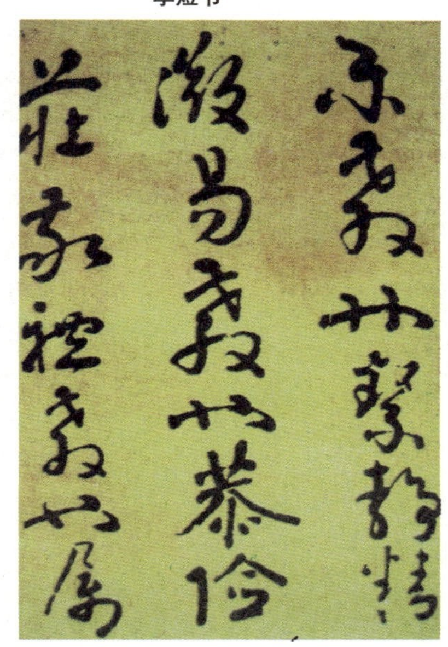

直写宫中的歌舞宴乐，毫不掩饰自己的陶醉与快乐。词中虽没有高远深刻的思致情意，但不雕琢，不做作，以本色自然取胜。

李煜后期的词主要写他的破家失国之痛、伤今忆往之情。这些作品，大都感慨深沉，意境凄婉，代表了李煜词的最高成就。如传唱极广的《虞美人》：

春花秋月何时了，往事知多少？小楼昨夜又东风，故国不堪回首月明中。

雕栏玉砌应犹在，只是朱颜改。问君能有几多愁？恰似一江春水向东流。

以清丽自然之笔抒写心中的无限愁绪，对故国的绵绵哀思、对往昔的不尽怀恋，对人事无常的深沉感慨尽在其中。

结尾处巧用比喻，将抽象的、难以言说的愁情，化为具体可感的滔滔春水，贴切形象，向称名句。相传宋太宗就是由词中“小楼昨夜又东风”及“一江春水向东流”之句，看出李煜眷念故国之心未泯，因而赐药致他于死地。

李煜的词真实坦露了自己的生活形态和心理状态，充满血泪至情，从而将词从风月脂粉圈中引入了歌咏人生的正常途径，成为这一文学样式发展过程中的一个重要转折点。

二、词分流派

豪放派和婉约派是宋代形成的两大流派。“婉约”、“豪放”的说法起于明人张綖，他在所著《诗余图谱》中将词划分为“婉约”、“豪放”二体，并说“婉约者欲其词情酝籍，豪放者欲其气象恢宏”。清初的王士祯将“婉约”、“豪放”二词用于词派命名，从此词分婉约、豪放两派成为一种传统。

婉约派出现较早，晚唐五代时的花间派已开其先河，宋初晏殊、欧阳修、柳永等又对该派词艺有所完善，此后，这一词派又出现了秦观、周邦彦、李清照等大家。婉约派词题材较为狭窄，多写儿女风情或个人身世之感，刻画精细，语言含蓄，风格婉转柔美。

豪放派出现稍晚，是与婉约派相对立而形成的。北宋范仲淹等始开其风，苏轼继之发扬光大，南宋辛弃疾将其推向高峰。另外如张元干、张孝祥、陈亮等，都是该派的重要作家。豪放派词视野比较开阔，气象恢弘，意境雄浑，情辞酣畅，常以诗文手法、句法和字法写词，往往不拘音律。长期以来，词多趋于柔媚蕴藉，人们便形成了以婉约词为正宗的观念。豪放派的出现打破了“词为艳科”的藩篱，别立一宗，与婉约派分庭抗礼，对词的发展产生了深远影响。

晏殊（991—1055），字同叔，抚州临川（今属江西）人。少年时即以神童应召，赐进士出身，后屡历显职，官至宋仁宗朝宰相。晏殊以词著称，其词集名《珠玉词》。由于他一生的大部分时光是在富贵优游中度过的，所以其词题材比较狭窄，但他精于炼字，深谙音律，善于借景传情，故所作大都闲雅而有情思，语言也婉丽秀洁，珠圆玉润。如历来受到人们推赏的《浣溪沙》：

一曲新词酒一杯，去年天气旧亭台，夕阳西下几时回？
无可奈何花落去，似曾相识燕归来。小园香径独徘徊。

这首词以委婉含蓄的语言表达了对美好光阴的留恋，在幽情雅趣与寂寞轻愁中蕴含着强烈的时间和生命意识。“无可奈何花落去，似曾相识燕归来”一联，属对工巧，意趣天成，是传诵久远的名句。再如《蝶恋花》：

槛菊愁烟兰泣露，罗幕轻寒，燕子双飞去。明月不谙离恨苦，斜光到晓穿朱户。

昨夜西风凋碧树，独上高楼，望尽天涯路。欲寄彩笺兼尺素，山长水阔知何处？

《浣溪沙》词意

写悲秋怀人之情，萧瑟凄清的秋景与缠绵悱恻的离愁浑融无迹。“昨夜西风”三句意境高远，能使人产生广泛的联想，故曾被王国维借用来比喻创业治学的“第一境界”。

张先（990—1078），字子野，吴兴（今浙江湖州）人。宋仁宗天圣八年（1030）中进士，曾以秘书丞知吴江县。后被晏殊举荐为通判，二人相处甚得。张先以词誉满当时，其词主要抒写当时文人诗酒欢会的生活情趣，风格婉丽清俊，韵味隽永。如《天仙子》：

《水调》数声持酒听，午醉醒来愁未醒。送春春去几时回？临晚镜，伤流景，往事后期空记省。

沙上并禽池上暝，云破月来花弄影。重重帘幕密遮灯，风不定，人初静，明日落红应满径。

词人自伤年华的流逝，恰似月下残花的“弄影”自怜。王国维在《人间词话》中曾赞赏“云破月来花弄影”一句说：“著一‘弄’字而境界全出矣。”张先以善于写影著称，他平生最得意的还有另外两句“娇柔懒起，帘压卷花影”及“柳径无人，堕风絮无影”，并由此获得了“三影郎中”的美名。

在同时代的词人中，张先较早、较多地采用了篇幅较长的慢词形式。如《卜算子慢》：

溪山别意，烟树去程，日落采苹春晚。欲上征鞍，更掩翠帘相眄。惜弯弯浅黛长长眼。奈画阁欢游，也学狂花乱絮轻散。

水影横池馆。对静夜无人，月高云远。一饷凝思，两袖泪痕还满。恨私书，又逐东风断。纵西北层楼万尺，望重城那见?

词的上片由送别时的伤感而追怀昔日的欢悦，下片则描摹别后的孤寂、相思以及不能相见的愁怨，层层展开，铺叙颇见功力。张先多用小令作法写慢词，明白爽快中见婉约雅丽，反映出小令向慢词转变过程中的特点，为词的发展开辟了道路。

范仲淹像

范仲淹（989—1052），字希文，苏州吴县（今属江苏）人。宋真宗大中祥符八年（1015）中进士，累官至枢密副使、参知政事。他是北宋时期著名的政治家、军事家，曾率兵抵御西夏入侵，西夏人称其“腹中自有数万甲兵”，长期不敢来犯。他还进行过政治改革，史称“庆历新政”。

范仲淹在文学上也取得了很高成就。他的散文《岳阳楼记》是传诵千古的名篇。此文是庆历六年范仲淹因政治改革失败谪居邓州时所作，描写了登岳阳楼后所见到的洞庭概貌与其阴晴变化，以及触景而生的一忧一喜两种心情，表达了作者“不以物喜，不以己悲”，“先天下之忧而忧，后天下之乐而乐”的独特忧乐观。全文熔写景、抒情和议论于一炉，词采瑰丽，韵调铿锵，境界壮阔而富有变化之美，艺术感染力极强。

范仲淹手书

范仲淹的词也别具气象，如《渔家傲》：

塞下秋来风景异，衡阳雁去无留意。四面边声连角起。千嶂里，长烟落日孤城闭。

浊酒一杯家万里，燕然未勒归无计。羌管悠悠霜满地。人不寐，将军白发征夫泪。

雄阔荒凉的边塞景象，寄寓着戍边将士们既悲且壮的胸怀；那连绵号角、悠悠羌管传达出的，分明是他们的一片怀土思乡之情，一腔破敌立功之志。全词悲凉但不低沉，有一种豪宕之气潜流其中，从中已可听到豪放词的先声。

三、词经“三变”面目新

北宋前期词坛虽仍处于晚唐五代余风的吹拂中，但又飘散着某种新气息。晏殊、欧阳修、张先等人的词中已显露出变化之迹，柳永更对宋词进行了全面革新，使词坛风气为之一变。

柳永（984—1053），原名三变，崇安（今福建武夷山市）人。他兄弟三人，在当时都有文名，号称“柳氏三绝”。据说柳永原本不会作词，一次偶然见墙上题有一首无名氏的词《眉碧峰》，细读两遍，便悟到了作词的方法，此后无论遇到什么乐谱，都能填出像样的词来。《望海潮》便是他的一首名作：

东南形胜，三吴都会，钱塘自古繁华。烟柳画桥，风帘翠幕，参差十万人家。云树绕堤沙，怒涛卷霜雪，天堑无涯。市列珠玑，户盈罗绮，竞豪奢。

重湖叠巘清嘉。有三秋桂子，十里荷花。羌管弄晴，菱歌泛夜，嬉嬉钓叟莲娃。千骑拥高牙。乘醉听箫鼓，吟赏烟霞。异日图将好景，归去凤池夸。

词人以白描手法勾画了杭州的秀丽风光和繁华景象，从中透现出一派太平气象。全词铺叙细腻，达到了淋漓尽致的艺术效果。相传后来金主完颜亮听乐工唱过此词，“欣然有慕于‘三秋桂子，十里荷花’，遂起投鞭渡江之志”（宋罗大经《鹤林玉露》），可见其艺术魅力之大。

柳永虽然热衷功名，但他为人放荡不羁，常出入青楼妓馆，与乐工歌妓为伍，还把这些尽情吐露于词，因而受到正统人士的非议斥责，甚至触怒了当权者，以致一生不受重用。柳永曾写过一首《鹤冲天》词，其中有句云：“才子词人，自是白衣卿相”，“忍把浮名，换了浅斟低唱”。后来应进士试，宋仁宗见到他的名字，便说：“且去浅斟低唱，何要浮名！”硬把他从榜上黜落。遭此打击后，柳永别无出路，只好以自我解嘲的态度，自称“奉圣旨填词柳三变”，更加沉湎歌酒、纵情风月以寻求补偿。直到少年时代的狂情怪胆在冷酷的现实面前逐渐消磨掉之后，柳永才在仁宗景祐元年（1034）考取进士，最后官至屯田员外郎，所以世人也称他为柳屯田。

柳永是婉约派中的大家，他的《雨霖铃》向来被认为是婉约词中的经典之作：

《雨霖铃》词意

寒蝉凄切，对长亭晚，骤雨初歇。都门帐饮无绪，方留恋处，兰舟催发。执手相看泪眼，竟无语凝噎。念去去千里烟波，暮霭沉沉楚天阔。

多情自古伤离别，更那堪冷落清秋节。今宵酒醒何处？杨柳岸晓风残月。此去经年，应是良辰好景虚设。便纵有千种风情，更与何人说？

这是一首惜别之作。上片写离别时的情景，着重渲染依依不舍的缠绵意绪；下片写想象中别后的孤寂伤感。“今宵酒醒何处，杨柳岸晓风残月”二句，推想酒醒之后的情景，用岸边柳丝摇曳、晓风清寒、残月如钩的意象组织成迷离惝恍、寂寥凄清的境界，把凄苦难耐的别情表达得含蓄而深沉，被后人称为“古今俊句”。全词情景交融，虚实杂糅，点染结合，充分显示了词人善于驾驭慢词长调、铺叙委婉精细的艺术才能。

柳永是宋代第一位专业词人，宋词到了他手中，始呈现出全新面貌。柳永创作了大量慢词，提高了词的容量和表现力，使慢词成为一种和小令并驾齐驱的文学样式。其词长于白描，善作铺陈，更能以市井俗语真实反映当时都会的多彩生活和市民的喜怒哀乐。正因为柳永的词在内容和形式上都别具特色，所以能够风靡一时，传播四方，以至当时“凡有井水饮处，即能歌柳词”。

王禹偁像

四、北宋诗文革新运动

北宋初期的诗文创作主要承袭唐末五代流俗，而“西昆体”诗歌更是盛极一时。所谓“西昆体”，是因杨亿等人编辑《西昆酬唱集》而得名的。西昆派诗人多为身居清要、学富五车的馆阁文士，作诗追求典雅的风格，炼字精工，诗歌中虽也偶有佳作，但大多数作品缺乏真情实感，多为应制酬对之作，诗文革新运动正是针对当时低迷不振的文风和诗风的一次革新。诗文革新运动与中唐古文运动一脉相承，柳开、穆修、王禹偁等首先倡导，中经梅尧臣、苏舜钦、欧阳修等，直到后期的苏轼、王安石等人，历经百年，从理论和实践两方面都取得了巨大成就。欧阳修是整个诗文革新运动的领袖。

欧阳修（1007—1072），字永叔，号醉翁、六一居士，庐陵（今江西吉安）人。他4岁丧父，家境贫寒，母亲用芦荻作笔，以沙地为纸教他识字习书。24岁中进士后，在朝廷和地方担任过许多官职，曾因支持和参与范仲淹的政治改革活动而屡遭贬谪。晚年官至枢密副使、参知政事，以观文殿学士、太子少师致仕归田。

欧阳修像

欧阳修在青少年时代就厌憎当时浮艳险涩的文风，中进士后便与

梅尧臣、苏舜钦等人携手，积极从事诗文革新。他强调文章内容（道）重于形式（文），把“道”比作“金玉”，把“文”比作由“金玉”自然发出的美华，认为“大抵道胜者文不难而自至也”，反对那种“舍近取远，务高兴而鲜事实”的文章，强调诗文要有实际内容，提倡朴实自然的文风。宋仁宗嘉祐二年（1057），欧阳修主持贡举，他趁机对当时号为“太学体”的奇涩雕琢之文进行了大力打击，而将内容充实、文风平易、通顺流畅的作品列为上乘，使“场屋之习，从是遂变”（《宋史·欧阳修传》）。欧阳修还提拔、引荐了曾巩、王安石、苏洵、苏轼、苏辙等一批后起之秀，在他们的彼此呼应、共同努力下，终于扫清了绮靡艰涩的文风，使诗文革新运动取得了胜利。

梅尧臣像

欧阳修的诗自然流畅，富有情致。如七律《戏答元珍》：

春风疑不到天涯，二月山城未见花。
残雪压枝犹有橘，冻雷惊笋欲抽芽。
夜闻归雁生乡思，病入新年感物华。
曾是洛阳花下客，野芳虽晚不须嗟。

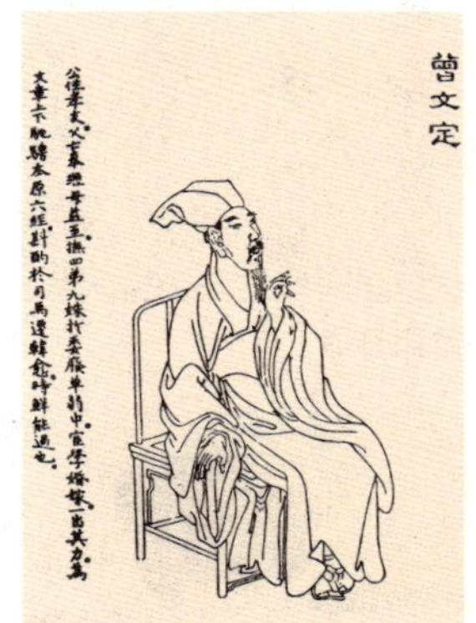

曾巩像

这是欧阳修被贬为夷陵（今湖北宜昌）县令时所作。边远山城迟迟不见春意到来，衬托出谪居异乡的落寞心情，故乡之思因而更加强烈；于料峭春寒中透出盎然生机，于寂寞愁闷中显出希望，感慨深沉，清新自然，在当时诗坛上别具一格。

欧阳修的文学创作以散文成就最高。他的散文，既平易自然、简洁明畅，又纡徐委婉、含蓄沉厚。其政论如《与高司谏书》、《朋党论》等析理透辟，语气慷慨，切合时用；史论如《五代史伶官传序》抑扬有致，一唱三叹；至于那些记人、叙事、写景之文，如《泷冈阡表》、《祭石曼卿文》、《丰乐亭记》等，艺术感染力更强。其中最负盛名的，是他被贬滁州时所作的《醉翁亭记》，文中写道：

苏洵像

环滁皆山也。其西南诸峰，林壑尤美。望之蔚然而深秀者，琅邪也。山行六七里，渐闻水声潺潺，而泻出于两峰之间者，酿泉也。峰回路转，有亭翼然临于泉上者，醉翁亭也。作亭者谁？山之僧智仙也。名之者谁？太守自谓也。太守与客来饮于此，饮少辄醉，而年又最高，故自号曰醉翁也。醉翁之意不在酒，在乎山水之间也。山水之乐，得之心而寓之酒也。

全篇通过对醉翁亭周围的林壑之胜、山间朝暮四时之景以及宴游之乐的绝佳描绘，抒发了作者政治失意后忘情山水、悠然自得的心情。文中连用了21个“也”字，造成一种曼声咏叹的韵致，更加深了欧文纡徐回环的特色。

欧阳修的词主要写日常生活中的闲情逸致，在清丽深婉中时见自然豪爽之风。如《蝶恋花》：

> 庭院深深深几许？杨柳堆烟，帘幕无重数。玉勒雕鞍游冶处，楼高不见章台路。
>
> 雨横风狂三月暮，门掩黄昏，无计留春住。泪眼问花花不语，乱红飞过秋千去。

这是一首含蓄深婉的闺怨词。起句连用三个“深”字，渲染庭院的幽深、清冷，烘托思妇的心事深沉和怨恨莫诉，构思极其巧妙。而晚春黄昏雨横风狂、落红乱飞的凄迷景象，更暗示出女主人公的青春和爱情正在遭受着怎样的摧残。形象鲜明，格调清新，体现出欧阳修对词境的开拓之功。

欧阳修书

王安石（1021—1086），字介甫，号半山，抚州临川（今属江西）人，北宋著名政治家、思想家，也是当时诗文革新运动的积极推动者。王安石少年时喜好读书，文思敏捷，胸怀远大志向。宋仁宗庆历二年（1042）中进士后，他有十多年在地方为官，颇有政绩。后在欧阳修等人的推荐下到京任职，不久就上书仁宗，力主变法。宋神宗即位后，他被任命为宰相，开始主持变法。但新法的推行遭到了守旧派官僚的强烈反对，他两次被罢相，最后退处江宁（今江苏南京）闲居。旧党代表司马光主政后，尽废新法，王安石忧愤成疾而卒。

王安石像

王安石重视诗文的现实功用，他的诗歌具有充实的社会内容和鲜明的倾向性，其中有很多指陈时弊、关注民生疾苦的政事诗，如《河北民》、《收盐》、《兼并》、《感事》等，都与国计民生息息相关。王安石晚年写下了大量徜徉山水、抒情遣怀的闲适诗，这些作品多采用绝句体，雅丽精工，韵味醇厚，艺术上更为圆熟。如《泊船瓜洲》：

> 京口瓜洲一水间，钟山只隔数重山。
> 春风又绿江南岸，明月何时照我还？

这首诗作于诗人第二次拜相，奉诏进京的途中，他有感于满目江岸春光，油然而生思乡之念。“春风又绿江南岸”一句，形象地描摹出江南地区春色蔓延之速之广，历来受到人们的激赏。据宋代洪迈《容斋续笔》记载，此处最初用的是“到”字，后改为“过”字，又改为“入”字、“满”字，经过了十余次修改，最后才定为“绿”字。王安石在

司马光像

锤炼字句上所下的功夫，于此可窥一斑。

《桂枝香》词意

王安石是“唐宋八大家”之一，其散文识见高远，布局谨严，笔力雄健，议论说理深刻透辟。他的《答司马谏议书》、《读孟尝君传》、《伤仲永》、《游褒禅山记》等都是古代散文中的名篇，其中《游褒禅山记》最为后人称道。这虽是一篇游记，但并不以记游为重点，而是旨在抒发作者关于“志”、“力”、“物”的见解。文中一连运用了19个“其”字，与欧阳修《醉翁亭记》中连用21个“也”字有异曲同工之妙。

王安石的词作不多，但气象高远，别具风貌，其中《桂枝香·金陵怀古》最为有名：

> 登临送目。正故国晚秋，天气初肃。千里澄江似练，翠峰如簇。归帆去棹残阳里，背西风，酒旗斜矗。彩舟云淡，星河鹭起，画图难足。
>
> 念往昔，繁华竞逐。叹门外楼头，悲恨相续。千古凭高，对此谩嗟荣辱。六朝旧事随流水，但寒烟，衰草凝绿。至今商女，时时犹唱，后庭遗曲。

在对六朝兴亡更替的咏叹中寄寓着对现实的深沉忧虑。全词抒情与写景水乳交融，怀古与讽今叠相辉映，意境仁阔，大气磅礴，洗净五代旧习，故在当时30多首同题之作中独称绝唱。

五、千古风流话东坡

东坡小像　明·孙克弘

苏轼是继欧阳修之后北宋文坛的领袖人物，他在诗、文、词、赋诸方面都取得了杰出成就，成为北宋文学最高水平的代表者。

苏轼（1037—1101），字子瞻，号东坡居士，眉州眉山（今属四川）人。苏轼出生于一个文化根基深厚的家庭，其父苏洵是一位大器晚成的散文家，母亲程氏则教他刻苦攻读，曾为小苏轼讲述《后汉书》。由于家庭的熏陶和自身的努力，苏轼年纪轻轻即已“学通经史，属文日数千言”，并于21岁时考取进士。当时的主考官欧阳修对他十分赏识，在给梅尧臣的信中说：“读轼书，不觉汗出。快哉！快哉！老夫当避路，放他出一头地。”（《文忠集》）苏轼因此而名满京师。

苏轼入仕途后，对当时朝廷积贫积弱的现状深感不满，于是写了大量策论，提出了一系列富国强兵的改革主张。但他不赞同激进而主张稳健，与当时锐意推行新法的王安石大不相同，并屡次上书反对变

法。王安石执政期间，苏轼自感在朝中难以立身，便主动请求到地方做官，先后出任杭州通判，密州、徐州、湖州知州。元丰二年（1079），苏轼因作诗讽刺新法而遭人弹劾，被捕下狱，这一事件史称“乌台诗案”。次年年底出狱后，被贬为黄州团练副使。元丰八年，宋哲宗即位，旧党东山再起。而此时刚刚被召还朝任翰林学士的苏轼却认为对新法应“较量利害，参用所长”，因此又遭旧党排挤而再度离朝，先后降为杭州、颍州、定州知州。苏轼将近花甲之年时，新党再度执政，他被贬到更偏远的惠州、儋州。在异常艰苦的环境中，苏轼坦然自处，以读书写作为乐，并关心当地各族人民的生产和生活，与他们建立了深厚的友谊。徽宗即位后，苏轼被赦北还，不幸在归途中病倒而于常州辞世。

苏轼学博才高，以自己的大气魄、大手笔开拓出了宋诗的新天地。他的诗歌不但题材广泛，内容丰富，对艺术技巧的运用也达到了意到笔随、得心应手的境界。苏诗中最具艺术魅力的是那些抒情写景之作，这些作品往往想象丰富，气韵流畅，雄伟壮阔中又见清丽妩媚。如七言古诗《游金山寺》，围绕长江着笔，将怀念故乡的深情、宦游难归的感慨，同江上奇幻迷茫的景物融为一体，大笔挥洒而又不失规矩。他的一些小诗则能融哲思妙理于具体事物，表现出盎然理趣。如《题西林壁》：

横看成岭侧成峰，远近高低各不同。
不识庐山真面目，只缘身在此山中。

从不同的方位去看，山体会呈现出不同面目，这本是生活中的寻常现象，诗人却由此引申出具有普遍意义的哲理：当局者迷，旁观者清，观察事物要注意出乎其外。像这样的小诗既能启迪人的心智，又能给人以美的享受，意蕴深刻而说理形象，体现了苏诗深入浅出的特色。

苏轼是“唐宋八大家”之一，是韩愈、柳宗元、欧阳修之后的又一散文巨匠。他的散文既具有宋代散文平易畅达的共同特色，又表现出文思开阔、挥洒自如的鲜明个性。如名作《前赤壁赋》，这是一篇散文化的赋，又是一篇诗化的散文，它以优美的笔触描绘了明月临江的清爽景色，从中寄寓了随缘自足、乐天安命的人生哲学。全文情、景、理和谐统一，诗、赋文诸体杂糅，情感起伏跌宕，语言骈散交织，一波三折，舒卷自如，极具行云流水之妙。

比起诗文来，苏轼的词具有更大的艺术独创性。他把诗文革新运动的精神带到了欧阳修等人尚未涉及的领域，开阔了词的内容，提升了词的意境，发展了词的表现技巧，从而打破了婉约词的一统天下。

苏词“一洗绮罗香泽之态，摆脱绸缪宛转之度”（胡寅《酒边词序》），呈现出迥异于词之传统面貌的豪放词风。《念奴娇·赤壁怀古》向来被认为是其代表作：

苏轼《赤壁赋》局部

> 大江东去，浪淘尽，千古风流人物。故垒西边，人道是，三国周郎赤壁。乱石穿空，惊涛拍岸，卷起千堆雪。江山如画，一时多少豪杰。
>
> 遥想公瑾当年，小乔初嫁了，雄姿英发。羽扇纶巾，谈笑间，樯橹灰飞烟灭。故国神游，多情应笑我，早生华发。人间如梦，一尊还酹江月。

赤壁图　金·武元直

这是苏轼贬官黄州时所作。词的上片歌咏赤壁江山，下片缅怀三国时的名将周瑜，而以感慨自身作结。词人将对江山风物的描摹、对古代英雄的追念与对个人生命价值的思索熔于一炉，写来大气磅礴，境界雄浑。篇末虽流露出“人间如梦”的消极感伤情绪，但却掩盖不住满纸雄迈奋发之气。《水调歌头》也是一首给苏轼带来盛誉的词作：

> 明月几时有？把酒问青天。不知天上宫阙，今夕是何年？我欲乘风归去，又恐琼楼玉宇，高处不胜寒。起舞弄清影，何似在人间！
>
> 转朱阁，低绮户，照无眠。不应有恨，何事长向别时圆？人有悲欢离合，月有阴晴圆缺，此事古难全。但愿人长久，千里共婵娟。

大乔小乔像

此词通篇咏月，却又处处与人间情事关合。从“我欲乘风归去”到“又恐琼楼玉宇，高处不胜寒”，再到“起舞弄清影，何似在人间”的最终抉择，曲折地反映出词人在出世与入世问题上的矛盾心态；而“人有悲欢离合，月有阴晴圆缺”的豁达见解，及“但愿人长久，千里共婵娟”的美好祝福，则表现了词人洒脱的胸襟和人道的情怀。全词落

西园雅集图

描绘苏门弟子及米芾等人在汴京王诜家西园雅聚的情景

想奇拔，格调豪放，意境高远，是历代公认的中秋词之绝唱。

苏轼是北宋中期的文坛盟主，在他周围聚集了许多青年文人。如开创江西诗派的黄庭坚、婉约词人秦观、笔写苍生的张耒、才气飘逸的晁补之就是其中的佼佼者，他们都受到过苏轼的指导和栽培，号称“苏门四学士”。黄庭坚（1045—1105），字鲁直，号山谷老人。他作诗以杜甫为宗，主张创新，很少在诗中发表议论，而将创作更多地转向个人精神世界。以他为首的江西诗派宗杜却没能很好地继承杜甫诗歌的现实精神，而过分强调技巧，讲究章法、句法，要求“无一字无来处”，多用典故，喜用拗律，押险韵，形成了一种偏重形式、忽视内容的奇峭坚涩的诗风。秦观（1049—1100）字少游，又字太虚，虽是苏轼门下弟子，但词风却与苏轼相去甚远，而与柳永颇为接近，历来被认为是婉约派代表作家之一。秦词大多歌颂爱情和抒发自己被贬的感伤，语言优美，音律和谐，风格缠绵哀怨，感情真挚动人。如《鹊桥仙》：

纤云弄巧，飞星传恨，银汉迢迢暗渡。金风玉露一相逢，便胜却人间无数。

柔情似水，佳期如梦，忍顾鹊桥归路？两情若是久长时，又岂在朝朝暮暮！

其他如陈师道、李廌、贺铸等人，也都直接或间接地受到过苏轼的影响。贺铸不仅文武并重，而且其词也兼具婉约与豪放两种风格。他长相奇丑，性情粗犷，人称“贺鬼头”，但他写词却锦心绣口，情感传达极细腻动人。如《青玉案》：

凌波不过横塘路，但目送，芳尘去。锦瑟华年谁与度？月台花榭，琐窗朱户，只有春知处。

碧云冉冉蘅皋暮，彩笔新题断肠句。试问闲愁都几许？一川烟草，满城风絮，梅子黄时雨。

秦观像

在文学史上，从南宋的陆游、辛弃疾，到金代的元好问、明代的袁宏道，直到清代的陈维崧、查慎行、袁枚等，在他们的作品中，都留下了明显的学习借鉴苏诗、苏词、苏文的痕迹。苏轼“一蓑烟雨任平生”的处世态度及其文采风流，对历代文人的思想观念和生活方式都有着不可忽视的影响。

北宋末年，宋徽宗在朝廷设立了大晟府，任用一批词人审定音乐，这就是所谓“大晟词人”，其中影响最大的是周邦彦（1056—1121）。他的词格律精严，堪称格律派之祖。他长调、小令兼善，如这首脍炙人口的《苏幕遮》：

燎沉香，消溽暑，鸟雀呼晴，侵晓窥檐语。叶上初阳干宿雨，水面清圆，一一风荷举。

故乡遥，何日去？家住吴门，久作长安旅。五月渔郎相忆否？小楫轻舟，梦入芙蓉浦。

这首词写故乡之思，妙处在于用“荷花”把“吴门”和“长安”两地牵连起来，由眼前的荷花联想到遥远的故乡，似含绵绵不尽之怀想。全词纯用口语白描，风格清新淡雅，同词人那些富艳精工的长调相比，显得别具风致。

六、女词人李清照

李清照（1084—约1151），号易安居士，山东济南人。她是两宋之交最杰出的女词人，也是中国文学史上优秀的女文学家。

李清照像

李清照的父亲李格非官至礼部员外郎，母亲则是状元宰相王拱辰的孙女，知书能文。受家庭熏陶，李清照自幼饱读诗书，少时便有诗名。18岁时，她与宰相之子、太学生赵明诚结婚，共同校勘古籍，鉴赏收集来的金石书画，常以诗酒唱和，两人情投意合，生活颇为舒心适意。她这个时期的词大都是描写平淡、宁静的生活中的种种感受。如下面这两首《如梦令》：

常记溪亭日暮，沉醉不知归路。兴尽晚回舟，误入藕花深处。争渡，争渡，惊起一滩鸥鹭。

昨夜雨疏风骤，浓睡不消残酒。试问卷帘人，却道海棠依旧。知否？知否？应是绿肥红瘦。

前一首表现了无忧无虑、活泼开朗的性格，后一首则流露出对岁华变迁的淡淡怅惘，都写得朴素淡雅，风

《一剪梅》词意　现代 · 肖玉田

致嫣然，典型地体现了李清照早期词作的艺术风格。再如《一剪梅》，是李清照思念在外地为官的丈夫所作：

红藕香残玉簟秋，轻解罗裳，独上兰舟。云中谁寄锦书来？雁字回时，月满西楼。

花自飘零水自流，一种相思，两处闲愁。此情无计可消除，才下眉头，却上心头。

由自已思念对方推想对方也一定在思念自己，暗示出夫妻之间心心相印，彼此眷恋，在离愁中又蕴含着淡淡的幸福感。尤其是“才下眉头，却上心头”二句，以精练而清浅的语言表现人物微妙的心理变化。全词意境秀美，情思缠绵，怨抑而不颓唐，确是描写闺情的佳作。《醉花阴》与《一剪梅》题材相同，也是抒发闺情的佳作：

薄雾浓云愁永昼，瑞脑销金兽。佳节又重阳，玉枕纱厨，半夜凉初透。

东篱把酒黄昏后，有暗香盈袖。莫道不销魂，帘卷西风，人比黄花瘦。

《醉花阴》词意

委婉而含蓄地表达了重阳佳节在闺中的寂寞，流露出对丈夫的深情思念。尤其是结尾三句，以人比花，取喻新奇，情致蕴藉，堪称点睛之笔。据说赵明诚看过此词后，想胜过妻子，于是闭门谢客，废寝忘食三昼夜，写了50首词，然后把李清照这首词夹在其中，送给朋友陆德夫看。陆德夫玩味再三，认为只有“莫道不销魂，帘卷西风，人比黄花瘦”三句最好。

近40岁的时候，李清照闲适宁静的生活被打破。此时，金兵大举南侵，汴京失守，她和丈夫只好背井离乡，南下避难。他们东躲西藏，备尝颠沛流离之苦。宋高宗建炎三年（1129），赵明诚染病去世，李清照飘零无依，生活益见窘迫。绍兴二年（1132），她写下了

带有自传性质的散文《金石录后序》，文中她满怀伤感地回忆了昔日与丈夫赏玩金石的欢乐，又叙述了南渡后漂泊不定的生活，沉痛哀婉，读之令人落泪。

由于连遭国破、家亡的苦难，李清照的词超越了个人情感的狭小天地，风格趋于深沉悲凉，境界为之大变。如《永遇乐》：

> 落日熔金，暮云合璧，人在何处？染柳烟浓，吹梅笛怨，春意知几许？元宵佳节，融和天气，次第岂无风雨？来相召，香车宝马，谢他酒朋诗侣。
>
> 中州盛日，闺门多暇，记得偏重三五。铺翠冠儿，拈金雪柳，簇带争济楚。如今憔悴，风鬟雾鬓，怕见夜间出去。不如向帘儿底下，听人笑语。

词的上片描绘了元宵佳节的热闹景象，此中连用三个问句，说一句，否定一句，可见词人虽见佳节盛况，却无心光顾，反而引起她无限惆怅。下片回忆昔日汴京的热闹和繁华，感慨今日衰老憔悴，晚景凄凉，还不如躲入房中，隔帘听人笑语。全词对比强烈而鲜明，将词人半世飘零、身老他乡的满腹辛酸及对故国沦亡的哀伤悲戚，表现得曲折婉转，荡气回肠，以致使南宋末年词人刘辰翁“自乙亥上元诵李易安《永遇乐》，为之涕下。今三年矣，每闻此词，辄不能堪”。可见李清照这首词作感染力之强。再如《声声慢》：

> 寻寻觅觅，冷冷清清，凄凄惨惨戚戚。乍暖还寒时候，最难将息。三杯两盏淡酒，怎敌他晚来风急？雁过也，正伤心，却是旧时相识。
>
> 满地黄花堆积，憔悴损，如今有谁堪摘？守着窗儿，独自怎生得黑？梧桐更兼细雨，到黄昏点点滴滴。这次第，怎一个愁字了得！

这是饱经离乱的词人孤苦生活的真实写照。通过描绘暮秋时的种种景物，委婉而含蓄地传达出愁苦难熬的内心世界。全词情景交融，语浅情深，句句神思妙语，尤其是起笔连用14个叠字，逐次描写人物的外在举动、所处环境和内心感受，声情并茂，令人叹为观止。

晚年的李清照辗转漂泊于杭州、越州一带，一直孤苦伶仃，最后在浙江金华孤寂地死去。李词清新婉丽，姿态百出，被认为是婉约派正宗，世称“易安体”。她主张“词别是一家”，反对以诗为词。她的存诗不多，风格与词迥然不同，深沉悲凉，抒写出了洗尽女儿气的慷慨气魄。如《夏日绝句》：

生当作人杰，死亦为鬼雄。
至今思项羽，不肯过江东。

七、爱国诗人陆游

南宋中期，诗坛上出现了以尤袤、杨万里、范成大、陆游四大中兴诗人为代表的一批诗人，他们都曾师法江西诗派，但最后都能另辟蹊径，形成各自风格。

陆游像

陆游（1125—1210），字务观，号放翁，越州山阴（今浙江绍兴）人。其祖父陆佃是王安石的学生，当过尚书右丞，父亲陆宰当过京西路转运副使。陆游幼年时，正值金人南侵，他随家人逃难，备尝颠沛流离之苦。陆游自幼好学，胸怀大志，很早就有了诗名。29岁时，到临安应进士试，名列第一。但在次年复试时，却因名列权相秦桧的孙子秦埙之前，又"喜论恢复"，遭到秦桧的嫉恨，结果被除名。秦桧死后三年，才得以为官，孝宗时赐进士出身。

宋孝宗乾道八年（1172），陆游应主战派将领、四川宣抚使王炎之邀，到幕中襄理军务，得以亲临抗金前线。他身穿戎装，置身金戈铁马之中，面对萧萧边关，耳听声声战鼓，激昂感奋，仿佛面前出现了一片新天地。"飞霜掠面寒压指，一寸丹心唯报国"，正是他这一时期生活和心情的传神写照。但不到一年，随着南宋朝廷苟且偷安，王炎被调离川陕，他也不得不离开前线，到成都任职。此时，范成大也以四川制置使身份来到这里，两人常诗酒酬唱。陆游原本豪放不羁，这时因抗金抱负难以实现，更是借酒浇愁，因而被人讥为"不拘礼法，恃酒颓放"，于是他索性自号"放翁"。然而，陆游的内心却充满了愤慨和悲哀，这从《关山月》一诗中可见一斑：

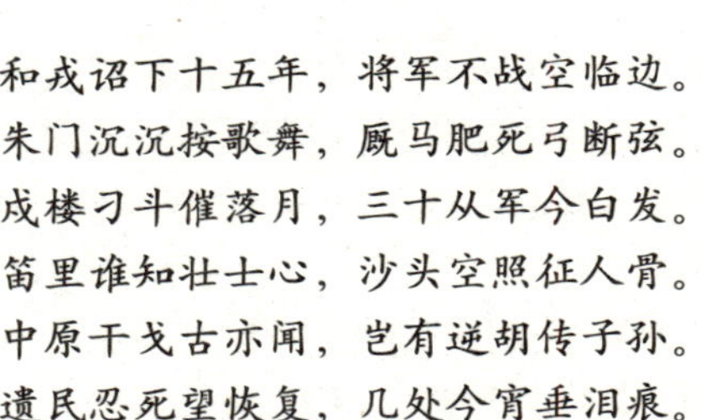
和戎诏下十五年，将军不战空临边。
朱门沉沉按歌舞，厩马肥死弓断弦。
戍楼刁斗催落月，三十从军今白发。
笛里谁知壮士心，沙头空照征人骨。
中原干戈古亦闻，岂有逆胡传子孙。
遗民忍死望恢复，几处今宵垂泪痕。

月光下，戍台空置，将军不战，朱门歌舞，战马肥死，征人白骨暴野，

士兵白发苍颜，一派毫无生气的关山景象，几种意境有机结合，讥讽了南宋王朝苟安江南，不思北伐恢复的没落投降行为。诗人爱憎分明，声调苍凉激越，显示出其爱国诗篇的思想和艺术风貌。淳熙五年（1178），陆游被召离蜀东归，先后在福建、江西、浙江等地为官。他为自己杀敌报国的愿望难以实现而深深慨叹：

早岁那知世事艰，中原北望气如山。
楼船夜雪瓜洲渡，铁马秋风大散关。
塞上长城空自许，镜中衰鬓已先斑。
出师一表真名世，千载谁堪伯仲间！

这首《书愤》诗格调悲壮，气韵沉雄，洋溢着立誓报国、老而弥坚的壮烈情怀。终因坚持抗金主张，陆游被罢去官职，这一年他66岁。此后的20年里，他绝大部分时间是在山阴度过的。在这里，他过着宁静而简朴的生活，写了许多田园诗。如《游山西村》：

莫笑农家腊酒浑，丰年留客足鸡豚。
山重水复疑无路，柳暗花明又一村。
箫鼓追随春社近，衣冠简朴古风存。
从今若许闲乘月，拄杖无时夜叩门。

陆游至死也没有忘记北伐中原，恢复故土，临终前他还写下了名垂千古的《示儿》一诗：

死去元知万事空，但悲不见九州同。
王师北定中原日，家祭无忘告乃翁。

陆游墨迹

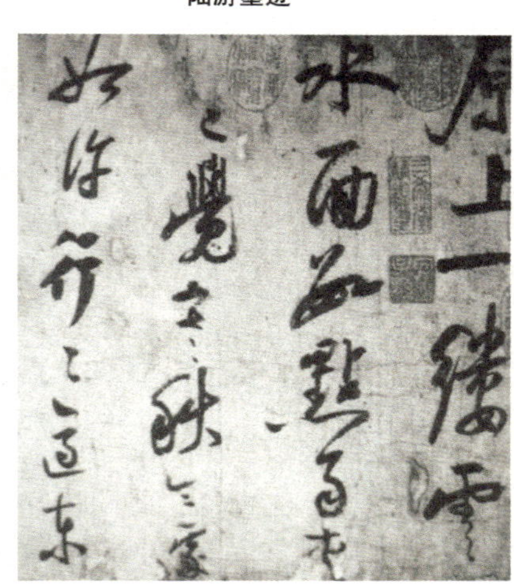

陆游还写了许多词，传诵最广的是那首《钗头凤》。他20岁时与表妹唐琬结婚，夫妻情投意合，可是他的母亲偏偏不喜欢唐琬，最后棒打鸳鸯散。陆游一生写了不少诗词来追怀这段不幸的婚姻。有一次，陆游在沈园春游时，偶遇已改嫁的唐琬，唐琬以酒肴款待他，陆游饮酒抚昔，不胜感伤，写下了这首《钗头凤》。全词用短促平易的句子抒写缠绵悱恻的情感，哀婉真挚，感人至深：

红酥手，黄縢酒，满城春色宫墙柳。东风恶，欢情薄，一怀愁绪，几年离索。错，错，错！

春如旧，人空瘦，泪痕红浥鲛绡透。桃花落，闲池阁，山盟虽在，锦书难托。莫，莫，莫！

八、爱国词人辛弃疾

辛弃疾是南宋最为卓越的爱国词人。他的词与陆游的诗并列，代表着南宋爱国诗词创作的最高成就。

辛弃疾像

辛弃疾（1140—1207），字幼安，号稼轩，山东历城（今山东济南）人。辛弃疾出生时，家乡已处于金人的统治之下，这使他自幼就树立了为民族雪耻、收复失地的雄心壮志。绍兴三十一年（1161），金主完颜亮大举南侵，北方人民纷纷起来抗金。22岁的辛弃疾也聚集了2000多人的队伍，汇入了由耿京领导的起义军，并任掌书记。完颜亮南侵失败后，辛弃疾代表义军赴建康去见宋高宗。在完成使命归来的途中，得知耿京被叛徒杀害、义军溃散的消息，23岁的辛弃疾立即率部下五十人直闯敌营，如从天而降的飞将军一般，于五万人中生擒叛徒，当场号召万名士兵反正，投奔南宋。他的这一壮举震惊了金、宋二朝，轰动一时。

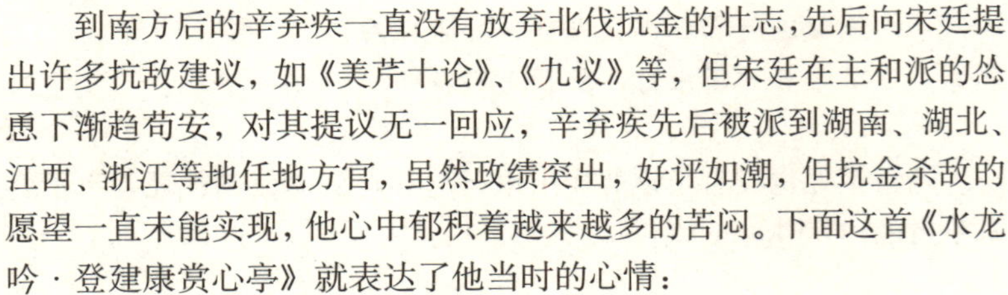
到南方后的辛弃疾一直没有放弃北伐抗金的壮志，先后向宋廷提出许多抗敌建议，如《美芹十论》、《九议》等，但宋廷在主和派的怂恿下渐趋苟安，对其提议无一回应，辛弃疾先后被派到湖南、湖北、江西、浙江等地任地方官，虽然政绩突出，好评如潮，但抗金杀敌的愿望一直未能实现，他心中郁积着越来越多的苦闷。下面这首《水龙吟·登建康赏心亭》就表达了他当时的心情：

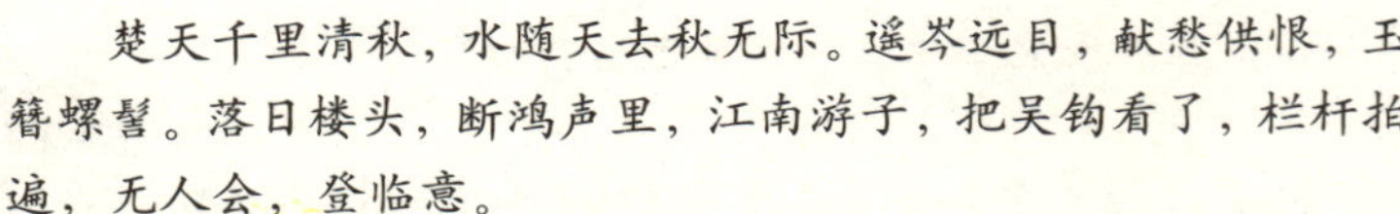
楚天千里清秋，水随天去秋无际。遥岑远目，献愁供恨，玉簪螺髻。落日楼头，断鸿声里，江南游子，把吴钩看了，栏杆拍遍，无人会，登临意。

休说鲈鱼堪脍，尽西风，季鹰归未？求田问舍，怕应羞见，刘郎才气。可惜流年，忧愁风雨，树犹如此！倩何人唤取，红巾翠袖，揾英雄泪！

国耻未雪的焦虑，漂泊江南的孤独，壮志难成的悲哀，英雄无用武之地的压抑，种种复杂的情感集于词人胸中，使他萌生出了退隐之念，然而功业无成的羞愧感最终又使他放弃了这个念头。欲进不能，欲退不甘，词人不禁愤然泪下。全词融情入景，慷慨激昂，充分显示出了辛词开阖顿挫、雄浑悲壮的艺术风格，具有强烈的艺术震撼力。《摸鱼儿》也是反映这种复杂情感的名作：

更能消几番风雨，匆匆春又归去。惜春长怕花开早，何况落红无数。春且住！见说道，天涯芳草无归路。怨春不语。算只有殷勤，画檐蛛网，尽日惹飞絮。

长门事准拟佳期又误。蛾眉曾有人妒。千金纵买相如赋，脉脉此情谁诉？君莫舞，君不见，玉环飞燕皆尘土！闲愁最苦。休去倚危栏，斜阳正在，烟柳断肠处。

上片以伤春、惜春、留春、怨春来象征抗金形势起伏变化，下片以美人的失宠、见妒、闲愁、苦思来比况自己的遭遇。通篇采用象征比兴的手法，把自己落寞怅惘的心情写得曲折委婉，荡气回肠。辛弃疾词以豪放沉郁为主，但这首词却写得含蓄蕴藉，表现出了婉约的一面。

淳熙八年（1181），42岁的辛弃疾被构陷罢官，退居信州（今江西上饶）的带湖。他在铅山自建庄园，“以力田为先”，因之别号为“稼轩”。《丑奴儿·书博山道中壁》传达出了他壮志消磨的忧愤和寂寞：

少年不识愁滋味，爱上层楼；爱上层楼，为赋新词强说愁。

而今识尽愁滋味，欲说还休；欲说还休，却道“天凉好个秋！”

闲居期间，辛弃疾也写了一些情致盎然的田园诗，如《清平乐》：

辛弃疾《金菊对芙蓉》词意

茅檐低小，溪上青青草。醉里吴音相媚好，白发谁家翁媪？

大儿锄豆溪东，中儿正织鸡笼，最喜小儿无赖，溪头卧剥莲蓬。

词中以白描手法描写了乡村安谧的生活和农人劳动的快乐。词中人物栩栩如生，景色如画，意境优美，极富生活情趣，显示了辛词的又一特色。在田间生活的同时，辛弃疾并未忘却自己的凌云壮志，但他鬓已星星，无力回天，于是只能在梦中去追寻自己的理想，如这首写给好友陈亮的《破阵子》：

醉里挑灯看剑，梦回吹角连营。八百里分麾下炙，五十弦翻塞外声。沙场秋点兵。

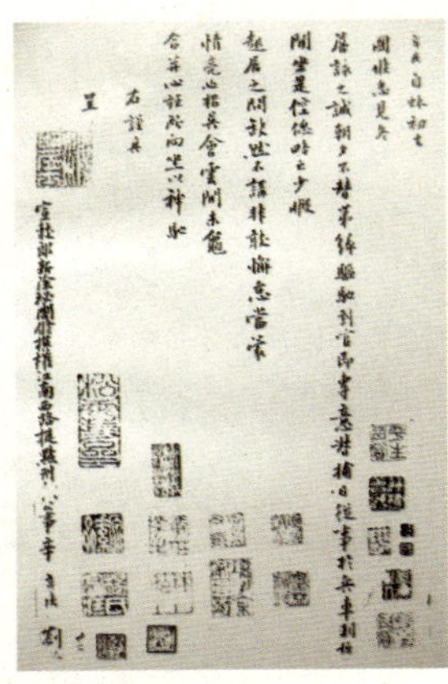
辛弃疾手书

马作的卢飞快，弓如霹雳弦惊。了却君王天下事，赢得生前身后名。可怜白发生！

虽名“壮词”，实则情调悲凉。沙场点兵、驰马弯弓的豪情终究要随梦逝去，现实中只能是挑灯看剑、白发平添。

宋宁宗嘉泰、开禧年间（1201—1207），韩侂胄当权，想借抗金巩固自己的地位，起用年已60岁的辛弃疾为镇江知府。但辛弃疾不久便因与韩侂胄意见不和而被罢职。此时离他渡江南归已43年了。辛弃疾登上京口北固亭，凭高吊古，怀古伤今，不禁悲从中来，写下了著名的《永遇乐》：

千古江山，英雄无觅孙仲谋处。舞榭歌台，风流总被雨打风吹去。斜阳草树，寻常巷陌，人道寄奴曾住。想当年，金戈铁马，气吞万里如虎。

元嘉草草，封狼居胥，赢得仓皇北顾。四十三年，望中犹记，烽火扬州路。可堪回首，佛狸祠下，一片神鸦社鼓！凭谁问：廉颇老矣，尚能饭否？

宋宁宗开禧三年（1207），辛弃疾在得知北伐大军失败的消息后，痛心疾首，是年秋溘然长逝。临终时，他曾大呼“杀贼”，一腔热血，满腔悲愤，终以无奈告终。辛弃疾是继苏轼之后豪放词派的代表人物，在词坛上与苏轼齐名，并称“苏辛”。

南宋后期，词坛上出现了一批与北宋末周邦彦同气相求的风雅格律派词人，他们讲究声律，追求辞采，虽少反映社会内容，却注重心境描写，在词史上留下一串婉转谐和的美妙音符。其代表人物有姜夔、吴文英、史达祖、张炎、王沂孙等。

姜夔像

姜夔（约1155—约1221），字尧章，号白石道人，江西鄱阳人。曾试进士不第，一生未入仕途。姜夔精通乐律，其词格律精严，讲究炼字琢句，音韵谐婉，意境清空。下面这首咏物词《暗香》是给他带来盛誉之作：

旧时月色，算几番照我，梅边吹笛？唤起玉人，不管清寒与攀摘。何逊而今渐老，都忘却，春风词笔。但怪得，竹外疏花，香冷入瑶席。

江国，正寂寂，叹寄与路遥，夜雪初积。翠尊易泣，红萼无言耿相忆。长记曾携手处，千树压，西湖寒碧。又片片，吹尽也，几时见得？

第七章 元曲时代的文学

中国文学发展到元代，戏剧、散曲、小说等“俗文学”一改过去受轻视、被视为末流的局面，受到各个阶层人们的喜爱并得到蓬勃发展，使元代文学呈现出“俗文学”大放异彩的新气象。元曲是元代文学之主流，它包括杂剧和散曲。杂剧是戏曲，而散曲属诗歌，但两者均以曲辞为主，合称曲。

杂剧代表了元代文学的最高成就。元杂剧是一种综合性舞台艺术，它以金院本和诸宫调为基础，广泛吸收多种词曲的优点，并融合了音乐、舞蹈、说唱等艺术形式。剧本一般分四折，每折以同一宫调的若干曲牌组成套曲，必要时另加“楔子”。角色分正末，正旦、净等，正末主唱的称“末本”，正旦主唱的称“旦本”。元杂剧的前期创作和演出都以大都（今北京）为中心，出现了关汉卿、王实甫等著名剧作家，涌现出《窦娥冤》和《救风尘》（关汉卿）、《西厢记》（王实甫）、《汉宫秋》（马致远）、《墙头马上》（白朴）、《李逵负荆》（康进之）等一系列优秀作品。后期则以杭州为中心，相对前期而言，作家与作品数量都较少。此期出现的重要作家有郑光祖、乔吉等。元杂剧深刻地反映了当时的现实生活，并在戏剧艺术和文学成就方面有着很大突破，在中国文学史上堪与唐诗、宋词相媲美。有名姓的元杂剧作家达220

名左右，现存剧作名目530多种，为中国古代文学史书写了光辉灿烂的一页。

散曲是一种配乐歌唱的新体诗，金元时期兴起于中国北方。这种诗体因其自由灵活的体式、质朴流畅的语言、明澈生动的曲意而具有强大的艺术生命力。散曲大盛于元，作家风涌，作品层出。总体创作可以分为初、中、晚三期。初期作品尽显雄豪奔放之特色，重要作家有元好问、关汉卿、白朴、马致远等；中期作品于豪放外平添清丽雅致，重要作家有郑光祖、乔吉等；晚期作品尚雅致清丽，重要作家有张可久、徐再思、杨维桢等。

元代中后期，南戏逐渐兴盛起来。南戏体制上可长可短，曲调上清丽柔婉，很适合南方民众之欣赏口味。“四大传奇”(《荆》、《刘》、《拜》、《杀》）和高明的《琵琶记》将南戏创作推至高潮，出现前所未有之盛况。

与蓬勃发展起来的“俗文学”相比，作为正统文学的诗文相对衰落了。元代诗文的成就远不如杂剧和散曲。元代可谓是一个曲金时代。

一、戏剧大师关汉卿

关汉卿 现代 · 李斛

关汉卿，号已斋，大都（今北京）人，是中国戏剧史上最早、最伟大的戏剧作家。约生于金末元太宗时，卒于元成宗大德年间。关汉卿自幼聪颖，博学多才，为人直率，乐于交往。据《录鬼簿》、《辍耕录》载，他和著名杂剧作家杨显之、散曲作家王和卿乃莫逆之交，与杂剧名演员朱帘秀交往甚密。他时常以一名剧作家和艺人的身份活跃于当时的戏剧界，影响甚远。当时北方青年杂剧作家高文秀有“小汉卿”之称，南方剧作家沈和甫被称为“蛮子汉卿”。关汉卿长期过着玉京书会、青楼市井的生活，造就了他“生而倜傥，博而能文，滑稽多智，蕴藉风流”的个性。他在散曲《南吕 · 一枝花》中的自白将自己表现得更透彻：“我是个普天下郎君领袖，盖世界浪子班头。”当然，他并不仅仅是风流浪子，还密切关注社会现实，对人生和社会表现出强烈的责任感。他对受压迫受剥削的下层人民表现出极大的同情，对上层豪门的腐朽黑暗表示出强烈的憎恶。

关汉卿一生剧作洋洋大观，见于载录的杂剧共66种，现存18种：《窦娥冤》、《单刀会》、《哭存孝》、《蝴蝶梦》、《调风月》、《救风尘》、《金线池》、《望江亭》、《非衣梦》、《谢天香》、《拜月亭》、《双赴梦》、《玉镜台》、《裴度还带》、《陈母教子》、《单鞭夺槊》、《五侯宴》、《鲁斋郎》。其中个别作品是否出自他手，尚有争议。

《窦娥冤》插图 《元曲选》

关汉卿一生只做过“太医院尹”的小官，但他对杂剧艺术却孜孜以求，将毕生精力献给了中国古代戏剧事业。

《窦娥冤》是关汉卿戏剧的代表作，也是元杂剧四大悲剧之一。原型来源于《淮南子》中庶女的故事，以及刘向《说苑 · 贵德》中东海孝妇的故事。关汉卿在原有故事原型的基础上，以主人公窦娥的活动为中心，一针见血地揭露了元代社会、政治、法律的黑暗，反映了善良百姓所遭受的苦难，表达了作者对受苦人民的深切同情。窦娥原是穷苦人家的女儿，7岁时，其父窦天章为还蔡婆婆的20两银子，把她卖给蔡婆婆作童养媳。窦娥17岁与蔡子成亲，两年后蔡子被别人陷害，窦娥守寡。无赖之徒张驴儿父子借曾救过蔡婆婆的命为由，妄图霸占她们婆媳，窦娥不从，张驴儿就想用毒药害死蔡婆婆，然后再摆布无依无靠的窦娥，不料却被其父误食而死。张驴儿恶人先告状，嫁祸于窦娥，告到官府。无奈审理此案的楚州太守桃杌是个贪官，他严刑逼供，草菅人命。为使蔡婆婆免于上堂受刑，窦娥最后含冤招认，被押赴刑场。临刑前，窦娥发下三桩誓愿：若她委实冤枉，将血溅白练、六月飞雪、楚州大旱三年。大自然顺应了正义的呼唤，印验了这三桩誓愿。她的鬼魂继续喊冤，由经科举为官的父亲为其平反昭雪，最终冤情大白于天下。

窦娥是一个身兼孤女、童养媳、寡妇、死囚于一身的人物。她本是一个本分善良的普通妇女，是黑暗社会扼杀了她。通过她的悲惨遭遇，作者控诉了社会的黑暗与腐朽，反映了黎民百姓的悲惨命运和有冤必伸的反抗精神，唱出了一曲人生悲剧的壮歌！

《救风尘》是关汉卿的一部喜剧作品。关汉卿生性倜傥，多流连于市井、青楼之中，较多地接触到下层被污辱、被压迫的妇女，对她们的命运表示出同情与关怀。《救风尘》写妓女赵盼儿从豪门恶少周舍的魔掌中救出妓院姐妹宋引章的故事，反映了封建社会妓女的悲惨生活和被蹂躏遗弃的命运，同时也讴歌了她们美丽善良、不屈服于命运安排、机智勇敢地与恶势力斗争的精神。《救风尘》塑造了一个老于世故、机智勇敢的妓女赵盼儿的形象。长期的风尘生活使她看破了世事人情，看透了浪荡公子的虚情假意。当其同伴宋引章因天真轻信、贪慕虚荣而被周舍所骗时，她挺身而出，用“风月”手段把周舍引入迷魂阵，迷恋上盼儿。在赵盼儿的挑拨教唆下，周

《救风尘》插图

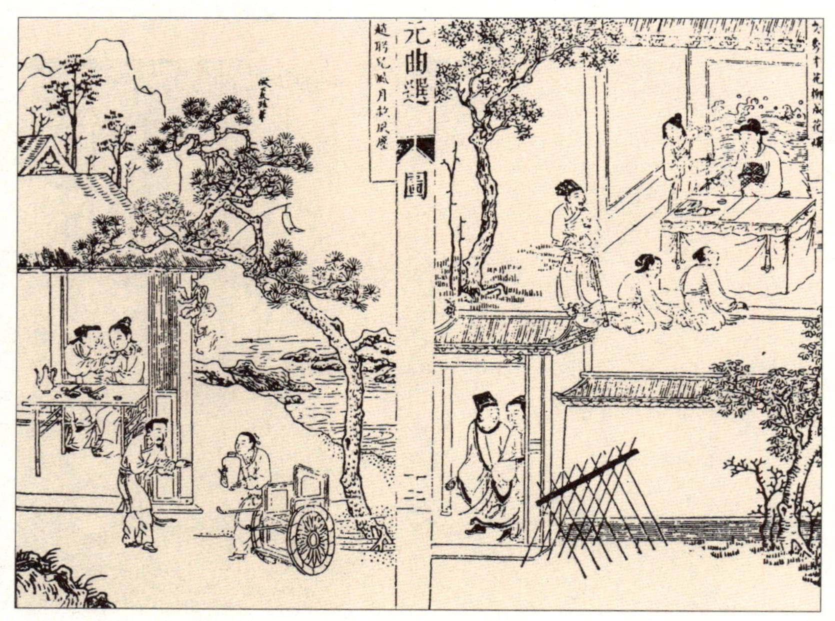

舍放弃宋引章，最后赵盼儿将宋引章从魔掌下救出。在戏中，关汉卿一反传统观念，把社会地位卑贱的妓女写成了治服市井流氓、豪门恶少的英雄，这是为被压迫、被污辱的“小人物”唱出的一曲赞歌。

《望江亭》也是关汉卿的代表作之一。主要描述了谭记儿面临杨衙内企图杀害她丈夫、强娶她为妾的险境，机智地利用酒色等手段将他愚弄，使之沦为阶下囚的故事。谭记儿为了自己的婚姻，毫不畏惧地同黑暗势力进行了彻底的斗争，是一位老练、机智、勇敢、泼辣的妇女。但是她作为一个官员的妻室，与《救风尘》中的妓女赵盼儿又有所不同，同样以“风月”诱敌，但她把握得相当有分寸。由于她是寡妇改嫁，十分珍惜与白士中的爱情。当听到杨衙内拿了皇帝的势剑金牌要来取她丈夫的人头时，不但毫无惧色，还心生巧计。中秋之夜，她巧扮渔妇，以献鱼为名，在望江亭上尽情捉弄杨衙内，赚得他的势剑金牌和文书，粉碎了杨衙内的阴谋诡计。与《救风尘》一样，该剧也反映了弱者对社会邪恶势力的反抗，具有浓厚的喜剧色彩。

《望江亭》插图

《单刀会》的故事源于《三国志·魏书·鲁肃传》。剧作以三国时期关羽守荆州的事迹为核心，成功地塑造了一个正气凛然、英武豪壮的英雄形象。全剧四折，一、二折写鲁肃与乔公、司马徽商议从关羽手中夺回荆州之事，并借乔公、司马徽之口描绘了关羽英勇无敌的英雄气概。第三折关羽出场，从正面表现了其大将风度。第四折写关羽过江，单刀赴会。关羽以刘姓为正统之理由，义正辞严地驳斥了鲁肃，以勇敢的气概威慑住了鲁肃，最终乘胜而归。此剧中，关汉卿把个人的主观情感融入到关羽的威武形象之中，顾念人生短暂，慨叹物是人非。如关羽过江时的一段有名的唱词：

《单刀会》第三折昆曲五线谱

> 【驻马听】水涌山叠，年少周郎何处也？不觉的灰飞烟灭，可怜黄盖转伤嗟。破曹的樯橹一时绝，鏖兵的江水犹然热，好教我情惨切！（云）这也不是江水，（唱）二十年流不尽的英雄血！

作品充满了对英雄人物伟大历史业绩的向往之情，激荡着一股慷慨激昂的民族正气，被后人视为一曲英雄史诗。

二、文采派戏剧家王实甫

王实甫，名德信，大都人，生平事迹不详。明代贾仲明对他的吊词说："作词章风韵美，士林中等辈伏低。新杂剧，旧传奇，西厢记天下夺魁。"由此可知，王实甫是位很有才华的剧作家，同时又是一个平生不得志的失意文人，一生混迹于教坊勾栏。他现存杂剧14种，全存杂剧3种：《崔莺莺待月西厢记》、《四丞相歌舞丽春堂》、《吕蒙正风雪破窑记》。另有残存剧《苏小卿月夜贩茶船》、《韩彩云丝竹芙蓉亭》等。他的杂剧语言华美，典雅清丽，平易流畅，文采熠熠，形成了文采派的艺术风格，与以关汉卿为代表的本色派并列为元代戏曲创作的两大流派。

《西厢记》是中国戏剧文学中最优秀的作品之一。它是参考唐代元稹的《莺莺传》和金代董解元的《西厢记诸宫调》改编创作而成。王实甫一反传统元杂剧一本四折的模式，把《西厢记》写成五本二十

惊艳 《金圣叹批本西厢记》插图

酬韵

一折：张君瑞闹道场、崔莺莺夜听琴、张君瑞害相思、草桥店梦莺莺、张君瑞庆团圆，本剧紧紧围绕张生、莺莺与封建家长的矛盾展开。崔莺莺随母扶父亲崔相国灵柩回老家安葬，途经河中府普救寺入住，恰遇赴京赶考的张生，二人邂逅相遇，一见钟情。谁知普救寺附近的叛军孙飞虎得知如花似玉的崔莺莺在此，就带领干将去抢莺莺。崔夫人为女儿前程考虑，当场许诺：若有高人能把叛军击退，就可娶莺莺为妻。张生急中生智，请友人白马将军解普救寺之围。此时，崔夫人却矢口否认先前许诺，她看重门第，反让张生与崔莺莺以兄妹相称。然而，家长的阻挡不能割断二人的深情厚意。在丫鬟红娘的周旋帮助下，两人秘密幽会，私订终身。崔夫人万般无奈，只好以张生赶考为由，仍试图拆散二人。张生京城中举，而崔夫人为莺莺早定之人郑恒又来阻挠，张生在红娘协助下，闯过道道难关，有情人终成眷属。戏中围绕张生、莺莺、红娘三个人物化解各种矛盾为主线，突出了反对封建礼教压迫、向往自由爱情的主题，具有强烈的个性解放色彩。剧中人物个个形象鲜明，活灵活现，在剧情结构和矛盾冲突中能够注意到人物之间的复杂关系，善于通过心理描写刻画人物性格，把剧情一步步推向高潮。王实甫是文采派剧作家，剧作文辞优美，极富诗情画意，在中国古代戏曲中鲜见与之媲美者。

寺警

赖婚

《西厢记》对后世文学产生了重要影响，剧中张生与莺莺追求自由爱情婚姻的主题具有永恒的价值。

《丽春堂》主要叙述金国右丞相完颜乐善因与监军李圭发生摩擦，动手打了李圭。乐善被皇帝贬到济南府，终日无所事事，饮酒解愁，游山玩水。后来为镇压盗寇作乱，被皇帝召入京城，恢复原职。在友人协调下，乐善与监军李圭和好，并在丽春堂设筵庆贺。剧作表现了仕途无定的思想和不计个人私怨、以宽厚为怀、团结和好的愿望。此剧结构单一，情节单薄，没有激烈的矛盾冲突，人物性格不太鲜明。但是，剧中曲词典雅优美，人物语言清丽、含蓄，突出地反映了文采派的艺术风格。如第三折写乐善在贬谪生活中手握钓竿、纵情于山水之间的唱词，准确地刻画出乐善在仕与隐之间的矛盾心情，是王实甫剧作语言特

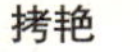
拷艳

荣归

色的代表。剧作第四折多用女真曲调，这在元杂剧当中也是少有的。

《破窑记》主要塑造了刘月娥追求自由爱情、不慕功名富贵、吃苦耐劳、忠贞不二的光辉形象。她抛球择婿，击中了在破瓦窑中生活的穷书生吕蒙正，甘愿与他作贫贱夫妻。后来，吕蒙正进京赶考，刘月娥独自在破窑中苦等十年。吕蒙正高中后，二人终于团圆。刘月娥重才情、不计贫富、追求自由的爱情观与《西厢记》中的莺莺有共同之处。她在抛绣球时心中默默祈祷：“绣球儿你寻一个心慈善、性温良、有志气、好文章……夫妻相待贫和富有何妨。”绣球打中穷书生吕蒙正后，父亲强烈反对她与穷书生交往。她冲破种种阻隔，在破窑中甘愿受苦，这种重感情、蔑视功名富贵的情操令人赞美不绝。

《贩茶船》也是王实甫才子佳人爱情剧的佳作。剧中叙述书生双渐与合肥妓女苏小卿的恋爱婚姻故事。贩茶船仅是故事发展的引线。二人邂逅相遇，一见钟情，而双渐为了理想而不得不别离小卿去京城应试。贩茶商人冯魁得知苏小卿貌美如玉，便买通鸨母把小卿骗到贩茶船上，强带她去江西，途经金山寺，苏小卿怨恨之下，在金山寺壁上题诗诉恨。恰好双渐应试中进士赴江西上任，也途经金山寺，看到小卿的题诗，于是奋起直追，直到江西，终于找到小卿，两人终成眷属。此剧没有脱离才子佳人剧作模式，“洞房花烛夜，金榜题名时”，两人历经磨难，克服重重困难，终以大团圆结局。

白朴小像

三、白朴的喜剧《墙头马上》

白朴（1226—1306后），字仁甫，一字太素，号兰谷。隩州（今山西河曲）人，生于金末一官僚家庭。幼年时遭遇金亡，随其父好友大诗人元好问流亡至山东。他聪颖勤奋，在元好问的教育和熏陶

下博览全书，打下了坚实的功底。《录鬼簿》共载他的杂剧名目15种，但现在只存《墙头马上》、《梧桐雨》和《东墙记》三种。

《墙头马上》是一部喜剧色彩浓厚的爱情戏，作者以热情洋溢之笔墨歌颂了青年男女要求婚姻自由、勇于向封建家长制挑战的斗争精神。剧中人物李千金的塑造极具光彩，作者将市井女性敢作敢为、有胆略有见识、光明磊落的特性汇集于她一身，可谓光彩照人。李千金一登场，便毫无隐讳地吐露了自己对爱情的向往和对婚姻的渴慕："我若还招得个风流女婿，怎肯教费工夫学画远山眉。宁可教银釭高照，锦帐低垂。菡萏花深鸳并宿，梧桐枝隐凤双栖。"多么大胆而热烈的内心独白啊！青春的火焰以不可遏制之势在她的身心里蔓延着、蔓延着……在墙头上与那"一个好秀才"裴少俊一见而钟情的她，主动向裴发起了攻势：约他幽会、下决心和他私奔……她坚信自己的婚嫁要求是天经地义的，因为"那里有女儿共爷娘相守到头白"。面对发现她二人私情的嬷嬷，李千金引经据典、慷慨陈辞："龙虎也招了儒士，神仙也聘与秀才，何况咱是浊骨凡胎？一个刘向题倒西岳灵祠，一个张生煮沸东洋大海，却待要宴瑶池七夕会，便银汉水两分开；委实这乌鹊桥边女，舍不得斗牛星畔客。"理直气壮的言辞中包含了李千金对婚姻幸福的执著追求，任凭千难万险、千辛万苦，也动摇不了她与少俊共同创造幸福生活的决心。

《墙头马上》插图

私奔后的李千金和裴少俊在裴家后院暗地生活了七年，并生有一男一女。一日突然被裴尚书发现实情，力逼少俊休掉李千金。面对裴尚书"败坏风俗"、"女嫁三夫"的声声辱骂，李千金据理力争、严辞反驳，但最终还是饮恨回归娘家。后少俊考取了状元，求她破镜重圆，她断然拒绝了。已知她是官宦之女的裴尚书捧酒前往谢罪也招致她的拒绝。僵持不下之际，一双哭啼的儿女扑到膝前，李千金于无奈之中方答应与裴家完聚。

李千金这一女性形象的塑造为中国戏剧人物画廊增添了亮丽的一笔，这个人物刻画的成功之处，在于李千金性格中所表现出的对自身人格尊严的看重与自觉维护。她是那么渴望爱情与婚姻，她是那么深地爱着裴少俊，然而，在第四折戏中，当那梦寐以求的婚配即将成

为现实时，她毫不犹豫地拒绝了，而这种拒绝也表明她要割舍与少俊之间的感情呀，她竟然做得出，而且那么决绝，那么义无返顾，这力量来自哪里？来自李千金对自己人格尊严的无比珍视，那是她理想与信念之中决不允许任何人以任何理由去侵犯的一块领地。试问《西厢记》中的崔莺莺、《倩女离魂》中的张倩女，有谁能像李千金这样让自己的人格魅力光华四射呢？

《墙头马上》可谓白朴作品中最出色的一部，剧作情节紧张而曲折，矛盾冲突集中而激烈。而作者借作品所表现出的追求婚姻自主、崇尚自由恋爱、自由结合的民主精神、民主倾向，更赋予了剧作以较高的思想价值和审美价值。

四、名贯梨园的马致远

马致远（约1250—约1321），号东篱，大都人。他少年时曾热衷功名，却不得志。据《录鬼簿》载：他曾任江浙行省务官，晚年退居林下，过着“酒中仙，尘外客，林间友”的生活。一生中的飘泊生活，使他能较多接触下层人民。元成宗元贞年间，他曾与杂剧界人士李时中、红字李二、花李郎等组织“元贞书会”，合写《黄粱梦》杂剧，他被推誉为“曲状元”。明初贾仲明在为他写的吊词中说：马致远是“万花丛里马神仙”。他一生从事杂剧和散曲创作，被世人誉作“姓名香贯满梨园”。由于他在杂剧及散曲中成就较高，后世称关汉卿、王实甫、白朴、马致远为“关王白马”元曲四大家。

《汉宫秋》插图 《元曲选》

马致远共有杂剧15种，现存7种：《破幽梦孤雁汉宫秋》、《吕洞宾三醉岳阳楼》、《马丹阳三度任风子》、《西华山陈抟高卧》、《开坛阐教黄粱梦》、《江州司马青衫泪》、《半夜雷轰荐福碑》，其中《黄粱梦》是他与几位艺人合编的。

《汉宫秋》是马致远最著名的杂剧。叙述的是王昭君出使匈奴和亲之事。据《汉书·匈奴传》、《后汉书·南匈奴传》记载：汉元帝时，单于呼韩邪来朝和亲，王昭君自愿嫁给呼韩邪，生二子，使汉、匈和睦相处。马致远的《汉宫秋》一反正史，把故事改为汉元帝在奸臣毛延寿怂恿下，在全国各地挑选了一批美女。进宫后汉元帝根据毛延寿的美女图来挑选临幸。王昭君实为绝代佳人，国色天香，只因无银疏通毛延寿，被丑化打入冷宫。偶然的机会，汉元帝被冷宫内王昭君的优美琵琶声所吸引，见她实为美人，便封为明妃。元帝得知真相后大怒，随即捉拿毛延寿。毛延寿知命不保，叛逃匈奴，把王昭君的真像呈交单于呼韩邪，并怂恿呼韩邪以武力相慑，索要王昭君。元帝虽与王昭君情深意切，但迫于匈奴的军事威力，只得让昭君出塞和亲。昭君随呼韩邪行至黑龙江畔，投江自杀；毛延寿被呼韩邪解送汉朝治罪，汉元帝斩毛延寿以祭王昭君。《汉宫秋》以一定的历史事实为背景，把正史中对王昭君的歌颂改写成了一曲虚构的宫廷爱情悲剧。

《青衫泪》插图

《汉宫秋》主要叙述了帝王将相与下层女子的爱情故事，犹如白居易的叙事诗《长恨歌》与白朴的《梧桐雨》，皆借帝王将相的恋情叙述整个朝代的兴衰过程。它词曲优美，人物心理活动刻画细腻，人物形象塑造逼真，有一种历史的崇高感。在描绘人物悲凉之情时往往借景抒情，如第三折借深秋的萧瑟和深宫的冷落衬托离情别绪，第四折借长空孤雁的悲鸣，抒发了汉元帝对王昭君的思念之情等等。

“同是天涯沦落人，相逢何必曾相识。”这是唐代大诗人白居易《琵琶行》中的名句。诗中结合一个歌女的身世，表达了游子飘零、寒士沦落的感慨。马致远依据此诗，将《琵琶行》改为杂剧《青衫泪》，演绎了白居易与妓女裴兴奴的恋爱故事。

白居易被迁谪时与妓女裴兴奴相遇，失落之情在对方身上找到共鸣，使二人有相见恨晚之感。此时，一商人在老鸨的帮助下，欲占有裴兴奴，阻止她与白居易的来往，造成了妓女裴兴奴、士子白居易、商人之间的三角爱情纠葛，突出地反映了妓女的悲惨遭遇，歌颂了她崇尚士人、挚爱士子而厌恶商人的爱情观。白居易《琵琶行》最后说：“座中泣下谁最多？江州司马青衫湿！”马致远的《青衫泪》亦可看作是落魄士子的一种自我陶醉，从中可窥见他与杂剧艺人的密切关系。

五、康进之的喜剧《李逵负荆》

康进之，生平不详，棣州（今山东惠民）人。他的水浒戏原有两本：《梁山泊黑旋风负荆》和《黑旋风老收心》。现仅存前一本。

《李逵负荆》插图

《梁山泊黑旋风负荆》简称《李逵负荆》，该戏写杏花村酒店店主王林有一女名满堂娇，一日被假冒宋江、鲁智深的两个贼人宋刚、鲁智恩抢走。来店中喝酒的李逵闻知此事，顿时火冒三丈，他当即返回山寨找宋江、鲁智深算账，将聚义厅闹了个底朝天。宋江无奈之下与他以项上人头打赌，偕同鲁智深、李逵下山对质，真相最终大白，李逵认输。深为自己的鲁莽懊悔的李逵回山后向宋江负荆请罪，并下山生擒贼人，使王林父女团圆，将功折罪。

《李逵负荆》以轻松、诙谐的笔调成功刻画了李逵这一农民英雄形象。他嫉恶如仇，见义勇为，襟怀坦荡，爱憎分明而又粗鲁莽撞。深爱着梁山、深爱着聚义事业的他不允许任何人、哪怕是他最为敬重的宋江哥哥去玷污梁山盛名，给聚义事业抹黑。他先是怒火中烧，发誓除害，回山算账，而当真相大白时，他又是那样懊悔不已，承认错误并负荆请罪，这种强烈反差将李逵生命中的主体性格展示得淋漓尽致。于这些主体性格之外，作者又向李逵内心世界的更深处探寻。第一折戏中，李逵下山游春，他边走边欣赏着明媚的春光，时而还蹲下身去追拾落水的花瓣儿，并念念有词道："人道我梁山泊无有景致，俺打那厮的嘴！"一个天真烂漫、质朴憨厚的李逵便凸现在面前。人都以为李逵是个"大老粗"，作者却偏让他时时体现出些微细致来。山寨找宋江算账那场戏，李逵左句"新郎"右句"娇客"，并声言给新嫂嫂"拜见钱"，不让火山即刻爆发而是先套实情，谁能说这不是粗中有细呢？下山对质那场戏中，对宋、鲁二人的处处防备和猜疑，更是将李逵的率真性格暴露无遗。负荆请罪一场戏中有这样一番对话——宋江说："我原与你赌头，不曾赌打"，定要砍他脑袋。李逵说："打一下，是一下疼。那杀的，只是一刀，倒不疼哩！"宋江说："我不打你。"李逵闻听不失时机地要起赖："不打？谢了哥哥也！"爬起便走。好一个"狡猾"的李逵！正是由于作者多角度、全方位地把握住了人物的性格特征，充分地、细腻地展示了人物的丰富内心世界，才使得李逵这一人物形象形神兼备、血肉丰满，具有极强的立体感。

《李逵负荆》所营造的那种浓厚的喜剧氛围也很值得称道。剧作读来会不时让人会心一笑，这笑缘自作品中那一处处巧妙安排的细节，以下山对质一场戏为例：一路上，李逵以他特有的心思忖度着"做了亏心事"的宋江。宋江步子加快，他认为因去丈人家内心欢喜；宋江步子放慢，他又认为"拐了人家女孩儿，害羞也，不敢走哩"。多

么可爱的想法啊！多么可笑的情节，谁读到这儿都会忍俊不禁。

《李逵负荆》堪称现存元人水浒戏中最为优秀的一种，这一方面是由于李逵这一人物的成功塑造，另一方面是由于作者对梁山英雄和百姓间鱼水深情的揭示。

六、纪君祥的历史悲剧《赵氏孤儿》

纪君祥，一名天祥，大都人，生平不详。《录鬼簿》说他“与李寿卿、郑廷玉同时”。他共写杂剧6种，但今只存《赵氏孤儿》。

《赵氏孤儿》所写故事出自《史记》，但具体情节已作了很大改动。这部悲壮的历史剧围绕“搜孤”、“救孤”，在忠义与奸佞、正义与邪恶之间展开了一系列惊天动地、摄人魂魄的矛盾冲突和斗争。

春秋时期晋灵公当位时，武将屠岸贾专权。他将忠臣赵盾满门抄斩，并逼迫赵盾之子驸马赵朔自杀，还图谋将公主幽禁中所生赵氏孤儿杀死以斩草除根。公主将孩子托付给医生程婴，并为打消程婴的顾虑而自缢身亡。程婴将赵氏孤儿放入药箱，出门时却被守将韩厥搜出。韩厥被程婴冒死救孤行为所感动，便放走程婴，自己拔剑自刎。屠岸贾一心捕杀赵氏孤儿，竟下令杀死全国所有的半岁以下的婴儿。程婴为保赵家唯一血脉，与老臣公孙杵臼议定以自己亲生儿子顶替赵氏孤儿，由他在把儿子送给公孙之后去屠岸贾面前告发。屠岸贾至公孙家搜出程子当作赵氏孤儿杀死，公孙惨遭毒打而自杀，程婴则被屠岸贾收作门客，并将其所携赵孤认作义子。二十年后，赵孤长大成人，程婴在时机成熟时告以真相，大仇最终得报。

《赵氏孤儿》插图

《赵氏孤儿》一上演就受到民众的普遍欢迎，而且早在18世纪就已传到欧洲，是中国最早流传国外的古典戏剧著作之一。它先后被译成法、英、俄、德等多种文字，并由著名作家改编后搬上舞台。法国大文豪伏尔泰把它改编为《中国孤儿》，一上演便风靡整个巴黎。该剧何以能够经久不衰，广为流传，原因是多方面的：

《赵氏孤儿》所张扬的复仇观念、复仇意识在中国封建社会的民间根深蒂固，反映了普遍存在着的大众心理。而且，作品对于正义的呼唤，对于为正义而献身之精神的颂扬，无不与民众心理相契合。这类主题也同样会在其他国家民众的心理上触发共鸣。《赵氏孤儿》惨烈悲壮的剧情撼人心魄、动人肺腑。为了正义，程婴、公孙杵臼、韩厥等人慷慨赴义、不惜自我牺牲乃至献出自己后代的生命，他们的浩然正气与苍天共在，与日月同辉。而奸臣屠岸贾为报一己私仇竟杀害良臣赵盾全家，为搜捕赵氏孤儿竟下令将全国“半岁之下，一个月以上”的婴儿全都杀死的残忍毒辣行径，真是惨绝人寰，令人发指。在正义力量与邪恶势力之间展开的这场大搏斗长达20年，其间有多少人流泪、流血乃至牺牲生命，又有多少人像程婴那样让自己的躯体承载着常人难以想象的悲苦，有泪只能在心里流。

《赵氏孤儿》的人物塑造颇为成功。中国戏剧人物画廊里又多了一大批蔑视强权、捍卫正义、舍生忘死的正面人物形象。程婴在这一大批人物中脱颖而出。作者对这一人物的塑造不是平面的、程式化的，而是立体的、不断发展变化的。如果说程婴最初救护赵孤完全出于报恩，那么屠岸贾声言杀尽“半岁之下，一月之上”小儿时，他的思想境界应该说是有了大幅度的升华，因为他作出了一个惊人的决定：舍己命及亲生儿子之命救天下婴儿。如果没有自我牺牲的精神，能做到吗？第三折戏中，阴险狡猾的屠岸贾为辨真伪，命程婴拷打公孙，并当其面将假冒赵孤的程子一剁三段。卖友求荣的骂名他要去承受，失去爱子的巨大人生悲痛他要去忍受，这一切的一切都需要有根强大的坚不可摧的精神支柱去支撑啊！这根支柱是什么呢？是坚信正义最终一定会战胜邪恶的信念！这信念支撑着他承受住了常人无法承受的巨大精神重负，这信念支撑着他最终走出阴霾，迎来阳光。作者将人物的塑造寄托于剧情的发展和矛盾冲突的展示之中，让人物自己去完善自己。

七、郑光祖声彻闺阁

郑光祖，字德辉，平阳襄陵（今山西临汾附近）人，生卒年不详。《录鬼簿》记载，他曾因为人正直，补录为杭州路吏。但他不善交往，社会名流多鄙视他。他是元代后期著名的剧作家。当时“名香天下，声振闺阁，伶伦辈称‘郑老先生’，皆知其为德辉也”。周德清在《中原音韵》中则把他与关汉卿、白朴、马致远并列，此为“元曲四大家”的另一种说法。他一生写过18种杂剧，现仅存8种：《倩女离魂》、《王粲登楼》、《㑳梅香》、《周公摄政》、《三战吕布》、《智勇定齐》、《伊尹耕莘》、《老君堂》。残存曲有《月夜闻筝》等。其杂剧以历史剧和爱情剧为主。曲词优美、细腻、生动，人物形象逼真、活泼，富有强烈

的个性色彩。

《倩女离魂》全名《迷青琐倩女离魂》，是郑光祖的代表作，也是元后期杂剧中最优秀的剧作。此剧根据唐人传奇《离魂记》改编而成。文人王文举与张倩女原是“指腹为亲”的夫妻，但倩女之母嫌王文举功名未就，不许二人成婚。王文举被迫苦读，去京应试。倩女深爱文举，思念过重遂生疾，导致灵魂脱离肉体去京追赶王文举，与王文举在京城相处多年。经努力，王文举京城中举得官，倩女的愿望得以实现，她的灵魂随王文举衣锦还乡，与卧病在床的躯体合二为一。王文举也达到张母的要求，全家人欢宴为二人完婚成亲。剧情看似简单，主要叙述二人历经苦难终于团圆的过程，但是，郑光祖却十分巧妙地利用了唐传奇原有的浪漫故事情节，写出了封建社会闺阁女子性格的两个特点：一是封建礼教的禁锢和压迫，使她们产生沉重的精神负担；一是在沉重的精神压迫下，她们对美好自由生活的向往与追求，以及人性本身的渴望与希翼。如张倩女离魂去京城寻找王文举，受到指责时，她以“我本真情”为由来反驳，坚决不回家。张倩女离魂行动代表了生活在封建时代的妇女们内心的欲望和强烈的情感力量。再如当王文举中举后寄信给张家报喜，说要与京城相处之妻（倩女魂）一同回家完婚时，卧病在床的倩女躯体并不了解真情，以为王文举另有新欢，遂悲痛欲绝。倩女的形象反映了封建时代妇女们在婚姻方面受压抑、受摧残而不能自由选择的可悲处境。

该剧采用浪漫主义手法，大量采用抒情笔墨，控诉了封建礼教对妇女的摧残和压迫，文采华美、流畅，人物形象刻画细腻生动，代表了郑光祖剧作艺术的成就。《倩女离魂》在故事情节和人物形象塑造方面受到了《西厢记》的启发，又对汤显祖创作《牡丹亭》产生了较大影响，因此，它在两大名剧间起了一种过渡作用。

杂剧《王粲登楼》全名《醉思乡王粲登楼》，是依据王粲《登楼赋》虚构而成。《登楼赋》是王粲在刘表处登阳城楼所作，而杂剧《王粲登楼》主要写王粲与丞相蔡邕之女有婚约，但王粲自视清高，对蔡邕持傲慢态度，而蔡邕明知其本性，就以轻视反击，以求他能奋发

《倩女离魂》插图

上进。后来，王粲得罪了蔡瑁、蒯越，不为刘表器重，落魄于荆州。在重阳节，王粲应友人许达之邀到溪山风月楼玩赏，饮酒赋诗，抒发怀乡及怀才不遇之情。恰在此时，朝中使臣急宣他回京，皇帝亲命他为兵马大元帅，后与蔡邕之女成婚。

《王粲登楼》剧情结构无奇，但作者写王粲登楼一段词，颇受读者好评：

> 【红绣鞋】泪眼盼秋水长天远际，归心似落霞孤鹜齐飞。则我这襄阳倦客苦思归。我这里凭栏望，母亲那里倚门悲。（许达云）仲宣，既然如此感怀，何不早归故里。（正末云）吾兄，怕不说的是哩。（唱）争奈我身贫归未得。

郑光祖的另一部爱情杂剧《㑳梅香翰林风月》，虚构了唐代白居易之弟白敏中与裴度之女裴小蛮的恋爱故事。剧情结构模仿《西厢记》，两人也是一见倾心，相见恨晚。而裴度夫人不同意，从中阻碍，也有个婢女樊素为二人传书送简。最后二人皆大欢喜，终于团圆。由此看出，此剧并无多少新意，皆模拟《西厢记》，人物形象塑造不够丰满，但有个别细节颇为生动感人。

八、元散曲

散曲是一种可以合乐歌唱的新诗体。它兴起于金、元时期，是在俗谣俚曲的基础上，融合各民族的曲调而形成的。散曲的出现是中国诗词不断推陈出新的结果，也是各民族文化互相融合的产物。

吹口哨俑　元代

元散曲的兴起也与词的衰微有关。词本是兴起于民间的一种通俗文学，但历经五代、两宋，填词制曲日益讲究音律修辞，刻意工巧，渐趋僵化而失去原来通俗活泼的面貌，失去了群众基础和生命力，而这时融合北曲特征的清新活泼的散曲便应运而生了。

散曲有小令和套数两种形式。小令是散曲的基本单位，是单曲；而套数则是由多支宫调相同的单曲联缀而成的，是组曲。套数一般有尾声，表示曲终。散曲相对于词而言，要自由灵活得多。一可加衬字，二可用重韵，三是长短较词更为不齐整，少则一两字，多则几十字连用。元散曲作家众多，前期以关汉卿、马致远、张养浩等人为代表，后期以张可久、乔吉、睢景臣等为代表。

关汉卿不仅是中国伟大的戏剧家，也是散曲四大家之一。他的散曲创作数量虽不多（现存小令57首，套数14套），但在运用活泼灵

动、豪放风趣的语言方面，为文人散曲的创作开创了一种全新的风格。

关汉卿散曲有一部分是抒发自己情怀的。以《南吕一枝花·不伏老》最为著名：

散乐图 辽墓壁画

> 我是个蒸不烂、煮不熟、捶不扁、炒不爆、响珰珰一粒铜豌豆。恁子弟每谁教你钻入他锄不断、斫不下、解不开、顿不脱、慢腾腾千层锦套头。我玩的是梁园月，饮的是东京酒，赏的是洛阳花，攀的是章台柳。我也会围棋、会蹴踘、会打围、会插科、会歌舞、会吹弹、会咽作、会吟诗，会双陆。你便是落了我牙，歪了我口，瘸了我腿，折了我手，天赐与我这几般儿歹症候，尚兀自不肯休。则除是阎王亲自唤，神鬼自来勾，三魂归地府，七魄丧冥幽。天哪，那其间才不向烟花路儿上走！

这一套散曲比喻生动，语言泼辣，反映了一个书生才子经常流连于青楼市井的生活面貌，同时也流露出作者及时行乐的思想和滑稽、怪诞的“风流浪子”作风。这足以说明他不同于当时正统士大夫的叛逆性格，是他崇尚人生自由、人性解放的真实写照。

关汉卿散曲最动人的是写离愁别绪的作品，风格婉约、细腻。如《沉醉东风·别情》：

> 咫尺的天南地北，霎时间月缺花飞。手执着饯行杯，眼阁着别离泪，刚道得声“保重将息”，痛煞煞教人舍不得，好去者望前程万里！

这首小令主要描写一对恋人离别的情景。一位痴情热恋中的女子临别时，面对席间美味佳肴却觉索然无味，只有把别痛化作含情脉脉的祝福，祝愿恋人“保重将息”、“前程万里”，一幅生动的恋人别离图跃然纸上。

马致远是有名的散曲作家，是元代留存散曲作品最多、历来评价最高的一位。现存小令115首，套数32套。

早期的马致远也曾迷恋功名，后来渐渐看透了官场上的黑暗与腐朽，同时受老庄思想的影响，产生归隐田园的避世思想，创作了大量"隐逸"题材的散曲。《双调·夜行船·秋思》是其"隐逸"题材的代表作，如：

【乔木查】想秦宫汉阙，都做了衰草牛羊野，不恁么渔樵无话说。纵荒坟横断碑，不辨龙蛇。

【离亭宴煞】蛩吟罢一觉才宁贴，鸡鸣时万事无休歇。争名利，何年是彻？看密匝匝蚁排兵，乱纷纷蜂酿蜜，急攘攘蝇争血。裴公绿野堂，陶令白莲社。爱秋来时那些？和露摘黄花，带霜烹紫蟹，煮酒烧红叶。想人生有限杯，浑几个重阳节？人问我顽童记者：便北海探吾来，道东篱醉了也。

这是一位隐士的内心独白。作品通过主人公之口对"苍蝇争血"的社会现实进行了讥讽，同时消极厌世和及时行乐的思想又贯穿其中，积极入世和超然出世的理念在这里既矛盾又统一。他厌恶世道的黑暗与腐朽，摒弃官场上的争权夺利，只能到竹篱茅舍，以对菊饮酒的生活来逃避现实的一切。这套散曲语言流畅，形象鲜明，具有一种豪放、清逸的风格。由此也可看出陶渊明以及苏轼、辛弃疾对他的影响。

马致远还善于融情于景，寓景于情，通过对自然景物的细致描绘，表达自己复杂的思想感情。如被前人称为"秋思之祖"的《越调·天净沙·秋思》：

枯藤老树昏鸦，小桥流水人家，古道西风瘦马。夕阳西下，断肠人在天涯。

这首小令仅有五句28个字，通过一系列秋天之景描绘了一幅游子思乡的风景画，草草几笔却表达出游子幽深的感情。枯藤、老树、昏鸦、小桥、流水、人家、古道、西风、瘦马、夕阳，这点点秋景，并不是简单地叠加罗列，而有更深意的内在联系。近人王国维曾评之为"深得唐人绝句之妙境"。

张养浩（1270—1329），字希孟，号云庄，山东历城人。曾任礼部尚书、监察御史等职。他为人正直、厚道。至治元年（1321），他只因上疏谏元夕放灯而被迫辞官，回乡归隐多年。其作品《云庄休居自适小乐府》就写于此时，描写了隐居田园的闲适生活。如《朝天曲·

无题》：

柳堤，竹溪，月影筛金翠。杖藜徐步近钓矶，看鸥鹭闲游戏。农父渔翁，贪营活计，不知他在图画里。对着这般景致，坐的，便无酒也令人醉。

天历二年（1329），陕西大旱，他被召为陕西行台中丞，前去抗旱济民，卒于任上。有名的散曲《潼关怀古》就写于前往陕西抗旱救灾的路上，显示出他对百姓的同情与关心以及对时政的批判：

峰峦如聚，波涛如怒，山河表里潼关路。望西都，意踌躇，伤心秦汉经行处，宫阙万间都做了土。兴，百姓苦！亡，百姓苦！

张可久（约1270—约1348），字小山，浙江庆元（今浙江鄞县）人。曾以路吏转首领官，是一位掌管税务和文书的吏官。他早年与马致远、卢挚、贯云石等著名散曲家有交往，晚年久居西湖，以山水抒发自己不得志的情怀。其散曲著作有《今乐府》、《苏堤渔唱》、《吴盐》、《新乐府》四种，近人辑为《小山乐府》文卷。现存有小令855首，套数9套。

张可久一生专攻散曲，致力于小令。其散曲取材广泛，或写文人怀才不遇之情，或述下层民众之苦，更有对文人各方面生活的描述和咏物抒情的佳作。在表现方法上格律严谨，辞藻华丽，多采诗词句法入曲，因而其作品典雅清丽，远离俚俗而诗词化。《南吕·一枝花·湖上晚归》是写自己与妓女一同游湖晚归的情景：

顺长天落彩霞，远水涵秋镜。花如人面红，山似佛头青。生色围屏，翠冷松云经，嫣然眉黛横，但携将旖旎浓香，何必赋横斜瘦影。

此曲写江南风景，曲辞优美、生动，音律和谐，似一幅丹青画。

张可久也关注现实，写有多首关心、同情百姓疾苦的散曲。如《怀古》中强烈地流露出对百姓的同情：

美人自刎乌江岸，战火曾烧赤壁山，将军空老玉门关。伤心秦汉，生民涂炭，读书人一声长叹。

《重校荆钗记》插图　明万历刊本

九、南戏四大传奇

南戏是产生于浙江温州（旧称永嘉）一带的地方性剧种，因而又称“永嘉杂剧”或“永嘉戏曲”，约在宋徽宗宣和年间（1119—1125）开始流行，南宋时已相当盛行，后人为将其和北曲杂剧相区别，简称为“南戏”。宋代留存下来的南戏剧目极少，现在我们能见到的宋元南戏剧目虽有200多种，但绝大多数出自元代，可想见元代南戏之盛况。

元代初期，北杂剧向长江以南的扩展曾导致南戏的一度衰落，但南北两剧种的聚拢与交流也促使杂剧作家们对南戏创作加以关注，使南戏在音乐、形式、唱腔、题材等诸方面都得到改进和丰富，并增加了文人化气息。南戏在艺术上的提高，逐渐使它成为人们感兴趣的戏种。到元末，由于许多知名剧作家纷纷参与南戏的创作和改编，使南戏出现前所未有的盛况，《琵琶记》、《拜月亭记》等优秀作品的出现，是南戏走向成熟和兴盛的标志。

南戏体制相对于杂剧而言，要自由灵活得多，这主要表现在：宫调可以自由选择和组织，出数不定且长短自由，演唱角色也无限制，且独唱、对唱、合唱均可，分场以人物的上下为界，长短自如。北曲高亢劲健，多威武豪放之气；而南曲则轻柔婉转，多儿女缠绵之情。

《白兔记》书影

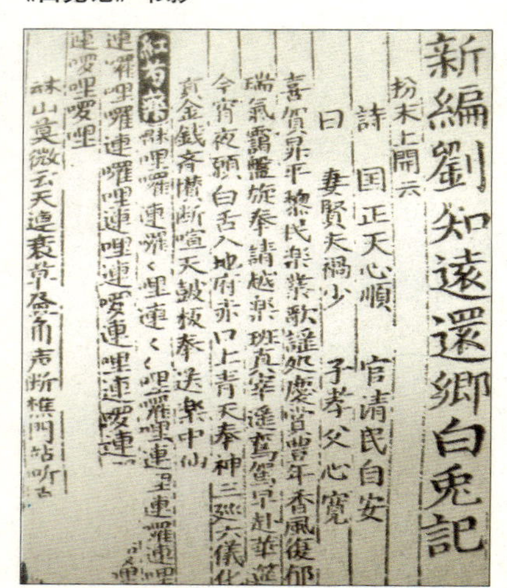

新編劉知遠還鄉白兎記

扮末上開云

詩　国正天心順　官清民自安

曰　妻賢夫禍少　子孝父心寬

元代南戏的题材多来自现实生活和在民间广泛流传的爱情婚姻故事，以反映家庭伦理问题的剧作为最多，像《李勉》、《三负心陈叔文》、《崔君瑞江天暮雪》等对男子功成名就之后就负心的指斥，一直是南戏最重要的表现对象。南戏剧本流行至今的尚有十几种，以元末明初流行的“四大传奇”（《荆钗记》、《白兔记》、《拜月亭》和《杀狗记》）以及《琵琶记》最为有名。

《荆钗记》全名《王十朋荆钗记》，据传是元末柯丹邱所作，后经明人润色。全剧共48出。写穷秀才王十朋和大富豪孙汝权分别用荆钗、金钗向钱玉莲行聘求婚，玉莲不

贪图荣华富贵，她接受十朋荆钗并嫁给了他。后十朋进京赴考高中状元，因拒绝万俟丞相的招赘，被贬到烟瘴弥漫的潮州任职。十朋写家书邀母亲带玉莲同赴任所，不料家书落至孙汝权手中，并被他套改成休书。玉莲贪财的继母便趁机逼迫她改嫁孙汝权，玉莲坚决不从，被逼投江自杀，幸遇人救起。几番波折之后，夫妻凭荆钗相认，终得团圆。《荆钗记》由一枚荆钗贯穿始终，结构精致，构思巧妙。全戏语言质朴、流畅、自然，具有一定的现实意义和进步思想。

《白兔记》插图

《白兔记》全名《刘知远白兔记》，作者不详。全剧共 33 出。写的是五代时后汉开国皇帝刘知远由一个流浪汉登上皇帝宝座的故事。年轻时的刘知远不务正业、游手好闲，家产被其挥霍一空，开始流浪生涯。一日，财主李文奎见他睡觉时有蛇入出七窍，便料定将来定是大富大贵之人，遂将女儿三娘嫁给了他。入赘李家的刘知远受尽了三娘哥嫂的冷嘲热讽和百般欺凌，愤然离家从军，于军中又入赘节度使岳勋家，居高官享厚禄。三娘在家也受尽了兄嫂的折磨，她在磨坊中生下儿子“咬脐郎”（因三娘咬断脐带而生），将他送到刘知远处抚养。十五年后的一天，咬脐郎追猎一只白兔，于井边和生母邂逅，一家人终得团聚。《白兔记》故事情节曲折紧凑，极富民间文学特色，加之语言质朴自然，很符合大众口味，拥有众多的读者群。

《拜月亭记》插图

《拜月亭记》全名《王瑞兰闺怨拜月亭记》，又名《幽闺记》，关于作者说法不一。全剧共40出，主线写王瑞兰与蒋世隆的爱情故事。具体情节：“番兵”入侵金朝，金主诛杀了主战派陀满海牙一家，并派尚书王镇前往讲和。书生蒋世隆在仓皇逃难中与妹妹瑞莲失散，而与侥幸逃命的海牙之子兴福相识并结为兄弟。王镇的夫人和女儿瑞兰也被逃难的人群冲散。瑞莲遇王夫人并被收为义女，瑞兰则途遇世隆，二人在患难中渐生真情并结为夫妻。出使归来的王镇在一家旅店巧遇瑞兰，责她自作主张，并逼迫她离开正患重病的蒋世隆，将她强拉硬拽回京城与家人团聚。一天深夜，瑞兰在拜月亭内对月祷告，保佑世隆平安归来夫妻早日团聚，恰巧被瑞莲听到，姑嫂正式相认。朝廷开科取士，世隆、兴福分别考中文武状元，王镇奉旨招二人为婿，世隆不知王尚书之女即

《杀狗记》插图

瑞兰，坚决不肯入赘，而瑞兰也不知状元即世隆，也坚决抗婚。真相大白后，兄妹夫妻欢聚，两对新人在鼓乐声中举行了成婚大礼。《拜月亭记》是“四大传奇”中成就最高的一部。该剧故事情节曲折生动，人物形象细腻传神。巧合与误会的巧妙穿插使全剧悲中有喜、亦庄亦谐。

《杀狗记》全名《杨德贤妇杀狗劝夫》，作者多认为是元末明初的徐畛。全剧共36出，写富家子孙华结交柳龙卿、胡子传等市井小人，一味浪荡挥霍，并受二人挑唆百般虐待胞弟孙荣，视其为仇敌，将其赶出家门。孙华之妻杨月真设计规劝丈夫，她让人杀死一条狗，把它扮作人尸放于院门外。孙华大醉而归，误以为是死人，惊恐将大祸临头，打算私埋了事。他请那些狐朋狗友帮他移尸，胡、柳二人不但不帮他避祸，反而向官府告发了他。弟弟孙荣却不计前嫌，跑到官府主动承担杀人罪名以搭救哥哥，最后月真说明真相，兄弟二人被释回家，终于使孙华醒悟悔过，兄弟二人重归旧好。

《杀狗记》曾被不少曲家批评为“恶本”、“恶剧”，这主要是由于该剧说教味浓厚且艺术颇为粗糙。但该剧在宣扬“妻贤夫祸少”等纲常观念之外，确也在一定程度上涉及了诸如财产分割之类的社会问题，有一定现实意义。

《琵琶记》插图

十、高明的《琵琶记》

高明（约1305—1359），字则诚，号菜根道人，浙江瑞安人。他早年乡居，40岁左右中进士，做过几任地方官，后隐居，以词曲自娱。其间创作《琵琶记》，代表了南戏之最高成就。所写故事虽早已在民间流传过，但高明无论是对人物形象还是对故事情节都作了很大改动，立意也随之大变。

《琵琶记》全剧长达42出。东

汉陈留郡秀才蔡伯喈和赵五娘才新婚两个月，便在父命难违之下进京赶考，不料竟高中状元。权臣牛丞相要招他为婿，他虽坚拒不允并上表辞官，但最终因圣命难违，只得入赘相府。而远在家乡的赵五娘此时正在灾荒严重、日子困苦难熬的情况下竭心尽力地奉养公婆。仅有的粮食让给公婆，她背地里吃糠充饥，却被不知内情的婆婆怀疑。公婆得知真相，肝肠寸断，愧疚难当，加之饥馁难耐，不久便相继撒手人寰。赵五娘埋葬公婆后一路弹琵琶卖唱求乞，上京寻找丈夫。深明大义的牛小姐得知实情，不顾父亲的强行阻拦，与蔡伯喈、五娘一起回家奔丧，克尽孝道。受到感化的牛丞相替蔡家讨得一门旌表，让一家人重聚团圆。

明人演出《琵琶记》

正如作者于剧本开头所作的交代："今来古往，其间故事几多般……休论插科打诨，也不寻宫数调，只看子孝与妻贤。"《琵琶记》旨在借孝子贤妻来感化人心世道，这种立意比起以往同题材作品中那种单纯谴责负心汉的主题，要深刻得多。因为在当时的时代，《琵琶记》中主人公的悲剧命运，不是个别的、偶然的，而是普遍的、多发的，那个时代的知识分子很容易像蔡伯喈那样陷入两难选择的境地。

《琵琶记》早在19世纪就已有了英、法、德和拉丁文的选译和介绍，受到国外读者的青睐。它的魅力首先是成功的人物塑造。蔡伯喈、赵五娘两个人物都极具立体感，不但个性展示充分，而且内心世界挖掘深透。蔡伯喈是典型化了的中国古代知识分子形象，他常常使自己的思维与行动陷于两难选择的泥淖，这可以说是出身贫困的封建知识分子的通病。功名利禄要追求，伦理纲常要恪守，处贫困环境要自拔……诸多的不协调便使矛盾重生，有了矛盾，也就有了困惑与挣扎。赵五娘身上集中了中国古代女性的传统美德，她的身上闪烁着人性的光华。作者在"糟糠自厌"、"祝发买葬"两出戏中，对她的复杂心理活动进行了细腻的刻画。以"吃糠"一出为例：

【前腔】滴溜溜难穷尽的珠泪，乱纷纷难宽解的愁绪，骨崖崖难扶持的病身，战兢兢难捱过的时和岁。这糠，我待不吃你呵，教奴怎忍饥？我待吃你呵，教奴怎生吃？思量起来，不如奴先死，图得不知他亲死时。思之，虚飘飘命怎期，难捱，实丕丕灾共危。

赵五娘的娴淑孝顺，朴实坚韧、任劳任怨在剧中表现得十分充分，但封建礼教和伦理纲常仍然将她推至生命的痛苦和难捱境地，使她如风中之飘絮、雨打中的浮萍，无法把握自身命运。在最难、最苦的日子里，她依然克尽孝道不忍教公婆忍饥受馁，竟想到“不如奴先死”，多么难能可贵啊！读到此处，任是铁石心肠，也会为赵五娘一洒伤心泪。她是一个让人怜惜的弱女子，而她在“祝发买葬”一出戏中，剪去秀发换来几个小钱，用布裙兜土，为公婆自筑坟台，她不再是一株纤细的小草，而是一株能独立于风雨之中的大树。她在苦难之中没有倒下去，而是挺直腰，站直腿，将痛苦自己扛。公婆入土为安后，她毅然孑然一身地走上寻夫路。可以说，赵五娘是《琵琶记》中最具光彩也最为真实的人物。

《琵琶记》浓烈的悲剧气氛也是使该剧魅力无穷的一个因素。剧情在蔡伯喈赴京赶考后便采用了双线索交叉进行的结构。一条线写京城中的蔡伯喈，一条线写家乡的赵五娘。蔡伯喈入赘后的豪华生活和赵五娘在家的困苦处境相对照；而蔡洞房花烛之时，正是五娘自咽糟糠之刻；蔡与牛小姐在府中共赏秋月，五娘却孤仃一人埋葬公婆，求乞寻夫。两种截然不同的生活画面两相对照，渲染了全剧的悲剧氛围，让人读后悲从中来，凄凉难耐。

走進中國文學殿堂

第八章 小说时代的文学

明清两代是小说大发展时期，可谓是小说的黄金时代。

明代文学指明太祖朱元璋称帝（1368）至思宗朱由检崇贞十七年（1644）自缢这277年间的文学现象。明代文学就总体成就而言是辉煌的，尤其是小说和戏剧创作，在中国文学史上有着极为重要的地位。《三国志演义》、《水浒传》的刊刻流行，《西游记》、《金瓶梅》的成书和问世，掀起了章回体通俗小说的巨澜。戏曲创作继元杂剧之后再度出现高峰，从三大传奇剧（《宝剑记》、《浣纱记》、《鸣凤记》）到汤显祖的“临川四梦”，充分展示着明代戏曲创作的斑斓色彩。明代的诗歌与散文虽在拟古与反拟古的不断对峙中时时陷入逆境，但也出现了一些反映现实、关注民生的佳作。

自李自成灭明至清道光十九年（1644—1839）这段时期的文学，被看作是清代文学。中国古代文学发展到清代，便进入了它的最后一个重要阶段。在此阶段中，各种文学样式都出现繁荣景象，整体上呈现出中国古代文学之集大成景观。

清代诗词流派众多，风格迥异。诗歌数量创历史之新高。词在明清易代之际出现“中兴”局面，清代词人派别林立，作品数量与质量都远超元、明两代而直追唐、宋。清代的散文和骈文都有很大收获。骈文发展至清代，出现了六朝之后的最繁荣期，使骈文一度出现与桐城派古文相对抗的局面。

清代的戏曲收获甚丰。康熙年间先后出现的两大名剧——洪昇的《长生殿》和孔尚任的《桃花扇》是戏曲领域中的杰作。

小说在清代文学中成就最高。无论文言、白话，长篇、短篇，成就都非常显著。《聊斋志异》代表着清代文言短篇小说的最高成就，《儒林外史》和《红楼梦》两部长篇白话小说则犹如璀灿夺目的明珠，光照中国小说史。

总之，清代文学是中国古代文学的全盛阶段，诗词、散文等传统文学样式继续繁荣，小说、戏曲、讲唱文学等新兴文学样式的发展出现高峰。但在这空前的繁盛之中，新的变革已蠢蠢欲动，中国古代文学发展至此已到了尾声。

一、历史小说《三国志演义》

民间很早就流传着三国故事。唐代诗人李商隐《骄儿》诗云："或谑张飞胡，或笑邓艾吃。"当时人们对张飞、邓艾等人物已经很熟悉。宋代说话中，已有了"说三分"的专门艺人。苏轼在《东坡志林》中就详细记载了说书艺人"说三分"的情景。我们现今能见到文字记录的是元代至元三十一年（1294年）刻印的《三公事略》，到至治年间（1321—1323）再刊时，改名为《三国志平话》。这为罗贯中的《三国志演义》勾勒出了粗略的框架。元杂剧中，有许多关于三国的故事，如桃园结义、三顾茅庐、赤壁之战、白帝城托孤、过五关斩六将等，也为罗本《三国志演义》设计了较为细致的故事情节。

现在我们读到的《三国志演义》的最早刊本是明代嘉靖年间（1522—1566）的《三国志通俗演义》，题为"晋平阳侯陈寿史传，后学罗本贯中编次"。此本已是罗贯中原作的修订本。到清代康熙年间，毛宗岗父子对原著作了大量修改，改为一百二十回本的《三国志演义》。

煮酒论英雄

罗贯中（约1330—约1400），名本，字贯中，号湖海散人，祖籍山西太原，曾在杭州生活过。他生活在元末明初，经历了当时的社会大动乱、大变革。罗贯中一生创作颇多，除了长篇巨著《三国志演义》之外，还有小说《隋唐志传》、《残唐五代史演义》、《三遂平妖传》和杂剧剧本《宋太祖龙虎风云会》等。

《三国志演义》描写了汉灵帝中平元年（184年）"祭天地桃园结义"到晋武帝太康元年（280年）"王濬计取石头城"的97年间的历史故事。它以历史发展时间为顺序，集中描绘了三国时代各国间军事、政治、外交的各种复杂斗争，有武斗、有智斗、有明斗、有暗斗，各种斗争方式异彩纷呈。而最终受苦难和压迫的却是普通百姓，书中也反映出对老百姓的同情。

小说开头以东汉末年的政治腐败、社会黑暗、土地兼并、人民被残酷压迫为背景展

三顾草庐图

开，在此黑暗、腐朽的社会状况下，必然会引起人民的反抗和斗争，随之发生了黄巾起义。在镇压黄巾起义的过程中，各地诸侯壮大了自己的势力。此时，皇宫又发生了内部斗争。何进大将军因武断被宦官杀害，袁绍因不满而杀宦官。董卓起兵占洛阳，废少帝，立献帝。以董卓为首联络的十八路诸侯皆反董卓。一时天下大乱，军阀各据一方，形成了连年混战的局面。各地诸侯在厮杀中决出雌雄，曹操、刘备、孙权三家脱颖而出，不断扩大势力范围。曹操“挟天子以令诸侯”，以汉献帝之名，发号施令，转战各方，统一了黄河流域，特别是官渡之战击败袁绍，终于控制了北方。曹操死后，其子曹丕废汉称帝，建立魏国，定都洛阳。刘备转战南北，在谋臣诸葛亮和战将关羽、张飞、赵云等人的辅佐下，统治势力先后从湖北发展到四川，建立了蜀汉政权。孙权继承其父孙坚、其兄孙策未尽的事业，占据长江中下游和江东富饶区城，建立吴国。魏、蜀、吴三国雄据一方，相互征杀，各不相让，形成三国鼎立的局面。但是，蜀汉领袖刘备在猇亭之战中败北，不久死去。蜀汉军师诸葛亮奉命于危难之际，首先安定西南地区，后又智取三城，与曹丕为首的魏国集团展开了艰巨而复杂的斗争。诸葛亮自受命辅佐刘禅以来，夜不能寐，为蜀汉政权的生存鞠躬尽瘁，毫无怨言，无奈力不从心，于五丈原病死。此时，魏国军队在邓艾、钟会的指挥下偷渡阴平，直达蜀军都城成都，蜀军大败，刘禅宣布投降，自此蜀汉灭亡。魏国大权被司马氏控制后，司马炎改弦更张，易魏为晋，开始举兵伐吴。王濬率晋军铁骑顺江东下，直捣石头城，吴帝孙皓投降，吴国灭亡。

诸葛亮舌战群儒

《三国志演义》巧妙地把百年历史融入其中，叙述描绘了上百个历史人物，大小战争近百次，既有驰骋战场的将领，又有舌战群儒的谋士。小说刻画了一批非常成功的人物形象，如羽扇纶巾的谋臣诸葛亮。诸葛亮，字孔明，本是一个身世寒微的乡下人。他闭门苦读，隐居隆中，刘备曾三顾茅庐将之引出，共商举国大计。他智聪多谋，能言善辩，巧计妙算，蜀国大军在他的指挥下，取得了一次次胜利。他受任于败军之际，奉命于危难之时，为蜀汉江山立下汗马功劳。无

论是在血肉横飞的战场，还是在运筹谋划的亭堂，他都潇洒自如，表现出“贤相”风采。

再如仁爱之君刘备，他一心报国，小说在“祭天地桃园结义”中，刘备、关羽、张飞的共同誓言是“上报国家，下安黎庶”。他秉承“民贵君轻”的思想，对民众广施“仁义”。在“刘玄德败走江陵”中，刘备携民渡江，在形势万分紧急的情况下仍不舍弃百姓，体现出其宽厚人格。在此人格力量的感召下，刘备聚集了众多英雄谋士——关羽、张飞、诸葛亮、赵云等等。刘备以忠厚长者的姿态对待他们，使他们忠心为其打天下。

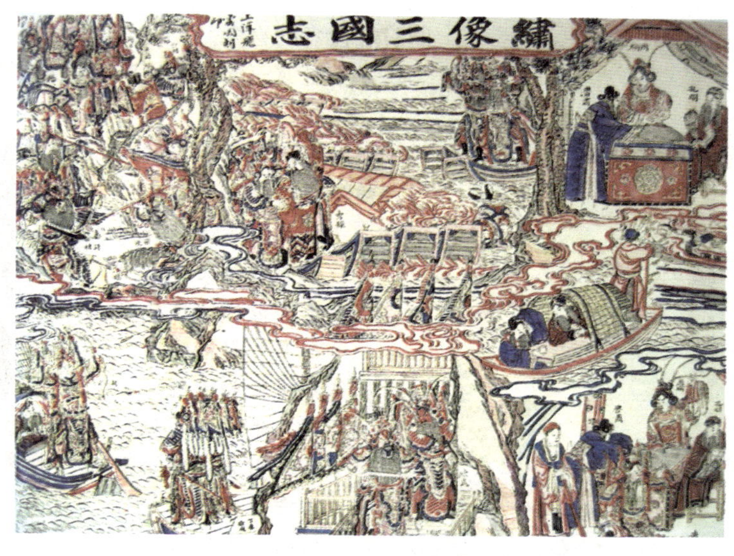

赤壁之战 桃花坞年画

再如被誉为“治世之能臣，乱世之奸雄”的曹操。他自幼机警聪明，喜观飞鹰走犬和歌舞吹弹。行刺董卓失败后，他逃到其父的结义兄弟吕伯奢家，因疑心太大，误杀吕伯奢全家。陈宫责怪他，他却说：“宁教我负天下人，休教天下人负我。”这充分暴露了其极端的私心。曹操还常滥杀无辜，如他命王垕用小斛分发军粮，引起士兵不满，他就以“盗窃官粮”罪杀死了王垕。再如曹操为防范别人行刺他，借梦把替其盖被的卫士杀死。还有借黄祖之手杀死祢衡，以扰乱军心的罪名杀死杨修。凡此种种，都反映了曹操奸诈、多疑、残忍的性格。当然，他又是一个“能安天下”的“命世之才”。他胸怀大志，具有政治家的雄才大略、过人胆识和英雄气概，被毛宗岗称为“古今奸雄中第一奇人”。

桃园结义

另外，《三国志演义》中还塑造了许多名将。如绝伦超群的关羽、鲁莽善良的张飞、武艺精湛的吕布等等。

《三国志演义》以刘备、曹操、孙权三个集团的矛盾为基本情节框架，叙述了三者之间复杂而又长久的斗争过程。在中国小说发展史上创造了三个“第一”：第一部长篇小说、第一部章回小说、第一部历史演义小说。在语言运用上，它“文不甚深，言不甚俗”，吸收了传记文学和说唱文学的成就，语言平易浅显，成为一部雅俗共赏的历史小说，长期深受不同阶层读者的喜爱。

以下是《三国志演义》部分精彩故事：

定三分隆中对

马跳檀溪

宴桃园豪杰三结义
张翼德怒鞭督邮
谋董贼孟德献刀
破关兵三英战吕布
王司徒巧使连环计
吕奉先射戟辕门
曹操煮酒论英雄
祢正平裸衣骂贼
屯土山关公约三事
汉寿侯五关斩六将
劫乌巢孟德烧粮
决漳河许攸献计
刘皇叔跃马过檀溪
刘玄德三顾草庐
定三分隆中决策
博望坡军师初用兵
诸葛亮火烧新野
赵子龙单骑救主
张翼德大闹长坂桥
诸葛亮舌战群儒
孔明用智激周瑜
群英会蒋干中计
用奇谋孔明借箭
献密计黄盖受刑
庞统巧授连环计
宴长江曹操赋诗
七星坛诸葛祭风
三江口周郎纵火
诸葛亮智算华容
关云长义释曹操
孔明一气周公瑾
诸葛亮智辞鲁肃
刘皇叔洞房续佳偶
玄德智激孙夫人

空城记

孔明挥泪斩马谡

孔明二气周公瑾
曹操大宴铜雀台
孔明三气周公瑾
柴桑口卧龙吊丧
赵云截江夺阿斗
关云长单刀赴会
关云长刮骨疗毒
关云长败走麦城
治风疾神医身死
兄逼弟曹植赋诗
急兄仇张飞遇害
陆逊营烧七百里
刘先主遗诏托孤儿
烧藤甲七擒孟获
马谡拒谏失街亭
武侯弹琴退仲达
孔明挥泪斩马谡
诸葛亮造木牛流马
司马懿诈病赚曹爽
姜维背水破大敌
姜维斗阵破邓艾
邓士载偷渡阴平
哭祖庙一王死孝
荐杜预老将献新谋
降孙皓三分归一统

刘皇叔洞房续佳偶

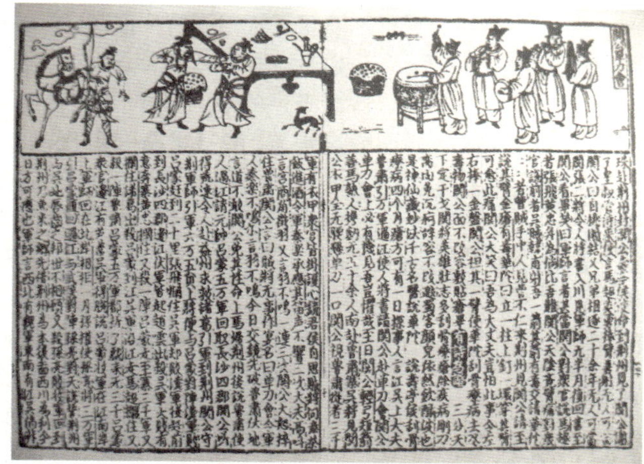

关公单刀会

借东风

火烧长乐宫，三英战吕布

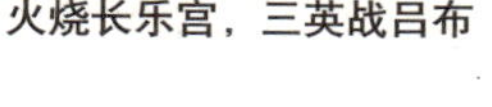

二、英雄传奇《水浒传》

《水浒传》是以北宋末年宋江等农民起义为题材的英雄传奇小说。与《三国志演义》相似，它也是在民间长期流传的基础上，根据不同素材加工完成的一部长篇小说。

早在南宋，水浒故事就在民间广为流传，南宋罗烨《醉翁谈录》中已有“朴刀类青面兽”、“杆棒类花和尚、武行者”等，很显然是有关水浒故事的回目。宋末元初，画家龚开的《宋江三十六人赞》，对水浒中36人的姓名和绰号有完整详细的记录。到了元代，元杂剧中有关“水浒”的故事颇多，500多种剧本中有25种是“水浒”戏，可惜现存仅有6种。杂剧人物涉及到李逵、武松、鲁智深、燕青，尤其以李逵的戏为最多。并且，有的元杂剧中宋江已经与梁山结合，“寨名水浒，泊号梁山”，梁山泊有“纵横港汊一千条，周围方圆八百里”。所叙故事已很接近《水浒传》的雏形。元代《大宋宣和遗事》所记载的水浒故事，已展示了《水浒传》的原始风貌，是现传讲说水浒故事的最早话本。故事中人物有36人，起于杨志押运花石纲，终于宋江受招安征方腊，其中叙有杨志卖刀、晁盖智劫生辰纲和宋江杀阎婆惜等情节。故事已初具《水浒传》的规模。

风流天子宋徽宗访名妓李师师　明崇祯刊本

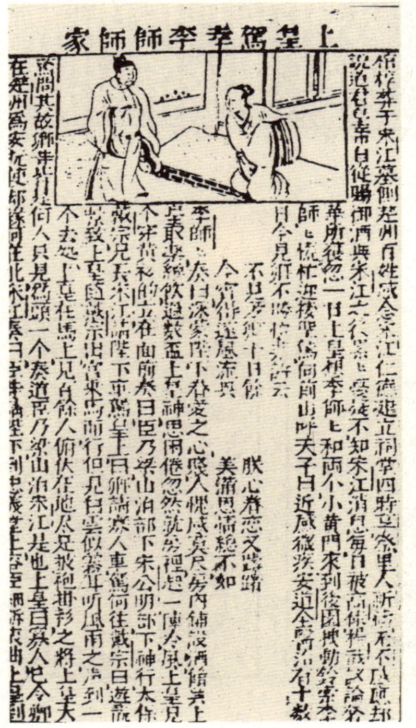

施耐庵在研究民间传说、宋元话本和元杂剧的基础上，创作了具有史诗性的英雄传奇小说《水浒传》。它成书于元末明初。至于《水浒传》的作者施耐庵，现存其生平材料很少，传说他与《三国志演义》的作者罗贯中是同时代人。

现在书市上比较流行的《水浒传》，已非施耐庵作品的原貌了。《水浒传》各种系统的版本都经过后人不同程度的加工和修改，比较常见的版本有七十一回本、一百二回本、一百回本三种。明万历刻本《忠义水浒传》一百卷一百回，一般认为是最接近《水浒传》的祖本。百回本一般有四个段落组成：第一段逼上梁山，第二段接受招安，第三段征辽，第四段征方腊。七十一回本是明末清初金圣叹腰斩百回本而形成的。金圣叹把百回本第二段落以后的内容全部删去，在第七十回英雄排座次之后增加了卢俊义惊噩梦、一百零八将被一网打尽等情节。一百二回本是在百回本的第三段落与第四段落之间增添了征田虎、征王庆等二十回故事。现在较为流行的版本是人民文学出版社出版的百回本《水浒全传》。

《水浒传》的开篇并没有先写英雄人物，而是以“张天师祈禳瘟疫，洪太尉误走妖魔”为始，先写高俅因踢得一脚好球而发迹，以表明“乱自上作”，再步步展开故事情节，反映了北宋末年统治阶级的黑暗与腐朽，被剥削、被压迫的劳动人民不堪重负，被迫起义反抗的过程，成功地塑造了起义英雄的群像。

智取生辰纲

林冲原是八十万禁军枪棒教头，虽也有“屈沉在小人之下”的感叹，但由于自己所处地位并不低，又有一个幸福美满的家庭，所以一直安于现状，不愿背叛朝廷。然而最终却被逼上梁山。林冲的上司高太尉的义子高衙内在林冲携妻子去岳庙烧香还愿途中调戏其妻，后又设下毒计，以擅闯白虎节堂行刺罪名将他刺配沧州。高衙内又命解差在野猪林行刺林冲，幸被侠客鲁智深所救。高太尉还派人要把林冲烧死在草料场，林冲于风雪之夜再也不能忍耐，在山神庙把陆虞侯等三人杀死，最后在家破人亡、无路可投之际，被逼上梁山。林冲人物性格的转换，深刻地揭示了官逼民反、民不得不反的社会现实。

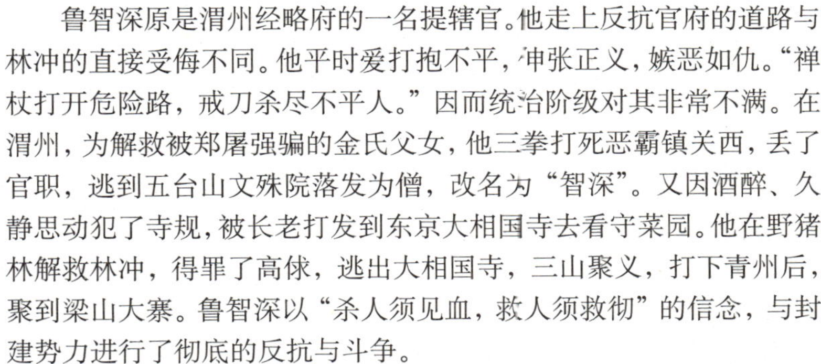

鲁智深原是渭州经略府的一名提辖官。他走上反抗官府的道路与林冲的直接受侮不同。他平时爱打抱不平，伸张正义，嫉恶如仇。“禅杖打开危险路，戒刀杀尽不平人。”因而统治阶级对其非常不满。在渭州，为解救被郑屠强骗的金氏父女，他三拳打死恶霸镇关西，丢了官职，逃到五台山文殊院落发为僧，改名为“智深”。又因酒醉、久静思动犯了寺规，被长老打发到东京大相国寺去看守菜园。他在野猪林解救林冲，得罪了高俅，逃出大相国寺，三山聚义，打下青州后，聚到梁山大寨。鲁智深以“杀人须见血，救人须救彻”的信念，与封建势力进行了彻底的反抗与斗争。

林冲

水浒英雄中，给人以深刻印象的要属黑旋风李逵。李逵生性率直，是戴宗手下的一名小牢子。他一生中最求“义”字，专打抱不平，哪有不平事，他便抡起两把板斧砍杀不平。他劫法场救宋江，是因宋江讲“义”，宋江一旦失“义”，他也会反对宋江。他的率直性格容不得半点欺骗，其天真可爱妙不可言。

宋江原是郓城县一个小押司，出身富裕乡绅家庭。他身为统治阶级的官员，却不与之同流合污，总是同情那些被压迫、被剥削的人们。在这种思想意识的支配下，常常与不公道的社会产生冲突，在激烈的矛盾斗争中萌发出强烈的反抗意识。当朝廷下令捉拿晁盖等人时，他视晁盖为心腹弟兄，于是不畏牵连，给晁盖通风报信，表现出他对官

鲁智深拳打镇关西

府的反叛。当然，宋江讲“义”，又有顺服封建官府的一面，在刺配江州路上，他从忠孝观念出发，拒绝了晁盖的援救。宋江历经千曲百折走上梁山后，还是“权借水泊暂时避难”，只待日后朝廷招安。他的封建忠孝观念与反抗精神时时产生矛盾冲突，最终忠孝观念支配了其行动，致使他断送了梁山泊英雄事业。

《水浒传》中塑造的人物远远不止这些，小说题名“水浒传”，顾名思义，就是要为梁山泊英雄作传。所以，《水浒传》用类似“串葫芦”的写法，将一百零八将贯穿起来，构成一部反映受压迫的人们反抗封建统治的英雄传奇小说。

以下是一百单八将英雄谱：

姓　名	绰　号
宋　江	及时雨
卢俊义	玉麒麟
吴　用	智多星
公孙胜	入云龙
关　胜	大刀手
林　冲	豹子头
秦　明	霹雳火
呼延灼	双鞭手
花　荣	小李广
柴　进	小旋风
李　应	扑天雕
朱　仝	美髯公
鲁智深	花和尚
武　松	行　者
董　平	双枪将
张　清	没羽箭
杨　志	青面兽
徐　宁	金枪手
索　超	急先锋
戴　宗	神行太保
刘　唐	赤发鬼
李　逵	黑旋风
史　进	九纹龙

宋江、戴宗

穆　弘　　没遮拦
雷　横　　插翅虎
李　俊　　混江龙
阮小二　　立地太岁
张　横　　船火儿
阮小五　　短命二郎
张　顺　　浪里白条
阮小七　　活阎罗
杨　雄　　病关索
石　秀　　拼命三郎
解　珍　　两头蛇
解　宝　　双尾蝎
燕　青　　浪　子
朱　武　　神机军师
黄　信　　镇三山
孙　立　　病尉迟
宣　赞　　丑郡马
郝思文　　井木犴
韩　滔　　百胜将
彭　玘　　天目将
单廷珪　　圣水将
魏定国　　神火将
萧　让　　圣手书生
裴　宣　　铁面孔目
欧　鹏　　摩云金翅
邓　飞　　火眼狻猊
燕　顺　　锦毛虎
杨　林　　锦豹子
凌　振　　轰天雷
蒋　敬　　神算子
吕　方　　小温侯
郭　盛　　赛仁贵
安道全　　神医
皇甫端　　紫髯伯
王　英　　矮脚虎
扈三娘　　一丈青
鲍　旭　　丧门神

鲁智深倒拔垂杨柳

宋江　水浒叶子（一种酒令牌子）　明·陈洪绶

卢俊义、花荣

单身劫法场

呼延灼

薛永、杜迁

张青、孙二娘

樊　瑞　　混世魔王
孔　明　　毛头星
孔　亮　　独火星
项　充　　八臂哪吒
李　衮　　飞天大圣
金大坚　　玉臂匠
马　麟　　铁笛仙
童　威　　出洞蛟
童　猛　　翻江蜃
孟　康　　玉幡竿
侯　健　　通臂猿
陈　达　　跳涧虎
杨　春　　白花蛇
郑天寿　　白面郎君
陶宗旺　　九尾鱼
宋　清　　铁扇子
乐　和　　铁叫子
龚　旺　　花项虎
丁得孙　　中箭虎
穆　春　　小遮拦
曹　正　　操刀鬼
宋　万　　云里金刚
杜　迁　　摸着天
薛　永　　病大虫
施　恩　　金眼彪
周　通　　小霸王
李　忠　　打虎将
杜　兴　　鬼脸儿
汤　隆　　金钱豹子
邹　润　　独角龙
邹　渊　　出林龙
朱　富　　笑面虎
朱　贵　　旱地忽律
蔡　福　　铁臂膊
蔡　庆　　一枝花
李　立　　催命判官
李　云　　青眼虎

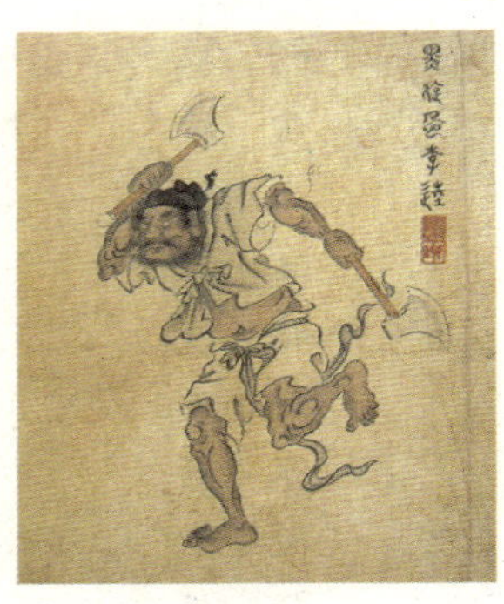
李逵

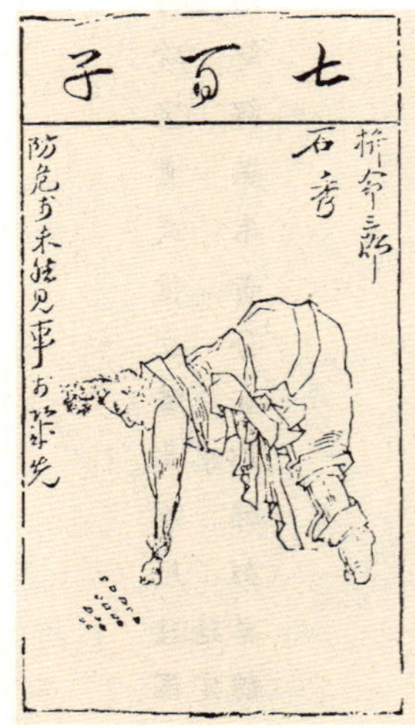

石秀

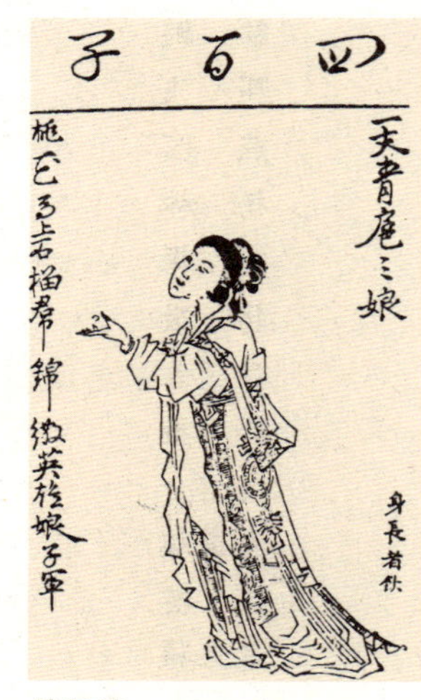

扈三娘

焦　挺　　没面目
石　勇　　石将军
孙　新　　小尉迟
顾大嫂　　母大虫
张　青　　菜园子
孙二娘　　母夜叉
王定六　　活闪婆
郁保四　　险道神
白　胜　　白日鼠
时　迁　　鼓上蚤
段景住　　金毛犬

三打祝家庄　清苏州年画

三、神魔小说《西游记》

神魔小说《西游记》是继历史小说《三国演义》和英雄传奇《水浒传》之后，又一部在民间流传故事的基础上经作家创作的长篇小说。《西游记》成书于明万历年间（1573—1620），小说取材于唐僧西天取经的故事。

唐代慈恩宗的创始人、佛教翻译家玄奘（602—664）克服种种困难，历经17载，跋涉数万里，终于从天竺国（印度）取回佛经600多部。玄奘及门徒先后写了《大唐西域记》和《大唐大慈恩寺三藏法师传》两书，详细叙述了玄奘西域取经的经过。书中穿插了一些西域诸国的神奇风俗，使其带有较多的传奇性和神秘性。如西女国生男不举，迦湿罗国“灭坏佛法”等，给后来吴承恩创作《西游记》以许多启发。

宋代话本《大唐三藏取经诗话》开始把各种神话传说与取经故事联系起来，是西游故事见于文字的最早雏形。书中出现一个猴行者形象，取代玄奘而成为故事中的主角。他原是“花果山紫云洞八万四千铜头铁额弥猴王”，化身为白衣秀士，主动作为玄奘取经的保护者。一路经过树人国、鬼子母国、女人国、沉香国、波罗国、优钵罗国、竺国、盘律国等，历经千

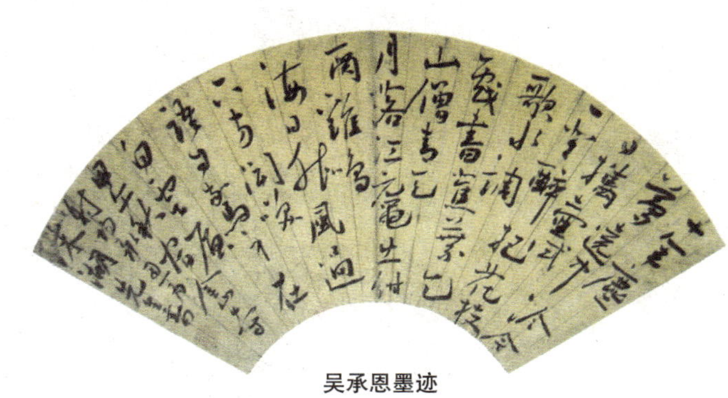

吴承恩墨迹

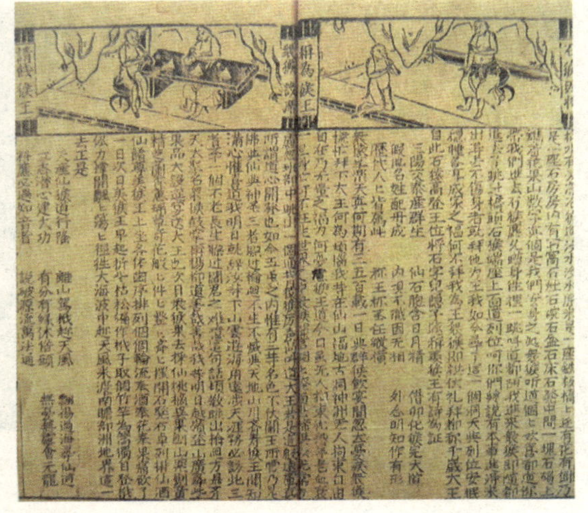

《西游记》 明万历刻本

难万险，使玄奘取经成功。此话本是取经故事中的主角由玄奘变为猴行者的开端，而猪八戒还未出现，但出现了一个深沙神，由此演变下去，便是《西游记》中的沙和尚。元代磁州窑的“唐僧取经枕”，已有唐僧、孙悟空、猪八戒、沙僧四人形象，可见取经故事此时已成定型。

吴承恩在前人创作的基础上，又融入许多情节，冲淡了取经故事中原有的浓厚宗教色彩，把孙悟空创作成全书最突出的核心人物，将人们熟知的神话人物、神话故事与取经故事有机地结合起来，使取经故事变得更加丰富多彩。经吴承恩的加工，《西游记》成为中国神话小说中最优秀的作品。吴承恩是取经故事的最后完成者。

吴承恩（约1500—约1582），字汝忠，号射阳山人，山阳（今江苏淮安）人。他的曾祖父、祖父两世相继为学官，而其父却是一个好读书而不善于经营的小商人。吴承恩受家庭熏陶，自幼聪明多慧，勤学于书，可是在科举上却不得志，直到40多岁才得了一个“岁贡生”。此时，家道已贫困不堪，加上仕途的坎坷，吴承恩逐渐对现实不满。到60多岁时做过浙江长兴县丞，又因不满当时官场腐败，不久便辞官归乡。后又任荆王府“纪善”之职，虽属王府长史司（正八品），但实为闲员。大量的空闲时间为吴承恩创作《西游记》提供了有利条件，其间他完成了《西游记》的创作。

官封弼马温 康熙石印本插图

吴承恩以浪漫主义手法创作《西游记》，用虚幻的方式描绘一个神魔世界，但是在这个世界生活的鬼神妖怪都具有人性，神魔世界的种种冲突蕴含了较多的社会现实冲突，因此，许多故事可视为现实生活的翻版，曲折地反映了明代的社会现实。尤其是天宫的玉皇大帝与他的臣子们，其贪婪、虚伪、专横和腐败简直就是现实社会中朝廷的君臣的翻版。唐僧西天取经路上遇到的妖魔鬼怪，可视为现实生活中地方恶势力的象征。作者对宗教进行了讽刺与嘲弄，如来佛被嘲笑为妖怪的外甥，西方佛国竟以取真经敲诈勒索。小说描述孙悟空西天取经一路上横扫各类妖魔的斗争，实为作者对明代社会的斗争与批判。

《西游记》共一百回，其故事情节由三大段落组成。前七回用较长篇幅描绘孙悟空的来历。第八回至第十二

回叙述唐僧的来历及西天取经的原因。第十三回至第一百回，写取经的艰难历程以及东返成正果。

悟空投拜，三藏取名

《西游记》以孙悟空“大闹天宫”开始，突出了孙悟空的人物性格和他的叛逆反抗精神。孙悟空本是仙石中崩裂出来的石猴，无父无母，他占据花果山，率群猴过着“不伏麒麟辖，不伏凤凰管，又不伏人间王位所拘束”的自由自在的生活。后拜菩提祖师为师，学得七十二变本领；继而大闹龙宫，取来大禹治水时测定江海深浅的神铁，搅得翻江倒海；后又独闯地府，将阎王老儿踢到一边，一笔勾销了猴类生死簿，从此超脱生死。玉皇大帝害怕他威胁到自己，改降服为招安，封他做“弼马温”。后来孙悟空识破骗局，又竖起“齐天大圣”之旗，玉皇大帝调来天兵天将擒拿孙悟空，结果被悟空打得落花流水。玉皇大帝又调来二郎神，在各路神仙的协助下，把悟空捉住，将他投入太上老君的八卦炉中，悟空反而炼出火眼金睛，他冲出八卦炉，说玉皇大帝：“他虽年劫修长，也不应久占在此。常言道：‘皇帝轮流做，明年到我家。’只教他搬出去，将天宫让与我，便罢了；若还不让，定要搅攘，永不清平！”最终，孙悟空逃不出如来佛祖的掌心，被压在五行山下。后来被唐僧救出，同往西天取经。在取经路上，师徒四人共历八十一难，在种种困难和挫折面前，悟空始终保持机智灵敏的头脑和坚强不屈的精神。三打白骨精、大战红孩儿、决战小雷音等故事都反映出孙悟空至死不屈的斗争精神。

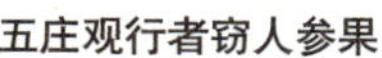
五庄观行者窃人参果

猪八戒是《西游记》中人们熟悉的人物，也是吴承恩塑造得较好的人物形象。猪八戒也曾有过辉煌的历史，也曾相貌堂堂，只因酒后调戏广寒宫仙女嫦娥，这位天蓬大元帅被贬下天宫，错投猪胎，形成长鼻大耳、膀阔腰圆的类似猪的形体，性格上也像猪，嘴馋贪睡，思维简单笨憨，性情却温和朴实。最值得注意的是，猪八戒一生时刻没忘记做女婿，他平时积聚一些私房钱，很想经营一个小家庭，所以当取经路上遇到困难时，不时地要散伙回高老庄。作家塑造的猪八戒形象又不乏诙谐幽默的一面，有时类似一种善意的嘲弄，在幽默风趣中显出朴实。如孙悟空、沙和尚、猪八戒在五庄观偷吃了镇元大仙的人参果，被镇元大仙追问起来，他立即回答说：

唐三藏

“我老实。不晓得，不曾见。”猪八戒可笑又可爱的形象跃然纸上。

吴承恩用浪漫主义手法创作《西游记》，塑造了一系列个性鲜明的人物形象，给读者留下深刻的印象。《西游记》故事几百年来一直广为流传，经久不衰，无不与个性鲜明的人物形象有关。但《西游记》毕竟是一部取材于宗教故事的神魔小说，仍无法摆脱宿命论和因果报应等说教。

以下是贯穿《西游记》前后的八十一难：

五行山下定心猿

金蝉遭贬第一难
出胎几杀第二难

满月抛江第三难
寻亲报冤第四难
出城逢虎第五难
折从落坑第六难
双叉岭上第七难
两界山头第八难
陡涧换马第九难
夜被火烧第十难
失却袈裟第十一难
收降八戒第十二难
黄风怪阻第十三难
请求灵吉第十四难
流沙难渡第十五难
收得沙僧第十六难
四圣显化第十七难
五庄观中第十八难
难活人参第十九难
贬退心猿第二十难
黑松林失散第二十一难

黄风怪

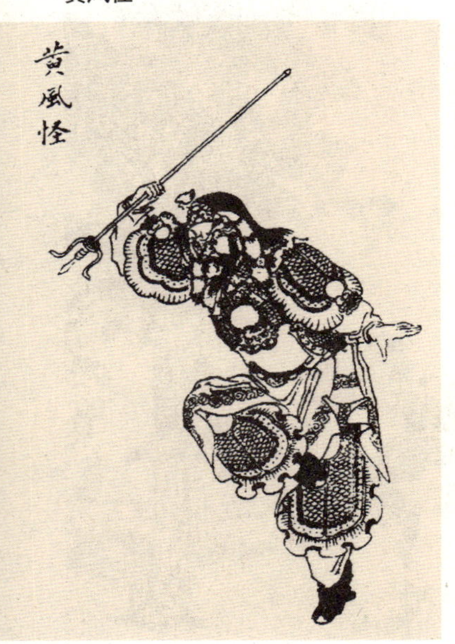

三调芭蕉扇

宝象国捎书第二十二难
金銮殿变虎第二十三难
平顶山逢魔第二十四难
莲花洞高悬第二十五难
乌鸡国救主第二十六难
被魔化身第二十七难
号山逢怪第二十八难
风摄圣僧第二十九难
心猿遭害第三十难
请圣降妖第三十一难
黑河沉没第三十二难
搬运车迟第三十三难
大赌输赢第三十四难
祛道兴僧第三十五难
路逢大水第三十六难
身落天河第三十七难
鱼篮现身第三十八难
金岘山遇怪第三十九难
普天神难伏第四十难
问佛根源第四十一难
吃水遭毒第四十二难
西梁国留婚第四十三难
琵琶洞受苦第四十四难
再贬心猿第四十五难
难辨猕猴第四十六难
路阻火焰山第四十七难
求取芭蕉扇第四十八难
收缚魔王第四十九难
赛城扫塔第五十难
取宝救僧第五十一难
棘林吟咏第五十二难
小雷音遇难第五十三难
诸天神遭困第五十四难
稀柿衕秽阻第五十五难
朱紫国行医第五十六难
拯救疲癃第五十七难
降妖取后第五十八难

八戒忘形

盘丝洞七情迷本

经回东土，五圣成真
《新说西游记图像》

七情迷本第五十九难
多目遭伤第六十难
路阻狮驼第六十一难
怪分三色第六十二难
城里遇灾第六十三难
请佛收魔第六十四难
比丘救子第六十五难
辨认真邪第六十六难
松林救怪第六十七难
僧房卧病第六十八难
无底洞遭困第六十九难
灭法国难行第七十难
隐雾山遇魔第七十一难
凤仙郡求雨第七十二难
失落兵器第七十三难
会庆钉钯第七十四难
竹节山遭难第七十五难
玄英洞受苦第七十六难
赶捉犀牛第七十七难
天竺招婚第七十八难
铜台府监禁第七十九难
凌云渡脱胎第八十难
通天河遇鼋第八十一难

《三遂平妖传》插图 明万历刊本

四、世情小说《金瓶梅》及其他

从明嘉靖始，小说出版之风盛行起来。除了前面介绍的《西游记》之外，还有《唐书志传通俗演义》、《北宋志传》、《杨家府演义》、《列国志传》、《封神演义》、《三宝太监下西洋通俗演义》、《三遂平妖传》等。

杨家将故事在民间广为流传。据考证，杨继业、杨延昭及杨文广在历史上确有其人，他们精忠报国的赤子之心激励着一代代爱国志士。熊大木的《北宋志传》记录了北宋末年杨家将抗击契丹入侵的故事，其中有杨令公撞死李陵碑下、杨六郎镇

三关、大破天门阵、十二寡妇征西等，其基本情节与后来的《杨家府演义》相一致。但《杨家府演义》已是一部专写杨家将的英雄传奇小说。

十二寡妇征西

《杨家府演义》全称为《杨家府世代忠勇演义志传》，共8卷，作者不详。故事从“宋太祖受禅登基”写起，以宋神宗时杨怀玉退隐太行山为尾，前后共经历一百多年，叙述了杨继业、杨延昭、杨宗保、杨文广、杨怀玉杨家五代将领英勇杀敌、精忠报国的事迹。小说重点塑造了杨六郎（延昭）、杨宗保父子的形象。杨六郎久经杀场，屡得赫赫战功，始终以保卫国家安全为已任，虽因奸臣当道，屡遭陷害，但终不改报国之志。杨六郎之子杨宗保自幼练得一身好武艺，13岁便随父出征，14岁大破天门阵，一生身经百战，保家卫国。杨宗保之妻穆桂英也是《杨家府演义》重点塑造的女英雄形象。她原名木金花，是木阁寨主号定天王木羽的女儿，阵前自招杨宗保为夫，代夫出征，转战南北，堪称女中豪杰。50岁又挂帅出征，表现出强烈的爱国主义激情和顽强的斗争精神。穆桂英的故事还被改为戏剧，至今在民间广为传唱。

《杨家府演义》塑造了一大批爱国主义将士的形象，描写了杨家将抵御外族统治者入侵的可歌可泣的故事。但是由于艺术上有不足之处，影响了其流传的广泛性。

《封神演义》是继《西游记》之后又一部优秀的神魔小说。作者许仲琳，号钟山逸叟，南京应天府人。他以宋元讲史话本《武王伐纣平话》为基础，吸取众多民间传说之精华，并增加了一些虚构的内容，创作出这部百回长篇神魔小说。书中一方面假借历史事件，托古讽今，曲折反映了社会现实生活，另一方面又通过神魔斗法的描写，宣扬宿命论和“三教合一”的思想。

穆桂英大破天门阵　桃花坞年画

《封神演义》主要是用神魔化的手法演绎了商周两朝更迭的历史。它以纣王女娲宫进香，题了一首长诗，冒渎女神，神命令三妖惑乱纣王为始。第二回至第三十回以设炮烙、造虿盆、剖孕妇、敲骨髓等行为描述纣王的残暴。第三十一

西门庆与潘金莲酒后调情，王婆守门　明崇祯刊本

潘金莲私仆受辱

回至第六十六回描述商朝调遣各路兵马出兵讨伐西周的失败历程。第六十七回至第九十七回描述武王兴师讨伐纣王，联盟各方诸侯，最终推翻商朝。第九十八回至第一百回描述姜子牙封神，周武王分封诸侯，整部小说结束。从小说所反映的思想内容来看，作者的思想倾向性很明显，把纣王写成是暴政、邪恶和非正义的代表，周武王及姜子牙等诸侯臣僚，是仁政、善良和正义的化身。作者描述纣王与周武王之间种种复杂的斗争，实质上就是暴政与仁政、邪恶与善良、非正义与正义之间的较量。但是，《封神演义》总体上受宿命论支配，思想艺术上远不能与《三国志演义》、《水浒传》和《西游记》相比。《封神演义》用虚幻的手法描述战争，描述复杂的斗争场面，到处都充满道教的传说色彩。另外，人物形象塑造不够细腻，人物性格不够鲜明，都影响了它在社会上的广泛流传。

明代小说除历史演义小说、英雄传奇小说、神魔小说、公案小说之外，还出现了专门描写家庭生活的作品——世情小说。《金瓶梅》便是明代世情小说中最著名的一部，也是我国第一部描写家庭生活的长篇小说。不同于历史演义小说、英雄传奇小说和神魔小说，它直接从现实生活中摄取素材进行创作，作品中的人物也不再是超人或半超人的传奇人物，而是现实生活中真实存在的活生生的人。

《金瓶梅》的成书大约在明万历年间，最早的版本为万历四十五年（1617年）“东吴弄珠客”序的《金瓶梅词话》，此后又有天启年间（1621—1627）的《原本金瓶梅》。全书100回，作者为“兰陵笑笑生”，这是一个笔名，作者的生平事迹尚未有确切定论。

《金瓶梅》的整个故事是承《水浒传》“武松杀嫂”之情节推演而来。整部小说以土豪恶霸西门庆的发迹暴亡为中心，极为详细地描述了这个富商、官僚和恶霸三合一的西门庆的家庭淫乱生活，并且以此小环境为视角，向人们展示一个时代的生活图景以及腐朽黑暗的社会生活画卷。

小说重点塑造了西门庆的官商加恶霸形象。西门庆早先是山东清河县一个开生药铺的小药商，生性放荡，不思进取，但善于勾结官府，拉帮结派，形成强有力的

地方势力。他第一个妻子死后，又续娶吴月娘，娶妓女李娇儿、卓二姐，霸占丫头孙雪娥，还要了富商的遗孀孟玉楼，又先奸后娶了潘金莲和李瓶儿。西门庆的色欲与其权势和财富的增长是分不开的。他与蔡太师认了父子关系，随即做了本县的提刑千户，并利用特权，大肆贪污受贿，买通官府，借官发财，借财升官，其权财越滚越大，以满足其色欲的需求。多行不义必自毙，最终西门庆因纵欲而暴亡。

《金瓶梅》在中国古代小说史上，开创了世情小说的先河。它通过个别的人物形象，揭露社会的黑暗与腐朽。作品以潘金莲、李瓶儿、庞春梅这三个放纵情欲的女人名中的一个字为题名，很显然带有强烈的批判寓意。但是，作者仅仅把一切社会问题归结于人性的贪欲与私心，没有认识到产生腐败现象的社会根源，这也是作品的局限性所在。《金瓶梅》促进了中国世情小说的发展，其后如《续金瓶梅》、《玉娇梨》、《平山冷燕》、《好逑传》、《红楼梦》等都不同程度地受到了《金瓶梅》的影响。

《喻世明言》插图

五、白话短篇小说“三言”、“二拍”

中国最早的白话短篇小说是宋代供说书艺人讲说的话本。到了明代，随着城市经济的迅速发展和人们对精神生活需求的不断增长，加之印刷业的进步，为白话短篇小说的传播和发展提供了良机。许多文人不仅整理出版宋元话本，而且还模拟话本进行创作，出现了供案头阅读的“拟话本”。白话短篇小说以其短小的形式、丰富的内容、对下层劳动人民的成功描述等特点，深得百姓喜爱。中国最早的白话短篇小说集是嘉靖年间由清平山堂主洪楩编辑的《清平山堂话本》，共收宋元明话本60篇。天启、崇祯两朝，白话短篇小说的创作和出版出现了高潮。其中的代表作品有冯梦龙的“三言”和凌濛初的“二拍”。

冯梦龙（1574—1646），字犹龙，别号龙子犹，江苏长洲（今江苏苏州）人。他少有才气，聪慧睿智。当时，其兄冯梦桂以画著名，其弟冯梦熊以诗著名，三人并称“吴下三冯”。但是，冯梦龙一生不得志，科举屡试屡败，57岁才补了一名贡生，年过花甲才做了四年的福建寿宁知县。他一生酷爱读书，尤其喜好民歌、小说、戏曲等通俗文学，曾编辑刊印了“三言”和《挂枝儿》、《山歌》等民歌专辑，创作了《双雄记》和《万事足》两种剧本，增补、修改过长篇小说《东

杜十娘怒沉百宝箱

周列国志》、《平妖传》等。他思想上推崇李贽之学，主张个性解放，同时又关心国家时事，任寿宁知县时，曾上书陈述国家衰败的原因。清兵入关时，他多次组织抗清宣传，最后忧愤而亡。

“三言”是冯梦龙选编整理刊行的《喻世明言》(1624年刊行)、《警世通言》(1624年刊行)、《醒世恒言》(1627年刊行)三部白话短篇小说集的简称。每部短篇小说集各40篇，共122篇。主要是宋元话本和明代文人的拟话本。

“三言”中的明代作品对现实社会生活进行了广泛的描述，涉及到政治、经济、文化、社会生活等诸方面，尤以描述婚姻爱情的作品居多，也最成功。这类作品描述了被压迫妇女对美好爱情与婚姻的追求与向往，揭露了封建礼教及封建制度的罪恶，歌颂了她们善良、纯洁和刚强不屈的品德。如《杜十娘怒沉百宝箱》是此类作品中最优秀的一篇。杜十娘是京城的“教坊名姬”，时年19岁，却已度过了七年的卖笑生涯。她为摆脱悲惨的境地，迫切要求“从良”。她遇到了在北京国子监上学的李甲，李甲的诚实善良打动了杜十娘的心。但李甲整日与杜十娘在一起，积蓄很快用完，杜十娘用计赎身，终于跳出火坑，携百宝箱随李甲坐船自京城返乡。李甲深惧父亲严于礼教，自己在京城学而未成，今又携妓归家，必遭父亲的痛骂与反对。此时，邻舟的富家子弟孙富早已对杜十娘的美貌垂涎三尺，孙富提出用一千两银子来交换杜十娘，李甲竟答应其要求。杜十娘在痛骂李甲之后，悔恨自己认错了人，就抱持百宝匣，投身于滚滚的波涛之中，用自己的生命，控诉了黑暗的封建礼教制度，表明了她对美好婚姻生活的向往。再如《卖油郎独占花魁》描述了卖油郎秦重与花魁娘子莘瑶琴不平凡的恋情。小说写卖油郎秦重被莘瑶琴的容貌所吸引，积攒银钱去会“花魁娘子”。莘瑶琴开始对秦重持厌恶态度，但秦重对她却毕恭毕敬，终以诚恳的态度感动了她。但是，莘瑶琴受等级观念的束缚，不愿立刻向秦重倾吐衷肠。后经几多周折，“花魁娘子”才真正感到秦重“知心知意”，是个“志诚君子”，于是主动提出嫁给这位卖油郎。

“三言”中还有部分作品揭露了封建社会的黑暗、礼教的虚伪以及人民对封建制度的反抗。如《沈小霞相会出师表》就是直接反映明代统治阶级内部斗争的作品。它描述的是明代奸相严嵩父子专权时，打击异己，进行政治压迫的无数冤案中的一件。作品写沈炼倾慕孔明

的人格，手录《出师表》熟诵。他不满奸臣严嵩父子的倒行逆施，不顾生命危险，书写了严嵩父子招权纳贿、欺君误国的十大罪状，随之引出沈炼家破人亡的一系列悲惨事件。其子沈小霞藏在沈炼的好友冯主事家中。八年后，严嵩父子倒台，沈炼得以平反昭雪。沈小霞以《出师表》为信物，才得以与家人相聚。

“三言”主要是冯梦龙将宋元话本、明代拟话本编辑而成，很少有冯梦龙的个人创作，比“三言”稍后的“二拍”，则全是凌濛初个人创作的拟话本。

凌濛初像

“二拍”是《初刻拍案惊奇》与《二刻拍案惊奇》的简称。“初刻”和“二刻”均为40卷，每卷一篇。由于“二刻”第23卷《大姊魂游完宿愿，小姨病起续前缘》与“初刻”重复，第40卷《宋公明闹元宵》为杂剧，因此，“二拍”共包括小说78篇。“二拍”刊于崇祯年间。

“二拍”的作者凌濛初（1580—1644），字玄房，号初成，别号空观主人。浙江乌程（今浙江吴兴）人，曾任上海县丞，后擢升徐州通判。同冯梦龙相似，他一生酷爱民间通俗文学，著有杂剧《虬髯翁》，编有戏曲、散曲集《南音三籁》等。

“二拍”中大部分作品描述了明代比较尖锐的社会问题，如揭露科举制度的黑暗、官僚制度的腐败、贫富不均、不合理的婚姻制度等。同“三言”相比，“二拍”受凌濛初庸俗的世界观的影响，作品内容带有较多的封建说教、宿命论观点以及色情描写。如《任君恣乐深闺》、《乔兑换胡子宣淫》、《夺风情村妇捐躯》、《何道士因术成奸》等作品，均属此类。

转运汉遇巧洞庭红

当然，“二拍”中也有部分作品拓展了“三言”的题材范围，凌濛初以小说形式描写了明中叶以后商业的发展和资本主义生产关系的萌芽。如《转运汉巧遇洞庭红》，写一个临近破产的商人文若虚，随海外经商客船出海，意外变富的故事。《叠居奇程客得助》写徽州商人到关外经商的经历。这些篇章都突出了商人经商的情况，反映出主人公思想观念的变化。

“二拍”中有些公案小说和关于爱情婚姻的故事，也写得不错。如《青楼市探人踪》，描写一个残酷狠毒的杨巡道，在任时贪污受贿，被革职后，在家乡勾结盗匪，掳掠财物，揭露了明代社会官府的黑暗与腐朽。再如《宣徽院仕女秋千会》，歌颂了人间生死不渝的爱情，斥责了世态炎凉。

明末清初，抱瓮老人从“三言”、“二拍”中精选出

40篇小说，名为《今古奇观》，基本体现出“三言”、“二拍”的主要精神，概括了宋、元、明话本和拟话本的艺术成就，在民间广为流传。

六、明代戏曲

明代戏曲包括杂剧和传奇。明代是杂剧的衰落期，尽管这样，明代的杂剧作家和作品数量仍很可观。明初以皇子皇孙朱权和朱有燉最负盛名，明中叶以后的杂剧作品对社会的批判力度增强，影射现实的讽刺寓言剧增多，剧作家徐渭的成就最高。

徐渭（1521—1593），字文长，号天池山人，别号青藤居士，山阴（今浙江绍兴）人。为人性情耿直，愤世嫉俗。屡应乡试不第，境遇坎坷，晚年以卖画为生。徐渭诗文书画俱精，他早年所著《南词叙录》，是中国戏曲史上第一部研究南戏的专著。他的代表剧作是《四声猿》，包括《狂鼓史》、《玉禅师》、《雌木兰》和《女状元》四个杂剧剧本。

《狂鼓史》写祢衡在冥间应判官之请，与曹操重演击鼓骂曹之事，痛斥曹操生前害贤良、霸朝纲等一系列罪行。作者在此以曹操影射严嵩，以祢衡为当时忠直之士和自己的代言人，情感激烈，痛快淋漓，表露了作者对当时权奸的愤慨。《玉禅师》写玉通和尚因生前被府尹陷害，死后投胎报复的故事，后来终经师兄点化而归西天。剧本揭露了官府和佛门的矛盾，也宣扬了因果轮回的观念。《雌木兰》通过写木兰替父从军的故事，歌颂了木兰的爱国精神和过人胆识，对男尊女卑观念提出了挑战，体现了男女平等的思想。《女状元》写黄春桃女扮男装考中状元，并巧妙审案的故事，最后写道：“世间好事属何人？不在男儿在女子。”同样表现了女子不逊于男子的思想。与明初的神仙道化和风花雪月剧不同，《四声猿》具有明显的进步思想，作品语言本色，兼用南北曲，艺术上取得了较高的成就。徐渭还有一部《歌代啸》，约是其晚年所作，这是一部杰出的滑稽喜剧。写李和尚偷走张和尚的帽子，与他人妻子私通，还冒充牙医招摇撞骗，州官接到报案后却抓了张和尚。州官太太后堂纵火，百姓奋力救火，却被定罪，并下令以后不许点灯。种种荒诞情节、夸张滑稽的人物行为，貌似插科打诨，热闹非凡，在其中却深寓着作者愤

《狂鼓史》插图

世悯时之痛，具有深刻的思想内容。其中“张冠李戴”、“只许州官放火，不许百姓点灯”等谚语作为讽刺用语也流传开来。剧作曲词通俗活泼，宾白也自然流畅，体制灵活，确是明代滑稽剧中的杰出之作。

明传奇是在宋元南戏基础上，汲取杂剧之营养而逐渐发展起来的。明传奇的发展与繁荣为明代戏曲艺术开辟出了一片新天地。明初的传奇实际上就指南戏，南戏的演出在当时的民间很盛行。明初传奇大多宣扬封建伦理道德，说教意味相当浓厚。苏复之的《金印记》、姚茂良的《精忠记》、《双忠记》都是谈忠讲孝的作品。邱濬的《五伦全备记》和邵璨的《香囊记》则是这方面的代表作。

梁辰鱼像

自嘉靖始，传奇制作进入兴盛时期。有“三大传奇”之称的李开先的《宝剑记》、梁辰鱼的《浣纱记》、王世贞的《鸣凤记》便在此期出现。李开先（1502—1568），字伯华，山东章丘人。他所作传奇今存《宝剑记》、《断发记》两种。《宝剑记》写林冲被逼上梁山的故事，较之《水浒传》，其主旨、故事情节都有了很大变化。林冲与高俅之间的私仇在传奇中被改写成林冲两次上本弹劾高俅、童贯两大奸臣而招致祸端，他勇敢地同这一邪恶势力进行了不屈不挠的斗争。李开先借此剧抒写出自己对社会现状的强烈愤慨和不满。剧中唱词典雅精美，抒情气息浓厚。

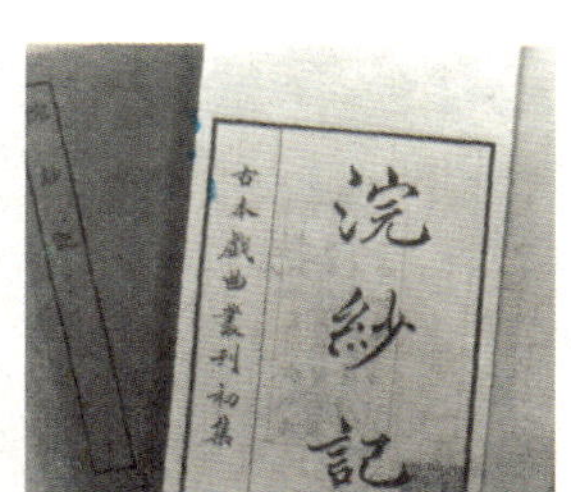

《浣纱记》

到明中叶，在众多的地方声腔中，四大声腔——余姚腔、海盐腔、弋阳腔、昆山腔脱颖而出。嘉靖中后期，以魏良辅为首的一大批艺术家投入到了对昆山腔的改革之中，使昆山腔集南北各种声腔之所长，艺术表现力有了很大提高。因此，昆腔便很快占据了主导地位，成为声势最大的一种声腔。魏良辅的学生梁辰鱼所创作的《浣纱记》被认为是第一部用改革后的昆腔表演的传奇剧。梁辰鱼（1519—1591），字伯龙，昆山（今属江苏）人。他的《浣纱记》取材于《吴越春秋》，此剧借范蠡与西施悲欢离合的爱情故事，措绘了春秋时期吴越两国的兴亡历程。因西施与范蠡最初以一束浣纱为定情信物，故称《浣纱记》。《浣纱记》结构完整，故事性强，剧中所透射出的浓厚的悲剧况味极具穿透力，能紧紧攫住观众的心。作品中融入了作者对国家命运的深切忧虑及对历史变迁的深刻思索。

相传作者为王世贞（1526—1590）的《鸣凤记》描绘了杨继盛、董传策等人与权臣奸相严嵩父子之间的斗争故事。该剧矛盾冲突激烈，人物性格鲜明，是又一部较有影响的昆腔传奇。以时事入戏，将政治悲剧再现，是这部传奇最显著的特色。其后，出现了一大批以反严嵩为表现内容的传奇。

明万历至崇祯年间（1573—1644）是传奇创作的高潮期。此期所出现的数百种传奇多是典雅的昆腔作品。此期出现了明传奇作家中成就和影响最大的汤显祖。他的“临川四梦”(《牡丹亭》、《邯郸记》、《南柯记》、《紫钗记》)将戏剧创作推向高潮。而以汤显祖为首的临川派和以沈璟为首的吴江派，在戏曲理论与创作上的争鸣，加深了人们对于戏曲的认识，促进了戏曲的繁荣。

汤显祖像

汤显祖（1550—1616)，字义仍，号海若，又号若士，别署清远道人，晚年号茧翁，江西临川人。他出身书香门第，早年便因文出名。其祖父喜道，故少年时代的汤显祖受道教思想影响较大，12岁师从理学家罗汝芳。罗汝芳是泰州学派创始人王艮的三传弟子，是李贽“童心”思想的继承者，汤显祖追求个性解放、自由的思想即源于此。21岁时，首辅张居正想让他的儿子和汤显祖交往，然后让他们一起中举，一遮耳目。汤显祖却拒绝与他们交往，几次考进士都未中，直到张居正去世第二年，即汤显祖34岁时才中进士。他不理会权贵的拉拢，仅做了南京太常博士，后又改任没有实权的官职。万历十九年(1591)，他上《论辅臣科臣疏》，直接批评皇帝，结果被贬到雷州半岛的徐闻县做典史。万历二十一年调任浙江遂昌知县，任职期间，清政廉洁，广开言路，为民众办了一些实事，但遭到地方豪强和上级官府的反对，五年后弃官返乡，专门从事戏曲创作活动。

牡丹亭艳曲警芳心　杨柳青年画

汤显祖一生创作了大量的诗、赋、文和五部传奇，由此奠定了他在中国古代戏曲史上的地位。汤显祖在临川居所的堂名为“玉茗堂”，故《牡丹亭》、《紫钗记》、《南柯记》、《邯郸记》被称为“临川四梦”或“玉茗堂四梦”。其中《牡丹亭》取材于明代白话短篇小说《杜丽娘慕色还魂》，代表了汤显祖戏剧创作的最高成就。

游园警梦

汤显祖曾说：“一生四梦，得意处惟在牡丹。”《牡丹亭》全名《牡丹亭还魂记》，又简称《还魂记》。在文学史上，它与元杂剧《西厢记》同是最著名的爱情剧，也是中国戏曲史上浪漫主义的杰作。

《牡丹亭》共55出，作品通过杜丽娘与柳梦梅生死离合的爱情故事，歌颂了女主人公杜丽娘为“情”而死，死而

复生的至真至情，以及她反抗封建礼教、追求自由爱情和个性解放的斗争精神。杜丽娘本是南安太守杜宝的独生女，生性聪慧，才貌双全，芳龄二八还未议婚。杜宝仍以严格的封建礼教教育她，当杜丽娘在衣裙上绣上成双的花鸟或空闲时打瞌睡时，就会遭到父母的训斥。父母给杜丽娘请来的陈最良老师，只讲"子曰、《诗》云"，当陈最良讲《关雎》篇中所谓"后妃之德"时，唤起了杜丽娘对爱情的憧憬。她私自去花园游园赏春，步入姹紫嫣红的花园，她的青春开始觉醒。杜丽娘在梦幻中会见了自己钟情的青年柳梦梅，梦被惊醒之后，站在她面前的不是自己的意中人，仍然是生活中不可逾越的封建壁垒。她再次游园寻梦，"这般花花草草由人恋，生生死死随人愿，便酸酸楚楚无人怨"，道出了杜丽娘心中的苦闷。因寻梦不见，怅然若失，竟恹恹而死。死前她为自己描绘了一幅画像，放在太湖石上等待梦中的情人。家人把她埋葬在花园的一棵梅树下，并造了一座梅花观。此时，杜宝升迁离任。

闹宴　《牡丹亭》插图

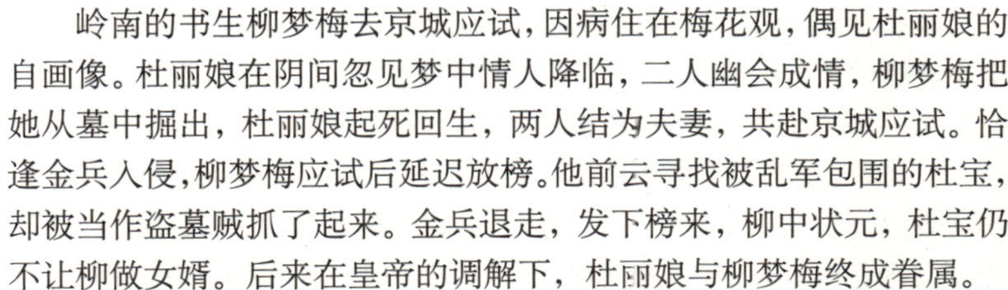

岭南的书生柳梦梅去京城应试，因病住在梅花观，偶见杜丽娘的自画像。杜丽娘在阴间忽见梦中情人降临，二人幽会成情，柳梦梅把她从墓中掘出，杜丽娘起死回生，两人结为夫妻，共赴京城应试。恰逢金兵入侵，柳梦梅应试后延迟放榜。他前云寻找被乱军包围的杜宝，却被当作盗墓贼抓了起来。金兵退走，发下榜来，柳中状元，杜宝仍不让柳做女婿。后来在皇帝的调解下，杜丽娘与柳梦梅终成眷属。

汤显祖通过"梦而死"、"死而生"的幻想情节，描绘了杜丽娘与柳梦梅追求自由婚姻的艰难，正如汤显祖在《牡丹亭题词》中所写："情不知所起，一往而深，生者可以死，死可以生。生而不可与死，死而不可复生者，皆非情之至也。"突出了情与理、理想与现实的矛盾冲突。《牡丹亭》全剧似一部抒情诗，处处充满诗的意境。如《惊梦》开始的一支曲子：

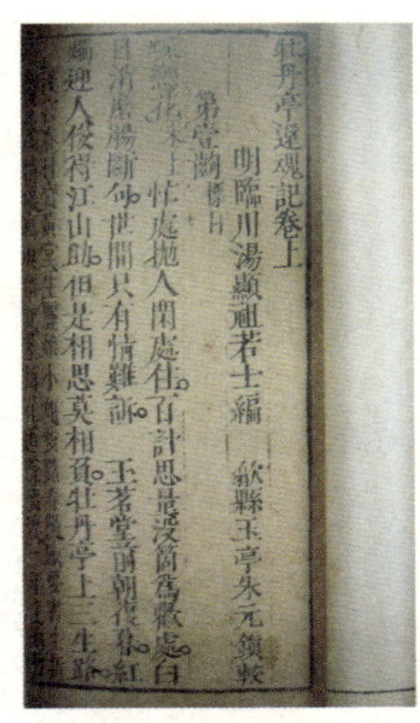

牡丹亭還魂記卷上

明臨川湯顯祖若士編　歙縣玉亭朱元鎮校

第壹齣　標目

末上忙處抛人閑處住。百計思量沒箇為歡處。白

日消磨腸斷句。世間只有情難訴。玉茗堂前朝復暮。紅

燭迎人俊得江山助。但是相思莫相負。牡丹亭上三生路

《牡丹亭还魂记》明万历刻本

【绕地游】梦回莺啭，乱煞年光遍。人立小庭深院。炷尽沉烟，抛残绣线，恁今春关情似去年？

汤显祖"四梦"之《邯郸记》写于万历二十九年，剧本取材于唐代沈既济的传奇故事《枕中记》。汤显祖创作此剧的主旨是批评时政。卢生因热衷于功名，对自己贫困潦倒的生活落落寡欢。一天，在邯郸县赵州酒店遇到吕洞宾，吕洞宾就给他一个玉枕，使卢生经历了一枕"黄粱梦"。卢生被富豪崔氏女强迫成婚，崔氏以重金贿赂，使卢生高

《邯郸记》插图

中状元。他在陕州任职时，开凿黄河石路立功；后又施反间计，大破吐蕃，建立奇勋。但遭到宇文融的陷害，被流放到崖州鬼门关。宇文融罪行暴露，卢生还朝任宰相，后进封赵国公。卢生建功树名，生活极其腐化淫逸，他一面大谈“戒色”，一面受用皇上送给他的24个美女，因纵欲过度而亡。临死时，还念念不忘身后加官赠谥，担心国史不能编全其功绩。一觉惊醒，店小二为他煮的黄粱饭尚未熟。卢生幡然醒悟，随吕洞宾游仙而去。汤显祖所著《邯郸记》以漫画式的手法描绘了明代官僚相互倾轧的丑态，生动地鞭挞了明代官场的黑暗与腐败，以期人们能从名利中解脱出来。

与临川派追求意趣、讲究词精句丽的主张不同，吴江派主张语言本色，通俗自然，讲究音韵，甚至到了因律害意的地步，并审定《南九宫十三调曲谱》，成为传奇音律的范本。

吴江派的代表剧作家是沈璟(1553—1610)，字伯英，号宁庵，吴江（今江苏吴江）人。著有传奇17种，合称《属玉堂传奇》，今存8种。其中影响较大的是《红蕖记》、《义侠记》和《博笑记》。

《红蕖记》本于唐传奇《郑德璘传》，讲书生郑德璘、崔希周各与盐商之女韦楚云、曾丽玉得以婚配的故事，歌颂了纯真的爱情，但其中常用神灵指点以证婚自天定，缺乏深刻的主题，语言也嫌雕琢。《义侠记》取材于《水浒传》武松故事，写武松打虎、杀嫂、打蒋门神、杀张周监，最后逼上梁山后受招安。其中还杜撰出武松早聘贾氏，后贾氏母女寻武松、招安后夫妻团聚等情节。剧中歌颂了武松的英武侠义，但语言平板，无甚动人之处。《博笑记》由十个短小喜剧构成，每个故事二至四出，短小精悍，而且每个故事结束后，又由人用几句话说出下一个故事，形式新颖。其中如《巫举人痴心得妾》写一男子卖妻却落得妻随人去，是典型的“陪了夫人又折兵”；《英雄将出猎行权》写二强盗欲谋害

《红蕖记》插图　明万历刊本

一女子，女子遇将军得救，二强盗却被豺狼吃掉。角色差不多都是流氓、无赖、强盗之类的恶人，宣扬了惩恶扬善的道理和封建道德观念，人物描写不够细致、鲜明，缺乏感染力。总之，沈璟的戏剧创作多根据前人作品改编而成，艺术上也较平庸，成就显然不及汤显祖。

《玉簪记》插图

明代后期的传奇作家有高濂、周朝俊、孙钟龄等，他们虽不属吴江派和临川派，却也有一些别具一格的优秀作品传世。

高濂的《玉簪记》写的是书生潘必正和道姑陈妙常的爱情故事。二人在金陵女贞观相遇，渐生爱情，观主逼潘必正赴试，陈妙常雇船追赶，以玉簪相赠，叮嘱潘莫负前情，后潘必正登第授官，二人团聚。作品突出的特点是心理描写极为细腻，特别是女主人公身为道姑，对爱情的追求要受到封建礼教和宗教戒律的双重束缚，因而在爱情中既热烈又畏怯，作者抓住这一矛盾心理，生动地刻画出妙常的心理变化过程，尤以《幽情》、《寄弄》、《秋江送别》几出戏描写成功。《玉簪记》是一部轻松幽默的轻喜剧，语言清新流丽，优美典雅，充满了诗情画意，其中的心理描写较《西厢记》毫不逊色。

周朝俊的《红梅记》，在写爱情的同时，也表现了反权奸的政治思想。剧本写权相贾似道的侍妾李慧娘在游西湖时，偶然看见少年裴舜卿，并赞美道："美哉一少年也！"即招贾怒而被杀。而当贾企图霸占总兵之女卢昭容时，裴舜卿仗义相救，被贾拘禁。这时李慧娘的鬼魂进入贾府救出裴舜卿，后贾似道兵败被杀，裴舜卿高榜得中，与卢昭容完婚。剧本歌颂了李慧娘的反抗精神，揭露了贾似道荒淫凶残的丑恶面目，深化了剧本的思想意义。

《红梅记》插图

孙钟龄的传奇今存《白雪楼二种曲》，即《东郭记》和《醉乡记》，这两部传奇都是讽刺性的喜剧。《东郭记》以《孟子》中的"齐人有一妻一妾"为故事线索，并添加人物，讽刺了官场的贪污受贿、勾心斗角和士人的卑鄙无耻、道德沦丧，描绘了一幅官场现形图，反映了社会黑暗和世态炎凉。《醉乡记》角色很是离奇，将古往今来的名人志士和神话寓言中的人物写入剧本，显得异想

宋濂像

天开，用夸张的手法讽刺了社会的颠倒黑白，实是作者怀才不遇的牢骚之作。这两部传奇貌似荒诞，实则表现了深刻的思想内容，可谓别具一格。

七、明代诗文

刘基像

明初诗文就整体而言，多为点缀升平、宣扬礼教之作，成就不高。但经历过元末之动荡的宋濂、刘基、高启等部分作家成就较高。宋濂（1310—1381）的主要成就表现在散文方面，尤其是那些寓言体和传记体散文。他的散文语言典雅洗练、技巧纯熟，可谓明初文学之典范。刘基（1311—1375）的诗、文都较有成就，散文以短篇寓言最为著名，文笔犀利、形象生动、思想尖锐。他的诗语言质朴、风格雄放，以古体诗见长。高启（1336—1374）是明诗的代表作家，他诸体兼善，尤长于歌行体。高启特别强调诗人自身价值和诗的非功利作用，他的诗歌形象极具主观色彩，个性鲜明而真实，体现了一个孤独的自由者独特的内心世界。

继刘基、高启等人之后，明初文坛又出现了以“三杨”（杨士奇、杨荣、杨溥）为代表的“台阁体” 诗文，三杨都位极人臣，居高位享厚禄，他们代表着上层官僚的精神风貌和审美趣味，因而作品多歌功颂德、粉饰太平之作，既远离社会生活，又迷失了自我，内容上平庸乏味，缺乏创作激情，崇尚雍容典雅，是一种典型的宫廷文学。因代表人物都是台阁重臣，故有“台阁体”之称。他们一呼百应，影响颇大，当时的官僚文人竞相效仿，聚拢于“三杨”周围，大写应制、酬唱之作，影响着明初文坛的创作风气。台阁体诗大多缺乏实际内容，如杨荣的《元夕赐观灯》：

高启像

海宇升平日，元霄令节时。
彩云飘凤阙，瑞霭绕龙旗。
歌管春声动，星河夜色迟。
万方同燕喜，千载际昌期。

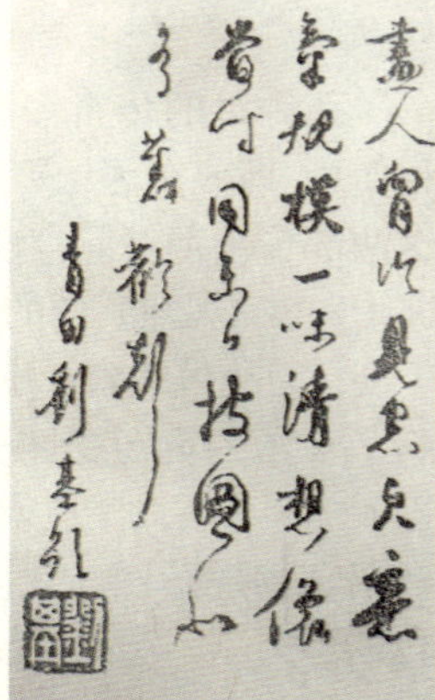
刘基手迹

再如杨士奇的《从游西苑》：

广寒宫殿属天家，晓从宸游驻翠华。
琼液总颁仙掌露，金支皆播御前花。

棹穿萍藻波间雪，旗飐芙蓉水上霞。
身世直超人境外，玉盘亲捧枣如瓜。

杏园雅集图 明·谢环
描述三杨与阁员雅集于杨荣家的杏园中

前首极力渲染元宵佳节皇帝赐大臣观灯之热闹景色，后首浓墨重彩地描绘了群臣随皇帝赏游西苑，西苑的美景让人仿佛置身于人间仙境，妙不可言。两首诗就形式而言，确实华贵典丽，但字里行间，又能让人体味出什么有意义的内容呢？

台阁体是历史的产物，它的产生与当时的时代背景有着千丝万缕的联系。明初国力强盛、政治清明、人民生活安定，这无疑会给人以“太平盛世”的感觉，出现歌颂升平的应制诗，便是再自然不过的事情了。加之德高望重的“三杨”的极力倡导，一般知识分子为一己之仕途便争相蜂拥而至。他们将民生疾苦、国家命运全置于不顾，一心一意做起“八股”文章。而明初统治者对文人的思想禁锢与政治高压导致文人士子心存余悸，不敢畅所欲言。正是基于以上诸多因素，台阁体应运而生。台阁体垄断文坛长达几十年，其间，它们一直充当着点缀升平及维护封建统治的工具，这种局面直到“前后七子”的出现才得以打破。

成化、弘治年间，文坛上出现了一个以李东阳（1447—1516）为代表的新的诗文流派——茶陵派，该派成员另有谢铎、张泰、石瑶等。

茶陵派的出现使台阁体文学遭受了一次巨大冲击。李东阳针对台阁体的颓废庸俗提出了“诗学汉唐”的主张，他认为“汉唐及宋，格与代殊。逮乎元季，则愈杂矣。今之为诗者，能轶宋窥唐，已为极致，两汉之体，已不复讲”。他强调师学杜甫，但却舍本而求末，抛弃了杜诗的现实主义精神和诗歌表现社会现实的传统，而一味追求其“音响”和“格律”。他提出对于古乐府应“往复讽咏，久而自有所得。得于心而发之乎声，则虽千变万化，如珠之走盘，自不越乎法度之外

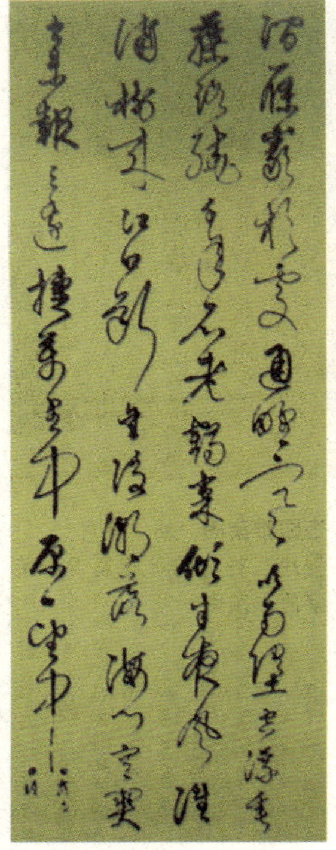

李东阳手迹

矣”。李东阳的这些主张虽难免有失偏颇，但基本上是就文学之本身来探讨文学的审美规律和特征，还是比较符合客观规律的。“前七子”在师古问题上就继承了他的这一系列主张，可见，他的复古论调对当时文坛产生过多大影响。

茶陵派登上文坛，使当时弥漫着的不良风气有所消退，文学的活力得以较大程度的恢复，但李东阳毕竟也位居台阁，难免与现实相脱离，因而他的诗歌虽比“三杨”稍胜，但也存在内容空洞乏味之弊，并没有完全摆脱台阁之影响。他的《庆成宴有述》一诗，大肆渲染帝王祭祀的盛典，风格极为雍容典丽，旨在颂扬“圣恩神贶两难穷”的祥瑞，全然粉饰太平之作，简直就是典型的台阁体诗。但就其部分作品，如《春至》、《茶陵竹枝歌》等诗而言，李东阳对台阁体的束缚还是有所摆脱的。“东邻不衣褐，西舍无炊烟”，“流离遍郊野，骨肉不成怜”（《春至》），表达了作者对民生疾苦的深深忧虑，如非亲眼目睹和投入了个人之真情，恐怕难以写出这样的诗句吧！再如《茶陵竹枝歌》其三、其七：

银烛金杯映绮堂，呼儿击鼓脍肥羊。
青衫黄帽插花去，知是东家新妇郎。

春尽田家郎未归，小池凉雨试絺衣。
园桑绿罢蚕初熟，野麦青时雉始飞。

这两首诗为我们展示了一幅幅农家生活、农家风土人情的画面，写得有声有色而又饶有情趣，洋溢着浓厚的生活气息。诗中所写都是诗人于自己的故乡茶陵耳闻目睹、亲身经历的，因而清新自然，无半点雕琢迹象。

李东阳还有些作品真实地展示了诗人自我内心世界，读来真切感人。如《除夕》：

独吟孤坐总伤神，谁伴长安守岁人？
卦数已周无那老，年华初转又逢春。
思亲泪尽空双眼，哭女声高彻四邻。
还向灯前添旧草，拟从新岁乞闲身。

诗人内心那种强烈的思亲情愫，那种因时光飞逝、孤寂难遣而生的感叹，全都由笔端自然流露。他的《幽怀》（之四）写道：

懒携竹杖踏莓苔，寂寂残樽对雨开。
开口只应心独语，闭门休问客谁来。
幽居有道堪藏拙，巧宦逢时亦自才。
试问白头冠盖地，几个相见绝嫌猜？

诗人将满腔的孤苦、抑郁及对仕途官场的厌倦情绪一吐无余。诗人或写个人生活境况，或写个人精神状态，字字句句饱含了诗人对生活、生命及人生意义的体悟，具有极强的艺术感染力。

明朝中期，文坛上兴起了一股强大的复古思潮。“前后七子”分别以复古、拟古谋求诗文创作的革新，成为当时最有影响力的一股文学势力。

“前七子”是以李梦阳、何景明为中心，包括王九思、边贡、康海、徐祯卿、王廷相的文学群体。“前七子”活动在弘治（1488—1505）、正德（1506—1521）年间。“前七子”都是弘治间的进士，他们年轻气盛，感受敏锐，颇以才气自负，以挑战者姿态登上文坛后，将反对的矛头直指台阁体和片面追求音声格律的茶陵派。他们倡导“文必秦汉，诗必盛唐”的复古主张，想借复古手段改革文学现状，谋求文学新生之路。

李梦阳（1472—1530）“文必秦汉，诗必盛唐”的主张一经提出便如惊雷乍现，轰动了整个文坛，文人士子竞相响应。李梦阳所倡导的不仅仅是文体方面的改革，他还对当时程朱理学统摄天下、儒生埋头做八股文章的社会现实进行了否定。李梦阳的“复古”理论重视真情实感的抒发，他说：“真诗乃在民间”，“真者，音之发而情之原也”。他很推崇民歌，他自己的诗也受到了民歌的影响。李梦阳对文学的“主理”现象深恶痛绝，他认为单一的道德模式会禁锢文学的发展，会扼杀文学的生命力。

何景明（1483—1521）同李梦阳的复古主张有些分歧，他认为学古只是手段，其目的在于独创，不能一味地拘守“古法”。他还主张博采众家之长，他说：“众响赴会，条理乃贯；一音独奏，成章则难。”何景明刚正不阿，关心民生疾苦，揭露现实、针砭时弊是他创作的重要部分。他的《岁晏行》、《答望之》等诗真实生动地描绘了明朝中叶社会动荡不安、民不聊生的境况。而他的《东门赋》借一对“少小结发”的夫妇在濒临饿死之际的“辩说”，阐

李梦阳手迹

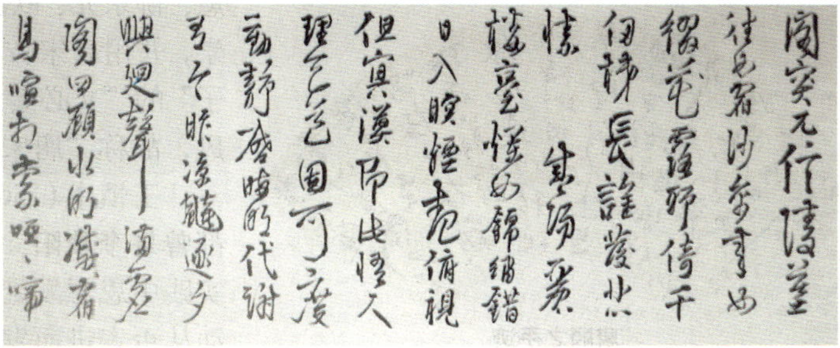

明了作者自己的观点：生存是第一位的，任何道德教条都不能将生的权利剥夺。这种观点将斗争矛头直指宋儒的扼杀人性的教条，有着极为深刻的思想意义。

“后七子”是以李攀龙、王世贞为首的一个有着严密组织的文学宗派。另有成员谢榛、宗臣、梁有誉、徐中行、吴国纶等。“后七子”的活动在嘉靖二十三年（1544）以后，比“前七子”晚几十年。他们的复古主张与“前七子”声气相袭，但总体声势超出“前七子”之上，并较前者更为注重法定格调及作家自身思想感情在创作中的投入。

“后七子”之魁首李攀龙（1514—1570）长于语言锤炼，诗作中尤以七言绝句见长。如《塞上曲四首·送元美》：

白羽如霜出塞寒，胡烽不断接长安。
城头一片西山月，多少征人马上看。

意境深邃而清新、感情沉挚而含蓄，颇有盛唐边塞诗的味道。王世贞（1526—1590）在“后七子”中创作量最多，影响力最大，是“后七子”复古理论的集大成者。他的创作虽未能完全摒弃拟古痕迹，但就才学及成就而观，远超李攀龙等人。王世贞刚直耿介、不畏权贵，他的一些作品对当时奸相严嵩的丑恶本质进行了有力的揭露和讽刺。王世贞将艺术形式看作文学成败的关键性因素，在创作中极讲究修辞和音律。他还著有文学批评《艺苑卮言》，理论系统，观点精辟，对后代极有借鉴意义。“后七子”中的谢榛和宗臣也是值得重视的作家。

唐顺之像

“前后七子”的文学复古运动在明代中期的文坛上扬起了轩然大波，为文坛注入了一股清鲜的空气，使程朱理学对明代文学的不良影响受到了强有力的抵制。他们对文学道路、本质及价值的积极探索与深刻理解，对文学的发展有着推动作用。但他们的模拟、雷同弊端也给当时的文坛造成一定的负面影响。

在“前后七子”之间还出现了另一复古流派——唐宋派，代表人物有王慎中、唐顺之、茅坤、归有光。他们主要从事散文创作，对韩愈、柳宗元、欧阳修、曾巩等唐宋古文大家极为推崇，并用唐宋古文来反驳李梦阳、何景明等“前七子”的“文必秦汉”的复古主张，大力提倡唐宋文风，故称“唐宋派”。

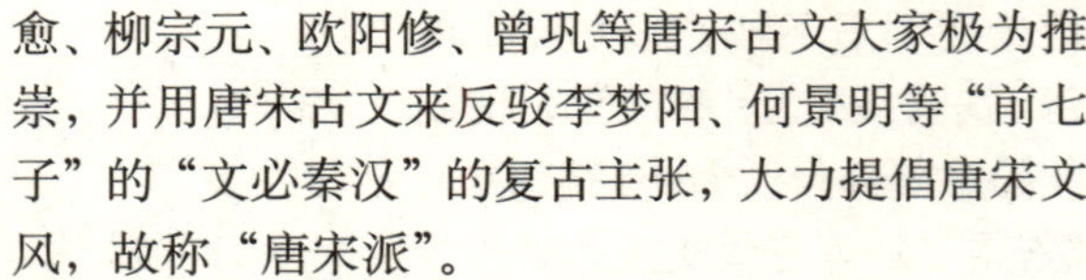

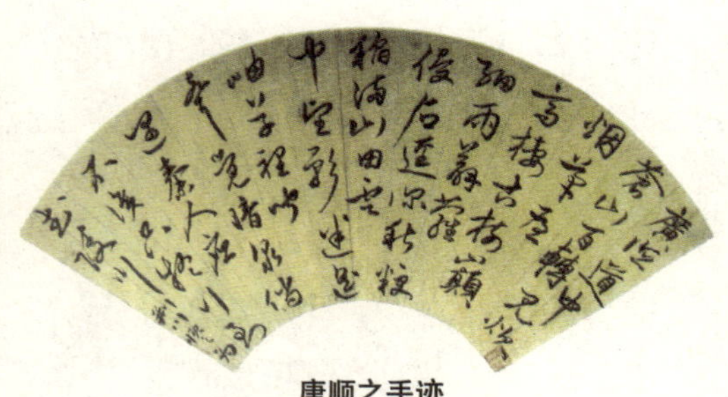
唐顺之手迹

王慎中（1509—1559）和唐顺之（1507—1560）都曾是李梦阳、何景明的热忱追随者，后来在创作实践中思想发生了剧变，对李、何所倡导的文学运动从否定进而发展到批判。他们转宗宋文，将欧阳

修、曾巩视为学习对象，二人的文学活动始于嘉靖初年，比茅坤、归有光等要早一些。

归有光像

王慎中在创作上一贯主张“文以明道”，这是与明初宋濂等人的“以道为文”一脉相承的。王慎中的文艺观比较进步，但是在具体创作中却拘泥于复古派，没能完全走出模拟的阴影。唐顺之的创作主张较王慎中要复杂一些，他认为文章不能只注重“绳墨布置”的形式，而应重视作者胸臆的表达，即“直据胸臆，信手写出”。唐顺之还强调作家要不断加强自身的道德修养，只有达到一定的思想境界才能水到而渠成地写出“字字发明古圣贤之蕴”的佳作。

唐宋派的创作成就尤以归有光最高。归有光（1506—1571）虽被归为唐宋派，但他与王慎中、唐顺之等有着明显不同的文学主张，他主张宣扬道德，但这种道德是传统的儒家之道，决非宋代理学；他对文学的抒情非常重视，肯定“匹夫匹妇”之“至情”。他写得最好的是以记事和抒情性为主要表达方式、回忆往事和悼念亡亲为内容的散文，《项脊轩记》、《思子亭记》、《先妣事略》、《寒花葬志》都是这方面的佳作。这些文章“无意于感人，而欢愉惨恻之思，溢于言表”（王锡爵：《归公墓志铭》）。归有光的散文并没有什么深广的社会内容，但他很善于捕捉日常生活中的典型细节和印象深刻的点滴感受，借日常生活、家庭琐事来寄托自己的感喟和深情。他往往只用寥寥数笔，便能把人物的音容笑貌生动传神、惟妙惟肖地刻画出来。如《寒花葬志》中对小婢寒花的刻画：

> 婢，魏孺人媵也。嘉靖丁酉五月四日死，葬墟丘。事我而不卒，命也夫！婢初媵时，年十岁，垂双鬟，曳深绿布衣裳。一日，天寒，爇火煮荸荠熟，婢削之盈瓯。予入自外，取食之；婢持去，不与。魏孺人笑之。孺人每令婢倚几旁饭。即饭，目眶冉冉动。孺人又指予以为笑。回思是时，奄忽便已十年。吁！可悲也已！

简练而精洁的语言里饱含着作者对婢女的悼念之情和对亡妻的深切怀想。作者只择取小婢生前给他留下深刻印象的三两件小事来写，却将一个天真烂熳的女孩活现在读者面前。

在《项脊轩记》中归有光娓娓动听地叙述了围绕他年轻时的书斋“项脊轩”所发生的人事变化。这篇出色的抒情散文于淡淡笔墨中洋溢着浓烈而真挚的感情，读来宛如品尝了千年佳酿，其芳香与甘醇直沁心脾，回味持久。举其中写及祖母的一段：

> 余自束发读书轩中。一日，大母过余曰：“吾儿！久不见若

影，何竟日默默在此，大类女郎也！”比去，以手阖门，自语曰：“吾家读书久不效，儿之成则可待乎？”顷之，持一象笏至，曰：“此吾祖太常公宣德间执此以朝；他日，汝当用之。”瞻顾遗迹，如在昨日，令人长号不自禁……

寥寥几笔，将祖母的慈爱、怜惜及殷切厚望都充分地展示了出来，而祖母的音容笑貌、举手投足也宛若在眼前了。“后七子”中的王世贞晚年曾这样评价归有光：其散文如“风行水上，涣为文章，当其风止，与水相忘”，“千载有公，继韩、欧阳”，对归有光散文的主体风格及其在文学史上的地位作了充分的肯定。唐宋派通过倡导唐宋文对复古进行了一些改良，无疑是有着一定进步意义的，但就创.作方面而言，并没有给文学史留下什么可观的文学作品。

在晚明的诗文领域中，出现了一个声势浩大的反复古流派——公安派。因其代表人物袁宗道、袁宏道、袁中道三兄弟是湖北公安人，故称“公安派”。他们高举反复古大旗，从创作实践和理论探讨两方面推动了明代诗文的革新。

袁氏三兄弟都对晚明社会极为不满而又深感无能为力，苦闷彷徨之中，他们从佛家禅宗那里觅到了精神支柱，将“我心即佛”意识纳入了自己的思想体系。而他们又与晚明启蒙思想家李贽交往甚密。李贽在文学上提出了著名的“童心说”，认为“童心即真心”，是“绝假纯真”的心灵世界。他在《童心说》中说：“天下之至文，未有不出于童心焉者也。”“诗何必古选？文何必先秦？”摹古拟古之风自然在他批判之下。这种抒发自然人性的文学主张实际上影响了袁氏兄弟，他们从他的思想学说中发展出了自己的文学主张。

“性灵说”是公安派文学观的核心。“性灵说”即主张“独抒性灵，不拘格套”，“变以存真”，从创作角度强调了表现自我个性及思想感情的重要性，认为作家如能达到“独抒性灵”的艺术境界，便能“任性而发”，“信心而出，信口而谈”了。“性灵说”是在李贽“童心说”的基础上导出的，但比“童心说”更能彰显自然之精神和主观之个性。这一主张削弱了传统道德对文学的禁锢。公安派主张诗文创作要应时而变，不能模拟古人，拘泥于古人。他们认为文学是时代的一面镜子，“世道既变，文亦因之。今之不必模古者也，亦势也”（袁宏道《与江进之》）。袁宗道的《论文上》主张反对形式主义地因袭古人，而应从内容和精神实质去扬弃。他还在《论文下》主张文贵有真情实感和真知灼见，否则便只能流于模拟因袭，不会写出具作家一己之特色的文章来。袁宏道则在他的《叙小修诗》中对复古派的错误实质进行了剖析，指出其弊病在于抹杀了不同时代文学创作的不同特征，最终会扼

李贽像

杀文学的生命力。公安派提倡创作应使用本色、质朴、自然的语言。他们认为语言是“性灵”的外在依托，是“独抒性灵”的工具和手段，只有“真”才会使感情自然流露，才能“不拘格套”。

公安派的文学主张有着明显的局限性，由于过分强调主观思想感情的抒发，势必造成文学作品远离社会，以致缺乏深厚的社会内容，而将描写对象局限于自然景物及日常琐事，使文学创作偏离正确轨道。但公安派的出现，对当时及后世都产生了极大影响，它一扫“前后七子”的复古势头，扭转了诗文风尚，功绩是巨大的。公安派的文学主张及创作一直影响到清代的袁枚、龚自珍等，可谓深远。

公安派的创作虽诗文兼善，但主要成就还在于散文。他们的游记及阐明文学主张的一些序文很有可读价值，多描写士大夫的闲适生活和自然风景，对当时的社会现实也有所涉及。袁宏道的诗歌创作在三兄弟中成就最高。他的诗感受敏锐，不避俚俗，内容方面有着一定的社会意义。如《灵隐路上》：

细鸟伤心叫，闲花作意飞。
芳蹊红茜雨，古涧绿沉衣。
艳女逢僧拜，游人缓骑归。
幸随真实友，无复可忘机。

反差强烈的意象的对举、不同画面的拼接组合，使这首记游诗让人倍觉新鲜。又如《东阿道中晚望》：

东风吹绽红亭树，独上高原愁日暮。
可怜骊马蹄下尘，吹作游人眼中雾。
青山渐高日渐低，荒园冻雀一声啼。
三归台畔古碑没，项羽坟头石马嘶。

在“尘”与“雾”所构成的混沌不堪的境况中，那冻雀的啼叫划破了这无际的昏沉，是否象征了诗人作为一个孤独智者对这个尘世所发出的呐喊呢？

袁宏道很善于描绘不同景物的特色，将它们各自的美充分展示出来，与人共享。如他游览浙江诸暨五泄山瀑布时所写的一段文字：

五泄水石俱奇绝，别后三世，梦中犹作飞涛声，……石壁青削似绿芙蕖，高百余仞，周围若城，石色如水浣净，插地而生，不容寸土。飞瀑从岩巅挂下，雷奔海立，声闻数里，大若十围之玉，宇宙间一大奇观也。

作者运用夸张、比喻等手法，多角度地描绘了这一水石奇观，将人带入那壮观、奇绝、美不胜收的意境之中。

当公安派有所消退之际，又一反复古主义流派——“竟陵派”跃起于文坛。他们在理论上承袭了公安派的某些主张，又对其多方面弊病进行了修正，成为明代诗文革新中独具特色的一个文学流派。因其代表人物锺惺、谭元春都是湖北竟陵（今天门县）人，故称“竟陵派”。

竟陵派在理论上认同公安派的“独抒性灵”，主张创作具“性灵”的“真诗”，要求标新立异。他们针对公安派的“近平近俚”、浅露轻率，提出孤僻峭拔、深幽奇绝的美学追求，这就使得竟陵派的创作更陷于狭隘境地，比公安派更远离了社会现实。他们的作品不仅内容空虚，而且意义隐晦艰涩，令人费解。如谭元春的《观裂帛湖》：

行藻蕴水天，湖以潭为质。
龙雨眠一湫，畏人多自匿。
百怪靡不为，喁喁如鱼湿。
波眼各自吹，肯同众流急？
注目不暂舍，神肤凝为一。
森哉发元化，吾见真宰滴。

或许是由于过分追求语言文字运用的超常规，这首诗非常生涩难解，令人读后颇有似通非通之感。锺惺的类似的诗也很多，如“树无黄一叶，云有白孤村”（《昼泊》），“竹半夕阳随客上，岩前积气待人消”（《虎丘访章眉生看残雪作》），“空翠润飞潜，中宵万象湿”（《宿乌龙潭》）等诗句，都因刻意追求一种“幽情单绪”、“奇情孤诣”的创作境界，导致诗歌以辞害意，艰涩难解。竟陵派有自己的理论和创作特色，在文学史上占有一席之地。他们对于学古应学古人之精神而不能只局限于形式的倡导，对复古主义之风起了较有力的扼制和转向作用。

八、清代诗词文

清初诗坛上的钱谦益、吴伟业和龚鼎孳被称为“江左三大家”，他们由明入清，有着相似的人生经历，而诗风、创作观点及成就却又大不相同。钱、吴在当时都是诗坛领袖人物，龚之地位则远不及二人。

钱谦益（1582—1664）一生曲折坎坷，思想和性格都比较复杂。

他主盟诗坛50年之久，对转变明末复古主义诗风做出了一定贡献。钱是一位高产诗人，有《初学集》、《有学集》、《投笔记》、《苦海集》等诗集。他的诗因辞采藻丽、技巧娴熟、用典恰切而颇富盛名，吸引着众多崇尚雅致的诗人。钱颇善七律，诗长于抒情，就内容而言，多为感叹兴亡、关切国事之作。他的大型组诗《后秋兴》共104首，本是仿杜甫《秋兴》而作，诗人结合当时的社会现实，沉痛地抒发了自己的故国之思，被陈寅恪誉为"明清之诗史"。钱谦益另写有部分爱情诗和山水诗，也都很有特色。他在清初诗风的转变中发挥了极为重要的作用，不愧为清诗的开山宗匠。

钱谦益像

吴伟业（1609—1672）一生勤奋著述，有《梅村集》40卷，戏剧3种及《太仓十才子诗》、《绥冠纪略》、《春秋地理志》、《春秋民族志》等。吴伟业早期诗歌善于描写青年男女间的缠绵悱恻之情。而当明清易代之际，社会的动荡不安使吴伟业诗风大变，正如《四库提要》中所说："其少作大抵才华艳发，吐纳风流，有藻思绮合、清丽芊眠之致。及乎遭逢丧乱，阅历兴亡，激楚苍凉，风骨弥为遒上。"他写了大量以重大历史事件为背景的诗篇，抒发了家国兴亡及个人遭际之不幸。这些诗歌有着特定的历史背景，是饱经丧乱之后的"感怆时事，俯仰身世"之作，其中七言歌行体的长篇最能代表他的艺术风格和成就。吴伟业作诗一千多首，主要思想内容可归结为三个方面：抒发故国之思、亡国之痛，《圆圆曲》为此类诗名篇；表现诗人为保全家族而违心仕清的矛盾与痛苦心情，《行路难》18首、《过淮阴有感》及组诗《遣闷》均属这方面的作品；反映明清易代之际的民不聊生，《捉船行》、《芦州行》等都是这类题材的作品。

吴伟业像

龚鼎孳（1615—1673）的成就远在钱、吴之下。他的诗除部分写景抒情诗和很少一部分反映社会现实的诗歌外，多是宴饮酬和之作。比较优秀的诗作有《岁暮行》、《赠歌者南归》、《百嘉村见梅花》等。

继钱谦益、吴伟业之后最负盛名的诗人是王士祯(1634—1711)，他以"神韵说"主盟诗坛，被尊为清代第一诗人。他一生勤奋著述，有《渔洋山人精华录》、《池北偶谈》、《渔洋诗话》等。"神韵说"渊源可谓古远，早在魏晋一些评论中就出现过"神韵"一词，但当时只用于对人物和绘画的品评，用于论诗则是在明代中叶之后。王士祯所说"神韵"是指诗歌所表现的风神韵致。他主张诗歌创作要"兴会神到"、"得意忘言"。王士祯对盛唐王维、孟浩然的山水田园诗派极为推崇，他以王孟一派的作品为主体，选编了《唐贤三昧集》，作为宣扬"神韵说"所依据的范本。王士祯的诗学主张迎合了时代的需求：一是人们渴望出现一种新诗风来取代明末以来的诗风；二是当时的

王士祯幽篁坐啸图 清·禹之鼎

知识分子正苦苦寻觅一种既能与现实保持距离、免触文网，而又不失高雅的诗歌来满足自我的审美需求。王士祯的诗论正是将诗歌由慷慨激昂引向清幽淡远，将强烈民族意识氛围引向诗情画意的艺术境界。正因为如此，“神韵说”在当时产生了巨大的影响。

王士祯的理论体系主要包括以下内容：主张“不著一字，尽得风流”的含蓄意境，主张“兴会神到”的创作方法，主张淡雅清幽的审美标准。王士祯的诗歌创作严格实践了自己的诗论主张，他的诗作以神韵诗为主流，意境淡远，情思绵渺，词句工丽。他的成名作《秋柳四首》充满物是人非、盛景难再的幻灭与感伤，一时轰动大江南北。他此后所作的《秦淮杂诗》20首、《冶春绝句》20首，都对朝代更替之悲哀、失落与迷茫进行了深入描写。如《秦淮杂诗》之第一首：

年来肠断秣陵舟，梦绕秦淮水上楼。
十日雨丝风片里，浓春烟景似残秋。

“肠断”极写悲哀，“烟景”象征迷茫，“残秋”写失落。整首诗含蓄空灵，淡雅幽静，易让人产生精神上的超脱感。王士祯的“神韵说”对诗歌的意境问题作了深化和丰富。但他的诗歌创作由于片面追求“神韵”，只重视艺术形式，而导致缺少深刻的社会内容，从而失去现实意义。

清初诗坛的重要诗人还有施闰章和宋琬，被王士祯称为“南施北宋”。施闰章（1618—1683）与宋琬、王士祯、朱彝尊、赵执信、查慎行齐名，时称“清初六家”，他们继钱谦益、吴伟业之后，陆续主领清初诗坛。施闰章比较长于五言律诗，他在学习唐代诗人韦应物及王维、孟浩然等人的过程中，渐渐形成自己的独特风格。他的写景诗意境空灵、清新淡远，如《江月》：

十月晴江月，微风夜未寒。
依人光不定，照影思无端。
少壮随波去，关河行路难。
平生素新友，莫共此时看。

施闰章诗中比较有价值的还是那些写民生疾苦的作品。《牵船夫行》、《临江悯旱》、《老女行》、《牧童谣》、《病儿词》等诗从不同角度、不同程度地描写了人民的苦难生活和官吏们的残忍暴虐，诗行中渗透着诗人对人民的深切同情。施闰章的诗以平实为本色，反对虚华，“诗有本”、“诗有物”是他诗歌主张的核心。

施闰章像

宋琬（1614—1673）曾蒙冤下狱三年并饱经战乱之苦，诗歌多为抒写愁苦之情的感时伤事之作。如《初秋即事》：

病骨秋来强自支，愁中喜读晚唐诗。
孤灯寂寂阶虫寝，秋风秋雨总不知。

他被诬下狱之时所作的《狱中对月》，则充满了悲哀与忿懑：

疏星耿耿逼人寒，清漏丁丁画角残。
客泪久从愁外尽，月明犹许醉中看。
栖鸟绕树冰霜苦，哀雁横天关塞难。
料得故园今夜梦，随风应已到长安。

侯方域像

宋琬也有少数反映民生疾苦的诗，如《同欧阳令饮凤凰山下》：

茅茨深处隔烟霞，鸡犬寥寥有数家。
寄语武陵仙吏道：莫将征税及桃花。

最后一句诗辛辣地讽刺了清初统治者对老百姓几乎无孔不入、敲骨吸髓般的压榨与盘剥，传达出人民渴望无征利之苦的心声。施闰章与宋琬虽齐名，但二人风格显著不同。沈德潜曾对“南施北宋”作过如此评说：“宋以雄健磊落胜，施以温柔敦厚胜。”

清初散文大致沿明代唐宋派古文的方向发展，此期出现了号称“清初散文三大家”的侯方域、魏禧、汪琬，他们代表着明末文风向清初文风的转变。

魏禧像

侯方域（1618—1654）少有才气，是明末有名的“四公子”之一。著有《壮悔堂文集》、《四忆堂诗集》，今存散文140余篇。侯方域才华横溢，他在研习《史记》、《汉书》之传记、韩欧之古文及传奇小说之笔法的基础上，逐渐形成了自己的写作风格。他的散文驰骋古今，抨击时弊，热情讴歌和颂扬了下层劳动人民的高贵精神与品质。他的《答田中丞书》、《登未去金陵日与阮光禄书》对田仰、阮大铖之流进行了无情鞭挞。《李姬传》颂扬了秦淮名妓李香君深明大义、明辨是非的崇高品质。《任源邃传》高度赞扬了平民出身的任源邃抗清被捕后视死如归的斗争精神。他的《朋党论》、《王猛论》、《太子丹论》等评说功过的文章，写得酣畅淋漓、声情并茂，具有极强的感染力。

魏禧（1624—1680）一生积极用世，强调读书目的在于实用，论文也以于世有用为终的，主张要“关系天下国家之政”。他反对模拟、

汪琬像

依傍古人，但却主张学习前人的创作经验，他自己的文章就在很大程度上受《左传》及苏洵的影响。魏禧的散文乏文采而善议论，往往慷慨陈辞，淋漓酣畅。他借诗歌中的有志之士来抒发自己的民族感情，表明自己的民族气节。《许秀才传》、《江天一传》、《高士汪沨传》、《大铁椎传》都是广为传诵的名篇。《大铁椎传》中“大铁椎”这一游侠形象被刻画得豪气逼人、惟妙惟肖，暗寓了作者的反清大志。魏禧还写过一系列政论散文，《蔡京论》、《续朋党论》等都是名篇，这些文章充分展示了作者长于议论及尚实用的文章风格。

汪琬（1624—1690）的文名在三人中最大，他长于传记散文。基于正统的文学观，他认为散文应保持纯正本色，不能过于展示才华，他对侯方域等“以小说为古文辞”的做法不以为然。他的散文与明代唐宋派的文风相近，也受到欧阳修的一些影响。其《周忠介公遗事》以周顺昌的事迹为主线，描绘了历史上有名的苏州民变，再现了东林党人与魏忠贤阉党之间的激烈斗争，文章真实生动，历来为世人称道。此外，他的碑传文如《申甫传》、《陈处士墓表》等也都较有水平。

陈维崧像

清初词坛也是各家纷出，代表人物有阳羡派的陈维崧、浙西派的朱彝尊以及满族词人纳兰性德等。

陈维崧（1625—1682）性情豪迈，崇尚苏辛词，具有豪放词风。他平生作词1800余首，居古今词人之冠。他的词多抒写身世、吊古寄怀之作，如《醉落魄·咏鹰》：

> 寒山几堵，风低削碎中原路。秋空一碧无今古。醉袒貂裘，略记寻呼处。
>
> 男儿身手和谁赌？老来猛气还轩举。人间多少闲狐兔？月黑沙黄，此际偏思汝。

该词通过对鹰的歌咏，抒发了自己壮志难酬的悲壮豪情，词气激烈。然而这种抒悲愤之情的风格难以适合清统一后的形势，渐被浙西词派超越。

朱彝尊和毛奇龄像

浙西派创始人朱彝尊（1629—1709）精通经史，诗、词、文兼善，是典型的学者型文人，他的诗同王士祯齐名，号称“南朱北王”；文则与清初三大家（侯方域、魏禧、汪琬）相提并论。词方面成就较诗文更大，是浙西词派的创始人和领袖。浙西词派标举三大主张，即宗法南宋，崇尚醇雅，推尊词体。朱彝尊对南宋词人姜夔和张炎极为推崇，在创作上锤词炼句、讲究声律和技巧。他认为明词之所以流于卑弱、浮薄，完全是由于习学《花间集》、《草堂诗余》所致，为此，他标举“醇雅”。朱彝尊还继承了李清照词“别是一家”的观点，主张严加区分诗词的界限。他们选录唐、宋、金、元词家2253首合为《词宗》，以此为词学范本，努力进行创作实践。

朱彝尊存词500余首，风格醇雅清丽。朱词中数量最多的是表现“宴嬉逸乐”的“欢愉之词”，其中最为突出的是情词和酬酢之作。如朱词代表作《桂殿秋》：

> 思往事，渡江干。青蛾低映越山看。共眠一舸听秋雨，小簟轻衾各自寒。

最后两句深婉流畅地写出了相思之情愫和分离之痛苦。他的《高阳台》一词则更充分地展示了朱彝尊情词的沉挚哀婉凄绝之美：

> 桥影流虹，湖光映雪，翠帘不卷春深。一寸横波，断肠人在楼阴。游丝不系羊车住，倩何人传语青禽？最难禁，倚遍雕栏，梦遍罗衾。
>
> 重来已见朝云散，帐明珠佩冷，紫玉烟沉。前度桃花，依然开遍江浔。钟情怕到相思路，盼长堤草尽红心。动愁吟，碧落黄泉，两处难寻。

此词再现了现实生活中的一个爱情悲剧，男女主人公之间相思之苦、永诀之痛被表现得淋漓尽致。

朱彝尊的酬赠之作也大都写得意笃情深，或抒发与友人的离情别绪，或是同其他词人一起评论词作。朱彝尊也写过一些感时怀古的词，这些词透射出词人对时代的感受及对历史的思索。如《卖花声·雨花台》：

> 衰柳白门湾，潮打城还。小长干接大长干。歌板酒旗零落尽，剩有渔竿。
>
> 秋草六朝寒，花雨空坛。更无人处一凭栏。燕子斜阳来又去，如此江山。

朱彝尊不愧为清词中的一流作家，他的词意境空灵、句词典雅、讲究声律、务去陈言，堪称清词中的上乘作品。在他的倡导下，浙西词派力纠明词轻艳浮秽之弊病，使词沿着比较健康的道路向前发展。

纳兰性德像

纳兰性德（1654—1685）是满洲正黄旗人，太傅明珠长子，进士，官至一等侍卫，曾随同康熙出巡各地，深受康熙宠信。他虽工作勤恳，认真负责，但并不喜欢随驾扈从的官宦生涯，内心充满压抑和

沈德潜像

痛苦，因而他的词充满了哀郁感伤的情绪，表现出凄婉清丽的低调。纳兰与原配卢氏伉俪情笃，不幸卢氏因难产早亡，给他带来巨大悲痛，他的悼亡诗缠绵悲凉，情感深沉委婉。如《山花子》：

> 欲话心情梦已阑，镜中依约见春山。方悔从前真草草，等闲看。
>
> 环佩只应归月下，钿钗何意寄人间。多少滴残红蜡泪，几时干。

纳兰性德的词自然真挚，清新流转，语言质朴，意境优美，实为词中大家。

清中叶的诗坛出现了两大论诗流派——以沈德潜为代表的格调派和以袁枚为代表的性灵派，它们分别从不同角度对中国的诗论进行了探讨与总结，推动了诗论的继续繁荣，并对当时的诗歌创作产生了很大影响。

沈德潜（1673—1769）是乾隆时影响颇大的诗人和诗论家。他著有《沈归愚诗文全集》，并编选了《古诗源》、《唐诗别裁集》、《明诗别裁集》、《国朝诗别裁集》等书。其中的《古诗源》和《唐诗别裁集》是研究古典诗歌很有价值的选本。他的诗论主要见于《说诗晬语》。“格调”一词曾被明代李东阳用过，本义指诗歌的格律、声调，同时也指由格律、声调所表现出来的美感。沈德潜在明代七子理论的基础之上进行了一系列修正与补充，使“格调说”更加规范和完善。沈德潜的“格调说”可以从以下三方面进行概括：内容上强调“温柔敦厚”的“诗教”，形式上讲究格律声调，创作上主性情。沈德潜的诗论有着鲜明的复古色彩，这在他的理论与创作实践中都有着明显体现。

袁枚像

性灵派的代表人物袁枚（1716—1797）有《小仓山房集》、《随园诗话》及笔记小说《子不语》存世。袁枚论诗以“性灵”为核心，与明后期公安派“独抒性灵，不拘格套”有着明显的承继关系。他提出将“性灵”作为衡量诗歌的基本标准，所谓“性灵”指性情和灵趣。袁枚“性灵说”主要体现为：主张诗人和诗歌都需有真性情，主张诗人性情的个性化，主张诗人于“灵感”之外，还须有“才”，主张学习古人要有扬有弃。袁枚在其诗学体系之中，对性灵与格调、天赋与学习、创新与拟古等矛盾统一体进行了充分论证与阐释。但袁枚自身的诗歌创作却没能达到大家水平，这是由于诗人过于注重一己之“性情遭际”，自觉不自觉地远离了社会实践，这就使他的作品多局限于消遣酬唱和吟风弄月，缺乏关涉社会问题的作品。

与袁枚同属性灵派的还有蒋士铨、赵翼，他们并称“乾隆三大家”。

清代散文流派中影响最大、持续时间最长的是桐城派，它历时二百余年，几乎纵贯清代文坛之始终。因奠基人方苞和其理论的接续者刘大櫆、姚鼐都是安徽桐城人，故有“桐城派”之称。方、刘、姚被尊奉为“桐城三祖”，他们在理论上有着许多相通之处，如都以“义法”为基础对“文”、“道”关系加以探讨及阐释，都推崇孔孟程朱之道统和韩柳欧苏之文统。

方苞（1668—1749）的散文理论以“义法”为核心，“义”主要指文章的内容与论断，“法”主要指文章的布局、文辞及章法。两者之间，“义”决定“法”，“法”则由“义”来体现。方苞主张以《左传》、《史记》和韩愈、欧阳修等的古文作为范本，使道统和文统相结合，从而创作出合“义法”的古文来。方苞早期写的《左忠毅公逸事》、《狱中杂记》有着较高思想价值和文学价值，是中国古代散文名篇。而他的后期作品由于受“义法”之束缚，多是碑铭、传记之类的叙事文，内容多是鼓吹忠孝节义等封建思想和伦理道德。

刘大櫆（1698—1779）师事方苞而又为姚鼐推重，在桐城派的发展中起着继往开来、承先启后的作用。刘大櫆虽师事方苞，但他并没有受其浓厚道学气息的影响，与其师有着不同的文学观念。他注重文人的创作才能——“能事”，认为“神、气、音节、字句”是作家借以表现“能事”的手段，他本人的文章大都有着铿锵的韵律之美。代表作有《游晋祠记》、《游万柳堂记》等。

姚鼐（1731—1815）继承了方苞和刘大櫆的理论，并对其进行了新的总结与发挥，进一步壮大了桐城派古文的声势，姚鼐完善了桐城派理论体系，被后人称为“立派之祖”。他的古文理论主要由以下几个方面构成：提出“义理”、“考据”、“辞章”三者合一的创作理论；“义理”指古文内容，“考据”是使内容详实可靠，“辞章”指古文的外在形式。主张以“神、理、气、味”和“格、律、声、色”八个字为文章的艺术要素，他认为前四字是“文之精”，后四字是“文之粗”；为内在因素的前四者要通过为外在因素的后四者去体现与把握，并且最终要摆脱后者束缚，才能达到“御其精者而遗其粗者”的最高境界。从美学角度将多种文章风格归结为“阳刚”与“阴柔”两大类，两种风格可以各有偏重但决不能弃其一端，两者恰如其分地结合起来，才能使文章完美无缺。

姚鼐本人的散文风格含蓄清淡、简洁婉约，尤其是那些写人和景物的篇章，颇有生动之处。佳作有《登泰山记》、《游灵岩记》、《游媚笔泉记》、《泰山道里记序》等。

姚鼐像

“阳湖派”是沿桐城派之流而别开蹊径的一个旁支，形成于乾隆后期和嘉庆年间，因开创者恽敬（1757—1817）、张惠言（1761—1802）及大部分后继者都是阳湖（今江苏武进）人而得名。阳湖派虽被视为桐城派的旁支，并且恽、张二人都曾跟随刘大櫆之门人学古文法，也算得上是桐城派传人，但在古文理论上对桐城派有所突破。主要表现为：不再以“道统”、“文统”论文，并认为学古文还应兼取诸子百家；主张古文要骈散兼长，将骈文技巧引入古文创作，使古文具有骈文的文采，打破了桐城派古文僵化呆板的格局。但阳湖派人数不多，且思想都比较陈腐，影响远远不及桐城派。

张惠言还是常州词派的领袖。清嘉庆二年（1797），张惠言、张琦兄弟合编的《词选》问世，一时轰动文坛。《词选》共选唐宋词人44家，唐代最推崇温庭筠，宋代推崇的是张先、苏轼、秦观、周邦彦、辛弃疾、姜夔、王沂孙、张炎。通行本《词选》后面的《附录》中还收有张惠言、张琦及黄景仁、左辅、恽敬、钱季重等人的词，他们大都为常州（武进、阳湖）人，因此这派词人被称为“常州词派”。

张惠言在《词选序》中推尊词体并号召改革词风，把词定格为一种通过比兴寄托来表达“贤人君子幽约怨悱不能自言之情”的、“言内而意外”的一种体式。张惠言的词作体现了他的这种词学观点，他的词文字简洁洗练，多用比兴、寄托手法，词旨忽隐忽显。他的《木兰花慢·杨花》曾被誉为“撮两宋之菁英”，在当时很有名：

> 飘零尽了，何人解、当花看？正风避重帘，雨回深幕，云护轻幡。寻他一春伴侣，只断红、相识夕阳间。未忍无声委地，将低重又飞还。
>
> 疏狂情性，算凄凉、耐得到春阑。但月地和梅，花天伴雪，合称清寒。收将十分春恨，做一天、愁影绕云山。看取青青池畔，泪痕点点凝斑。

词人用杨花来象征自己不甘零落而又难以把握自身命运的凄楚心境，将满腔悲苦、悒郁情绪寄托给随风时起时伏、到处飘荡的杨花，十分细致生动。

张惠言校编《词选》两卷，来阐释他的词学主张，因其言之有理并能独树一帜，一时间学子纷至沓来，很快在其周围形成了常州词派。但他只活了42岁，虽为常州词派创始人，但理论倡导及实践都为时太短，真正使常州词派理论得以进一步推衍和明确彰显的是稍后的周济。

周济（1781—1839）问学于张惠言的学生兼外甥董士锡，他发展了张惠言的理论，并对其作了修正，可以说常州词派是在“周济继兴，益畅其说”之后才真正形成，理论更系统、更简明实用，影响也更为深远。常州词派能取垄断词坛百余年的浙西词派而代之，是特定历史时期对词人的特定要求。乾隆后期至嘉庆年间，统治腐败，社会动荡不安，民不聊生，一部分开明知识分子强烈要求选贤任能、重振朝纲。这种政治要求也触发了文坛上的改革，浙西派的创作主张已不再适合时代的要求了，新的词派——“常州词派”便应运而生。

九、《长生殿》和《桃花扇》

清初剧坛上活跃着一批由明入清的剧作家，其中的佼佼者有吴伟业、尤侗、李玉、朱素臣、李渔等人。李玉创作传奇约40种，再现明末天启年间“阉党”魏忠贤迫害东林党人的《精忠谱》是其代表作。李渔是一位著名的剧作家和戏剧理论家，他的戏剧理论主要体现在收入《笠翁一家言》的《闲情偶寄》里。《闲情偶记》内容博杂但自成体系，其中《词曲部》论戏曲创作，《演习部》涉及导演和舞台演出。李渔认为戏剧应面向社会和广大观众，形式要通俗，内容上要适合大众的欣赏水平和口味。剧作家在写剧本时应充分考虑舞台效果，因为剧本最终要搬上舞台演出。李渔作传奇10种，总题《笠翁十种曲》，他“十部传奇九相思”，几乎全是婚恋故事，虽无杰作，但这些风情趣剧很合观众口味，在当时广为演唱。稍后在康熙朝剧坛上出现了最有影响的两部剧作《长生殿》和《桃花扇》。

在清代剧坛，有“南洪北孔”之赞誉。“南洪”指南方的洪昇，“北孔”指北方的孔尚任，二人成为光耀清代剧坛的双星。

洪昇(1645—1704)，字昉思，号稗畦，浙江钱塘（今浙江杭州）人。生于中落的世宦之家。他家中藏书甚多，15岁便以诗闻名。他曾热衷功名，入北京国子监做太学生，但未获一官半职。洪昇颇爱交友，曾与当世名流如王士祯、朱彝尊、陈维崧、赵执信等密切往来。洪昇能诗，今存诗集《稗畦集》、《稗畦续集》等。戏曲现存有《长生殿》和杂剧《四婵娟》等。杂剧《四婵娟》是由四个单折短剧组成，分别写谢道韫、卫夫人、李清照、管夫人四个历史才女的故事。传奇剧《长生殿》于康熙二十七年（1688）脱稿，顿时轰动京城。次年，因在佟皇后的丧期内

北京国子监

重圆

上演《长生殿》，洪昇被革去学籍，弹劾下狱。出狱后，他离开京城返乡，畅游于吴越山水之间，生活放荡不羁。康熙四十三年，洪昇在浙江吴兴夜醉失足，落水而死。

唐明皇与杨贵妃的爱情故事是文学传统题材。自唐代白居易的《长恨歌》和陈鸿的《长恨歌传》始，一直是多种文学体式惯用的素材。戏剧方面，元代有白朴的杂剧《梧桐雨》等，这些作品对于唐明皇与杨贵妃爱情的态度有三种情况：或讽刺批评，或赞扬同情，或兼有同情与批评之意。洪昇的《长生殿》在借助传统素材的基础上，使唐明皇与杨贵妃的爱情故事又有了新意，上升到新的境界，对于李、杨爱情肯定其纯洁的部分，赞美二者之间生死不渝的恋情；对于李、杨因过于沉溺于爱情，而耽误国家大事则持否定态度。批评李隆基过分沉醉于男女情爱之中，导致安禄山兵逼长安。

《长生殿》全剧共50出，李、杨爱情是全剧的中心线索。全剧的故事梗概是：唐代开元年间，杨玉环被唐明皇选进宫，日渐受宠，唐明皇与杨玉环的情爱日益深厚，李隆基终日沉溺于情爱绵绵之中，导致范阳节度使安禄山叛乱。李隆基仓皇向四川撤退，大军行至马嵬坡，将士们义愤填膺，愤怒中把误国奸臣、杨玉环的兄长杨国忠杀死，并强烈要求惩办杨玉环。李隆基以社稷大业为重，赐白练给杨玉环，让其自缢。其后，洪昇以浪漫主义手法描绘了李隆基与杨玉环在天上团圆的故事。

孔尚任引驾图

《长生殿》把爱情的描述与政治事件相结合，把“情”从整个故事中抽象出来，作为具有普遍意义和超越生死的力量来歌颂。剧本在极力渲染“情”的同时，又用大量篇幅描绘了那个时代的重大政治历史事件，超越了单纯演“情”的小圈子，所以此剧既是一部浪漫的爱情剧，又成为一部历史剧。

与南方洪昇齐名的戏剧家是北方的孔尚任。《长生殿》和《桃花扇》使中国古代戏剧创作达到了顶峰，前者以安史之乱为背景，后者以南明政权的覆灭为背景，二者都是把美好爱情的丧失和政治的变乱相联系，均“以离合之情，写兴亡之感”。

孔尚任（1648—1718），字聘之，号东塘，自署云亭山人，山东曲阜人，是孔子的第六十四代孙。孔尚任自幼对戏曲特别感兴趣，在曲阜县东北的石门山读书时，就已搜集材料，准备创作一部描述南明兴亡史的戏剧。康熙二十年（1681），典田捐纳为国子监

生。康熙二十三年，康熙南巡北归途经曲阜祭祀孔子时，孔尚任被推荐到御前讲经，讲《大学》首节受到褒奖。次年升为国子监博士。康熙二十五年，他随工部侍郎去淮扬，参与黄河海口的疏浚工程。在扬州三年，他接触到社会的种种问题，对社会现实有了更深刻的认识。他还广交明朝遗民，寻访故朝往事，凭吊故朝遗迹，为著《桃花扇》准备了许多可贵的史料。康熙二十九年(1690)，孔尚任归京后，任户部官职。经过十余年酝酿，三易其稿，最终于康熙三十八年完成了《桃花扇》。剧本一出即被广泛传抄，康熙也索去阅览。第二年，《桃花扇》上演，轰动京城。孔尚任随即不明不白地被罢官。除《桃花扇》外，孔尚任还与人合撰传奇剧《小忽雷》，并著有诗文集多部。

《桃花扇》插图　清同治年间绘

《桃花扇》以复社文人侯方域与秦淮名妓李香君的爱情故事为线索，是描述南明弘光小朝廷兴亡的历史剧。该剧揭示了南明覆亡的原因，抒发了亡国之痛和故国之思。《桃花扇》共44出，剧作的故事梗概是：复社文人侯方域由画家杨龙友介绍，结识了秦淮名妓李香君，侯方域题诗于宫扇赠予李香君，作为定情之物。杨龙友为拉拢侯方域，便慷慨相助，不仅成全了二人美事，而且送去一份妆奁。当李香君明白了这是阉党余孽阮大铖、马士英的用意后，拒绝了妆奁。阮大铖怀恨在心，便诬陷侯方域，侯只得别离李香君，逃到扬州史可法处。此时，李自成攻破北京，崇祯皇帝自尽，马士英、阮大铖操纵大权，“挟福王以为奇货”，在南京成立南明弘光政权，随即迫害复社文人，强逼李香君给漕抚田仰做妾。李香君至死不从，以头撞地，鲜血溅在侯方域所赠宫扇上，杨龙友以血痕绘成桃花图，宫扇随之变成“桃花扇”。此时，李香君已被征入宫，侯方域也被阉党打入囚牢。清兵南下，攻陷南京，侯方域和李香君在兵荒马乱中逃到栖霞山，在白云庵二人倾诉情怀时，被主坛法师一言道破，于是，侯方域、李香君扯碎桃花扇，各自拜师出家。

《桃花扇》是一曲南明王朝的挽歌。孔尚任借一把桃花扇来联结侯方域与李香君的恋情，通过二人之间若即若离的恋情，反映了南明时代复杂的政治斗争，抒发了对故国的怀念之情。在过去的戏剧中，把爱情故事与重大历史事件结合起来描绘的作品倒是不少，如洪昇的《长生殿》，但是，在二者结合的紧密程度上，《桃花扇》技压群芳。男女主人公的悲欢离合，始终被放在南明政治的漩涡和南明政权从初建到覆亡的过程中，作者虽然以“情”来引题，但是“情”始终与政治

蒲松龄像

事件牵扯在一起，目的是为了抒发兴亡之感。

十、蒲松龄与《聊斋志异》

中国古代文言短篇小说自魏晋南北朝开始盛行，以干宝的《搜神记》和刘义庆的《世说新语》为代表。到唐代则出现了唐传奇，如《任氏传》、《霍小玉传》、《枕中记》等。宋元时期，出现了白话短篇小说，中国古代小说出现文言与白话二水分流的局面。文言短篇小说发展到明代，创作一直处于低潮，到了清代，蒲松龄《聊斋志异》的出现，使得中国文言短篇小说发展达到顶峰。

蒲松龄（1640—1715），字留仙，别号柳泉，山东淄川（今山东淄博）蒲家庄人。在当地，蒲氏是大家族，只是到了蒲松龄的祖父和父亲时，家道已经衰微。蒲松龄就出身于这个破落的大家庭中。其父虽也广读经史，想走儒学入仕之途，但出于家庭困境考虑，不得不弃儒从商。家境每况愈下，一日不如一日。蒲松龄受家庭环境和社会的影响，自幼热衷功名。19岁应童子试，连得县、府、道三个第一，名振一时，受到试官、诗人施闰章的称赞。但是，此后的科举考试屡次受挫。31岁时，他才应聘为江苏扬州府宝应县令的一个幕僚，一年后，辞幕归乡，主要在缙绅之家坐馆教书。三十余年，蒲松龄不改初衷，屡次应试，回回名落孙山，直到50岁以后才罢手。71岁时，他援例出贡，补了个岁贡生，四年后便去世了。

蒲松龄本有一番上报国家、下安黎民的远大抱负，但在求仕之路上屡屡失败，使其认识到社会的黑暗和腐朽，甚至更深刻地认识到，即便是采用行贿手段，也难取得功名！但他接触和交游的人物却非常广泛。他的秀才出身和游幕、坐馆的经历，使他接触到大量统治阶级的上层人物。因久居乡间，又与普通百姓有较密切的联系。他憎恶统治阶级，同情受苦的普通百姓，愤世嫉俗，孤愤难冥，只能把这些苦闷倾注在创作《聊斋志异》上。

《聊斋志异》手稿本

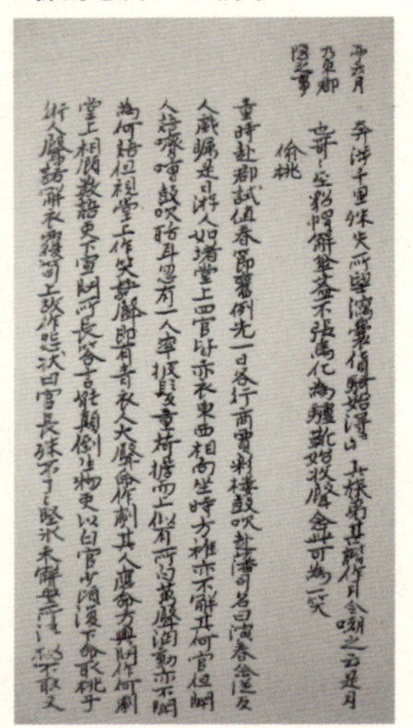

蒲松龄在宝应县任幕宾时就开始写作《聊斋志异》，前后历时四十余年，共写成490余篇。此书最初以抄本形式出现，今天见到的最早抄本是乾隆十六年（1751）铸雪斋（历城张希杰）抄本，共494篇。最早的刊本是乾隆三十一年（1766）的青柯亭本，共收文431篇。蒲松龄一生著述颇丰，除短篇小说《聊斋志异》外，还有诗、文、词、赋、戏曲、俚曲和杂著，如《聊斋文集》4卷，《聊斋诗集》6卷等。

蒲松龄在序文《聊斋自志》中说："集腋为裘，妄续幽冥之录；浮白载笔，仅成孤愤之书：寄托如此，亦足悲矣！"由此可知，蒲松龄

创作《聊斋志异》的目的就是借助神仙狐鬼花妖的故事反映现实生活，抒发情怀，寄托自己的悲愤。

《聊斋志异》的部分篇章主要揭露了封建政治的黑暗和腐朽，强烈谴责土豪劣绅、贪官污吏压迫老百姓的种种罪行。如《席方平》、《促织》、《商三官》、《续黄粱》、《梦狼》、《窦氏》等。

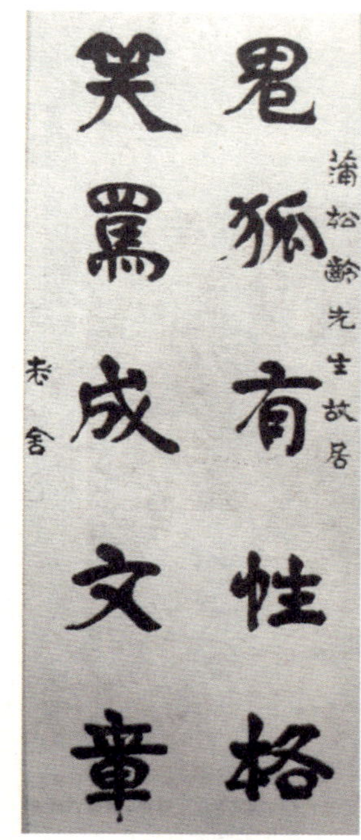

老舍为蒲松龄故居题词

《席方平》是这类作品中出类拔萃的名篇。主要叙述席廉得罪了富豪羊某，羊某因故先亡，便买通冥间的狱吏，使冥吏搒掠席廉而死。席廉之子席方平代父申冤，可是从城隍到郡司直至冥王都受了羊某的贿赂，不仅冤屈未申，反遭种种毒打。但是席方平决不屈服，冥王又许诺“予以千金之产，期颐之寿”，想以金钱使席方平屈服。席方平更加认识到申冤的必要性和艰巨性，他与冥王斗争到底，终于平反昭雪，取得胜利。蒲松龄虽以阴间描写为主，实为影射现实社会制度，揭露封建社会的各级官府没有任何是非曲直，钱即理。席方平百折不挠的顽强斗争精神，是人民不畏强暴、具有顽强意志的精神体现。

再如《促织》，讲述的是由于皇帝喜欢斗蟋蟀，每年都到民间征收，而引起成名一家家破人亡的故事。作者交代此事发生在明朝宣德年间，恰好宣德皇帝爱斗蟋蟀，可见，此故事是有历史背景的。成名是一个贫苦的读书人，只因交不上一只“促织”（蟋蟀），两腿被打得血脓淋淋。一日，其妻受到女巫指点，帮助成名捕捉到一只雄健的促织。可是因不小心被家中九岁的儿子弄死，其子无路可走，投井自杀，孩子的灵魂化作一只貌不惊人的促织。这只促织轻捷善斗，被逐次上贡到皇帝那里，把斗鸡也打败，皇帝大悦。不仅贡献蟋蟀的大小官吏个个得赏，成名的儿子也还魂醒来，成名也进了学，一家人得到了荣华富贵。一只促织就能维系全家人的生命，这里所展示的是悲剧与喜剧的冲突，是皇帝一人与普天下百姓的冲突，是一人欢乐与万家遭殃的冲突。由此揭露了封建统治阶级荒淫逸乐、不闻朝政的丑恶本质。

《促织》插图

《聊斋志异》中最多的是描写爱情婚姻的作品。蒲松龄长期在外坐馆教书，家庭不能团圆，目睹众人合家欢乐的情景，只好把自己的愿望寄托于创作中。他对自由恋爱、追求幸福的青年男女极力歌颂，对封建礼教的约束提出强烈控诉。如《婴宁》、《香玉》、《阿宝》、《瑞云》、《连城》、《乔女》、《白秋练》、《王桂庵》等篇目。

书生与妓女的恋爱故事是中国古代小说戏曲的传统题材。《聊斋志异》之《瑞云》篇，虽然讲述

《画皮》插图

了一个书生贺生与妓女瑞云的恋爱故事，但是蒲松龄突破了传统写法，自有创意。瑞云是杭州名妓，色艺双全，一般富贵人家以重金也只能求见一面、留一茶、酬一画、博一弈而已。贺生是一个并不富裕的书生，倾其所有钱财，与瑞云相会。瑞云认为贺生是个重情义之人，有意将终身托付于他，而贺生无钱赎出瑞云，二人只好断绝了音信。后来，一秀才面见瑞云，在其额头点上黑黑的指印。此墨印不仅未能洗掉，一年后反而染遍脸颊。鸨母便把瑞云赶到厨房和丫头们一起干活。贺生得知，将瑞云赎出成婚。瑞云以相貌不配为由，许身贺生为妾，同乡人因此都嘲笑他。后来，贺生巧遇那位秀才，将实情说出，秀才帮助瑞云恢复原来的容貌，瑞云和贺生结为伉俪。贺生与瑞云的恋情是建立在共同的志趣、爱好和彼此敬慕、相互了解的基础上的，并且不惜为追求和维护这种恋情而努力斗争。

蒲松龄自幼热衷功名，一生多数时间都参加科举考试，但是屡考屡败，他对科举制度的弊端、科举考试的辛酸感受特深。因此，小说部分篇章揭露了科举制度的弊端和腐朽，控诉了科举制度埋没人才和摧残人才的罪恶。如《叶生》、《王子安》、《素秋》、《考弊司》、《阿宝》、《神女》、《褚生》、《司文郎》等。

《王子安》描述了一位被科举毒害得麻木失态的读书人。王子安出身寒微，家道贫寒，但却热衷功名，一心参加科举考试。每次考试完毕便喝得大醉。一次，喝醉之后，恍惚之中见有报喜者来，他从床上一跃而起，大叫赏钱十千；接着又见报喜者报知已中进士，他又赏钱十千；随后又见报喜者报知已殿试翰林，他立即想到要在乡里荣耀一番，大声呼长班侍侯。此时，哪有长班，只有妻子的声音传入耳中："家中止有一媪，昼为汝炊，夜为汝温足耳。何处长班，何汝穷骨？"妻子的怒喝如当头一棒，使王子安从酒醉中如梦方醒。封建社会像王子安一样醉心功名的人比比皆是，他们被科举阉割了思想，毒化了灵魂，浪费了青春和生命，蒲松龄以切身体验申诉了科举制度对封建知识分子的危害！

此外，《聊斋志异》中有一些寓言、杂记、特写类的作品也为读者所喜闻乐道，如《画皮》、《劳山道士》、《口技》、《偷桃》等篇章。

《聊斋志异》使中国古代文言短篇小说发展到了顶峰。它不仅内容丰富，而且故事情节曲折、动人，人物形象刻画细腻、逼真，语言上则继承了中国文言文的精练、简洁、准确之长，并从口语中提炼出

大量清新隽永、诙谐的语句，冲淡了文言文的苦涩、僵化感，使读者顿感生机和活力。

十一、穷极文士情态的讽刺小说《儒林外史》

《儒林外史》的作者吴敬梓（1701—1754），字敏轩，一字文木，号粒民，自称秦淮寓客，安徽全椒人。出身于一个世代书香家庭，主要创作活动在清雍正和乾隆初期。曾祖父吴国对是顺治年间的探花，诗古文辞及书法闻名于世，曾典试福建，提督顺天学政，由编修做到侍读，这是吴家的鼎盛时期。到了他父亲吴霖起时，家道开始衰微。其父曾任江苏赣榆县教谕，吴敬梓随父到任所，往来于江淮南北之间，广泛涉猎群经诸史。其父为人正直，不慕名利，看重节操，安于贫困，这对吴敬梓的为人有很大影响。吴敬梓23岁时，由于父亲正直丢官，抑郁而死，家庭生活急剧变化。吴敬梓理财不善，又乐善好施，喜爱交游，加上族人贪婪地掠取他的祖遗财产，几年之间，便“田产卖尽”、“奴仆逃散”。吴敬梓33岁迁居南京时，家境已相当困难。他也曾发愤于科举考试，可是，在29岁夏天的乡试预试中，却因“文章大好人大怪”而差点被黜，同年秋参加乡试失败，使其对科举制度产生了怀疑。同时在与那些官僚、绅士、名流的长期交往中，也逐渐看透了他们腐朽黑暗的本质，更坚定了其鄙弃功名的决心。乾隆元年（1736），吴敬梓36岁，安徽巡抚赵国麟荐举他应博学鸿词科的考试，他托病拒绝，从此，再也不应乡举，也放弃了“诸生籍”。此后，吴敬梓的生活更加贫困艰难，只有依靠卖书和朋友的援助生活。有时冬夜无火御寒时，便邀几个朋友绕城堞数十里而归，自谓“暖足”。足见其生活的辛酸和艰难！他鄙视官场上形形色色的人物，却追求儒家的礼治，倡导助人为乐。在40岁时，他为倡捐修复泰伯祠，把最后一点财产——全椒老屋卖掉。吴敬梓一生坎坷，他把对现实的清醒认识全都倾注于创作《儒林外史》上。1754年12月，他与友人王又曾饮酒消寒，入夜突患疾，结束了穷困潦倒的一生。除《儒林外史》外，吴敬梓还写有《文木山房集》、《金陵景物图诗》等。

吴敬梓像

贡院中的房间

《儒林外史》现存最早的卧闲草堂刻本，共56回，末回乃后人伪作。小说中的人物，大都有真人真事作为生活原型。吴敬梓为免

吴敬梓手迹

遭清政府的迫害，故意把所写故事的背景移到明代中叶。《儒林外史》主要描绘了封建社会中不同类型知识分子的群像，尖锐地讽刺与抨击了那些形形色色的“无行文人”，剖析了在科举制度的毒害下，各类知识分子的精神面貌，表达了作者反对科举、轻视功名利禄的思想。

小说在楔子中塑造了元末诗人王冕的形象，以此“敷陈大义”、“隐括全文”。王冕精通天文、地理、经史，他厌恶科举考试，不谋权贵，以卖画为生。作者通过王冕之口抨击了科举制度：“这个法却定的不好，将来读书人既有此一条荣身之路，把那文行出处都看轻了。”

小说自第二回起，写迂腐的老儒周进和穷苦知识分子范进的故事。周进毕生辛苦，年过花甲还是个童生。进省城参观贡院时，见了号板便嚎啕大哭，并“一头撞在号板上，直僵不省人事”。被人救醒后，仍“大哭不止，满地打滚，直哭到口里吐出鲜血来”。当商人们答应替他捐个监生时，他竟爬到地上磕头说：“若得如此，便是重生父母，我周进变驴变马，也要报效！”范进也是一个考了20多次都没有考取的老童生，生活极度困窘，受到世人奚落和丈人胡屠户的唾骂。当他听到自己中举的消息后，顿时发了疯：“把两手拍了一下，笑一声道：‘噫！好！我中了！’说着，往后一跤跌倒，牙关咬紧，不省人事。”最后挨了胡屠户的耳光后才清醒过来。由此可见，科举制度使正常人变成“疯子”，可以使人达到入迷程度，通过周进、范进两个穷知识分子的形象刻画，揭露了科举制度对人的毒害之深。

考生白日梦中状元

《儒林外史》还塑造了几个似乎比较清醒明智的人物形象。如马二先生，他不像周进、范进那样迷恋于参加科举考试，而是一个精明能干、对社会现实比较了解的知识分子。可是他也把自己的全部心血都献给了举业文事，到处鼓吹：“书中自有黄金屋，书中自有千钟粟，书中自有颜如玉。”认为世上除了八股文以外没有其他文章，人生除了举业之外就没有其他事业。孔孟程朱的文章，夺去了其思考的能动性、主动性；封建的蒙昧主义，窒息了他生活的灵性。他自己不仅是封建社会的受害者和牺牲品，而且还招引其他知识分子走进科举考试的死胡同，他成为看似清醒，实则失去自我的封建知识分

子的典型。

《儒林外史》也塑造了一批正面人物形象，以寄托作者的理想。如杜少卿，原是一个豪门公子，极重孝道，慷慨好施，轻视功名与金钱。他辞退征聘后，“乡试也不应，科岁也不考，逍遥自在，做些自己的事”。他曾醉后携妻子的手去清凉山游玩，此举惊动周围的游人。巡抚推荐他进京拜见皇上，他却装病推辞，对妻子说：“放着南京这样好玩的所在，留着我在家，春天秋天同你去看花吃酒，好不快活，为什么要送我到京里去？”表现出杜少卿的叛逆性格。吴敬梓曾借另一个人物的口吻称杜少卿“品行文章是当今第一人”。实际上杜少卿是作者本人的自况。

杜少卿平居豪举

《儒林外史》在中国古代小说中属于开创性的杰作。写作上最大的特点是运用了讽刺手法。鲁迅曾说，“讽刺的生命是真实”，“非写实决不能成为所谓讽刺”。《儒林外史》的讽刺艺术正是这种精神的体现。

十二、世情小说的顶峰《红楼梦》

世情小说主要指以恋爱婚姻、家庭生活为题材，反映世俗人情的小说，又叫人情小说。中国古代就有世情小说的创作传统，从魏晋志怪小说到唐宋传奇，从宋元话本到明清拟话本、章回小说，都有大量世情小说出现，如《韩凭夫妇》、《霍小玉传》、《卖油郎独占花魁》等。但是，这些小说从严格意义上讲，并不是纯粹的世情小说。到了明代《金瓶梅》的出现，才真正拉开了世情小说的帷幕，而清代的《红楼梦》则是中国世情小说的顶峰。

《红楼梦》的作者曹雪芹（约1715—约1764）名霑，字梦阮，号雪芹、芹圃、芹溪。他的先世原是汉人，约在明朝末年加入满洲籍，属满洲正白旗。曹家发迹是从祖上曹振彦随清兵入关并以军功得到提拔为起点的，清康熙年间，是曹家最富盛的时期。曹雪芹的曾祖母孙氏在宫廷当康熙帝玄烨的乳母，康熙即位后派其曾祖父曹玺任江宁织造。祖父曹寅曾做玄烨的伴读与御前侍卫，后任苏州织造、江宁织造，兼任两淮巡盐监察御史等职。“江宁织造”是康熙二年（1663）起设置的，主要负责掌管宫廷所需要的各种织物的织造、采购和供应等事项，并且作为皇帝的心腹和耳目，负责暗中监督江南一带地方人民和官吏的活动情况。由于曹家和皇帝的特殊关系，康熙六次下江南，其中四次由曹寅负责接驾，并下榻曹家。曹寅死后，其子曹颙、曹頫先后继任江宁织造。其中曹頫是曹雪芹的父亲。

曹雪芹像

时过境迁，康熙皇帝寿终后，雍正继位，清廷内部斗争异常激烈，

大观园图（局部） 清

雍正竭力排斥和打击康熙生前的宠信官吏。雍正五年(1727)，曹雪芹之父曹頫以“行为不端”、“骚扰驿站”和“亏空”罪名被革职，家产抄没，次年全家北返，家道日衰。少年时代的曹雪芹历经繁华和衰落，从豪富生活转变为贫困生活，给他以极大的心灵创伤。晚年的曹雪芹更加潦倒，以至“满径蓬蒿”、“举家食粥”。但他不畏艰难，以坚忍的毅力，“批阅十载”，创作出划时代的长篇巨著《红楼梦》。只可惜，因幼子夭亡，他悲伤成疾，没有完稿就撒手人间，享年不到50岁。

曹雪芹的未完稿题名《石头记》，前八十回已基本定稿，八十回以后的部分稿子因来不及整理而“迷失”，最初以抄本形式流传于读者之间，书名后改为《红楼梦》。到了乾隆五十六年（1791）、五十七年，即曹雪芹去世后近三十年，程伟元、高鹗第一次用木活字版印行，已是一百二十回，后四十回一般认为由高鹗续写，他基本上依据原书的主旨，参照前八十回的故事线索，把贾宝玉与林黛玉的爱情写成悲剧结局，使《红楼梦》成为一部结构完整、有头有尾的文学巨著。高鹗（1738—1815），字兰墅，别号“红楼外史”，乾隆时进士，做过翰林院侍读、刑科给事中等官。

曹雪芹生活的时代虽然是“康乾盛世”，但是，深藏内部的各种矛盾已初露端倪，整个清王朝已经到了盛极而衰的转折点。曹氏家族到曹雪芹时已今非昔比，每况愈下，生活极其困苦。曹雪芹已敏锐地预感到时代风雨的到来，他以文学创作的形式给旧时代作了一个“总判决书”，描绘了封建社会中孕育的各种错综复杂的矛盾。长篇巨著《红楼梦》以封建贵族青年贾宝玉、林黛玉、薛宝钗之间的恋爱和婚姻悲剧为中心线索，写出了当时具有代表性的贾、王、史、薛四大家族的兴衰发展史，深刻反映了中国18世纪中叶广阔的社会现实，批判了日益腐朽的封建统治阶级和封建专制，展示了封建社会必然灭亡的历史趋势。

《红楼梦》塑造了一大批活生生的典型人物。贾宝玉是小说中进步力量的代表，是封建贵族家庭的叛逆者。他生长在珠围翠绕、锦衣

玉食的封建大家庭中。贾母、贾政等封建旧势力的代表本来对贾宝玉抱有很大希望，企望他读书，参加科举，走仕途之路，以扬名显亲，但他却不愿走统治者为其铺就的这种生活道路，而成为封建统治阶级的叛逆者。贾宝玉所居住的大观园，是一个封建礼教统治比较松弛的地方，在他的周围，生活着一大批被压迫的女孩，她们纯洁善良，贾宝玉对她们的悲惨生活极富同情心，把全部热情和理想都寄托在这些被侮辱的女孩子身上。贾宝玉对八股更是深恶痛绝，将八股文斥为“饵名钓禄之阶”，是“拿它诓功名，混饭吃”的工具。他看不起科举仕宦，将“仕途经济”的说教斥为“混账话”。平时更“懒与士大夫诸男人交谈”，最厌恶“峨冠礼服贺吊往还之事”。他还对儒家提倡的最高道德标准“文死谏”、“武死战”进行了嘲笑。

黛玉焚稿

贾宝玉反对封建社会的“男尊女卑”、“尊卑有序”、“贵贱有别”的封建等级制，喜欢结交那些出身寒微的人，把自幼相处、从不向他讲“那些混账话”的林黛玉视为知己，他与林黛玉的爱情更能体现出其叛逆精神。他们的爱情是建立在共同反对封建道德礼教基础上的，因此为封建制度所不容，与封建势力形成了尖锐的矛盾冲突，最终在孤立无援的情况下，被封建势力所迫害，成为时代的爱情悲剧。贾宝玉在梦游太虚幻境时所见的《红楼梦》十二支曲中，已经唱出了一曲曲声泪俱下的悲歌：

宝玉　清·改琦

> 【枉凝眉】一个是阆苑仙葩，一个是美玉无瑕。若说没奇缘，今生偏又遇着他；若说有奇缘，如何心事终虚化？一个枉自嗟呀，一个空劳牵挂。一个是水中月，一个是镜中花。想眼中能有多少泪珠儿？怎禁得秋流到冬，春流到夏？

小说女主人公林黛玉，也是一位贵族叛逆者。她自幼母亲早亡，无依无靠，投奔外祖母家，过着寄人篱下的生活。她对封建贵族家庭中种种黑暗与丑行厌恶至极，目无下尘，始终保持自己“孤高自许”的纯洁个性，常以“比刀子还利害”的话语，来揭露周围不合理的现象。她也不遵从“女子无才便是德”的封建信条，鄙视封建文人的庸俗，诅咒八股功名的虚伪。林黛玉的反封建叛逆性格与贾宝玉很相似，因此，只有他俩谈得来。林黛玉也从不劝宝玉为官做宦，不讲“仕

王熙凤

途经济”，因此最受宝玉敬重。在他与宝玉的恋爱过程中，由于封建环境的压力，薛宝钗、史湘云的中途插入以及自己封建意识的束缚，黛玉常常陷入苦恼之中，表现出忧郁、感伤的情结。最后，强大的封建势力扼杀了她和宝玉的恋情。在焚稿断痴情一回中，她一面吐血，一面焚稿，以死向这个黑暗的封建社会进行控诉！

小说还塑造了一位与林黛玉相对立的人物——薛宝钗。她是位具有浓厚封建意识的贵族小姐，出身于皇商富人家庭，表面看来，她“罕言寡语，安分随时”。实际上，她极熟封建礼制，城府很深，以“不关已事不开口，一问摇头三不知”的态度，在人事关系复杂、彼此勾心斗角的贾府中，与周围人物相处得极其融洽。由于她精于世故，博得贾母、王夫人的喜爱，最终与贾宝玉结婚。但是，薛宝钗并没得到真正的爱情，最后成为封建礼教的牺牲品。

小说中，还有许多人物极富个性，如王熙凤、袭人、晴雯、鸳鸯、迎春等。《红楼梦》这部长篇巨著在古典小说中艺术成就最高。作者在广阔的社会背景中，通过对平凡的日常生活的精心提炼和描绘，如实地再现了当时社会各种人物的本来面目，细致入微地刻画了众多人物形象，而且能够用大段的心理描写来深入揭示人物的内心世界。《红楼梦》的语言极为优美、精练、多彩、传神。其中有些诗词能与人物活动、故事情节紧密相联，增强了语言的音韵美和抒情性。《红楼梦》在艺术结构方面，比《三国志演义》更宏伟、更严密、更完整。全书以贾宝玉和林黛玉的爱情和贾府由盛转衰为线索，把众多人物和复杂纷繁的故事情节组织在一起，这些人物、故事交错发展，彼此制约，构成了一个宏大的艺术框架。

李纨

曹雪芹以其非凡的艺术才能创作出杰出的长篇巨著——《红楼梦》，他把中国古典小说的创作艺术推向了顶峰。《红楼梦》以其博大精深的思想内容和精湛的艺术蜚声海内外，影响甚广。

两百多年来，学术界对《红楼梦》的研究一直没有间断，并有大量的学术著作问世，以至成为一门专门研究《红楼梦》的学问——“红学”。“红学”以五四运动为界，分为“旧红学”和“新红学”。“旧红学”的代表是索隐派，其研究方法近于猜谜。五四运动之后，产生了以胡适的《红楼梦考证》和俞平伯的《红楼梦辨》为代表的“新红学派”。他们用新的考证方法，批判了索隐派，认为《红楼梦》是曹雪芹的自传。建国以后，《红楼梦》的研究蓬勃发展，科学意义上的

“红学”正逐步形成。

以下是《红楼梦》中的主要人物：

刘姥姥在大观园 《红楼梦》插图 现代·戴敦邦

贾家荣府：

贾源，荣国公

贾代善，贾源长子

贾母，又称史太君，史公之女，贾代善之妻

　　贾母丫鬟：鸳鸯、鹦哥、琥珀、珍珠、翡翠、玻璃、鹦鹉、傻大姐

贾赦，贾代善长子，袭一等将军

　　贾赦之妾：周姨娘、嫣红、翠云、娇红

邢夫人，贾赦之妻

　　邢夫人陪房：费婆子、王善保家的

贾琏，贾赦与前妻之子

　　贾琏之妾：尤二姐、秋桐、平儿

　　贾琏奶妈：赵嬷嬷

　　贾琏小厮：兴儿、昭儿、隆儿

王熙凤，贾琏之妻，王公曾孙女，王夫人侄女

　　王熙凤丫鬟：丰儿、小红、善姐

巧姐，贾琏之女

贾迎春，周姨娘之女

　　迎春丫鬟：司棋、绣桔、莲花儿

贾琮，贾赦次子

贾政，贾代善次子

　　贾政之妾：赵姨娘，贾探春、贾环之母

　　赵姨娘丫鬟：小鹊、小吉祥儿

王夫人，王公孙女，贾政之妻，贾珠、贾元春、贾宝玉之母

　　王夫人陪房：周瑞家的、吴兴家的、郑华家的、来旺家的、来喜家的

　　王夫人丫鬟：金钏儿、玉钏儿、彩云、彩霞、绣鸾、绣凤

贾珠，贾政长子

李纨，贾珠之妻

　　李纨丫鬟：素云、碧月

贾兰，贾珠之子

贾元春，贾政之女，皇帝妃子

探春

秦可卿

元春丫鬟：抱琴
贾宝玉，贾政次子
宝玉奶妈：李嬷嬷、张奶妈、王奶妈、赵奶妈
宝玉丫鬟：袭人、媚人、晴雯、绮霰、麝月、檀云、秋纹、碧痕、茜雪、紫绡、佳蕙、春燕、坠儿、篆儿、良儿、柳五儿、四儿
宝玉小厮：茗烟、墨雨、扫红、锄药、双瑞、双寿、引泉、扫花、挑云、伴鹤
薛宝钗，贾宝玉之妻，薛姨妈之女
宝钗丫鬟：莺儿、文杏、喜儿
贾探春，贾政之女
探春丫鬟：待书、翠墨、小蝉
贾环，贾政之子

贾家宁府：

贾演，宁国公
贾代化，贾演长子
贾敬，贾代化次子，袭一等神威将军
贾珍，贾敬之子
贾珍之妾：佩凤、偕鸾、文花
尤氏，贾珍之妻
尤氏丫鬟：银蝶儿、炒豆儿
贾惜春，贾敬之女
惜春丫鬟：入画、彩屏
贾蓉，贾珍与前妻之子
秦可卿，贾蓉之妻
秦氏丫鬟：瑞珠、宝珠
贾代儒，贾府长辈
贾雨村，贾府同宗

史家：

史公，保龄侯尚书令，史太君之父
史鼎，忠靖侯，史公之孙，史湘云之叔
史湘云，史公曾孙女，史太君侄孙女
湘云丫鬟：翠缕

史湘云

王家：

王公，都太尉统制县伯，王夫人之祖
王子腾，王夫人之兄
王仁，王熙凤之兄
王狗儿，王家干亲
刘氏，王狗儿之妻
板儿，王狗儿之子
刘姥姥，王狗儿岳母

薛家：

薛姨妈，王公孙女，王夫人之妹
　　薛姨妈丫鬟：同喜、同贵
薛蟠，薛姨妈之子，薛宝钗之兄
夏金桂，薛蟠之妻
　　金桂丫鬟：宝蟾、小舍儿
薛蝌，薛蟠堂弟
邢岫烟，薛蝌之妻，邢夫人侄女
薛宝琴，薛蝌之妹

林家：

林如海，贾敏之夫
贾敏，贾代善之女，林如海之妻，林黛玉之母
林黛玉，林如海之女
　　黛玉奶妈：王嬷嬷
　　黛玉丫鬟：紫鹃、雪雁、春纤

林黛玉　清·改琦

宝钗捕蝶　清·改琦

十三、兴盛的清代小说

清代小说编创活跃，种类繁多，除了前面几部杰作之外，下面对其他影响较大的几部略作介绍。

由明入清，出现了一批续书，如《后水浒传》、《续金瓶梅》、《水浒后传》等。在明本的基础上还加工编修出多部有名的历史演义小说和英雄传奇小说。

《东周列国志》是由清初蔡元放根据明人余邵鱼的《列国志传》和冯梦龙依此本重修的《新列国志》加工而来。与其他历史演义小说相

卫懿公好鹤亡国

比，其思想艺术成就较高，成为将历史通俗化的范本。小说形象地再现了春秋战国时期诸侯争霸过程中涌现出的一大批杰出的军事家、思想家、政治家。对贤明君主选贤任能，改革时政，作品给予热情赞扬；对残暴、荒淫无能的君主，作品给予了无情的批判。其中的“围下宫程婴匿孤”、“蔺相如两屈秦王”、“信陵君窃符救赵”、“卫懿公好鹤亡国”、“齐襄公兄妹淫乱”、“杀三兄楚王即位”、“卫灵公筑台纳媳”等故事非常精彩。《东周列国志》还写了许多重大的战役战事，如秦晋崤之战、秦晋韩原之战、晋楚城濮之战等，展现了精彩的战争场面和军事家杰出的指挥才能。特别是描述东周列国时代人情世态、神采风貌的故事，如“苏秦合纵相六国”、“烛之武退秦师”、“郑庄公掘地见母”、“死范雎计逃秦国”等，至今在民间广为流传。

隋唐故事也在民间广为流传，以隋唐历史为题材的小说，数量也很多，约十几部，其中影响最大的是《隋唐演义》和《说唐全传》。《隋唐演义》共20卷100回，作者为褚人获，他少时即有才气，一生著书颇丰。褚人获也颇爱交友，与当时的尤侗、洪昇、顾贞观、毛宗岗等均为好友。在康熙年间，他根据《隋史遗文》、《隋唐志传》、《隋炀帝艳史》以及其他民间传说和戏剧，创作演绎出隋唐历史小说《隋唐演义》。从内容方面看，小说以隋炀帝、朱贵儿和唐明皇、杨贵妃的两世姻缘为中心，作品以隋文帝即位伐陈开始，到唐代唐明皇从四川返回长安结束。其中叙述了隋炀帝骄奢淫逸的生活，秦琼、单雄信等英雄反隋的故事，唐太宗李世民平定天下的过程，唐明皇与杨贵妃的恋情等。他把正史、野史笔记和历史演义中隋唐故事联结在一起，内容繁杂。褚人获在创作中也有偏离历史的现象，如把昏君隋炀帝美化成多情的君主，把唐明皇与杨贵妃的恋情误国归结于杨贵妃一人，有的故事还暴露出“女人是祸水”的错误观点。《隋唐演义》的体例也很繁杂。其主题是以历史演义为主，而在塑造秦琼、单雄信等英雄人物形象时，多采用英雄传奇小说的写法；在描述窦线娘、花又兰和罗成的恋情时，又采用了才子佳人小说的写法。可见，《隋唐演义》是以历史演义为主，又杂以英雄传奇和才子佳人小说的成分。

二贤庄卖马识豪杰

岳飞是人们所熟悉的民族英雄，在民间，关于他的故事一直在传诵。清代钱彩、金丰在前人素材的基础上，创作出这部具有浓厚历史色彩的英雄传奇小说。《说岳全传》共80回，大约出现在康熙、雍正年间。第1回至第61回，主要

讲述岳飞从出生到被害的经过。第62回到结束，描述岳飞死后其后代继续抗金和奸臣被除、为岳飞报仇雪恨的故事。岳飞自小孤贫，而喜结义友。岳母在其背上刺字，勉励他“精忠报国”。“以身许国，志必恢复中原，虽死无恨”，表明了他抗金的决心。在抗金的斗争中，岳飞收编了几支绿林义军，其中几个山寨的头领都是梁山泊英雄的子弟，岳飞得到他们的鼎力帮助，取得朱仙镇大捷，收复中原指日可待！但是，金人内奸秦桧以“莫须有”的罪名将岳飞调回逮捕，在风波亭与岳云一起被害。钱彩、金丰创作《说岳全传》的目的，是要通过小说来为英雄们申冤：“世间缺陷甚纷纭，懊恨风波屈不伸。最是人心公道在，幻想奇语慰忠魂。”《说岳全传》还假借南宋的历史教训，弘扬民族精神，抒发爱国主义情怀。

气死兀术，笑杀牛皋

清初出现了一部以家庭婚姻为素材的长篇小说《醒世姻缘传》，这是继《金瓶梅》之后的又一部有分量的世情小说。《醒世姻缘传》共100回，100余万字，原署“西周生辑著，然藜子校定”。很显然，作者“西周生”是化名，有关作者的真名，学术界尚无定论。《醒世姻缘传》以明代前期为背景，描述了一个前世姻缘、今世姻缘轮回报应的故事。作品前22回为前世姻缘，描述山东武城县官僚地主子弟晁源，在一次围猎取乐时，射死了一只仙狐，并纵其小妾珍哥虐待其大妻计氏，使计氏自缢而死。这是前世故事。第23回至第100回为今世姻缘。晁源因奸被杀后托生为狄希陈，仙狐托生为其妻薛素姐，计氏托生为其妾童寄姐，珍哥托生为童寄姐的婢女珍珠。狄希陈一家就成了前世冤仇相聚的地方。珍哥被寄姐逼死，而狄希陈被素姐、寄姐用种种稀奇古怪的残忍办法进行虐待。后有高僧点明他们之间前世、今世姻缘的因果关系，又指导狄希陈诵《金刚经》一万卷，才福至祸消，冤除恨解。整部小说充满了荒诞神秘色彩。

清初的才子佳人小说是从明后期的话本小说发展而来的，为数不少，如《玉娇梨》、《平山冷燕》、《定情人》、《珍珠舶》、《风流配》等。康熙以后出现的《好逑传》、《驻春园小史》等，大都沿袭了清初才子佳人小说的套路。《好逑传》又名《侠义风月传》，共18回，作者署名“名教中人”，真实姓名及生卒年不详。小说叙述了大名府秀才铁中玉历经曲折解救其父和民女水冰心的故事。小说男主人公铁中玉，英俊聪慧且武艺高强。其父铁英在朝为御史，因弹劾大夬侯强抢民女水冰心，反被以无佐证关入监狱。铁中玉进京上书皇帝，铁英得以昭

《好逑传》插图

雪，并救出民女。铁中玉因此名震京师，后去山东游学。女主人公水冰心的父亲流放边廷充军，水冰心的叔叔欲霸占家产，逼侄女水冰心嫁给花花公子过其祖。在铁中玉帮助下，水冰心摆脱了过其祖的纠缠。但是，过其祖在铁中玉的寓居长寿院设计投毒，导致铁中玉暴病。水冰心为答谢解救之恩，邀铁中玉到家中养病，二人互相敬慕，萌生爱恋之意，但二人严守礼教，都不肯成婚。后来，水冰心的父亲获释升为尚书，与铁中玉的父亲铁英商议，为二人完婚。但是，过其祖不甘失败，又唆使万御史劾奏铁中玉曾在水冰心家中养病，男女同居一室，有伤名教。后经皇后召宫人验明水冰心乃清白之身后，奉旨完婚，二人终成伉俪。《好逑传》是典型的才子佳人小说，作为人情小说的一个重要分支，特色鲜明。它流传海外较早，曾有英、葡、法、德、荷兰文译本出版。

《聊斋志异》的盛行影响清代出现了大量文言短篇小说，偏向于传奇的有沈起凤的《谐铎》、长白浩歌子的《萤窗异草》，偏向于笔记体的有袁枚的《子不语》和纪昀的《阅微草堂笔记》。

纪昀（1724—1805），字晓岚，乾隆进士，官至礼部尚书，曾任《四库全书》总纂官。《阅微草堂笔记》在中国小说发展史上具有特殊地位和影响。它虽然也以记述神怪鬼狐为主，但思想内容和艺术形式都与《聊斋志异》有着很大不同。纪昀的写作目的虽在于宣扬伦理道德，巩固封建秩序，但他在作品中对“道学家”的苛刻和虚伪本质多有揭露和讽刺。在创作上，纪昀反对蒲松龄的虚构想象与摹绘，而对魏晋南北朝笔记小说的简练古拙和不加雕饰极为推崇。《阅微草堂笔记》的一些篇章有着较进步的思想内容，它们或讽刺社会上的丑恶现象，或揭露恶吏盘剥百姓的罪行，或对“道学家”辛辣讽刺，或描写小儿女之间的痴情。其艺术特色、可读性和文学价值虽远远不及《聊斋志异》，但它以自己独有的简约淡雅、幽默风趣等风格，在当时的文人中产生了一定的影响，也称得上独树一帜的佳作。

纪昀像

嘉庆、道光以来出现了许多侠义公案小说和人情世态小说，前者承袭《水浒传》一路，如《施公案》、《儿女英雄传》、《荡寇志》、《彭公案》、《三侠五义》及其续书《小五义》、《续小五义》等等；后者承袭《红楼梦》一路，如《镜花缘》、《品花宝鉴》、《花月痕》、《海上花列传》等。

公案小说可以上溯到宋元时代，宋人说话中的《说公案》、宋元

话本中的《简帖和尚》、明代的《龙图公案》等都属于公案小说。到清代，公案小说逐渐同侠义小说合流，于鸦片战争前成书的《施公案》可以视作两类小说正式合流的标志。随着清代后期阶级矛盾、民族矛盾的日趋尖锐，民众渴望有清正廉洁的官吏来惩暴护民、伸张正义，这种美好愿望在小说创作上得到了很好的反映，于是，侠义公案小说日益多了起来。《施公案》又名《百断奇观》，清无名氏撰。初刻《施公案》8卷97回，另有续集《清烈传》100回，后来又有二续三续本，发展成528回，约120万字的大部头长篇小说。书中主要人物以施世纶为原型。据史料记载，施世纶（小说中为仕纶）是靖海侯施琅的儿子，康熙二十四年以“荫生”出任江苏泰州知州，历任扬州及江宁知府、湖南布政使、顺天府尹，直至户部侍郎、漕运总督。小说以仕纶判案为线索，叙述其公正执法、连续破案的故事。《施公案》中的案件大约有三类：一是民间刑事案子，如金铺老板逼占伙计女儿，杀死其夫；陶武生父子用高利贷逼迫贫民还债等。二是涉及到一些封建上层人物的恶霸土豪、皇粮庄头的大案件。如皇粮庄头黄隆基，吞并千顷土地，网罗流氓爪牙，勾结官府，夺占民房。三类是钦案，也就是施仕纶率领侠客镇压农民起义。如小说描写施、黄等人镇压于六、于七的起义等。小说以黄天霸归顺施仕纶为故事主干，侠士与清官的结合，开侠义与公案合流之先河，此后侠义公案小说盛行起来。

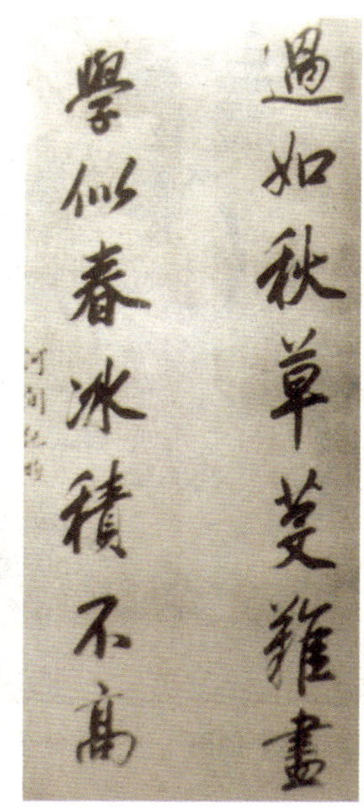

纪昀手迹

侠义公案小说大体包括两方面内容：一是豪侠之士除暴安良、匡扶正义，一是清官断案折狱。文康的《儿女英雄传》写安骥之父安学海遭上司陷害入狱，安骥变卖家产去救赎，途中遭遇歹徒，幸亏侠女十三妹搭救，并经其撮合与同时获救的一村女张金凤结为夫妇。后安学海访知十三妹乃其故交之女何玉凤，并告知她杀父仇人纪献唐已被天子处死。玉凤念及父仇得报，母已去世，自身孤苦伶仃，打算出家，后经张金凤等苦苦劝留，最后也嫁给安骥。安骥在二女的服侍下科场连捷，后位极人臣，全家共享荣华富贵，成为“一龙二凤”、“龙凤呈祥”的大团圆结局。作者把安骥和何玉凤、张金凤塑造成忠孝节义的儿女英雄，显然是用树立正面榜样的方法与《红楼梦》唱对台戏，极力挽救封建社会没落的危机。由于其思想的局限性，《儿女英雄传》的影响远远不及《红楼梦》。

俞万春的《荡寇志》又名《结水浒传》，是专门与《水浒传》唱反调的小说。作者深感农民力量的强大，为了配合清王朝的军事镇压，消除《水浒传》在民间的影响，刻意捏造出这部批判农民起义的反面小说。小说写北宋末年，以宋江为首的农民起义军发展到数十万人，又联合数支农民造反队伍，力量剧增。时有退职提辖陈希真，因高俅之子高衙内威逼其独生女陈丽卿嫁给他，便携女逃出京城，投奔

《施公案》插图

《镜花缘》插图 清 · 孙继芳

亲戚刘广，并通过他结识了宋朝官军将领云天彪。后陈希真迫于奸臣的逼迫，又与刘广投奔猿臂寨，权当“绿林豪客”，却又暗地勾结官军与梁山为敌，后配合张叔夜擒杀梁山一百单八将，荡平了水泊。

《三侠五义》是在石玉昆说书基础上创作的一部公案小说。小说围绕包公、颜查散、倪继祖等清官和白玉堂、展昭、欧阳春、丁兆兰、丁兆蕙、蒋平等侠客义士除暴安良的斗争事件，揭示了统治阶级内部的矛盾，暴露了社会的黑暗，反映了人民群众的理想和愿望。

清代所涌现的一系列侠义公案小说，虽也塑造了一大批嫉恶如仇、除暴安良、匡扶正义的侠义形象，但多数侠客义士后来都投靠统治者。反抗色彩的淡化及英雄人物越来越受正统观念影响和官方力量的支配成了这类小说的共同特点。

李汝珍（约1763—约1830）创作的《镜花缘》是继《红楼梦》之后比较优秀的世情传奇小说。《镜花缘》耗去了李汝珍30年心血，原拟写200回，结果只完成了100回。在《镜花缘》中，李汝珍通过幻想的形式，造就了一个光怪陆离、变幻无穷的艺术世界。作品主要叙述女皇武则天醉后命令百花在寒天腊月开放，众花神开花后遭到天谴，被贬谪成人间一百个才女。花神领袖百花仙子托生为唐敖的女儿小山。唐敖科举落第，心情不悦，随妻兄海外出游，历览海外异国，如“白民国”、“淑士国”、“黑齿国”、“女儿国”、“两面国”等诸国奇事。海外出游回国，唐敖又去小蓬莱修道。小山思父心切，出海寻找父亲。归国后恰遇武则天考试才女，由花神变成的百名女子在人间又重逢，连日饮酒赋诗，弹琴弈棋，尽情娱乐。作者通过虚构的国度讽刺了社会的黑暗现实，并用大量篇幅描述了妇女解放问题，小说不仅把贱视女子的社会心理完全打破，而且还把妇女的地位提高到同男子一样，这种同情妇女、尊重妇女的思想，在中国古典小说中还是较少的。

从清代道光末年开始逐渐盛行起以妓女、优伶故事为题材的长篇小说。鲁迅在《中国小说史略》中说这类小说多“以狭邪中人物事故为全书主干，且组织成长篇至数十回者”，因之称其为“狭邪小说”。“狭邪”亦写作“狭斜”，原指曲巷里弄，因多为娼妓所居，后遂代指娼妓。随着列强的入侵，城市经济的发展，狭邪小说大量出现，于是有了《品花宝鉴》、《花月痕》、《青楼梦》等为代表的长篇狭邪小说。这些人情世态小说难与《红楼梦》相提并论，虽说已是古典小说的末流，却也初露谴责小说和鸳鸯蝴蝶派小说之端倪。

走进中国文学殿堂

第九章 近代文学

中国近代文学是指从1840年鸦片战争至1919年五四运动之前这一历史时期内所发生的文学现象。它以反帝反封建为基本主题，完成了中国古代文学向现代新文学的过渡。

19世纪初，处于内忧外患中的大清帝国已出现衰落气象，然而统治者仍沉浸在盛世的美梦中，以“天朝上国自居”。这时，龚自珍等人率先觉醒，他们针砭时弊，揭露危机，摒弃汉学和宋学，倡导经世致用，在充满忧患意识的诗文中，呼唤改革风雷的到来。鸦片战争把中国人从“天朝上国”的美梦中惊醒，林则徐、魏源是最早睁开眼睛看世界的人，在他们的诗文中，体现出了向西方学习，要求变革的思想和精神。正是这些开明的有识之士，开启了近代文学的大门。

与维新派的变法主张相呼应，文学上也兴起了一场直接为政治改良鼓噪声势的文学改良运动。他们提出了“诗界革命”、“文界革命”、“小说界革命”等响亮的口号，积极推行文体改革，开创了一代新风。代表作家有康有为、梁启超、谭嗣同等，而尤以黄遵宪的成就最为突出。

维新变法失败后，资产阶级革命派作家又登上了文坛，他们热情奔放，用手中的笔为即将到来的革命和共和大唱赞歌，并鼓动民众为实现这一理想而去战斗。代表作家有秋瑾、章太炎、邹容、陈天华以及南社诗人等。

中国近代文学的发展呈现出多彩的景象，其主流是与中国近代社会的历史进程密切联系在一起的。它反映新事物，体现新思想，倡导新文风，在顺应反帝反封建的潮流中除旧开新，为五四新文学运动奠定了基础。

一、拉开近代文学的序幕

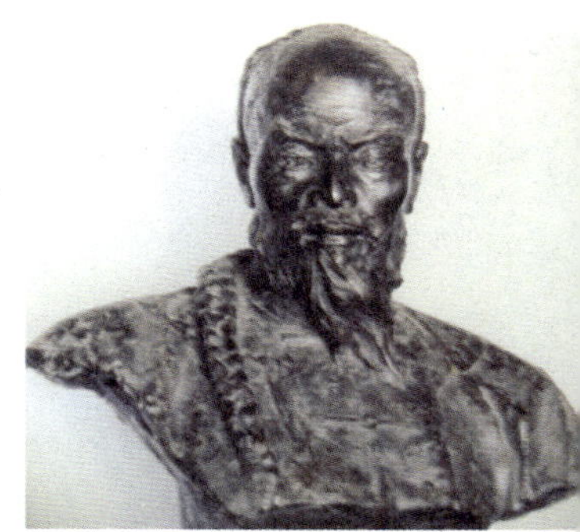
龚自珍塑像

龚自珍（1792—1841），字璱人，号定庵，仁和（今浙江杭州）人。他是近代开风气之先的杰出的启蒙主义思想家和文学家。他学识渊博、思想敏锐而深刻，敢于标新立异，在思想、政治、文学等方面的一系列犀利的论著，为近代的思想史和文学史拉开了序幕。

作为文学家，龚自珍的诗名和文名都非常大，诗歌方面的成就最高。他的诗现保存604首，包括289首编年诗和315首《己亥杂诗》。这些诗开一代风气之先，具有穿透和震撼社会的力量。他凭借自己深刻的社会洞察力，将清王朝的腐朽、没落充分地暴露给世人。他以七言绝句形式写就的《己亥杂诗》是一组大型组诗，作于1839年诗人辞官归乡的途中，反映了广阔而真实的社会现实，内容充实且具有很高的艺术价值。他的诗一方面抨击和揭露了腐朽的政治统治和衰败的社会现实，寄寓诗人对人民的深切同情。如《咏史》：

金粉东南十五州，万重恩怨属名流。
牢盆狎客操全算，团扇才人踞上游。
避席畏闻文字狱，著书都为稻粱谋。
田横五百人安在？难道归来尽列侯！

这首诗尖锐而深刻地描画出士林的卑琐无聊，字里行间渗透着诗人对民族前途的深深忧虑和希望。他的《己亥杂诗》（之一）则敏锐地指出了统治者与人民之间的不可调和的矛盾与对立：

只筹一缆十夫多，细算千艘渡此河。
我亦曾糜太仓粟，夜闻邪许泪滂沱。

另一方面，诗人表达了自身对理想的不懈追求和在生活遭遇中的感受。如《己亥杂诗》第四十四首：

霜毫掷罢倚天寒，任作淋漓淡墨看。
何敢自矜医国手，药方只贩古时丹。

这首诗表达了诗人理想难以实现的忧愁与苦闷。又如《十月廿夜大风不寐起而抒怀》：

贵人一夕下飞语，绝似风伯骄无垠。
平生进退两颠簸，诘屈内讼知缘因。
侧身天地本孤绝，矧乃气悍心肝淳。
欹斜谑浪震四坐，即此难免群公瞋。

思想深刻而又敏锐、个性极强烈的诗人，与其周围沉闷压抑的环境难免会时起冲突，让诗人感受到自身于天地间的“孤绝”。再如《己亥杂诗》的第五首：

浩荡离愁白日斜，吟鞭东指即天涯。
落红不是无情物，化作春泥更护花。

则表达了以关心天下为己任的诗人在离开官场后仍然想为社会尽自己职责的美好心愿。

再一方面，诗人表达了挽救国家危亡的强烈愿望。如《己亥杂诗》之一：

九州生气恃风雷，万马齐喑究可哀。
我劝天公重抖擞，不拘一格降人材。

龚自珍的诗洋溢着高扬飞越的人格精神，表现着奋发进取、纵横奔放的力量，是他一生思想深邃、情绪复杂而活跃的多侧面写照。而英雄之抱负、学者之素养和文人之才华集诗人于一身，使他形成了自己独特的艺术风格，他的诗构思奇特，想象奇绝，富有鲜明的浪漫主义气息。

龚自珍也擅长词，其词抒情率直、不拘声律，颇有豪放派之遗风。他的词现存150余首，主要抒发了诗人的理想抱负和情怀。如《湘月》：

天风吹我，堕湖山一角，果然清丽。曾是东华生小客，回首苍茫无际。屠狗功名，雕龙文卷，岂是平生意？乡亲苏小，定应笑我非计。

才见一抹斜阳，半堤香草，顿惹清愁起。罗袜音尘何处觅？渺渺怀孤寄。怨去吹箫，狂来说剑，两样消魂味。两般春梦，橹声荡入云水。

作者在这首词中概括了他离开故乡杭州十年间自身的遭遇和感慨，“箫”和“剑”是他的诗词中反复出现的意象，代表了作者多情善感和豪放任侠的两个方面。作为一个时代的先觉者，作为一个心系天下的志士，他的精神时常陷入矛盾与痛苦之中。

龚自珍的散文与桐城派风格迥异，思想内容也完全不同。他的散文在结构、辞藻方面均无定式之束缚，他让自由创造之精神畅意驰骋，大胆地抒发自己的真情实感和远见卓识，开创了经世散文的新风，使散文恢复了应有的创造精神和艺术生命力。龚自珍的散文以揭露时弊、呼吁变革、追求个性解放为主题，他的《明良论四》、《京师乐籍说》、《尊隐》、《病梅馆记》都是这方面的杰作。在《病梅馆记》中，他借“病梅”言志，以梅喻人，揭露了病态社会对人才自然生长的破坏，表达了作者追求自由发展的强烈愿望和救世的迫切之心，虽短短数百字，却熔记叙、议论、抒情于一炉，含义深刻，意味隽永。

林则徐像

总之，龚自珍是中国近代文学之先驱，他在诗、词、文多方面都起了开一代新风的作用。

鸦片战争时期，一些爱国志士仁人写作了大量爱国诗歌和讽刺诗，以感情真挚、关注现实的清新风格打破了诗坛的沉闷局面，开启了近代爱国文学的序幕。

林则徐（1785—1850）是中国近代史上著名的民族英雄，同时，他还是近代探索救国道路的先驱，有《云左山房诗抄》存世，其诗主要表现他强烈的爱国精神和对投降派愤怒的指责。如《次韵答陈子茂德培》：

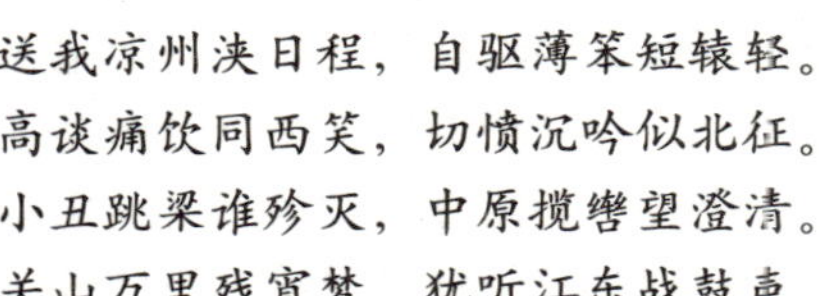

送我凉州浃日程，自驱薄笨短辕轻。
高谈痛饮同西笑，切愤沉吟似北征。
小丑跳梁谁殄灭，中原揽辔望澄清。
关山万里残宵梦，犹听江东战鼓声。

林则徐手书对联

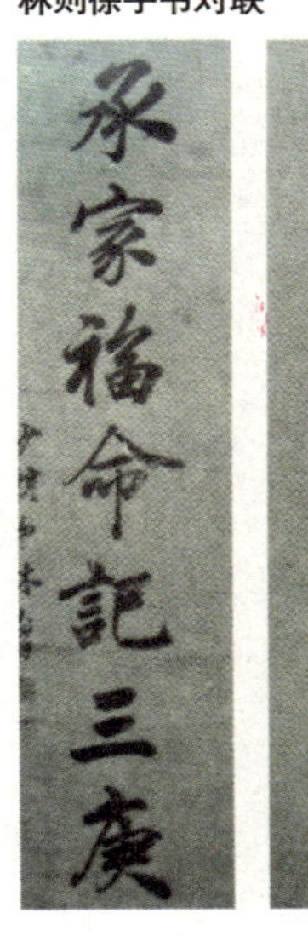

诗中表现了藐视侵略者的气势和平定天下的抱负。林则徐的诗含蓄深沉，格律严谨，格调苍劲。

与龚自珍并称于世的魏源（1794—1857）是中国近代史上较早提出向西方学习以求富国强兵的人。他的著作甚丰，除了学术著作外，诗文集有《古微堂集》、《清夜斋诗稿》等。魏源的政治诗感喟国事，表现了对外国侵略者的愤慨，同时也反映了清政府的昏愦无能和人民英勇的反抗精神。如《寰海》其九：

城上旌旗城下盟，怒潮已作落潮声。
阴疑阳战玄黄血，电夹雷攻水火并。
鼓角岂真天上降，琛珠合向海王倾。

张维屏像

全凭宝气销兵气，此夕蛟宫万丈明。

此诗对腐朽的清王朝统治者进行了辛辣的讽刺，感情激切。他的山水诗则于景中寄托自己的意趣，但有些诗也流露出颓废消沉的封建士大夫情绪。

贝青乔（1810—1863）是写诗揭露清政府腐败无能的著名诗人。他的组诗《咄咄行》把清军官兵昏庸怯懦的可恨丑态，揭露得深刻而具体，如描写指挥官张应云烟瘾大发：

瘾到材官定若僧，当前一任泰山崩。
铅丸如雨烟如墨，尸卧穹庐吸一灯。

当英军到来时，面对炮火连天，铅弹如雨，军官却卧吸鸦片，吞云吐雾，其丑态令人切齿扼腕。

在歌颂人民抗英斗争的诗中，值得推崇的是张维屏（1780—1859）的《三元里》，这首诗歌颂了1841年5月广东三元里人民抗击英军的战斗，表现了中国人民团结一致，不畏强暴的英雄事迹。抗敌场面激烈雄壮，人民群众英勇顽强，“众夷相视忽变色，黑旗死仗难生还”，“纵然欲遁无双翅，歼厥渠魁真易事”，打得英军落荒而逃，真是大快人心。

王韬（1828—1897）是实用散文“报章体”的开拓者和奠基者。他一生著述丰富，有政论文集《弢园文录外编》，有诗集《蘅华馆诗录》，游记散文集《乘浮漫记》、《扶桑游记》等。王韬是中国近代第一代新闻工作者，他曾于同治十三年（1874）初，在香港创办《循环日报》，这是中国人最早创办的大型日报，他撰写了大量报刊政论文，不仅语言通俗流畅，语意明了，而且行文新鲜活泼，纵横捭阖，富于鼓动性。他说他写文章时“直抒胸臆，不假修饰，不善作谦词，亦不喜为谀语，少即好纵横辩论，留心当世之务，每乃时事，往往愤懑郁勃，必尽倾吐而后快”。这种尽吐欲言的宽松文风给以后新闻写作创造了一种新的散文环境，影响了郑观应、康有为、梁启超、谭嗣同等人的政论写作，并带动了近代散文的革新。戈公振在《中国报学史》中说：“《弢园文录外编》，即集该报论说精华成之。其学识之渊博，眼光之远大，一时无两。”王韬的游记散文，记录了他旅居英、法和东游日本时的所见所闻，涉及面极广，长于描写，绘声绘色，且语言纯净简洁，具有较高的文学价值。

二、宋诗运动和桐城派的中兴

鸦片战争结束后，以“中学为体”的大官僚程恩泽、祁寯藻、曾国藩等人在文学方面也坚守传统，他们在诗歌领域形成了偏于宋诗格调的流派——“宋诗派”，兴起了大肆鼓吹宗宋的“宋诗运动”。作家另有何绍基、郑珍、莫友芝等。

宋诗派诗人主张诗要有独创性，能自成一己之风格，要写出“性格”并展示“学识”。但他们大都具有很强的保守性，思想和理论都囿于封建伦理的范畴之中难以解脱。他们远离了社会现实，一头扎进故纸堆，一心一意地写那些“感恩”、“扈从”和酬酢之诗，思想和艺术上都没什么价值可言。由于提倡宋诗的人多身居高位，他们很希望自己的诗能符合正统伦理而又能矫矫自立，保持“不俗”的诗风，但往往还是有失偏颇，难达心愿。在宋诗派作家中，唯有位卑职轻的郑珍写出了一系列好的诗篇，他的创作可以说代表了宋诗派的最高成就。

郑珍（1806—1864）字子尹，贵州遵义人。有《巢经巢全集》。他的诗内容比较广泛，有些诗揭露了社会现实的黑暗，反映了民生的疾苦，较有社会意义。郑珍诗作最突出的方面是他写出了贫士生活的各方面境况和内心世界。郑珍穷困潦倒一生，他对贫士阶层的遭际、心理活动极为熟悉，这方面的诗因而就显得非常真实、生动。《溪上水碓成》、《阿卯晬日作》、《湿薪行》、《漏屋诗》等都是这方面的佳作。郑珍作诗不避俚俗，不厌烦琐，生活气息非常浓厚，极具诗情画意。其诗语言简洁凝练、平易沉实，极见刻炼之功。郑珍的诗歌成就可以说为宋诗运动壮大了声势，扩大了影响。

桐城派古文自方苞始，至姚鼐光大，曾一度统治文坛一百多年。至嘉庆、道光年间，文坛形势严峻，汉学家提倡考据文，经世派鼓吹经世文，阮元等又倡导骈体文，多种文风的充斥使得桐城派丧失了霸主地位，失去了左右文坛的能力。加之桐城派后继人偏执迂腐，死守“义法”不变，使文章严重与社会现实脱节，导致文风日下。在这种情况下，管同、梅曾亮、方东树、姚莹、刘开等姚门大弟子因受形势之影响而对桐城派所一贯坚持的道统文统有所改变，他们开始注重文学与现实之间的关系。最早有了“中兴”之念的是梅曾亮（1786—1856），他在道光中后期曾一度被尊奉为古文宗师。他提出“因时”和“真”要相辅相成的主张，要求文章能真切地表情与达意。但真正使桐城派得到振兴的人不是梅曾亮而是曾国藩。曾国藩在姚门弟子相继

曾国藩像

故去、桐城派群龙无首的境遇下，振臂高呼，凭着在政治与文学上的实力和影响，聚集近百人于曾府中，倡导古文，形成曾国藩文学集团，使一度衰微的桐城派出现了重大转机，促成了桐城派的中兴。

曾国藩（1811—1872），原名子城，字伯涵，号涤生，湖南湘乡人。27岁中进士，至翰林院庶吉士，改名国藩。曾国藩是一位颇具雄才大略的政治家，他带兵平定了太平天国，才使清王朝得以苟延残喘，先后被任命为两江总督、直隶总督，封毅勇侯，死后谥号文正。有《曾文正公全集》传世。

曾国藩在多年宦海浮沉和长期对理学的潜心研究中，渐渐形成了一种思想，即要以礼法用政，以忠孝做人。在平定太平天国过程中，这种内法外儒的思想便派上了用场：在对太平天国进行武力镇压的同时，还要在思想教化上宣传程朱理学，而桐城派正是以此为己任的文学集团。因而，不能不说曾氏在提倡桐城古文的时候是包含了一定政治因素的。

曾国藩早年曾读过桐城方、姚之书，在《圣哲画像记》中自称"国藩之粗解文章，由姚先生启之"，对姚鼐推崇备至，将其列入中国历代三十二圣哲之中，表现得十分恭敬。他对桐城派存在的弊端，进行了大胆的革新。

首先，强调道统与文统相结合，在姚鼐所倡"义理、考据、词章"学问三事之外，另加"经济"，将义理与经济合二为一，认为不能空疏地发议论，而应与政治相结合，从而使散文内容得以扩大，文章的政教功利色彩也更浓厚。其次，就是对文章风格的革新。他不满桐城古文的阴柔雅洁，缺少气势，推崇一种雄奇恢弘的美学风格。他承姚鼐"阳刚"、"阴柔"之说并将其再分为八：雄、直、怪、丽，茹、远、洁、适。再次，重视文章的艺术性，主张骈散兼容，并在创作中兼用骈偶句法。他特别欣赏汉代辞赋家之文与六朝之文，广泛吸取辞赋与骈文的艺术特色运用于古文创作。为此，他的《经史百家杂钞》所选文章，较姚鼐的《古文辞类纂》多了两汉、六朝、唐宋之骈俪文，亦将经史、诸子之文作为古文学习的范本选入其中，政治目的也很明显。此外，曾国藩还主张调和汉学与宋学之争，从而争取多方面的支持，以扩大桐城派古文之影响。

曾国藩长居高位，延揽人才，壮大声威，幕府中文学人才与日俱增，形成一支庞大的文学队伍。在众幕僚中，有所谓"曾门四弟子"影响最大，即张裕钊、吴汝纶、黎庶昌、薛福成。他们大多与政治有密切关系，系洋务派人物，在文学上上下呼应，一时风起云涌，有如异军突起，桐城古文一度"中兴"。四人大多都有出使国外考察学习的经历，因而他们的作品大多介绍西方的新思想、新文化及先进的科学技术，还描绘海外景观，如黎庶昌的《奉使伦敦记》、《卜来敦记》等记游散文，记述异国风光；薛福成《观巴黎油画记》也写得曲折而有风致，描写文字尤佳，令人有身临其境之感。另外，如张裕钊《游虞山记》、吴汝纶《送张廉卿序》等都不失为佳篇。

曾国藩是桐城派的中兴盟主，因其为湘乡人，人们称之为“湘乡派”，一直以来被看作桐城派的一个重要分支，亦有湘乡派代替桐城派之说。曾国藩之后，桐城派日益衰败，“五四”时期，林纾、严复等人意图以桐城古文与新文化运动相抗衡，终以失败告终，至此，桐城派彻底消亡。

桐城派作为中国古代散文史上的一个重要流派，历经1200余位作家的苦心经营，历时二百余年，产生了很大影响，最终以古代散文的终结而告消亡，这是一个历史的必然。虽然桐城派总以古人的文法为范，导致僵化，但站在历史的长河中考察，桐城派对古代散文的创作规范所作的总结，对于当今散文的创作，还是很有借鉴意义的。

三、维新派的文学改良运动

伴随着变法维新思潮的兴起，出现了由资产阶级发动和领导的文学改良运动，代表人物有康有为、梁启超、黄遵宪、谭嗣同、夏曾佑等人。维新派作家们响亮地提出“诗界革命”、“文界革命”、“小说界革命”和“戏剧改良”等口号，试图以文体和内容的革新来创建反封建反专制的自由文学。他们创作诗文，抒发自己献身社会改良的决心和爱国热忱，具有强烈的时代气息。

康有为（1858—1927）不仅是我国近代著名的思想家、政治活动家，而且还是一位卓有成就的文学家。他的诗现存1500余首，收入《南海先生诗集》中，抒写政治抱负和参政热情是康有为在“戊戌变法”前所创作诗歌的重要内容。如《出都留别诸公》五首中的两首：

沧海惊波百怪横，唐衢痛哭万人惊。
高峰突起诸山妒，上帝无言百鬼狞。
岂有汉庭思贾谊？拼教江夏杀祢衡。
陆沉预为中原叹，他日应思鲁二生。

天龙作骑万灵从，独立飞来缥缈峰。
怀抱芳馨兰一握，纵横宙合雾千重。
眼中战国成争鹿，海内人才孰卧龙？

康有为、光绪帝、梁启超

抚剑长号归去也，千山风雨啸青锋。

康有为像

这两首政治诗中不仅有对“百怪”、“百鬼”的憎恶，还有自己献身理想的勇气，表现了诗人志向高洁、乐观进取的精神风貌。他还有一些诗抚今怀古，慨叹民生疾苦，充满了使命感。

戊戌变法失败后，康有为出国避难。他写诗追述事件的本末，并对死难者表示了沉痛的哀悼，如《六哀诗》、《爱国诗》、《戊戌八月国变记事》等，成为这一历史事件的见证。但有些诗也充塞了忠君保皇的没落思想，逆时代潮流而为之，不复有昔日的激昂风采。

康有为的散文主要是宣扬维新变法的政论文，另外还有一些游记和序跋等。其中写给光绪皇帝的七封上书和《强学会序》是政论文的代表作，文章切中时政，言辞恳切；游记则记叙国外风光、科学技术等，内容丰富，其间又融入了自己的爱国热情。这些散文文笔流畅，情感激昂。另有《大同书》一部，描绘了康有为心中的大同世界，反映了他思想体系的演化过程。

梁启超像

梁启超（1873—1929），字卓如，号任公，别号饮冰室主人，广东新会人。他自幼聪颖过人，早年从师康有为，积极鼓吹变法图强，热情倡导维新变法，戊戌变法失败后流亡日本，热衷于办刊写文，在文学改良运动中相继提出了“诗界革命”、“文界革命”“小说界革命”等口号。虽然梁启超主要不是一个文学家，他也曾说“吾二十年之生涯皆为政治生涯”，但这不妨碍他在近代文学革新中所发挥的重要作用。

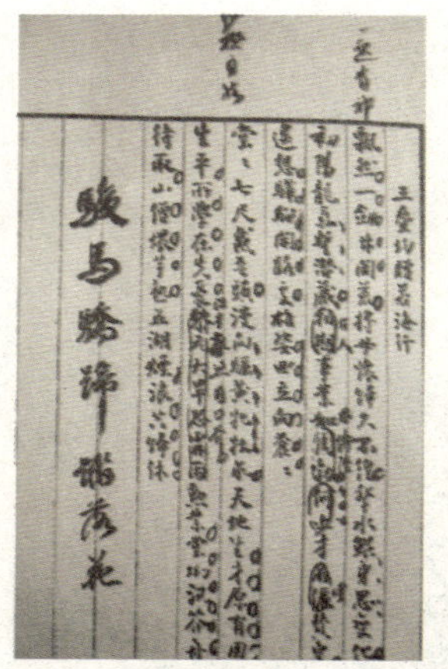
梁启超诗稿手迹，上有康有为批文

梁启超并不以诗名世，却也有近五百首诗词和那本常被人征引的《饮冰室诗话》存留下来。“诗界革命”的口号是他在《夏威夷游记》中提出的，他说：“故今日不作诗则已，若作诗，必为诗界之哥伦布、玛赛郎然后可。”还说，中国如果没有诗界革命，“则诗运殆将绝”。为此，他提出三点革命方案：一要有新意境，二要有新语句，三要引入古人的诗风，然后才可成其诗。可见他的主张与其在政治上不抛弃“皇统”的改良观类似，企图在保持旧风格的基础上变革中国诗歌的意境和语辞。这种理论的局限性很明显，在不改变旧风格的同时，又怎能融入新意境和新语句？于是写诗无非是堆砌一些欧洲译词、佛典用语而已，终亦无甚新诗出现。有人曾写诗讽刺说：“新词新意乍离披，梁夏亲提革命师。曾几何时看倒退，纷纷望古树降旗。”“诗界革命”最终也只能归于弃新存古。

“小说界革命”的提出与梁启超受日本思潮影响有密切关系。他在日本创办了《新小说》，在创刊号上发表了著名论文《论小说与群治之关系》，还发表了他的政治小说《新中国未来记》。在论文中，梁

《巴黎茶花女遗事》书影

启超说："今日欲改良群治，必自小说界革命始；欲新民，必自新小说始。"他特别看重小说的政治功能和感化力量，认为小说应反映政治斗争，应与改良主义的政治运动联系起来，他在他的政治小说中大发政治议论，申明"维新"的主张，但只写了五回便戛然而止了，他的小说实践未能善始善终。

在梁启超的影响下，文坛上出现了一些小说理论著作和大批带有政治激情的新小说及翻译小说，如晚清"四大谴责小说"和一些优秀的翻译小说。光绪二十四年梁启超翻译的日本政治小说《佳人奇遇》（柴四郎著）发表，次年林纾出版了他同王寿昌合译的法国言情小说《巴黎茶花女遗事》（小仲马著），这是中国第一部产生影响的翻译小说。此后，译本渐多，在一段时间里竟出现翻译小说凌驾于创作小说之上的局面。据阿英所编《晚清戏曲小说目》，甲午至辛亥间创作小说为462种，翻译小说却多达608种，可以想见当时翻译小说之繁荣景象。翻译文学的兴盛空前地提高了小说这种文学体裁的地位，将中国自古以来视诗词文为文学之正统，而将小说等俗文学视作末流的文学观念彻底改变了。但是，由于梁启超等人过分夸大了小说的政治作用，把小说当作改良主义政治运动的工具，从而忽视了文学自身的发展规律，因而也只能是昙花一现。

林纾像

《新民丛报》

在竭力倡导政治小说的同时，梁启超也在倡导"文界革命"，而且也是这"三界"革命中最成功的。早在1896年，梁启超23岁时就任《时务报》的主编，曾写了大量的政论文，笔锋犀利，而又语带感情。流亡日本后，又先后创办了《清议报》、《新民丛报》、《新小说》等刊物，提出了"文界革命"的口号，积极倡导并身体力行"新文体"，产生了深远的影响。

《新小说》

所谓"新文体"，梁启超解释说："平易畅达，时杂以俚语、韵语及外国语法，纵笔所至不检束，学者竞相效之，号新文体。老辈则痛恨，诋为野狐，然其文条理明晰，笔锋常带情感，对于读者，别有一种魔力焉。"（《清代学术概论》）梁启超的政论散文，就是这种"新文体"的创作实践，著名的有《少年中国说》、《呵旁观者文》、《新民说》、《奴隶与强盗》、《论进步》、《说希望》等，都在剖析传统文化的弊端，提倡"新民"，宣扬自由、自尊、进取等精神，时人亦称其文为"新民体"。人们所熟悉的《少年中国说》广泛取譬，多方设喻，将一个

谭嗣同像

老态龙钟的老大中国和一个朝气蓬勃的少年中国活现在人们面前，对比鲜明，语言运用也极灵活，奇偶相配，挥洒自如，是一篇典型的“新文体”散文，代表了梁启超在散文创作领域的实力。

总之，梁启超在政治上是个风云人物，在文坛上，也因他对诗词、散文、小说革新的广泛而热情的呼号和践行而同样成为风云人物。

提起“有心杀贼，无力回天；死得其所，快哉快哉”这两句诗，人们立即就会想到那位在百日维新中最具悲剧色彩的人物——谭嗣同(1865—1898)。他是19世纪末一位资产阶级改良派政治家、思想家，他积极倡导维新强国，并为之慷慨献身。此外，他还是一位颇有成就的文学家。现存诗二百余首，诗风恢弘豪迈，语气气势磅礴，感情强烈，有震撼人心的力量。如《有感一章》流露出忧国忧民之情：

世间万物抵春愁，合向苍冥一哭休。
四万万人齐下泪，天涯何处是神州？

另一首著名的《狱中题壁》，将笑对死亡的凛然正气和洒脱神态诗化了：

望门投止思张俭，忍死须臾待杜根。
我自横刀向天笑，去留肝胆两昆仑。

谭嗣同还有一些描写人民苦难的诗，如《六盘山转饟谣》；抒发壮志的诗，如《述怀诗》；交友怀人的诗，如《赠舞人诗》；写景抒情的诗，如《潼关》等。他的散文，如《仁学自叙》、《刘云田传》、《先妣徐夫人逸事状》等，骈散并用，内容充实，富于个性和特色。

夏曾佑（1863—1924）与黄遵宪、谭嗣同、梁启超等均是志同道合的朋友，尤其是与梁启超“日相过从”，“文酒之会不辍”。他的诗反映了资产阶级改良派对当时中国局势的忧虑与关切，如《丙申三月将改官出都和青来前辈》：

连天芳草送征轮，未免低回去国身。
八百余年王会地，垂杨无语谁为春？

蒋智由（1865—1929）能诗兼文，鼓吹新学，他早年的许多诗，表达了对列强入侵后民族危机加深的忧虑，流露出作者匡时济世的强烈愿望，如《久思》：

久思词笔换兜鍪，浩荡雄姿不可收。
地覆天翻文字海，可能歌哭挽神州？

梁启超在《饮冰室诗话》中称黄遵宪、夏曾佑、蒋智由为“近世诗家三杰”，可知夏、蒋二人的诗坛地位。

四、诗界革命的旗手和巨子

黄遵宪历来被人们尊为“诗界革命”的旗手，可以说是近代努力开辟新诗界的第一人。

黄遵宪像

黄遵宪（1848—1905），字公度，别字“人境庐主人”，广东梅县人。他自小即博得“小才子”之名，21岁就在《杂感》一诗中喊出了“我手写我口，古岂能拘牵”的响亮口号，还有要“别创诗界”之论，与诗结下了不解之缘。

黄遵宪的一生，“不屑以诗人自居”，由于一生追求民主共和，维新图强，因而戊戌变法失败后，晚年慨叹自己“生平怀抱，一事无成”。然而，“无心插柳柳成荫”，几百首诗证实了他在诗歌创作方面的实力，也同样给近代诗歌革新添一把薪，加一把火。

现存黄遵宪的诗，大部分存于其自选集《人境庐诗草》中，收录了1864—1904年间六百余首诗，可看作是作者一生经历的自叙传。由于是编年诗，所以也是一部描绘晚清社会现实的诗史。其诗作内容丰富，大部分是反映国内重大事件和描绘国外见闻的诗作，也有一些是作者晚年追忆怀人之作。黄遵宪29岁中举，第二年即出使日本，随后一发不可收，先后去过美国、英国、新加坡，直到47岁才回国，这前后近20年的外交生涯，大大开阔了他的眼界，使他深受海外文化的影响，并为他的诗歌创作提供了前所未有的丰富而新鲜的题材。反映重大历史事件的如《香港感怀》，回顾鸦片战争后割地赔款的屈辱历史，情绪激愤：

岂欲珠崖弃，其如城下盟！
帆樯通万国，壁垒逼三城。
虎穴人雄据，鸿沟界未明。
传闻哀痛语，犹洒泪纵横。

《人境庐诗草》封面

此外，在中法、中日甲午战争中，作者还写有《冯将军歌》、《马关纪事》、《哀旅顺》、《哭威海》、《度辽将军歌》等诗篇，生动再现了

战争的主要过程，歌颂英勇将士，讽刺昏庸军官，控诉侵略罪行，鲜明地体现出作者的爱国主义感情。

记游状物的如《樱花歌》：

一花一树来婆娑，坐者行者口吟哦；
攀者折者手挼莎，来者去者肩相摩。
墨江泼绿水微波，万花掩映江之沱。
倾城看花奈花何，人人同唱樱花歌。

描绘出日本人民外出赏花之盛况，欣喜之色犹见。

此外还有《伦敦大雾行》、《登巴黎铁塔》、《新加坡杂诗》等，多将景色与异国文化、历史、政治环境融为一体，将人带入奇异的世界中，诗中的新名词不断，如“总统”、“共和”“自由”、“平等”、“动物”、“植物”等，给人以深刻的印象。还歌咏新事物的诗，如咏电报：

寻常并坐语，未遽悉心事。
况经三四译，岂能达人意。
只有斑斑墨，颇似临行泪。
门前两行树，离离到天际。
中央亦有丝，有丝两头系。

相思无处诉，即使电报也难达人意，比兴手法很有意趣。

写景怀人诗寄寓着诗人深沉真挚的情感，如《雁》：

汝亦惊弦者，来归过我庐。
可能沧海外，代寄故人书？
四面犹张网，孤飞未定居。
匆匆还不暇，他莫问何如。

这一类还有《乙亥杂诗》、《仰天》、《三哀诗》等，都从侧面反映了当时的社会政治，寄托着诗人深远的寓意。

总之，黄遵宪的诗手法多变，善用散文笔法写诗，名篇也多是长篇叙事诗，或大笔勾勒，或工笔细描，他的主张“我手写我口”在他的诗中有所体现。在他的笔下，口语、俗语、官话、套话、古籍经典语皆可入诗，而他又出生于一个民歌发达地区，善仿民歌，融入创作中，即有一种清新活泼的气息。黄遵宪的诗被丘逢甲誉为“诗界之哥伦布”，具有较高的艺术成就。但他的有些诗，仍摆脱不了旧形式的影响，这反映了改良派诗人所倡导的“诗界革命”的不彻底性。

丘逢甲（1864—1912），又名仓海，字仙根，号悻仙，台湾苗栗人，工部主事。他因不满朝政，辞职在台湾从事教育。他曾组织义军与侵占台湾的日军展开血战，失败后被迫退回大陆，仍致力于教育。辛亥革命后，任广东革命军政府教育部长，后当选为中央参议员。

丘逢甲像

丘逢甲是台湾著名维新派诗人，被梁启超称为“诗界革命巨子”。他平生诗作甚丰，但大都散佚，现存《岭云海日楼诗钞》，收诗近2000首。他的诗作主题是抒发对故土台湾沦陷后的悲愤与怀念，抒写雪洗国耻的雄心壮志。如《愁云》：

愁云极目昼成阴，飞鸟犹知恋故林。
破碎山河收战气，飘零身世损春心。
封侯未遂空投笔，结客无成枉散金。
梦里陈书仍痛哭，纵横残阳枕痕深。

还有的诗揭露列强的侵略罪行，谴责清政府的无能，如《闻胶州事书感》、《汕头海关歌》等。有的诗也反映了人民的苦难，表达了诗人对劳苦大众的同情，如《述灾》、《山村即目》等。柳亚子曾评价丘逢甲的诗说：“时流竞说黄公度，英气终输仓海君。战血台澎心未死，寒笳残角海东云。”（《论诗六绝句》）他的诗表现出强烈的爱国主义精神，感情充沛，笔力凌厉。丘逢甲还有一些风景小诗，写得清新活泼，含蓄隽永。

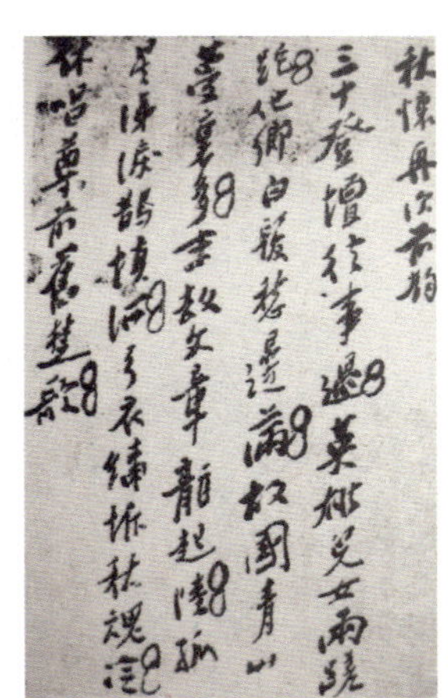

丘逢甲《秋怀》手稿

五、拟古诗派

在黄遵宪新诗派兴起和梁启超提倡“诗界革命”的同时，诗坛上还出现了一批拟古诗派。在这股复古文学思潮中，影响较大的有同光体诗派、汉魏六朝诗派、中晚唐诗派等。

宋诗运动的余响尚未消歇，光绪十年（1884）前后，又一轮以宋诗为正统的诗人又活跃在诗坛上，代表人物沈曾植、陈三立、陈衍、郑孝胥等。他们互相标榜，形成了后期宋诗派，即所谓的同光体诗派。其中的“同”是指同治年间，有上承道咸以来宋诗传统之意。

陈衍（1856—1937）是同光体诗派的理论家，他从光绪九年到十二年间，渐渐举起“同光体”大旗。所谓“同光体”是指“同、光以来不墨守盛唐者”（《沈乙庵诗序》），与专宗盛唐的明七子相对而与“宋诗运动”一脉相承。同光体诗派以宋代江西派为宗，但在艺术风

格上求创新，极强调创造精神，他们的活动年代主要在光绪中期以后。因具体宗尚和地域的不同，该派又分为以陈衍、郑孝胥为代表的闽派，以沈曾植为代表的浙派，以陈三立为代表的赣派。前一派“清苍幽峭”，后两派“生涩奥衍”。其中，陈三立的成就最为突出。

陈三立（1853—1937），字伯严，号散原老人，江西义宁（今修水）人。他被近代宋诗派诗人奉为宗师。他的诗奇崛不俗却毫无斧凿痕迹，如《十一月十四夜发南昌月江舟行》：

露气如微虫，波势如卧牛。
明月如茧素，裹我江上舟。

诗人将传统诗歌中的柔美意象“明月”比喻为将其围裹的“茧丝”，传达出诗人压抑沉闷却无从逃避的感觉，比喻奇绝，描写简洁自然，无丝毫刻炼之痕。诗人在他的很多首诗中，都用自然意象来象征“压抑的社会总体环境”，反映了外界环境对人的重重包围和令人窒息的压迫。他另有《晓抵九江作》、《园馆夜集闻俄罗斯日本战争甚亟感赋》等饱含爱国激情的诗篇。

沈曾植（1851—1922）学识渊博，他的诗体现着学人与诗人之诗的完美结合，陈衍称他是“同光体之魁杰”。最能见其功力的是他那些“时复清言见骨，诉真宰，荡精灵”的诗作。如《道中杂题》（之一）：

榆叶乾青柳叶黄，淡去斜日蜀东冈。
秋心总在无人处，坐看凫翁没野塘。

小诗写得自然清新，充溢着诗情与画意。

郑孝胥（1860—1938）的成就在闽派中最高。他的诗歌体现了该派的“清隽峭硬”的风格。如其《十一月二十三日出京道中杂诗》（十七）：

扬州在何许？帆影乱烟树。
南风且莫竞，我欲过江去。

同光体诗派诗人众多，影响力极大，到五四新文化运动白话诗盛行以后仍有些许余波，是最后退出诗坛的古典诗派，为中国古典诗歌拉下了帷幕。

在清末复古文学思潮中，汉魏六朝诗派与当时同光体相抗衡，影

响较大，代表诗人是王闿运。王闿运（1832—1916），字壬秋，号湘绮，人常呼其号，湖南湘潭人。早年参加曾国藩幕府，后因不合而退隐书院讲学，弟子众多。民国初立，袁世凯篡权，曾任国史馆馆长，不久解职归隐，卒于长沙。

王闿运论诗主张“诗必法古”，认为宋诗不如唐，唐诗不及汉魏六朝，所以写诗必尊后者为正宗。他极力赞扬古诗：“古人之诗，尽美尽善矣。”他还说“余则尽法古人之美，一一而仿之，熔铸而出之”，并以自己的创作实践现身说法。他的诗论还有“治情说”，认为诗人在创作时要寻找把握自己感情的最佳分寸，不能任由自己的激情随意泛滥，而应因情生文，委婉、含蓄地将其表现出来，所谓“诗者，文生情。人之为诗，情生文。文情者，治情也”。这对诗歌创作的心态情绪等内部规律是一种可贵的探索尝试。

王闿运的诗作颇多，有《湘绮楼诗集》传世，存诗近千首，多为五言，师法谢灵运，律诗则受初唐刘希夷、张若虚影响。内容包括抒写亲情友谊，歌颂山川景色，描绘社会动乱，记述历史事件等等，感情含蓄，情致深邈。如写给妻子的诗《丰阳舟中寄怀梦缇》：

北风度回雁，君处定先寒。
水偏孤舟冷，愁连绣被宽。
空房留烛久，瘦骨压衣难。
欲问相思意，窗前五叶兰。

写得隽永动人。另一首排律《人日立春对新月忆故情》，描绘春江月夜，大有张若虚之遗风。诗最后几句写道：

远山余光仍似雪，空山夜碧忽如烟。
如烟似雪光难取，明月有情应有语。
从来照尽古今人，可怜愁思无今古。

真是一幅惝恍迷离、如梦似幻的月光图。王闿运的诗歌模拟古人，不随时代风气和文学规律而前移，缺陷固然明显，却也能把握古诗创作规律，熔铸自己的情感于其中，还是有其独特价值的。

中晚唐诗派在清末诗坛上也产生过相当影响，他们师法中晚唐诗人，尤以李商隐为著，诗风以轻艳绵密见长，作品词藻华丽，对仗工整，喜用典故。代表诗人是樊增祥、易顺鼎，二人创作数量惊人，存诗都近万首。

樊增祥（1846—1931），一号樊山，作品集名为《樊山全集》，其

诗也是香艳富丽，善作工对，以显其才气。他曾写诗云：

近来闽粤竞诗钟，未许儿曹学步工。
墨竹换诗诗换蟹，画松如篆篆如龙。
天衣巧制须无缝，玉合精求必可逢。
自古文章珍偶俪，南彭北纪勉相从。

颔联对仗工巧，全诗却无甚意味。他的一篇叙事诗《彩云曲》，长达104句，记述清末名妓傅彩云（赛金花）的风尘生涯，词章华美，韵律婉转，写成后在京津间广为流传，轰动一时。

易顺鼎（1858—1920）的思想兼有释道，创作上受庄子以及贾岛、李贺、李商隐、杜牧等这些有独特风格的诗人影响颇深，他自称“诗骨僧时疑瘦岛，文心仙处爱蒙庄”。他的美学追求和创作体验如其诗《秋怀诗》之三十八中所写：

吾诗耽冷趣，白日常冥搜。
下笔幽想来，奔赴万古愁。
竹屋一灯青，夜寒吟未休。
有时不自主，身被精灵收。
无人大荒外，只影贪清游。
借兹空际涛，吹我胸中秋。
吟成似初悟，顾影疑浮沤。
万山烟雨深，独立天西头。

应该说易顺鼎是一位冥想诗人，常于白天闭眼冥想，搜求作诗之用语，追求“冷趣”的诗风，创作个性十分鲜明。另外，他还写了一些反映国事的诗，如《感时四首》、《台舟感怀四首》等。晚年则陷入一种狭隘的诗境之中，专事雕琢，搞些文字游戏，已无诗意可言。

六、四大谴责小说

晚清时代，尤其甲午战争后，资产阶级改良派非常重视小说的社会作用。这一时期的作家，经历了维新变法的失败，思想一片迷茫。他们既不满于现实，又找不到真正的改革出路，于是便拿起笔，以揭露现实的黑暗和社会的腐朽，谴责不公平、不合理的社会现实。此时出现了大量的谴责小说，据统计约有1500多种，可谓盛况空前。其

李伯元像

《月月小说》封面

中比较有名的是《官场现形记》、《二十年目睹之怪现状》、《老残游记》、《孽海花》，号称“晚清四大谴责小说”。

《官场现形记》插图

《官场现形记》的作者李伯元（1867—1906），名宝嘉，江苏武进（今江苏常州）人，晚清著名的谴责小说家。光绪十八年（1892），他考中秀才，4年后到上海，先后编辑、创办过《指南报》、《游戏报》、《世界繁华报》，主编《绣像小说》半月刊，著有《官场现形记》、《活地狱》、《文明小史》、《中国现在记》、《海天鸿雪记》、《庚子国变弹词》等。

《官场现形记》共60回，近80万字，由许多相对独立的短篇组成。书中主要从改良派的立场出发，揭露和抨击了清政府官僚机构的黑暗与腐朽，真实反映了晚清官场的现状。小说中刻画出形形色色的官僚群像，从未入流的佐杂，到州府长吏，到督抚方面的外官；从京城芝麻官，到部司郎曹，直至位居中枢的军机、大学士等内官。他们虽然地位有高低，权力有大小，但无一不是“见钱眼开，视钱如命”之徒。为了钱，为了升官发财，他们个个贪赃枉法，残害百姓，甚至出卖国家和自己的灵魂。小说入木三分地刻画出清政府对洋人卑躬屈膝、俯首帖耳的丑态：只要听到或碰到洋人，他们就诚惶诚恐，奴颜婢膝，手足无措。如小说第53回写文制台见洋人就是典型一例。《官场现形记》强烈谴责了晚清官僚的腐败与黑暗统治，客观上起了瓦解封建制度的作用。

吴趼人

《二十年目睹之怪现状》的作者吴沃尧（1866—1910），字小允，号趼人，广东南海人。因居佛山镇，故又自称“我佛山人”。他于光绪八年（1882）到上海谋生，后来主笔《字林沪报》副刊及《采风报》、《奇新报》、《寓言报》，1906年主编《月月小说》。吴沃尧是当时的多产作家，共创作小说30余部，现存20多种。如《二十年目睹之怪现状》、《痛史》、《电术奇谈》、《新石头记》、《恨海》、《九命奇冤》、《劫余灰》等。

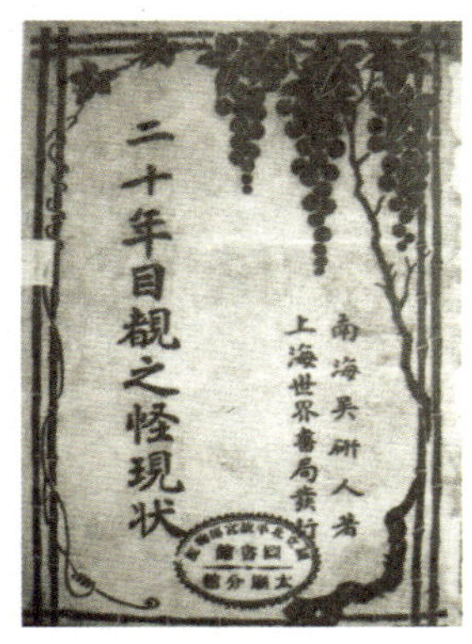

《二十年目睹之怪现状》封面

《二十年目睹之怪现状》共108回，是一部带有自传性质的小说。小说历经7年写成，最早发表于梁启超主办的《新小说》上。书中以自号“九死一生”（作者的影子）为线索，叙述了他在20年间耳闻目睹的无数怪现状。小说从他在官家做事写起，后写他为官家经商，生意遍及全国。他20年辗转各地，见多识广，结交了社会上三教九流各路人士，有官场人物、洋场才子、医卜星相等。小说旨在暴露官场

刘鹗像

《老残游记》封面

的黑暗，共记载了189件“怪现状”，其中有作贼的知县、盗银的臬台、命妻子为制台“按摩”的侯补道等，什么下流无耻之事都能干得出来。这部小说还揭露了贪官污吏崇洋媚外的奴才本性。平日里，他们对黎民百姓和下属官吏作威作福，横行霸道，但一听见、看见洋人，便“吓得魂不附体，手足无措”，“外国人说什么就是什么”，“如奉圣旨一般”，一个个屁滚尿流。甚至洋人强占了庐山牯牛岭，他们还说什么“台湾一省地方，朝廷尚且拿它送给日本，何况区区一座牯牛岭，值得什么，将就送了他吧！况且争回来，又不是你的产业，何苦呢？”另外，小说也刻画了一帮斗方名士和洋场才子的丑态，对社会风俗和世俗人情也有揭露。其中有逼死弟弟、出卖弟媳为娼的，有冒充弟弟顶其官职、霸占其妻的，还有虐待祖父却满口忠孝的等。全书以一个商业大失败为结局，使主人公“九死一生”不得不出走。以此结尾，布置异常精当，故事较之《官场现形记》显得集中，结构也较严密。

《老残游记》的作者刘鹗（1857—1909），字铁云，江苏丹徒人。他喜好“西学”，少精算学，研究过医学、水利等。曾在上海行医，后又转商，尽丧其资。光绪十四年（1888）黄河决口，他在河南巡抚吴大澂处为幕宾，帮助治理黄河，因功官至知府。八国联军入京时，他曾从俄军处廉价购买太仓粮设平粜局，以赈京民饥困。后又被弹劾私售仓粟，谪徙新疆，卒于迪化。他著作颇丰，现仅存《老残游记》一书。

《老残游记》共20回，主要叙述了一位摇串铃的江湖医生老残在游历途中的所见、所闻、所为，反映了晚清的某些社会现实，表达了作者对时局的见解。全书以曹州知府玉贤和酷吏刚弼的暴政为主要内容，抨击社会黑暗。玉贤“路不拾遗”的政声是建立在对无辜百姓的残酷屠杀上的。一年来用站笼站死的就有两千多人，站不死的还被活活打死。被称为“瘟刚”的刚弼，自命“不要钱”，实则滥用严刑，屈杀好人，只顾自己邀功，哪管百姓死活。刘鹗通过一首诗，控诉了这累累罪恶：

得失论肌髓，因之急事功。冤埋城阙暗，血染顶珠红，处处鸺鹠雨，山山虎豹风。杀民如杀贼，太守是元戎！

但刘鹗是站在洋务派立场上观察问题，其反动倾向在小说中比较明显。比如他仇视义和团，骂其为“疫鼠”、“害马”，说义和团运动是“天降奇灾”；诬蔑资产阶级革命，骂其为“痢犬”、“毒龙”。

小说中写景非常逼真、细腻，写桃花山的月夜、黄河岸上的雪月交映、大明湖的风光、千佛山的美景，极富魅力，形象生动。同时，心理活动描写也很细腻，从多种角度来塑造人物。虽然小说的情节缺乏提炼，结构也比较松散，但仍不失为有名的谴责小说。

《孽海花》的作者曾朴（1872—1935），字孟朴，别署太朴、东亚病夫、病夫国之病夫，江苏常熟人。1891年中举，后捐官内阁中书。曾结识谭嗣同、林旭、杨深秀等人。1895年入同文馆学习法文，受到资产阶级文化思想的影响，曾翻译过雨果等人的作品。后来参加康有为、梁启超发起的维新运动。1904年，同徐念慈等人创立“小说林社”，开始创作《孽海花》。1907年，又创办《小说林》杂志。辛亥革命后，曾任江苏省议员，北洋军阀时期，先后任财政厅厅长、政务厅厅长等职。后又到上海开设真善美书店，创办《真善美》杂志，完成了小说《孽海花》的创作。

曾朴像

《孽海花》封面

《孽海花》共35回，小说以清末状元金雯青和妓女傅彩云（影射赛金花）的故事为主要线索，通过当时京城内外官僚名士、封建文人的思想生活和社会风气，展现了清末的政治、经济、外交和社会生活的情况，对封建统治阶级的腐败无能和帝国主义的侵略野心，都作了一定程度的揭露和谴责。《孽海花》主要描写上层社会风尚，揭露官僚士大夫生活。如小说男主人公金雯青，他本是状元出身的外交使臣，看似道貌岸然，以“国家的栋梁”自居，实则既虚伪丑恶又腐败无能，饮酒作乐、嫖妓纳妾是其日常生活的主要内容。小说还直接抨击了最高统治者，揭露了帝国主义的侵略野心。小说第一卷出版时，正逢日俄战争即将爆发的前夕，作者亲眼看到了中国面临的危险处境，因此，在小说中发出了“东三省快不保了”、“十八省早已都不保了”的警告。同时，《孽海花》还表现了资产阶级民主主义的思想和要求。曾朴通过毕叶之口，肯定并宣扬“天赋人权”、“万物平等”的启蒙思想。《孽海花》把批判的锋芒直刺最高统治者，其思想水平远在其他几部谴责小说之上。如在小说第一回就大胆斥责清代帝王们，说他们是“暴也暴到吕政、奥古斯都、成吉思汗、路易十四的地位，昏也昏到隋炀帝、李后主、查理士、路易十六的地位”。《孽海花》结构精巧，人物刻画淋漓尽致、形象逼真，是可圈可点的艺术佳作。

这一时期，还出现了许多描写都市妓女生活的作品。这些妓女大多是苏州一带人，对话多用吴语，生动细腻，甜软柔美。较有代表性的作品有韩邦庆的《海上花列传》、李宝嘉的《海天鸿雪记》、张春帆的《九尾龟》、孙玉声的《海上繁花梦》等。这些小说从一个侧面揭露了旧社会对下层妇女的凌辱、迫害和娼妓制度的罪恶；但另一方面又把许多妓女写成是行骗嫖客的坏女人，一边揭露，一边却在欣赏，游戏消遣之意溢于言表。特别是后两部以显露嫖界的龌龊为中心意旨，饶有兴味地描写人性的丑陋面，简直可以称作“嫖妓指南”了，这比狭邪小说要低级趣味多了。所以鲁迅评价这些小说“丑诋私敌，等于谤书；又或有漫骂之志，而无抒写之才”（《中国小说史略》），认为这是谴责小说的堕落。

七、革命派文学

秋瑾像

戊戌变法、义和团运动的相继失败以及八国联军的进犯，使中国社会形势日趋复杂和严峻。1903年以后，民族主义情绪和民主革命的浪潮日益高涨起来。这一切变化都在文学领域里得到了回响，中国文学迅速由维新派向革命派转化。

1905年同盟会的成立，标志着革命派走向成熟，这对文坛产生了极为深远的影响。有着强烈民族主义思想和情绪的革命派作家们集英雄之豪气与文士之才情于一身，在他们的诗文中时时闪烁剑影刀光和凛冽寒气。暴露清政府的腐朽黑暗，宣传革命思想与道理，是革命派作家们共同的历史使命及神圣职责。代表着新一代文学的章炳麟、邹容、秋瑾、陈天华、柳亚子、苏曼殊等革命派作家，身兼革命家和文学家两重重任，他们有着颇为丰厚的文化素养和切身的人生体验，这使他们的文学创作呈现出空前绝后的独特风貌。

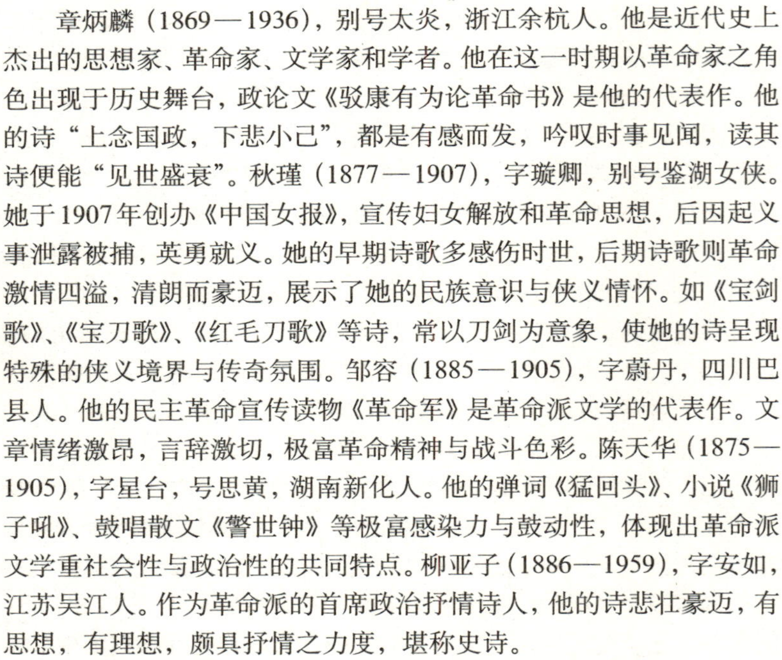

秋瑾创办的《中国女报》

章炳麟（1869—1936），别号太炎，浙江余杭人。他是近代史上杰出的思想家、革命家、文学家和学者。他在这一时期以革命家之角色出现于历史舞台，政论文《驳康有为论革命书》是他的代表作。他的诗“上念国政，下悲小己”，都是有感而发，吟叹时事见闻，读其诗便能“见世盛衰”。秋瑾（1877—1907），字璇卿，别号鉴湖女侠。她于1907年创办《中国女报》，宣传妇女解放和革命思想，后因起义事泄露被捕，英勇就义。她的早期诗歌多感伤时世，后期诗歌则革命激情四溢，清朗而豪迈，展示了她的民族意识与侠义情怀。如《宝剑歌》、《宝刀歌》、《红毛刀歌》等诗，常以刀剑为意象，使她的诗呈现特殊的侠义境界与传奇氛围。邹容（1885—1905），字蔚丹，四川巴县人。他的民主革命宣传读物《革命军》是革命派文学的代表作。文章情绪激昂，言辞激切，极富革命精神与战斗色彩。陈天华（1875—1905），字星台，号思黄，湖南新化人。他的弹词《猛回头》、小说《狮子吼》、鼓唱散文《警世钟》等极富感染力与鼓动性，体现出革命派文学重社会性与政治性的共同特点。柳亚子（1886—1959），字安如，江苏吴江人。作为革命派的首席政治抒情诗人，他的诗悲壮豪迈，有思想，有理想，颇具抒情之力度，堪称史诗。

在革命派文学中，较有特色的还有革命派的小说理论及实践。以梁启超“小说界革命”为始，改良派的小说理论渐趋于将小说提高到与经史等高的位置，大大夸张了小说的社会作用。至20世纪初，小说创作空前繁盛，却差不多成了政治传声筒，许多粗制滥造之作充斥书肆，产生了恶劣的影响。这种颠倒生活与艺术的关系，忽视小说的艺术价值等种种局限，被资产阶级革命派小说理论所匡正和克服。

1907年，黄摩西主编的《小说林》创刊，在发刊辞和诸多评论文章中，黄摩西、徐念慈、王钟麟、觉我等提出了明确的小说理论主张，形成了一套比较系统的小说创作理论。

章太炎与家人合影

革命派论述了小说的本质与作用，摆正了社会生活与小说创作的因果关系。他们批评改良派把小说作为宣传政治的工具，从而抹杀了小说的美学特征，提出“小说者，文学之倾于美的方面之一种也”，并指出，“小说者，文学中之以娱乐的，促社会之发展，深性情之刺戟者也”（觉我：《余之小说观》），较早地提出了小说的娱乐作用、社会作用和情感美化作用。他们认为小说是以社会人生为基础的，并在一定程度上反过来影响社会。他们强调“小说固不足生社会，而唯有社会始成小说”，“社会风尚实先有构成小说性质之力”；同时又认为小说应该描写社会人生的苦痛，如政治之压制、社会之污浊、婚姻之不幸等，借此以冲击社会体制对人的束缚与戕害，进而促进社会的进步。

南社发起人柳亚子

革命派十分重视对艺术规律的探讨。他们引进西方艺术理念，阐明关于小说创作的美学观点。如徐念慈在《缘起》一文中介绍了黑格尔等德国哲学家的理论，然后说：“其言曰：艺术之圆满者，其第一义为醇化于自然。简言之，即满足吾人之美的欲望，而使无遗憾也。”也就是说，小说要描写生活中不能得以满足的愿望理想，这在当时专制社会，是有进步意义的。此外，还提出了艺术创作要凸显人物个性，使之具象化，这对于纠正晚清小说的概念化倾向是有价值的。关于人物创作，革命派的主张基本上是现实主义的。黄摩西在《小说小话》中谈到，小说作者应客观冷静地描写社会人生，赋予人物以真实的内涵，并以镜子为喻，说明人的“妍媸好丑”皆由照镜者自知，最忌在作品中掺入作者本人的主观论断，不能一出场就预言人物的命运，而应顺着事件本身的发展而人物性格自现。虽有偏颇之处，但是对于发展中国小说的现实主义传统不无裨益。

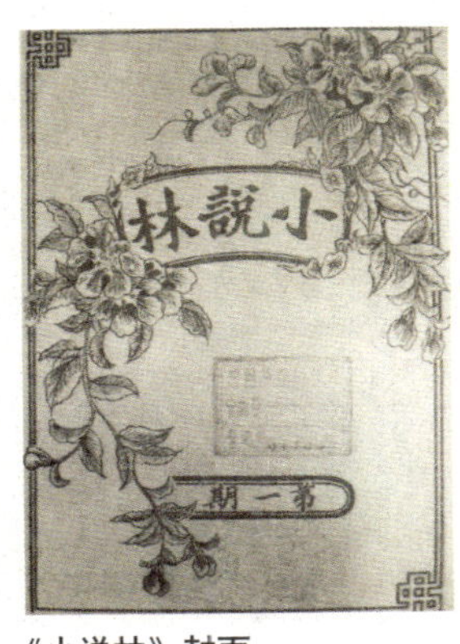

《小说林》封面

另外，对于塑造人物的性格，除了顺其自然外，革命派还强调要写出性格的复杂之处，而不应“过求完善”，这符合现实生活的复杂性，所谓“金无足赤，人无完人”，即使英雄人物，也不能完美无瑕，否则虚假得令人生厌，无法打动读者的心。最后，革命派小说理论家

苏曼殊像

们还十分重视作家的知识面的广阔性，认为应该达到“几于无一不知”的程度，这样才能表现多姿多彩的社会生活，这实际上已涉及作品题材内容的丰富性问题了。

黄摩西等人的小说理论是具有开拓性的。他们在文学与生活的关系、文学的审美特征、文学的现实主义原则方面阐述得很到位，既注重继承本民族小说的优秀传统，又吸收了西方的一些先进经验；不仅纠正了前期改良派小说理论的偏颇，而且发展了中国的小说创作理论，实在功不可没。当然，理论与实践也有脱节的时候，革命派的许多小说作品，也并没有达到他们自己提出的理论要求，但后人深受其影响，却是肯定的。

苏曼殊、黄世仲都可算是革命派小说理论的实践者，他们的小说创作反映现实，同时又特别擅长抒发自我的情感，折射出新旧文化的衔接、交替状态。

苏曼殊（1884—1918），原籍广东香山，曼殊是他皈依佛教后的法号。父亲多年在日本经商，生母是其父长妾日本人河合仙的妹妹，因而苏曼殊自小就被打上“私生子”的印痕，这对他以后的心态与创作产生了重要影响。苏曼殊诗文俱佳，还创作了七篇小说，有《惨世界》、《断鸿零雁记》、《天涯红泪记》、《绛纱记》、《焚剑记》、《碎簪记》和《非梦记》。其中尤以前两部著名。

《惨世界》其实是苏曼殊与陈独秀合作的一部翻译小说，今译作《悲惨世界》，法国雨果著。之所以称其为创作，是因为这部书是翻译与创作兼而有之的特殊作品。开始翻译了七回，苏曼殊就自行在作品中添加了一个人物——白男德，他姓“明”名“白”，字“男德”，实是寓意“难得明白”。这个人同情劳动人民，到处行侠仗义，意图改变这个旧世界，创造一个理想中的“公道的新世界”。他身上有明显的无政府主义色彩，他从狱中救出了因饥饿而偷面包的金华贱（即主人公冉阿让），又解救风尘女子孔美丽，杀死恶吏满周苟（谐音“满洲狗”），落得一身官司后逃亡，参加革命党，成为一名坚定的革命战士，最后因行刺暴君不成而自杀。如果说前面一小半还可算是翻译的话，那后面则成了创作了，因而译创兼有，姑且归入小说创作。

《断鸿零雁记》

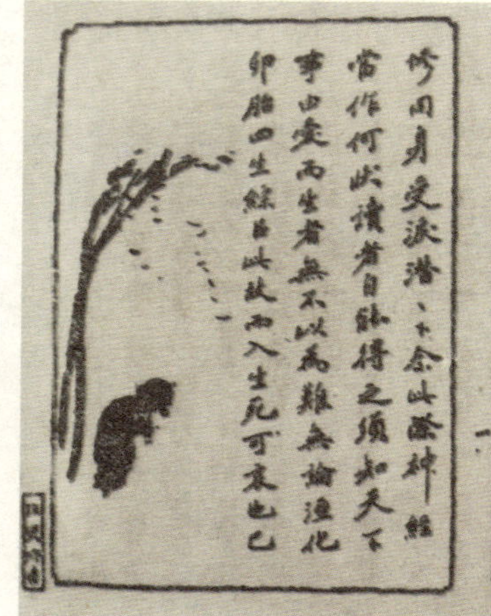
哀情小说 斷鴻零雁記
第六章（續）
曼殊舊著

《断鸿零雁记》几乎是苏曼殊的自传了。他写了“余”即三郎与雪

梅、静子二人之间的爱情故事：三郎与雪梅早有婚约，却因三郎家道衰落而女方毁约；后又与表姐静子相恋，却因三郎已受戒为僧而无法再续情缘，只能如“断鸿零雁”一般，含恨凄然离去。正如他在《樱花落》一诗中所写：“多情漫作他年忆，一寸春心早已灰。”这的确是一部浪漫主义的自传小说，也是一部凄婉的爱情悲剧。他的其他小说如《绛纱记》、《焚剑记》等也都是写真挚的爱情受到摧残，最后以悲剧告终，留给读者的是伤心的感叹。

苏曼殊的小说作品对黑暗社会的揭露是有积极意义的。首先他本是一名革命战士，正如其友孙中山评价他是一位“革命和尚”，他对军阀、官僚等旧礼教的维护者们极其痛恨，在作品中描绘的清末民初的社会生活也正是他这种革命思想的反映。

苏曼殊小说中塑造的人物是辛亥革命前后中国部分知识分子的形象。他们既有强烈的爱国之情，却又怀才不遇，对社会深怀不满；既受西方民主、自由、平等思想的影响，又无力全然抛弃根深蒂固的封建伦理观念，于是他们彷徨失措，最终或游戏人间，或遁世出家，表现出消极出世的思想倾向。另外，苏曼珠在日本受欧州浪漫主义思潮的影响极深，尤喜拜伦和雪莱，且身为私生子，感情丰富，爱情经历之不幸及剃发为僧后戒律之束缚等，都使他的作品渗透着细腻绵密的情感，再加上曲折的情节、第一人称的叙述手法等等，所以他的小说显示出了古代小说向近现代小说转化的痕迹，对后世小说创作产生了一定的影响。

黄世仲（1872—1912），字小配，广东番禺人。早年渡南洋谋生，撰稿鼓吹维新，后参加革命党，任《中国日报》记者，曾参与黄花岗之役。辛亥革命时被军阀陈炯明诬以侵吞军饷而杀害。黄世仲创作了许多小说，除代表作《洪秀全演义》外，还有《廿载繁华梦》、《大马扁》、《宦海升沉录》、《五日风声》以及《黄粱梦》、《陈开演义》、《党人碑》等。

《洪秀全演义》全书今存54回，原在香港连载，章太炎为之作序，特加推重，说这“演义”来得正是时候云云，无非是说这部小说赞美洪秀全带领一帮人马起义，实在是“愤愤百年亡国之惨，起而与民请命之英雄”，正符合资产阶级革命的应有之义。小说具体描写了以洪秀全为首的太平天国起义、发展、终至覆亡的过程。黄世仲写作时参阅了许多史书，还搜求旧闻野史编入书中，自称小说是“洪氏一朝之实录”。书中所写天国建立前后的一系列大事及战役，大都符合历史，但有些观点也并非客观妥当，如写杨秀清奸诈到底等，兼之虚构中增添作者的主观愿望，终与历史著作不同。

《洪秀全演义》封面

《洪秀全演义》描写人物比较客观，但论人物描绘的生动性与复杂性而言，洪秀全的形象还不及李秀成、石达开等人，除某些篇章场面写得较形象外，大部分艺术魅力尚不足。

《礼拜六》封面

八、鸳鸯蝴蝶派等的通俗小说

鸳鸯蝴蝶派产生于清末民初，继狭邪小说之后，言情小说又复归于才子佳人小说的传统。鲁迅曾在《上海文艺之一瞥》中说："这时新的才子加佳人小说便又流行起来，但佳人已是良家女子了，和才子相悦相恋，分拆不开，柳荫花下，像一对蝴蝶，一双鸳鸯一样。"鸳鸯蝴蝶派并不是一个思想统一、组织严密的文学团体，只是他们创作倾向、审美趣味和艺术风格相近，以写恋爱婚姻题材为主，多是"卅六鸳鸯同命鸟，一双蝴蝶可怜虫"，因此得名。他们以上海为大本营，主要阵地有《小说时报》、《小说月报》、《小说新报》、《游戏杂志》、《礼拜六》、《女子世界》、《小说丛报》、《小说画报》等，由于《礼拜六》是鸳鸯蝴蝶派的一个大阵地，故而又称为"礼拜六派"。主要成员及其代表作有徐枕亚的《玉梨魂》、《雪鸿泪史》，李定夷的《陨玉怨》、《美人福》，吴双热的《孽冤镜》、《兰娘哀史》，李涵秋的《广陵潮》、《孽海鸳鸯》，以及包天笑、周瘦鹃等人的大量短篇小说，如《此恨绵绵无绝期》、《恨不相逢未嫁时》、《两全难》等。这一派宣称："买笑耗金钱，觅醉碍卫生，顾曲苦喧嚣，不若读小说之省俭而安乐也。"（《礼拜六》出版赘言）游戏之意显而易见。

1912年，徐枕亚（1889—1937）的《玉梨魂》揭开了鸳鸯蝴蝶派小说的序幕，由此开启了创作"骈四俪六，刻翠雕红，哀感顽艳"的哀情小说潮流。小说写家庭教师何梦霞和年轻寡妇白梨影的爱情故事，他们心心相印，却又痛苦地坚守着"发乎情止乎礼"的封建古训，压抑自己，不敢越雷池一步，最终二人均郁郁而终。这是无数男女爱情悲剧的一个反映，是与传统才子佳人小说的大团圆结局不同的悲剧结局。李定夷（1890—1963）的《陨玉怨》写一对学生刘绮斋与史霞卿一见倾心，私定终身。然而史霞卿的继母狠毒淫荡，先伙同匪盗将史小姐劫去，逃出后其继母又逼她另配市侩子弟。史霞卿继母遭横死后，其父应允了女儿与刘绮斋的婚事，并将其小女史碧箫许配给刘绮斋在日本的弟弟刘绚斋。刘绮斋在赴日探望得病的弟弟时，途中轮船沉没，史霞卿听说绮斋已死，一病而亡。此时绚斋也病死，霞卿父亲就想将碧箫嫁给得救回国的绮斋，二人伤心欲绝，皆不同意，遂各自削发出家。吴双热（1884—1934）的《孽冤镜》写王可青由父母包办，娶了一大盐商之女。此女貌丑骄横，搅得家中鸡犬不宁，所幸

《玉梨魂》封面

不久便死了。后可青在游山时，结识貌美的薛环娘，两人情投意合，私定终身。而王家却逼可青与布政使的侄女素娘成亲。环娘得知情况后，含悲而死。素娘婚后，比可青前妻更凶悍，结果将王父气死。最后王可青病愤交加，吊死在环娘的坟前。这些小说大都揭示了封建礼教对青年男女自由爱情的压抑和摧残，以及封建包办婚姻所导致的家庭悲剧，均具有一定的反封建意义。其他作品如吴绮缘的《冷红日记》、李涵秋的《孽海鸳鸯》、俞天愤的《薄命碑》等，也有相似的特征，即描写才子佳人不能成眷属，其结局或是求仙访道，或是凄然分离，哀怨病死，大多以悲剧告终，这算是一个进步吧，但同时也有一个弊端，就是描写故作姿态，曲折离奇，又陷入一种写作的套路，未免千篇一律，没有创新。

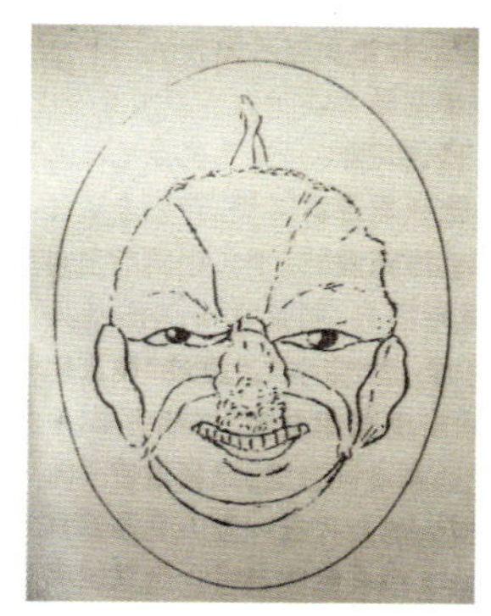

载《小说丛报》上的两幅画
可正看，也可倒看，不妨一试

民国初年，可谓是通俗小说的一统天下，呈现出繁荣的景象。除了鸳鸯蝴蝶派的言情小说外，还有社会、武侠、侦探、历史等多种类型。社会小说类中的黑幕小说是狭邪小说和谴责小说的变质，如平江不肖生的《留东外史》、路滨生所编的《中国黑幕大观》及其《续集》。王钝根在《中国黑幕大观·序》中说明了黑幕小说产生的原因，他说："世教衰微，道德堕落；益以内乱外患，商业凌夷，国人生计困难，遂相率为卑污残忍诈伪欺罔之事，以求幸获。受其获者无所得伸，或泄其愤于口舌，文人笔而存之，是为时下流行之黑幕。黑幕者，摘奸发核之笔记也。"还说这些黑幕小说可以使天真烂漫的少年、忠厚朴实的君子"读之而知所戒备"，还可以警戒穷人不要因贪小财而家破人亡，意义可谓大矣！黑幕小说内容涉及政党、军队、警刑、学校、商业、妓院等诸界的黑幕。王钝根揭示的黑幕小说产生的原因与作用不能说不对，但是其写法近乎自然主义，其效果往往达不到他所说的那样，反而成了"审丑"。

侦探小说则以吕侠的《中国女侦探》、冷佛的《春阿氏》、俞天愤的《中国新侦探案》和程小青的《霍桑探案》为代表。因为西方侦探小说的译介，尤其是英国福尔摩斯侦探故事的广泛影响，使中国公案小说产生了分流，即吸收西方小说的写作手法，以侦破案件的全过程作为描写重点，而主人公也不再是清官。这时人们对清官也不再抱有什么希望了，而是专事办案的职业侦探，他们智慧超群、勇气过人；而且侦探小说也不再以描写某个人的办案能力为主，而是转向了追求情节的曲折离奇，从而吸引了许多青少年读者。但侦探小说在中国并没有兴盛起来，单纯学习西方成熟法制下的判案，终究是一种理想，并不能使人信服；因为清末民初的现实使人们认识到，是否秉公执法才是断案的关键所在。武侠小说如孙玉声的《飞仙剑侠大观》、张春帆的《烟花女侠》、陆士谔的《南北派剑侠全书》、姜侠魂的《武侠大

观》，历史小说如杨尘因的《新华春梦记》等在当时都有一定影响。

鸳鸯蝴蝶派的创作带动了通俗小说的泛滥。这些通俗小说吸收西方小说的某些手法，如倒叙手法、心理描写的大量运用等，的确给过传统小说以新鲜的活力。另外，语言也渐趋白话，形式上的短小精悍，也为现代白话短篇小说的形成打下了基础。

九、戏曲改良和话剧诞生

20 世纪初叶，随着诗、文、小说的革新，戏曲改良运动也蓬蓬勃勃地发展起来，为晚清文学革新运动增添了又一道亮丽的风景线。

戏曲改良运动首先表现为传统戏曲（传奇和杂剧）的改革。梁启超于光绪二十八年（1902）在《新民丛报》创刊号上所发表的传奇《劫灰梦》成为戏曲改良之先声，为近代戏曲改良揭开了序幕。此后，他又陆续发表《新罗马》、《侠情记》两部传奇，因以“中国戏演外国事”而引起强烈反响。光绪三十年，陈去病、柳亚子等创办了中国第一个戏曲杂志《二十世纪大舞台》。柳亚子所撰写的《发刊词》公开号召组织“梨园革命军”，正式打出了“戏剧革命”之大旗，为戏剧史翻开了新的篇章。

戏曲改良运动给传奇杂剧的创作带来空前繁荣的景象，出现了一大批反映近代社会重大政治事件的戏剧作品。如写徐锡麟刺杀恩铭而壮烈殉国的《苍鹰击》（伤时子著，1907），写秋瑾慷慨就义的《大月雪》（嬴宗季女著，1907）、《轩亭冤》（湘灵子著，1907）、《皖江血》（孙雨林著，1907）等八九种。这些作品显示了剧作家们的政治热情和革命责任感。

汪笑侬便装照

《黄龙府》（幽并子著，1904）、《爱国魂》（筱波山人著，1908）等宣传民族思想、弘扬爱国精神、揭示团结御侮的作品的出现，表明剧作家们在有意识地以历史剧来服务于现实斗争，用民族英雄的斗争精神和民族气节来增强人民的民族意识和反封建斗志。这可以说是晚清戏曲内容革新的又一大特点。

传奇杂剧在体制方面也进行了很大改革。新作品的情节开始新闻化、政治化，曲文减少，说白增加，服饰、动作和道具都趋向现代化、写实化。以前的传奇杂剧生旦俱全均做主角，新作品完全打破了这种体制，有的作品绝无一旦，有的作品有旦无生，有的作品虽有生有旦，但非主角。曲律方面也获得了解放，此期出现的传奇与

杂剧大多不合曲律，虽对宫调和曲牌的形式有所保留，实际上已如同虚设。

戏曲改良运动时期所出现的传奇杂剧作品是特定时期的产物，大多说教气息浓重，突出了宣传作用和政治色彩，却忽视了戏剧本身的艺术特征，因而演出率颇低，只能作为报刊戏，而难以搬上舞台。倒是京剧和一些地方戏的表演艺术家将戏剧的改良由报刊、案头推向了舞台。京剧改良的先驱者汪笑侬（1858—1918）主张用戏剧来激励民心，他的《哭祖庙》、《党人碑》、《博浪锥》等作品都借古喻今，针砭时弊。如其中的《博浪锥》以张良谋刺秦始皇的故事来鞭挞窃国大盗袁世凯的称帝丑剧。爱国艺人潘月樵和夏氏兄弟创建的上海“新舞台”大量上演时装京剧，掀起了京剧改良运动的高潮。周善培在成都的戏曲改良公会、西安的易俗社、河北的成兆才等分别对川剧、秦腔、评剧等地方戏进行了改良和创新，成效很大。成兆才的评剧代表作《珍珠衫》、《花为媒》及时事剧《杨三姐告状》等一直盛演不衰。

近代戏曲改良运动虽有着自身的弱点及历史局限性，但对于传统戏剧向现代戏剧的过渡有着不可抹杀的积极作用。

李叔同在《茶花女》中饰玛格丽特

中国话剧的产生是有很复杂的社会、艺术方面的原因的。话剧不同于中国古典戏剧类型，而是受西方话剧的直接影响，又承袭、糅入了中国戏曲艺术而形成的具有一定特色的戏剧形式，最早可追溯到20世纪初的上海学生界的业余演剧活动。外国人在上海所办的教会学校，每逢圣诞节常组织学生演出西洋戏，剧目是课本中的剧本，外语对白。后来学生们开始自编一些时事剧演出，规模不大，虽从学校渐走向社会，影响却并不大。这种学生演剧活动，可以说是中国早期话剧的雏形。

1906年，在日本的中国留学生曾孝谷、李息霜（李叔同，即弘一大师）等组织了我国近代第一个话剧社团——春柳社。他们受盛行于日本的话剧的启发，决心探索新型戏科。恰逢1907年中国江苏发水灾、闹饥荒，他们得知这一消息后，连夜开会决定进行赈灾演出，为国尽一份力。他们精心排练了法国小仲马的《茶花女》选场，并获得了很大成功。

《黑奴吁天录》封面

春柳社初露锋芒便名声大振，社员们也深受鼓舞，他们又连续排演了许多戏剧作品，如《黑奴吁天录》、《热血》等。《黑奴吁天录》根据美国斯陀夫人的《汤姆叔叔的小屋》中译本（林纾译）改编而成，

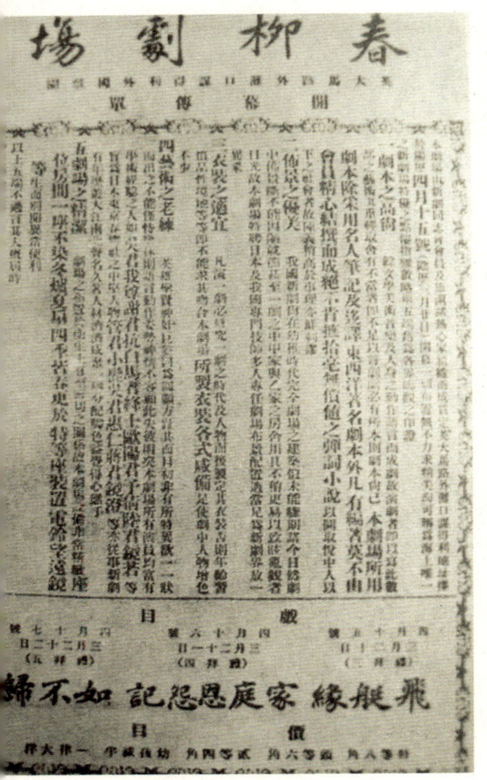

春柳社演出广告

描写了黑奴汤姆一生悲惨的遭遇，揭露了美国南北战争前夕的种族压迫的罪恶。在排演此剧时，在日本的中国留学生欧阳予倩、吴我尊等踊跃参加，甚至许多不同国籍的学生也积极要求扮演角色，一时之间人数升至八十几人。李叔同负责了全部舞台设计工作，还绘制了巨幅宣传广告，以黑色为主色调，主题突出，引人注目。经过长达三个月的努力排练，《黑奴吁天录》终于在东京大戏园上演了，公演获得了极大的成功，这在中国话剧史上是值得纪念的一次演出。其中的许多表演，已是纯粹的话剧手法，基本上摆脱了以往在话剧中仍用古典诗词开篇说事的杂糅状态。随之《热血》上演，这一大型话剧较前几个剧目的演出更正规了，不仅表演自然，而且场面也更紧凑，更富戏剧性。春柳社已能熟练地运用话剧手段表现自己的思想意旨，艺术风格渐趋严肃、细腻。

受春柳社影响，1907年秋，王钟声在中国上海组织了春阳社，演出了许啸天改编的《黑奴吁天录》，这是在中国本土最早的话剧活动。后来在1959年非洲民族解放运动时，欧阳予倩还重新改编了这个剧本，人物更加鲜明，剧本与当年的春柳社用的剧本已有了很大的不同。此外，1910年底，任天知在上海成立了进化团，打出了“天知派新剧”的招牌，两年间在长江中下游各大城市演出，名声大噪。在辛亥革命前后，进化团演出了《白蓑衣》、《东亚风云》、《新茶花》、《黄鹤楼》、《共和万岁》、《黄金赤血》等，控诉民族压迫，鼓动民主革命，切中时弊，反映时事，受到广大群众的欢迎，话剧这一形式也渐渐深入人心。

1912年至1915年，比较活跃的话剧团体还有新民社、民鸣社和新剧同志会。前两社演出的话剧多是为了迎合部分观众的需求，表演无个性，剧情一味追求离奇，甚至荒唐，艺术品格不高，逐渐被以恶名。新剧同志会是陆续回国的部分春柳社成员组成的，有陆镜若、欧阳予倩等，他们辗转于江浙一带，演出了《猛回头》、《社会钟》、《不如归》等社会剧和家庭剧。他们的演出秉承春柳社的优秀传统，风格鲜明独特，被称为“春柳派”新剧。

早期话剧为“五四”以后新的现实主义话剧的发展奠定了基础，对于我国话剧事业有着筚路蓝缕之功。

第十章 现代文学的开创

20世纪的中国，经历了一个从古老的封建王国向现代化社会主义国家转变的历史进程，在不可避免的社会大震荡、大阵痛中，实现了整个民族的蜕变与奋起。中国现代文学正是在社会大变动与民族大奋起的社会历史背景下产生的，并成为现代民族文化中最具有生命活力的一个部分。

中国现代文学从其产生之日起便洛印上"改造民族灵魂的启蒙文学"的标记。和以前的文学体式不同，现代文学的表现对象是占民族大多数的普通人以及他们的生活，文学革命者从一开始所要建立的文学，就是"人的文学"。初始阶段的新文学，无论是描绘下层人民的苦难，鞭挞他们身上愚弱的国民性，或描写知识分子的思想苦闷，呼唤个性解放；也无论是写问题小说、问题剧，要求直面人生，正视现实，粉碎"大团圆"的迷梦，或者表现自我，大胆袒露内心世界，描写自我意识的觉醒，归根结底，都属于"改造民族灵魂"的"人的文学"范畴。

中国现代文学是与世界文学潮流相汇合的文学。中国的大门被打开之后，先进的知识分子看到了与中国传统文学不同的西方文学，并产生了向西方文学学习、创造中国新文学的愿望。新文学运动的先驱者大都有过留学的经历，因此中国的现代文学并不是一个封闭的存在，它从诞生之日起便与世界文学潮流发生着联系，从西方现实主义、浪漫主义、象征主义中吸收了许多营养。五四文学革命之所以能够成为中国现代文学的光辉起点，就是因为它在批判封建主义旧文学，吸收、借鉴西方文学的问题上采取了坚决的态度，使现代文学发生了从文学形式到文学内容以及文学观念的变革，不仅借鉴了现代的小说、诗歌、戏剧、散文等文学形式，而且还带来了全新的文学观念和眼光。从此，中国文学开始自觉地借鉴和吸收外国文学及文化的营养，形成了面向世界而又不脱离传统的开放性的文学形态，建立了中国文学和世界文学的密切关系。

中国现代文学从其发端之初便是在与保守以及复古主义的论争和斗争中逐渐扩大自己的力量的。在与保守主义的交锋中，新文学不断阐明自己的文学主张，巩固着自己的阵地，标志着新文学运动已经成为时代不可抗拒的文学主流。

一、五四文学革命

陈独秀像

中国现代文学是以五四文学革命为标志而全面步入文学现代化进程的。五四文学革命的直接背景和动力来自于新文化运动。辛亥革命推翻了满清政府，却未能根除封建主义的思想根源，社会上继续推行尊孔读经，旧文化思想严重阻碍着民族意识的觉醒。受西方新思潮影响的进步知识分子在历史反思的基础上，深感思想启蒙的重要性。他们利用晚清以来留学生译介的大量西方文学、哲学和社会学著作，向民众宣扬灌输资产阶级民主主义思想，抨击封建主义思想文化。1915年，陈独秀（1880—1942）主编的《青年杂志》（后改为《新青年》）在上海创刊，以此为阵地，兴起了以“民主”与“科学”为口号的思想启蒙运动。《新青年》反对旧道德，提倡新道德。陈独秀、吴虞（1871—1949）、李大钊（1888—1927）、鲁迅等各自著文批判封建专制主义与“三纲五常”等传统伦理道德观念，胡适（1891—1962）、周作人（1885—1967）提出要“重新估定一切价值”。《新青年》大力介绍自由平等学说、个性解放思想、社会进化论，给人们提供了思想武器。

李大钊像

五四文学革命是新文化运动的一个有机组成部分。1917年1月，《新青年》发表胡适的《文学改良刍议》，它从“八事”入手，即：须言之有物，不摹仿古人，须讲求文法，不作无病之呻吟，务去滥调套语，不用典，不讲对仗，不避俗字俗句。该文指出了旧文学的流弊，初步接触到了文学的内容与形式、文学的社会功能、真实性与时代性等一系列“文学上的根本问题”，要求以白话文学为“正宗”，成为五四文学革命的开端。紧接着，陈独秀在《文学革命论》中明确提出“三大主义”，对整个封建旧文学宣战：“曰推倒雕琢的阿谀的贵族文学，建设平易的抒情的国民文学；曰推倒陈腐的铺张的古典文学，建设新鲜的立诚的写实文学；曰推倒迂晦的艰涩的山林文学，建设明了的通俗的社会文学。”锋芒直指“前后七子”及桐城派的仿古主义，把晚清以来的文

《青年杂志》封面

胡适像

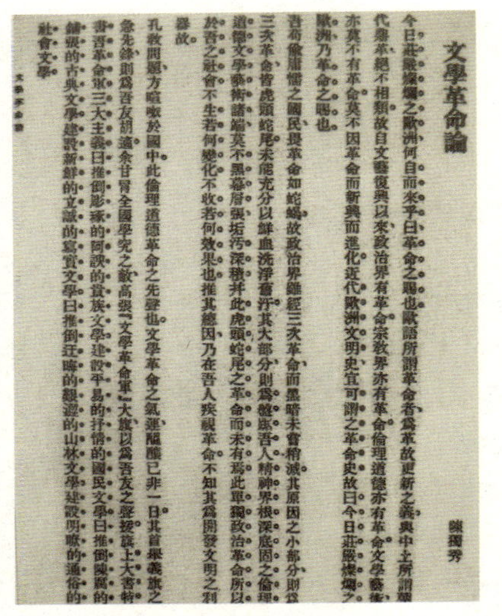
文學革命論

陳獨秀

今日莊嚴燦爛之歐洲何自而來乎曰革命之賜也歐語所謂革命者為革故更新之義與中土所謂朝
代鼎革絕不相類故自文藝復興以來政治界有革命宗教界亦有革命倫理道德亦有革命文學藝術
亦莫不有革命莫不因革命而新興而進化近代歐洲文明史宜可謂之革命史故曰今日莊嚴燦爛之
歐洲乃革命之賜也

吾苟偷庸懦之國民畏革命如蛇蠍故政治界雖經三次革命而黑暗未嘗稍減其原因之小部分則為
三次革命皆虎頭蛇尾未能充分以鮮血洗淨舊汙其大部分則為盤踞吾人精神界根深底固之倫理
道德文學藝術諸端莫不黑幕層張垢汙深積并此虎頭蛇尾之革命而未有焉此單獨政治革命所以
於吾之社會不生若何變化不收若何效果也推其總因乃在吾人疾視革命不知其為開發文明之利
器故

孔教問題方喧呶於國中此倫理道德革命之先聲也文學革命之氣運醞釀已非一日其首舉義旗之
急先鋒則為吾友胡適余甘冒全國學究之敵高張「文學革命軍」大旗以為吾友之聲援旗上大書特
書吾革命軍三大主義曰推倒彫琢的阿諛的貴族文學建設平易的抒情的國民文學曰推倒陳腐的
鋪張的古典文學建設新鮮的立誠的寫實文學曰推倒迂晦的艱澀的山林文學建設明瞭的通俗的
社會文學

陈独秀发表的《文学革命论》

学改革运动推向了高潮。

胡适、陈独秀的“文学革命”主张得到了刘半农（1891—1934）、钱玄同（1887—1939）等人的响应。刘半农在《我之文学改良观》一文中提出改革韵文、散文和使用标点符号等建设性意见。钱玄同在致《新青年》的信中，从语言进化的角度说明白话取代文言的历史必然性，并激烈地指责旧文学为“选学妖孽，桐城谬种”。1918年陈独秀等人又创办了《每周评论》杂志，1919年北大学生傅斯年、罗家伦等创办了《新潮》月刊，一起提倡白话文，一批知识分子形成了新文学的统一战线。新文学阵线内部积极开展了如何建设新文学的讨论。胡适发表了《建设的文学革命论》，提出“国语的文学，文学的国语”，并以此作为文学革命的宗旨。周作人发表《人的文学》，从人性、人道主义的角度展开新文学的内容，要求从“肉”与“灵”的统一中去表现“人”。在他的另一篇文章《平民文学》中，进而提出“为人生的文学”的口号。李大钊发表《什么是新文学》，提出“我们所要求的新文学，是为社会写实的文学，不是为个人造名的文学”。对于建设新诗、新小说、新戏剧，文学革命的先驱们也进行了理论上的探讨，胡适的《谈新诗》、俞平伯的《白话诗的三大条件》、康白情的《新诗的我见》、刘半农的《诗与小说精神上的革新》、周作人的《美文》等都借鉴了外国文学的创作经验，结合新文学的初步实践，提出了建设性的意见。

刘半农像

文学革命的最主要的贡献还在于创作。1918年，鲁迅发表了他的第一篇短篇小说《狂人日记》，运用现代小说的手法，把矛头指向了几千年的封建制度，包含了丰富的思想革命内容。接着《新青年》、《新潮》、《时事新报》等刊物上都刊载了一批新文学作品，小说有鲁迅的《孔乙己》、《药》，叶圣陶的《这也是一个人》；诗歌有胡适的《人力车夫》、郭沫若的《凤凰涅槃》、《匪徒颂》等。这些作品中以普通人的形象，表达出反对封建专制、争取个性解放等新的时代主题。1919年下半年起，全国白话文报刊风起云涌，已经达到400种之多。到了1920年，在白话文取代僵化的文言文已成事实的情况下，北洋政府教育部终于承认了白话文为“国语”，通令国民学校采用，白话文运动取得了胜利，也标志着五四新文学革命开辟了中国文学史上文学现代化的新时期。从1921年新文学社团出现到1926年北伐战争前夕，是文体大解放的创作活跃期。鲁迅的《呐喊》、《彷徨》以及郭沫若的《女神》大都在这一时期写成；散文、戏剧也都取得了令人瞩目的成就。新文学第一代作家都在这时登上了文坛，一些创作流派也开始形成。1926年春到1927年冬，不少新文学作家投身北伐战争，创

蔡元培请鲁迅为北京大学设计的校徽图案

作一度显得沉寂。但革命文学的理论得到提倡，为下一阶段的无产阶级革命文学的兴起打好了基础。

五四新文学革命有着深刻、伟大的历史意义。它在内容上彻底批判了封建思想文化体系，始终贯穿着现代“人”的观念，以个性解放、民主与科学、探索社会解放道路作为启蒙思想的主题。在文学创作中，农民、平民劳动者、新型知识分子等人物形象代替了旧文学中的统治者和才子佳人。五四新文学革命在文学观念上也带来了根本性的变化，文学语言获得了解放，奠定了20世纪中国文学的基本面貌。而且，中国文学开始自觉地借鉴和吸收外国文学及文化的营养，形成了面向世界而又不脱离传统的开放性的文学形态，建立了中国文学和世界文学的密切关系。

周作人 1910 年于日本摄

二、中国现代文学的奠基人鲁迅

鲁迅留日后的“断发照”

鲁迅（1881—1936），原名周树人，字豫才，“鲁迅”是发表《狂人日记》时用的笔名。他生于浙江绍兴一个破落的封建士大夫家庭，少年时受过良好的传统文化教育，既感受到封建礼教的虚伪和残忍，又接受了儒家的积极入世精神。鲁迅幼年读书的地方叫“三味书屋”，据说，“三味”是指“读经味如稻粱，读史味如肴馔，读诸子百家味如醯醢”。后来，鲁迅写了著名散文《从百草园到三味书屋》，来记述童年的那段生活。家道的败落，使他备尝世态炎凉；农村的小住，使他同情农民的悲惨处境；民族的危机，使他确立救亡的志向。

1898 年，鲁迅先后入南京水师学堂、矿务铁路学堂学习，大量阅读自然科学和社会科学著作，尤其从《天演论》中接受了进化论思想。1902 年，他赴日本留学，最初学医，后出于“我以我血荐轩辕”的爱国热忱和献身精神，转而弃医从文，走上“精神界之战士”的道路，决心致力于思想启蒙和国民性改造的工作。他曾筹办过《新生》杂志，编译了《域外小说集》，大力宣传进化论、人道主义、个性主义和革命民主思想。1909 年回国，在杭州、绍兴任教。辛亥革命爆发后，鲁迅积极参加宣传活动，曾对革命寄予热切的期望，但这场革命并未从根本上消除中国的黑暗和腐败，这使他痛感失望，并陷入深深的苦闷。1912 年，鲁迅到北京的教育部任职，在公余“抄古碑”的同时，仍苦苦思索中国的出路，关心着思想文化界的动向。

《呐喊》封面

俄国十月革命后，在时代的召唤下，经过“文学革命”倡导者们的动员，鲁迅很快从沉默中投入战斗。他加入《新青年》的阵营，发出了他的“呐喊”，其声势之猛，威力之大，影响之广，使他很快成

为五四文学革命中众望所归的中坚人物，中国现代文学的奠基人和开拓者。他在《新青年》上发表的第一篇白话小说《狂人日记》，犹如一声惊天春雷，正式宣告了新文学的诞生。1920年起，鲁迅在北京大学等校兼课，积极支持进步文学社团与学生运动。他在女师大事件、“三一八”惨案等重大斗争中，以杂文为武器，猛烈抨击北洋军阀政府和资产阶级右翼文人。由于北洋军阀政府的迫害，他于1926年南下厦门大学、中山大学任教。在革命高潮鼓舞下，鲁迅的思想发生了重大转变。1927年“四一二”事变的血腥教训摧毁了其进化论思想，他不断学习马克思主义，严于自我解剖，逐步成为一位具有无产阶级思想的革命战士。1930年后他加入革命互济会、“左联”等进步组织，并参加“左联”的领导工作，在中国共产党领导下和广大革命作家一起，高举左翼文艺运动的旗帜，在反对国民党文化围剿斗争中成为文化革命的旗手和领袖，成了“民族魂”，为民族新文化开拓了正确方向。1936年10月19日，鲁迅病逝于上海。他奋斗终生，把全部精力献给了中国的革命文学事业。

纪念鲁迅的木刻画

《朝花夕拾》封面

鲁迅一生著述颇丰，据统计达700多万字。小说集有《呐喊》、《彷徨》、《故事新编》三部。前两集取材于现实生活，可谓从辛亥革命前后到第一次国内革命战争前夕这一时代的一面镜子，探索了农民和知识分子的道路问题，批判了封建主义与辛亥革命的局限，以其战斗锋芒奠定了新文学的现实主义传统。他在艺术上融会中外文学的创作经验，具有鲜明的民族特色，常用“杂取种种人合成一个”以及“画眼睛”的典型化方法塑造人物形象，整体风格丰满而洗练，隽永而舒展，诙谐而峭拔。《故事新编》则巧妙结合现实主义原则和浪漫主义想象，熔古今于一炉，古为今用，并通过运用漫画化、夸张化、引入现代词语和生活细节等手法，以增强讽刺效果，丰富了历史小说的创造性。

鲁迅五十三寿辰时全家福

鲁迅还著有散文诗集《野草》和散文集《朝花夕拾》。《朝花夕拾》流畅清新，表现了散文的通脱与舒展，在平易亲切中富有深长的韵味，鼓励人们更好地认识生活。《野草》深沉含蓄，富有诗的凝练，通过生活的哲理启迪人们思索。

鲁迅一生写得最多、成就最高的是杂文，有《坟》、《热风》、《而已集》等16集。这些杂文既是解剖社会、抨击敌人的匕首投枪，又是能使人愉悦的艺术佳品，内容丰富深刻，闪耀着辩证的光彩。他的杂文鞭辟入里，犀利幽默，入木三分，不拘一格，嬉笑怒骂皆成文章。鲁迅以卓越的才华使杂文成为一种独立的文体。此外，鲁迅还译介了大量的外国文学作品和理论著作以供新文学发展借鉴。他的文学史著作《中国小说史略》、《汉文学史纲要》等，也无不深刻精湛。

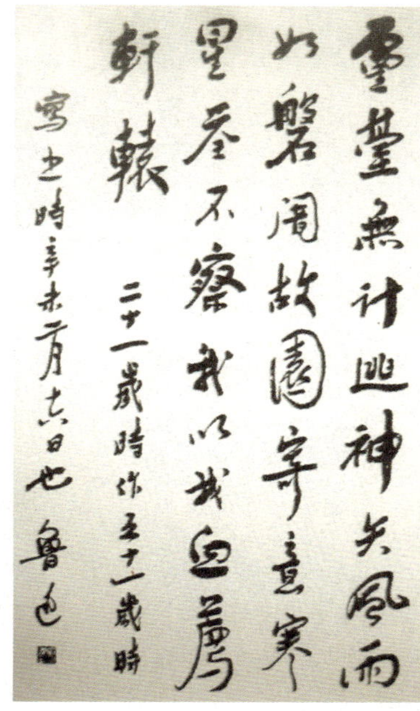

鲁迅手迹

《狂人日记》是现代文学的开山之作，以揭示封建家族制度和封建礼教吃人本质的深刻主题与“表现的深切与格式的特别”立刻震动文坛，成为向封建主义进攻的第一声号角。《狂人日记》由“识”和13则日记构成。“识”点明日记的由来和发表的目的，13则日记描写了“迫害狂”患者的精神状态和心理活动，塑造了一个“狂人”形象。文中既写了“狂人”具有多疑、惊恐、联想奇怪、推理反常等病态心理，又表明他是封建礼教的受害者和反抗者，是一个新时代的觉醒者。他被封建社会迫害多年，在被“吃”的过程中，逐步认清中国几千年标榜“仁义道德”的封建社会史是一部吃人史。他敢于同封建势力的代表赵贵翁及其走狗六哥等人坚决斗争，并勇于自我解剖，指出封建社会就是“人吃人”的社会。面对黑暗现实，他预示未来社会“容不得吃人的人活在世上”，并发出“救救孩子”的呼声。小说在艺术上别具一格，精选“狂人”做主人公，以独特的视角揭示了反封建的深刻主题，双关、比喻、象征等修辞手法的巧妙运用使小说内涵分外丰富、深刻。《狂人日记》以内容上的忧愤深广和艺术上的独特创造，成为现代文学的伟大奠基石。

《阿Q正传》是鲁迅的代表作。它以辛亥革命前后的一个江南小镇为背景，通过对贫穷、愚昧的阿Q悲惨遭遇的记叙，再现了广大农民的悲惨状况及其内在愿望与要求，揭示了辛亥革命失败的原因及其教训，探索了农民解放的重大问题。小说以表现阿Q的性格为主，围绕阿Q的活动展开故事情节。阿Q是一个落后的不觉醒的流浪雇农形象。他是一个性格复杂的典型，既有农民的质朴、愚昧，又有游手好闲之徒的狡猾。他无家无业，靠打工度日，被赵家敲诈得只剩下一条“万不可脱”的裤子。阿Q在政治上深受压迫，连姓赵的权利都没有。这一切决定了他对革命有本能的要求，对统治者有自发的反抗情绪。但由于不理解辛亥革命以及统治者投机革命，他被排斥在革命队伍之外，并最终成为革命投机者的牺牲品。这说明民主革命发动农民的重要性，也批判了辛亥革命的不彻底性。小说最成功之处在于刻画了阿Q的核心性格：精神胜利法。其特点是不敢正视现实，用妄自尊大、自欺欺人的方法麻醉自己，怕强凌弱，麻木健忘。他赌钱输了打自己两个嘴巴，心里想的却是打别人，

《阿Q正传》插图 现代·丁聪

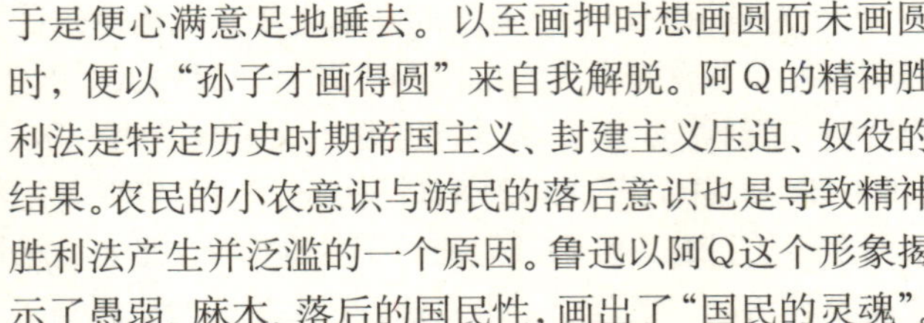

《孔乙己》插图 现代·范曾

于是便心满意足地睡去。以至画押时想画圆而未画圆时，便以“孙子才画得圆”来自我解脱。阿Q的精神胜利法是特定历史时期帝国主义、封建主义压迫、奴役的结果。农民的小农意识与游民的落后意识也是导致精神胜利法产生并泛滥的一个原因。鲁迅以阿Q这个形象揭示了愚弱、麻木、落后的国民性，画出了“国民的灵魂”。

《孔乙己》是鲁迅自己最为欣赏的一篇小说。它截取孔乙己一生中最具特色的几个片段来展示他悲惨的一生和封建科举制度的腐朽，同时也揭示了封建社会人与人之间的冷漠以及丁举人之类地主豪绅的冷酷和暴虐。孔乙己是清末一个备受科举制度摧残的下层知识分子。他苦读半生，热衷科举，在“四书”、“五经”中耗尽了年华，落到近乎乞讨的境地。他不想脱下那件象征读书人身份的又脏又破的长衫，说起话来满口之乎者也，时刻不忘在人前显示自己是与众不同的读书人。甚至当别人戏弄他时，他还一再显出不屑置辩、自命不凡的傲气。只有当人们笑他没有得到半个秀才时，他才颓唐不安，自欺欺人地说一通谁也不懂的之乎者也。在长期的封建教育毒害下，他养成了好吃懒做的恶习，不会营生，最终因偷书而被打折腿。封建科举制度无情地摧残了他的肉体和灵魂，然而他仍然麻木不仁、至死不悟。小说通过对社会背景的大量描写，揭示出那个人人相欺、贫富悬殊的黑暗社会是造成孔乙己悲剧的最终根源。作者对孔乙己“哀其不幸，怒其不争”的鲜明态度也蕴含在字里行间。同时，小说更为深刻地写出了当时国民的麻木和冷漠，他们从别人的痛苦中取乐，以使别人难堪而得意。这也正是鲁迅作为伟大思想家的集中体现。

《祝福》插图 现代·张嵩祖

另一部名作《祝福》则通过对祥林嫂一生悲惨遭遇的描绘，揭露了封建制度、封建礼教对劳动妇女的残酷迫害和精神折磨，表现了作者对妇女命运、妇女解放的关怀。祥林嫂新寡后到鲁四老爷家帮工，不久又被婆家卖给贺老六做媳妇。当丈夫病死、儿子被狼叼去后，她再次被迫来到鲁四老爷家当佣人。因她再嫁再寡，被视为不祥之物。当被告知可以通过捐门槛赎罪时，她就到土地庙用一年的工钱捐了一条门槛。但到祭祀时，鲁家仍视她为不祥之物，这使她精神上遭受致命打击，沦为乞丐，最终在鲁镇新年“祝福”的爆竹声中凄凉地死去。祥林嫂是勤劳、善良、坚强的旧中国农村劳动妇女的典

型。她只想用劳动来争取独立做人的权利，换取最低微的生活待遇。但是封建宗法制度和礼教观念扼杀了她求生的欲望，她的一切抗争和努力都归于徒劳。面对封建宗法制度和封建礼教的淫威，祥林嫂曾顽强地挣扎过。特别是捐门槛，这是她最后的一次抗争。祥林嫂的抗争是用迷信对付迷信，用善良对付凶恶，用勤劳对付榨取，这表现了她与鲁镇的民众一样有落后、愚昧、冷漠、迷信的一面。人们编织成一张无形的网，自己“被吃”，又在帮助封建礼教“吃人”。鲁迅通过对他们的描写，发出了“启蒙主义”的惊呼：改造“中国的人生”！

电影《祝福》镜头

三、文学研究会

作为新文学进入发展期的重要标志，是“五四”之后两个重要的文学社团的成立。一个是文学研究会，主张文艺为人生；另一个是创造社，高举为艺术的大旗。它们分别代表新文学发展中两大文艺思潮，对新文学的发展产生了重大而深远的影响。

20年代的茅盾

文学研究会成立于1921年1月，发起人有沈雁冰（茅盾）、叶绍钧（叶圣陶）、郑振铎、王统照、周作人、耿济之、郭绍虞、孙伏园、许地山等12人。文学研究会以沈雁冰任主编的《小说月报》作为自己的主要阵地，在上面除了刊登文学研究会作家的创作之外，还重视译介国外的文学，尤其是俄国和东欧等弱小民族的文学。随着文学研究会的发展壮大，冰心、朱自清、庐隐、鲁彦等著名作家都成为它的成员，鲁迅虽然没有参加，但他的思想是接近文学研究会的。文学研究会并没有系统的、统一的理论主张，在它成立时发表的《文学研究会宣言》中宣告：“将文艺当作高兴时的游戏或失意时的消遣的时候，现在已经过去了。我们相信文学是一种工作，而且又是于人生很切要的一种工作。”这段话大抵代表了文学研究会成员们的共同态度，因而被称为“为人生派”的文学团体。他们高扬“为人生”的旗帜，在文学创作中探讨人生问题，提出了当时人们所关心的婚姻、家庭、出路、道德等各种问题。

冰心于1924年在美国

1919年9月，冰心（1900—1999）在《晨报》上发表了第一篇

冰心于1923年始写的《寄小读者》封面

小说《两个家庭》，描写两个留学英国的高材生回国后的不幸遭遇，开创了“问题小说”的先河。此后又写出了《秋雨秋风愁杀人》、《斯人独憔悴》、《去国》等作品，这些小说反映了社会上普遍存在的新旧矛盾和父子冲突。1921年冰心加入文学研究会并写出了《超人》。这是一部描写“爱的哲学”的代表性作品。主人公何彬是一个办事员，受尼采思想影响，想做一个超然人生、仇视人类的超人，然而在母爱的感召下，他最终以爱否定了恨。小说意在探讨“人生究竟是什么？支配人生的，是‘爱’呢，还是‘憎’”这样的重大人生问题。1924年她创作了《超人》的姊妹篇《悟》，写发生在两个人间的爱与憎两种思想的斗争，作家借着人物之口，号召青年朋友“一边流迸着血泪，一边肩起爱的旗帜”。“爱的哲学”成为冰心早期创作的思想基础。受泰戈尔博爱思想的影响，冰心将爱与同情看作是生命中最可贵的东西，有了它们，“踏着荆棘，不觉着痛苦，有泪可落，不是悲凉”。文学研究会另一著名的女作家庐隐（1898—1934）出过短篇小说集《海滨故人》、《曼丽》等，更为浓厚地沾染上了感伤的抒情色彩。《海滨故人》写露沙等五位女青年的人生经历。露沙小时候未曾得到父母的爱，在教会学堂里备受歧视，追求爱情也遭遇失败，难得几位同窗好友聚在一起，又要匆匆而别，所以她深感世界的寂寞与人生的不幸，情绪甚为感伤悲观。庐隐的这类小说，大都带有自叙传和抒情小说的性质，真切地反映了“五四”以后没有出路的知识分子的思想情绪。

王统照与臧克家于1935年摄于青岛

《小说月报》封面

许地山（1893—1941）是一个基督教徒，对佛学也有所研究，因此在小说中渗透进宗教思想的影响。《商人妇》中的女主人公惜官，出国寻夫受骗被卖给了印度人，她对自己不幸的命运却采取了“达观”的态度，认为“人间一切的事情本来没有什么苦乐底分别”，于是一切的痛苦都在她那儿消融了。许地山的代表作《缀网劳蛛》中女主人公尚洁是高尚品格的化身，她富有的丈夫长孙可望生性嫉妒，听信流言而遗弃了她。后来他受到《马可福音》的感化而觉悟出自己的错误并重新接回尚洁，自己则背负着罪感离家出走。面对着这一切，尚洁都采取了“不辩白”、“不介意”的态度，她认为人生“像蜘蛛，命运就是我的网”，小说因此带上了宿命论的色彩。1928年许地山写了《在费总理底客厅里》，揭露了在慈善外衣下，旧官僚的贪婪和暴虐。《春

庐隐像

桃》中的女主人公遇到了兵匪之祸、夫妻离散、与人同居后复与丈夫相遇等困境，却能不断地同命运搏斗，体现了劳动妇女的优秀品德。王统照的早期小说中也表现了对爱与美的追求。《微笑》写青年犯人阿根在狱中被一位女犯人的微笑所感化，出狱后成了一个有知识的工人。小说将救赎世界丑恶的力量寄托在宗教身上，希望世间存在一种神力把人类超度到理想王国中去。在王统照的作品中，也有一些对社会正面的揭露。《湖畔儿语》通过我在湖畔遇到名叫小顺的孩子，得知他们一家的辛酸遭遇，母亲早逝，后母为生活所迫而卖淫，父亲则到烟馆去伺候人，他便独自在湖畔过夜，显示了作者对底层劳动人民命运的关怀。

在文学研究会的众多小说家中，最为重要的当推叶圣陶（1894—1988）。叶圣陶在“五四”新思潮的洗礼下于1919年开始写白话小说，《隔膜》、《火灾》、《线下》等几个最初的短篇小说，都表现出鲜明的民主主义倾向。一部分作品直接描写了下层社会被侮辱被损害的人们的不幸遭遇，流露出作者对被压迫者的真挚同情。在《一个朋友》、《隔膜》、《遗腹子》等作品中，作者展现了人们习以为常的一些陈腐可笑乃至令人窒息的社会现象，尖锐地讽刺了半封建半殖民地社会中小市民的灰色生活以及他们庸俗守旧、自私冷漠的劣根性。由于叶圣陶长期从事教育工作，他的作品大都取材于此，形成了作者创作的一个独特领域——教育文学。《饭》、《潘先生在难中》、《校长》便是其中最有代表性的三篇，展现了在旧中国混乱倾轧局面下一般知识分子朝不保夕的生活场景，以及他们在社会压迫下形成的忍让妥协、苟且偷安的弱点。在生活和思想上有了长期积累后，叶圣陶于1928年创作了长篇小说《倪焕之》，它以小学教师倪焕之的生活经历为线索，形象地再现了辛亥革命、五四运动、五卅运动、上海工人第三次武装起义以及大革命失败等重大历史事件的面貌。小说塑造了倪焕之这一具有时代特点而又有鲜明个性的小资产阶级典型人物形象。他是个热切追求新事物的青年，同辛亥革命失败后不少进步知识分子一样，最初把“一切的希望悬于教育”，真诚地期待着用自己的“理想教育”来洗涤尽社会的黑暗污浊。他还憧憬着一种建立在共同事业基础上的互助互爱的婚姻关系，爱慕和追求着一个思想志趣和自己相似的女子金佩璋。然而，严酷的现实生活破灭了倪焕之许多不切实际的空想，他不但在教育事业上多次碰壁，而且婚后的金佩璋沉浸在琐细的家庭事务中，对于前途、理想、教育都不再有兴趣，使倪焕之不无痛苦地感到“有了一个妻子，但失去了一个恋人、一个同志”。五四运动中，倪焕之开始放眼“看社会大众”，投身于社会改造运动，“五卅”和大革命高潮期间，倪焕之更是参加了紧张的革命工作，由最初改良主义的

许地山于燕京大学

朱自清像

叶圣陶像

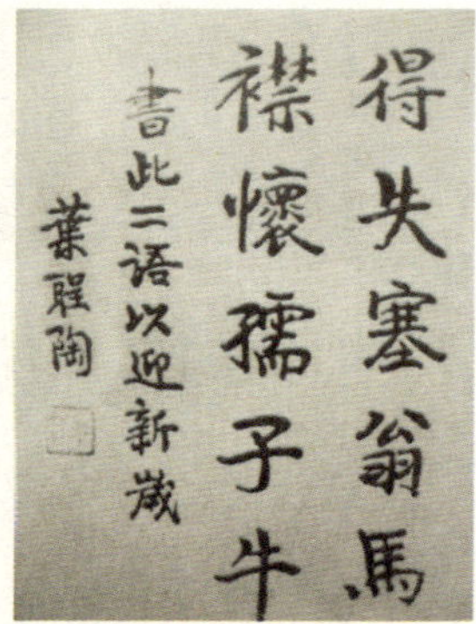

叶圣陶手迹

“教育救国”转向了革命。然而他的这种转变只是初步的，在“四一二”反革命大屠杀后，倪焕之的理想彻底幻灭，乃至悲观失望，怀着“什么时候见到光明”的悲哀死去。倪焕之的道路在当时进步青年中具有很大的代表性，他“理想教育”的失败也意味着作者思想的转变，为他以后的革命现实主义创作奠定了基础。

四、创造社

1921年7月，郭沫若、郁达夫、成仿吾、张资平等留日学生组成创造社，重要成员还有田汉、郑伯奇等。1922年5月，他们出版了《创造季刊》，创造社的影响逐渐扩大开来，他们所办的刊物还有《创造周报》、《创造日》、《洪水》、《创造月刊》等。创造社作家们反对把艺术看作工具，提出文学家要完全超越“有功于世道人心”的功利思想，提倡“艺术是绝对的，是超越一切的”文学主张，反对封建文学的“文以载道”的观念，同时也反对为人生派的文学主张，带有明显的为艺术而艺术的色彩，因此被视为“为艺术”的文学流派。创造社最重要的文学主张就是把文学视为自我表现的理论。郭沫若认为文学的任务是表现，而不是再现，而他们所要表现的自我则是由“内心要求”而发，比如诗不是作出来的，而是从“心坎上流露出来的”，强调完全的自由表现。如果说鲁迅和文学研究会的作家，为了思考社会问题，强调正视现实、直面人生，用理性观照社会生活，因而主张文学的现实主义的话，那么，郭沫若等创造社作家的文学主张和实践，则是个性解放的要求在文学上的强烈反映，表现了觉醒者澎湃的激情。现实主义和浪漫主义这两种文艺思潮同时在新文学创作中发展起来，标志着时代进步对文学的不同要求。但是当时中国黑暗的社会现实使创造社作家无法从容地创造他们的美，于是他们的文学主张也常常带有反抗社会的色调。成仿吾就提出“文学是批评人生的”，郭沫若在《艺术家与革命家》中指出，无论什么样的艺术，没有不和人生发生关系的，艺术家同时也可以是革命家，艺术也可以是宣传工具，因此，创造社作家对雪莱等“撒旦派”诗人特别推崇。后来，这个高扬艺术大旗的文学社团最早转变为提倡无产

左起：王独清、郭沫若、郁达夫、成仿吾在一起

阶级革命的团体。作为提倡浪漫主义的流派，当以郭沫若的诗歌为他们的代表性作品。

在日本九州帝国大学医学部学习时的郭沫若

郭沫若（1892—1978），原名郭开贞，四川乐山县人。因其家乡距大渡河（古名沫水）和青衣江（古名若水）的汇合处不远，故取两河古名改名“沫若”。他不仅是杰出的诗人，著名的戏剧家，而且是卓越的马克思主义历史学家和古文字学家，是继鲁迅之后中国新文化战线上又一面光辉的旗帜。

郭沫若生于地主家庭，自幼饱读古典诗词，深受故乡毓秀钟灵的水土润泽，孕育了浓郁的诗人气质。中学时代受资产阶级民主思想的影响，积极参加反封建的学潮运动。1913年怀着实业救国的壮志随兄赴日本留学，后因受十月革命和五四运动的激励，遂弃医从文，投身到新文化运动中，成为开一代诗风的先驱。这期间，他阅读了海涅、歌德、泰戈尔、惠特曼的大量作品，并受到荷兰哲学家斯宾诺莎泛神论思想的影响。1919年初，写了具有反帝爱国思想的小说《牧羊哀话》。1921年出版了第一部诗集《女神》，首开中国新诗浪漫主义先河。1923年回国后，他又创作了反封建历史剧《三个叛逆的女性》。

《创造季刊》封面

1926年3月，郭沫若写了《革命与文学》，提出了革命文学的主张。北伐开始后，他参加了北伐革命军，并于1927年3月写下声讨蒋介石的战斗檄文《请看今日之蒋介石》，无情揭露了蒋介石的罪行。南昌起义后，他被迫东渡日本，开始了十年的流亡生涯，此间主要致力于古代社会历史与甲骨文的研究，成就卓越。抗战爆发后，他冒险回国，投入抗日救亡运动，负责抗战文化宣传工作。“皖南事变”后，他怀着极大的义愤创作了《棠棣之花》、《屈原》、《虎符》等历史剧，揭露国民党的卖国投降政策，热情讴歌中华民族团结御侮、前赴后继的伟大精神。建国后，他担当众多党内外要职，为发展中国社会主义科学文化事业作出了重大贡献。在繁忙的国务、政务活动之暇，他仍笔耕不辍，写下历史剧《蔡文姬》、《武则天》，并出版了诗集《新华颂》、《百花齐放》等。郭沫若一生著作甚丰，在诗歌、历史剧、文学理论及诸多学术领域成就辉煌。

郭沫若发起成立创造社致田汉书

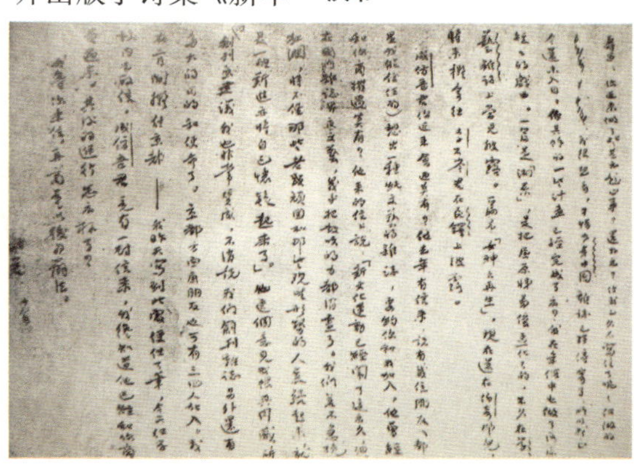

郭沫若是新诗的开拓者。他的《女神》包括诗剧三篇，诗歌（包括序诗）54首，以完全崭新的内容和形式成为中国现代新诗的奠基之作。《女神》集中体现了“五四”时代精神。它倡导科学与民主，表现具有进步意义的“泛神论”思想，抨击黑暗现实，主张创造理想社会，追求个性解放，赞美具有叛逆

1927年春参加北伐军的郭沫若（前排左2）

精神的英雄人物，从而成功地把个性主义与爱国主义、个性解放与社会解放融为一体，唱出了时代的最强音。《女神》是自由诗体成熟的标志，形式上不拘一格，自然真切地表达了五四时代狂飙突进的精神。作品中体现了“为艺术而艺术”的创作主张，透着鲜明的浪漫主义风采。《女神》充分展现了诗人那火山爆发式的激情，丰富奇丽的想象，排山倒海的气势。它以强烈的时代精神和独特的艺术魅力，为中国新诗开辟出一条崭新的道路。

《凤凰涅槃》是《女神》中的“重头戏”。诗人说这首诗“象征着中国的新生”，即借凤凰“集香木自焚，复从死灰中更生”的神话传说，象征旧中国的毁灭和新中国的诞生。全诗分“序曲”、“凤歌”、“凰歌”、“凤凰同歌”、“群鸟歌”和“凤凰更生歌”六部分。“序曲”描绘凤凰啄集香木准备自焚的情景：

凤啄香木，
一星星的火点迸飞，
凰扇火星，
一缕缕的香烟上腾。

《女神》封面

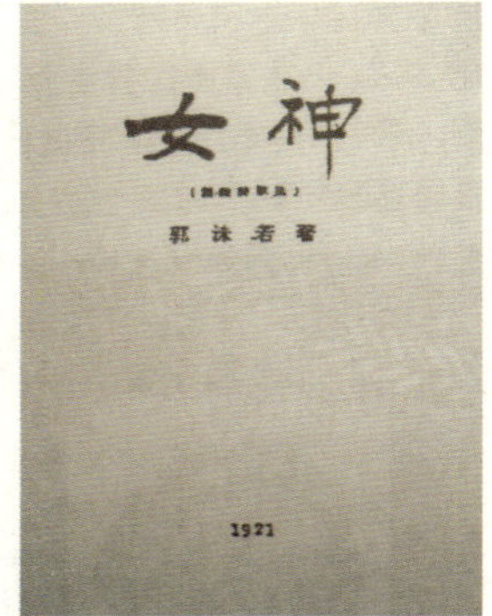

接下来诗人诅咒旧中国是“脓血污秽着的屠场”、“群魔跳梁着的地狱”，旧中国处处是“流不尽的眼泪”、“洗不净的污浊”、“荡不去的羞辱”。“凤凰同歌”表达了它们勇于同旧世界同归于尽的胆识，在火光香气中迎接死亡。诗人通过“群鸟歌”，既鞭挞了那些鼠目寸光、夜郎自大、狂妄无知的丑恶灵魂，又反衬出凤凰的高洁和坚贞。“凤凰更生歌”是诗的高潮，集中体现了诗人的美好理想。经过磨炼，凤凰实现了涅槃后的新生，它们尽情欢唱：

我们更生了，
我们更生了。

一切的一，更生了。
一的一切，更生了。
我们便是他，他们便是我。
我中也有你，你中也有我。
我便是你。
你便是我。
火便是凰。
凤便是火。
翱翔！翱翔！
欢唱！欢唱！

新世界一片新鲜净朗，华美芬芳，处处充满生机，富有力量。

《凤凰涅槃》从宇宙的高度，以泛神论的哲理表现高亢的爱国主义精神和改造社会的理想。尽管诗人对新中国及未来的理解尚显空泛，有过分诗意化的倾向，但无限美好的理想更易激励人们的斗志，鼓舞人们勇于创新。《凤凰涅槃》以丰富奇美的想象、新颖奇特的构思、强烈奔放的激情、美好崇高的理想，集中体现了浪漫主义诗歌的风采，成为积极浪漫主义的典范之作。

《天狗》则借“天狗食月”的民间传说，表现了诗人要把世间的一切统统毁灭、彻底改造的伟大创新精神。全诗共五节。首节取天狗为自我形象，它能吞下日、月、星球以至整个宇宙，表现了诗人雄视古今、包容万物的英雄气魄。第二节写“我”是一切光亮的总和，整个宇宙的能源总量。第三节写“我”的极大声威，以“飞奔”、“狂叫”、“燃烧”表现“我”激昂奋进、势不可挡的气概。第四节表现了改造自我的痛苦，也表达了超越自我的决心。最后一节，“我便是我呀！/我的我要爆了！”表现了自我爆炸和敢于创造一切的气概：

我是一条天狗呀！
我把月来吞了，
我把日来吞了，
我把一切的星球来吞了，
我把全宇宙来吞了。
我便是我了！

全诗以天狗与“我”重叠的形象，唱出了诗人冲破一切罗网、敢于改造一切的豪情壮志，尽情讴歌了创造的力量，表达了要求个性彻底解放的理想。整首诗自由奔放，节奏强劲激越，排比与复迭的巧妙运用

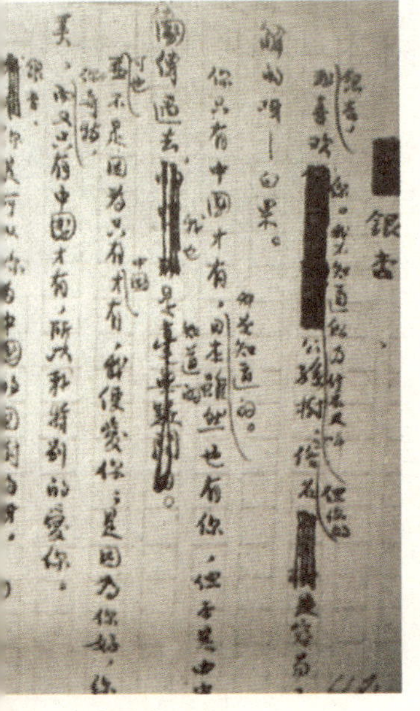
郭沫若手迹

郁达夫手迹

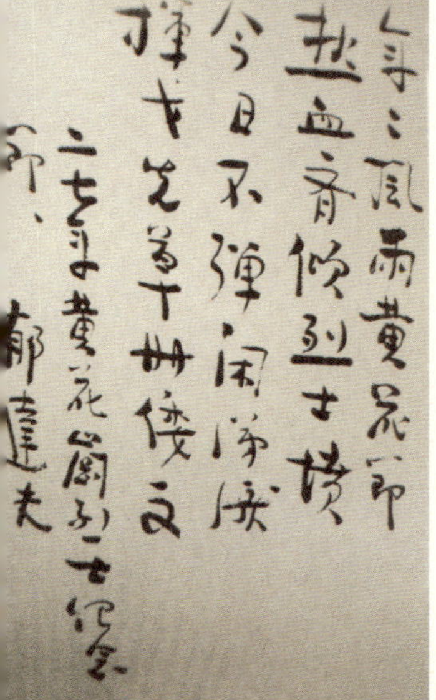

更造成了排山倒海、一泻千里的气势。

《立在地球边上放号》是一首力的赞歌，体现出震憾人心的崇高美。全诗只有七行：

> 无数的白云正在空中怒涌，
> 啊啊！好幅壮丽的北冰洋的情景哟！
> 无限的太平洋提起他全身的力量来要把地球推倒。
> 啊啊！我眼前来了的滚滚的洪涛哟！
> 啊啊！不断的毁坏，不断的创造，不断的努力哟！
> 啊啊！力哟！力哟！
> 力的绘画，力的舞蹈，力的音乐，力的诗歌，力的律吕哟！

开头以云涛怒涌写出北冰洋的壮丽景观，一个"怒"字写尽北冰洋的勃勃生机，不可阻挡。随之笔锋一转，写到"无限的太平洋提起他全身的力量来要把地球推倒。/啊啊！我眼前来了的滚滚的洪涛哟"。诗中"无限"、"提起"、"推倒"、"滚滚"等气魄非凡的词语，绘成一幅波澜壮阔、风起云涌的壮丽画卷，令人在大自然的伟力面前惊叹不已，激情澎湃。接着是诗人兴奋的呐喊："啊啊！不断的毁坏，不断的创造，不断的努力哟！"这是时代的召唤，是向旧世界进军的号角。在这震撼宇宙的宣言声中，我们仿佛看到五四革命洪流正滚滚向前，以摧枯拉朽之势冲刷着旧世界的污泥浊水。最后，诗人激昂万分，一连喊出："啊啊！力哟！力哟！／力的绘画，力的舞蹈，力的音乐，力的诗歌，力的律吕哟！"在这里，诗人尽情讴歌创造之力，是亘古未有的力的礼赞。力是一切艺术之源，力是整个世界运行之源，力是五四时代精神的集中体现。

在小说创作方面，为艺术派虽然也描绘社会现实，但其目的却是为了借以抒发自己的内心情怀，因而带有强烈的主观倾向。郁达夫（1896—1945）在长达十年的留学生活中，弱国子民的地位使他饱受歧视，产生零余者的感伤和对国家尽快强大的期许。1921 年这个还在学经济的大学生写下了震动中国文坛的作品——短篇小说《银灰色的死》、《沉沦》、《南迁》，它们合为小说集《沉沦》，是中国现代文学史上第一部短篇小说集。《沉沦》的主人公都是留日学生，在压抑的环境下饱受"生的苦闷"和"性的苦闷"的双重煎熬。《银灰色的死》中的 Y 君妻子已经亡故，只有在异国他乡借酒消愁度日。酒馆主人的女儿似乎很同情他，然而这位女子不久也要嫁人了，Y 君在颓废中死去。《南迁》中的主人公伊人，虽然获得了名誉和金钱，只因为缺少爱情，也是一个感伤主义者。

《沉沦》是郁达夫“自叙传”小说的代表作，其中的主人公“我”充分体现了郁达夫小说抒情主人公的主要特点。他以弱国子民的身份在日本留学，长期的压抑和内省，使他患有“忧郁症”。他渴望与人交流，渴望与女同学一起嬉戏，渴望得到别人的理解与呵护，更渴望得到异性的同情与爱情。他赤裸裸地表白：“知识我也不要，名誉我也不要，我只要一个安慰我体谅我的‘心’，一副白热的心肠！从这一副心肠里生出的同情！从同情而来的爱情！”但是他又敏感多疑，怀着“同兔儿似的小胆，同猿猴似的淫心”。忧郁症愈加厉害。一次偶然的机会，他偷看到老板女儿洗澡时的情景，激动、亢奋与愧疚、自责冲击着他的情感世界，使他难以自拔，只好忐忑不安地搬出旅馆，住进了凄清的“梅园”，又在顾影自怜时无意中听到了情人约会的场景，在心猿意马、进退失据中来到一家妓院厮混。第二天醒来后他悔恨不已，精神崩溃，带着对自身污浊的厌弃，走向了投海自杀的绝路。《沉沦》的主人公是一个接受过现代教育的青年知识分子，在急剧的社会变化中无法把握自身，经济的困顿与个性觉醒后的孤独，使他忍受着“生的苦闷”和“性的苦闷”的双重折磨，形成了他敏感自卑而又自怨自艾的性格。他拥有过人的才情，富有正义感和良知，然而在黑暗社会的压榨下却无能为力，只好在愤世嫉俗、放浪形骸中宣泄被压抑的情欲与愤激。《沉沦》在内在精神上是和五四精神一致的，它隐含着一股爱国主义的潜流，主人公在临死前难以割舍的仍是可以安抚其灵魂的故国，他那一番希望国家强大、国民不再受苦的呼告，体现的是可贵的爱国情怀和反帝精神，自有一份震撼人心的力量。

郁达夫像

郁达夫与王映霞1935年在杭州灵隐

郁达夫回国后，创造了《茫茫夜》、《风铃》、《秋柳》等作品，均以于质夫为主人公。于质夫在国内军阀统治下的社会中报国无门，只有在烟花场上厮混，却又摆脱不开自我谴责，这个形象正是《沉沦》主人公形象的延续。这一时期郁达夫的创作中现实主义的因素明显增加，他开始关注劳动人民的命运，写下了《薄奠》、《春风沉醉的晚上》等作品，塑造了几个挣扎在死亡线上的劳动者形象。郁达夫于1927年脱离创造社，之后又创作了小说《迷羊》、《微雪的早晨》、《她是一个弱女子》、《迟桂花》等，以真率和大胆的自我暴露来和充满瞒和骗的社会进行抗争。

《沉沦》封面

五、新月派诗人

1923年3月，徐志摩在北京成立新月社。它是“五四”后出现的

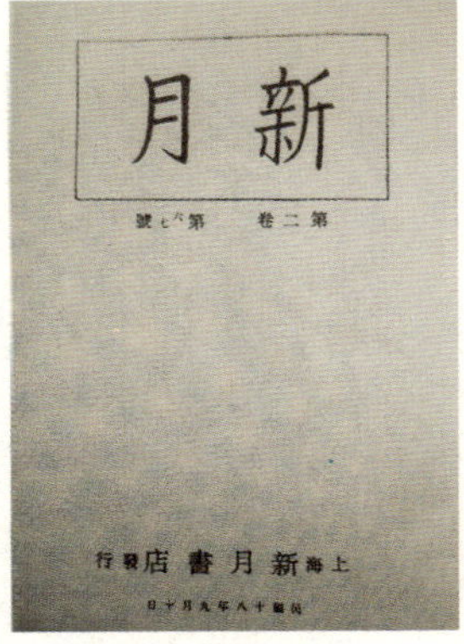

《新月》封面

陈西滢与凌叔华合影

一个重要的文化社团，胡适、陈西滢、杨振声、凌叔华、林徽因、丁西林等人都曾是它的成员。稍后，闻一多、余上沅、梁实秋、熊佛西、沈从文也加入该社。这个团体在新诗领域中曾有很大的影响，其中徐志摩和闻一多号称新月诗派的双璧。

为新月社诗歌进行理论上探讨的是闻一多（1899—1946），他提出了建立新格律诗的观念，讲求诗歌“音乐的美、绘画的美、建筑的美”。1922年闻一多赴美留学，并写下了第一部诗集《红烛》，这部诗集仿照郭沫若的《女神》的体例，包括《李白之死》、《太阳吟》、《秋色》、《雨夜》等佳作。《红烛》沾染着五四时期追求进取的氛围，抒写对爱情和快乐的向往，充满对真善美的追求，有着鲜明的反封建和爱国主义特征。诗人身居异国，心怀中华，他在《太阳吟》中写道：

太阳啊——神速的金乌——太阳！
让我骑着你每日绕行地球一周，
也便能天天望见一次家乡！

太阳啊，楼角新升的太阳！
不是刚从我们东方来的吗？
我的家乡此刻可都依然无恙？

在《忆菊》中也写道：“我要赞美我祖国底花！／我要赞美我如花的祖国。”展示了一个流浪异域者对祖国的挚爱。组诗《七子之歌》则是抒发诗人深感帝国主义侵占澳门、香港、台湾、威海卫、广州湾、九龙、旅顺、大连这“中华七子”的悲痛，每章都以“母亲！我要回来，母亲！”为结语，呼唤出他们迫切要求回到祖国怀抱的心声。如诗人在《澳门》中写道：

你可知“妈港”不是我的真名姓？……
我离开你的襁褓太久了，母亲！
但是他们掳去的是我的肉体，
你依然保管着我内心的灵魂。
三百年来梦寐不忘的生母啊！
请叫儿的乳名，叫我一声“澳门”！
　　母亲！我要回来，母亲！

这种题材的诗歌还包括《我是中国人》、《爱国心》等。闻一多回国后，创办了《诗镌》周刊，他提倡新诗“三美”的论文《诗的格律》

和《死水》等，都发表于此。《死水》写于1926年，当时旧中国陷入连年的军阀混战，内忧外患，民不聊生，诗人的理想和幻想在黑暗的现实面前化为了泡影。所以当他“偶见（北京）西单二龙坑南端一臭水沟”时，一下子勾起了强烈的愤怒之情，联想起旧中国令人绝望的情形，取二者之间的相似之处，作了《死水》一诗：

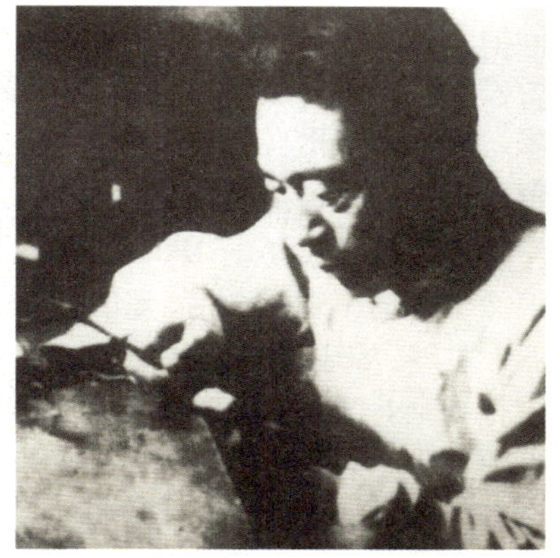

1945年因物价暴涨，在西南联大的闻一多为生活所迫挂牌刻图章

闻一多刻的西南联大纪念碑

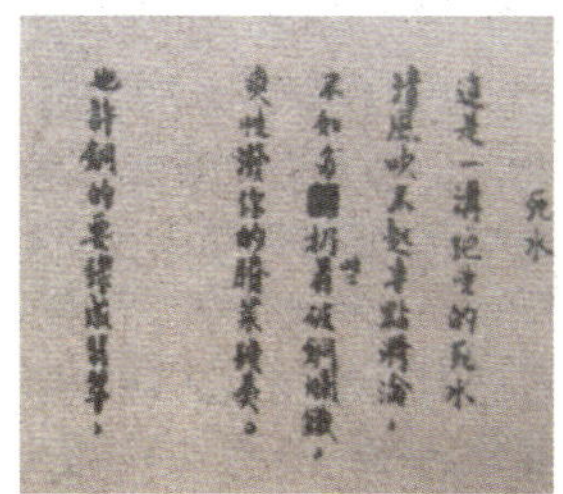

死水

这是一沟绝望的死水，
清风吹不起半点漪沦。
不如多扔些破铜烂铁，
爽性泼你的剩菜残羹。
也许铜的要绿成翡翠，

《死水》手稿

这是一沟绝望的死水，
清风吹不起半点漪沦。
不如多扔些破铜烂铁，
爽性泼你的剩菜残羹。

也许铜的要绿成翡翠，
铁罐上锈出几瓣桃花；
再让油腻织一层罗绮，
霉菌给他蒸出些云霞。

让死水酵成一沟绿酒，
飘满了珍珠似的白沫；
小珠们笑声变成大珠，
又被偷酒的花蚊咬破。

徐志摩（右一）、林徽因（右二）、林长民（左三）、梁思成（左一）与访华的泰戈尔在一起。“新月派”这一名称即来自于泰戈尔的诗集《新月集》。

诗人向人们展示了“一沟”腐朽、糜烂，乃至令诗人窒息、绝望的“死水”意象，“清风吹不起半点漪沦”。面对如此的现实，诗人放弃了改造它的打算，不无激愤地表示：“不如多扔些破铜烂铁，爽性泼你的剩菜残羹。”朱自清在评价这首诗歌时说：“这不是‘恶之花’的赞颂，而索性让‘丑恶’早些‘恶贯满盈’，‘绝望’里才有希望。”于绝望、激愤中期待和希望，才是诗人内心的真实情感，诗人并没有在一潭绝望的死水中沉沦，而是以一种顽强

徐志摩像

的信念，呐喊着，抗争着，希望这个令人绝望的世界尽快死亡，并期待着它的新生。在闻一多前期的诗歌创作中，多呈现出浪漫主义色彩，形式上多用自由体，从《死水》开始，逐渐加入了写实的成分，形式上也以严谨的新格律体为主。

徐志摩（1896—1931）是新月派的首领，他充满着理想主义和浪漫主义的乐观和激情，爱情、自然和社会问题构成了其诗歌创作的三大主题。徐志摩在诗歌中渴望着人与人之间彼此真诚相爱，要求个人行为绝对的自由，渴求美的艺术的人生。《无题》写“朝山人”不畏艰难，披荆斩棘来攀登理想的高峰。《婴儿》描绘了母亲在产床上忍受着剧烈的阵痛，盼望着婴儿的诞生，在这里，婴儿成为诗人理想社会的投影。《翡冷翠的一夜》这本诗集是献给他热恋的女子的，在《起造一座墙》中诗人祈望着坚贞不渝的爱情：“就使有一天霹雳震翻了宇宙，——／也震不翻你我‘爱墙’内的自由！”徐志摩在英国、尤其是在剑桥的两年间对其一生有着重要影响。他与乡村接近，与自然为友，深深地感受到了“大自然的优美，宁静”。1928年8月徐志摩重访剑桥大学，在回国的途中写下了《再别康桥》一诗，成为新格律诗派的代表作。诗中写道：

轻轻的我走了，
　正如我轻轻的来；
我轻轻的招手，
　作别西天的云彩。

那河畔的金柳，
　是夕阳中的新娘；
波光里的艳影，
　在我的心头荡漾。
……
但我不能放歌，
　悄悄是别离的笙箫；
夏虫也为我沉默，
　沉默是今晚的康桥！

悄悄的我走了，
　正如我悄悄的来；
我挥一挥衣袖，
　不带走一片云彩。

徐志摩与陆小曼

《再别康桥》深受新月派“理智节制感情”这一原则的影响，将内心强烈的感情融入到对环境的描写中去。在形式上，它严整而富于变化；在音韵上，它既灵活多变，又有一气呵成之感，与《死水》、《雨巷》一样，成为中国新诗在追求音乐美方面的出色代表。对康桥的深情是这首诗歌产生的根源，但诗人不是直接地表露，而是将之浓缩在凝练的诗句中，融化在一些富有个性特色的意象中，如夕阳中的柳树、柔情似水的青荇、榆荫下那潭清泉等，似梦似幻。“寻梦”，是诗人到康桥的目的，康桥的魅力却将他彻底征服了，那里成了他灵魂的家园。对康桥的爱怜和迷恋，使他克制着离别时的激情，没有“放歌”，只是来也轻轻，去也悄悄。轻轻挥动着的双手，勾画出了一个潇洒飘逸的身影，定格在人们的记忆中，成为魅力永恒的风景。《再别康桥》这首诗歌超越了古典诗歌“伤别离”的固定模式，而将离别表现得十分轻灵蕴藉。诗人在《沙扬娜拉》中捕捉了送别场景中短暂的一瞬，活画出日本女郎的动人形象，那俯首作揖的“温柔”，那脉脉含情的“娇羞”，那交织着甜蜜与忧伤的一声“珍重”，展示了东方女性的温柔、谦恭的美德。徐志摩被公认为是新月诗派的领军人物，他参与了新月派的整个活动，他的创作也体现了新月派的鲜明特征。30年代他出版的诗集有《猛虎集》以及在1932年由陆小曼编集的《云游》。集子中的诗歌则明显地表明了徐志摩思想上的苦闷。他感叹“我不知道风是在哪一个方向吹”，认为生活“简直到了枯窘的深处”。1931年11月19日，徐志摩因飞机失事而不幸遇难，新月诗派因此逐渐走向了衰亡。

花季少女林徽因

新月诗派中成就比较大的还有朱湘（1904—1933），其诗集有《夏天》、《草莽集》、《石门集》等，其中《摇篮歌》、《采莲曲》两首诗歌追求形式的完美和音调的和谐，风格恬淡平静。孙大雨的商籁体诗，较成功地把西洋式的格律、技巧引进到新诗中来。《自己的写照》通过纽约的万千景象抒发现代人的复杂感受，有着雄浑的风格。此外，陈梦家、方玮德、林徽因等人的诗歌创作也较有影响。

六、林立的文学社团

除了文学研究会、创造社、新月社等这些影响大的文学社团之外，“五四”之后在思想解放的时代潮流中各地出现的大小文学社团数量相当多。据茅盾后来的统计，到1925年为止，有不下100个文学社团先后出现。

1924年《语丝》周刊在北京创刊，标志着语丝社的正式成立。这

个文学社团并没有严格的组织形式，只是有着相近思想倾向与文学倾向的同人团体。这个团体的组织者是孙伏园，但促使它诞生的主要人物却是鲁迅，其他人还有周作人、林语堂、钱玄同、刘半农、章川岛、俞平伯、江绍原、章衣萍、冯沅君、顾颉刚等。语丝社的文学主张是进行社会批评和文明批评，其中最突出的一条就是强调文学的社会功能，将文学从“象牙之塔”中拉出来，要求文学关心社会的政治问题。同时，语丝社强调文学必须讲求真，“说自己的话”的文学才有生命，也才是“真的文学”。在创作上，鲁迅在《语丝》上发表了《高老夫子》、《离婚》等小说，生动地讽刺了伪君子的肮脏心态，再现了被封建势力压迫的人们的不幸遭遇。连载于《语丝》的散文诗《野草》中的各篇以优美洗练的语言，挖掘出个体心灵深处的悲凉与痛苦，那些直陈时弊的杂文《论雷锋塔的倒掉》、《论睁了眼看》、《并非闲话》，则以忧愤深广的精神揭示了传统与现代的种种弊端。周作人在《语丝》上发表的文章是最多的，《乌篷船》、《谈茶》、《论酒》等以清新淡雅的风格构筑了一座座别有风致的艺术之塔。林语堂在这一时期发表在《语丝》上的文章主要侧重于讨论政治、社会和文化问题，《给玄同的信》、《谬论的谬论》均是他抒发一己之见的名篇。

诗歌方面有1922年在杭州成立的湖畔诗派，主要成员有应修人、潘漠华、汪静之、冯雪峰等。这些人均专心致志于作情诗，他们并不沉溺于知识者的情调中，而是放歌于朴实的村野，表达一种单纯、天真、明朗的爱情观。如在应修人（1900—1933）《妹妹你是水》中，把爱人比作清溪里的水，“无愁地镇日流”，“率真地长是笑”，表现出农家姑娘活泼、轻灵的天性以及那种毫无矫饰的美：

刘半农（左一）、沈尹默（左二）、周作人（右二）等北京大学国文门教师合影

妹妹你是水——
你是清溪里的水。
　无愁地镇日流，
　率真地长是笑，
　自然地引我忘了归路了。

妹妹你是水——
你是温泉里的水。
　你底心儿他尽是爱游泳，
　我想捞回来，
　烫得我手心痛。

妹妹你是水——

你是荷塘里的水。
　借荷叶做船儿，
　借荷梗做篙儿，
　妹妹我要到荷花深处来！

青年冯雪峰

汪静之的许多诗歌写爱的甜蜜和陶醉，写相思的愁，也写失恋的痛苦，他的诗大胆地袒露男女之间的情爱。《别情》中的抒情主人公无论是在睡眠、喝茶、上课、读书、蚊帐上、茶杯里，都看到了一个心上人，甚至要把心上人寄来的诗稿也吞到心里去。《过伊家门外》写了抒情主人公敢于“冒犯了人们的指摘，一步一回头地瞟我意中人”，相当真切地反映了“五四”时期追求个性解放的时代精神。而且，湖畔诗人把追求“有灵魂底拥抱，更望有肉体底飞舞”作为合理的、自然的、健康的行为，还要化为美的歌声来吟唱，更成为五四时期“人的觉醒”的一部分。在由汪静之《蕙的风》所引起的争论中，鲁迅、周作人等都给予了有力的支持，推动了文学上的思想解放。下面就是有名的《蕙的风》：

应修人像

是哪里吹来
这蕙花的风——
温馨的蕙花的风？

蕙花深锁在园里，
伊满怀着幽怨。
伊底幽香潜出园外，
去招伊所爱的蝶儿。

雅洁的蝶儿，
薰在蕙风里：
他陶醉了；
想去寻着伊呢。

他怎寻得到被禁锢的伊呢？
他只迷在伊底风里，
隐忍着这悲惨然而甜密的伤心，
醺醺地翩翩地飞着。

50年代的汪静之在创作

在艺术风格上接近创造社的，有1923年成

立的浅草社，冯至、陈翔鹤、林如稷、陈炜谟等为成员。1925 年他们又联合杨晦等组成沉钟社，史称浅草——沉钟社。浅草社和沉钟社虽然在时间上有先后，但其文学主张却有着显见的连续性，就是注重在创作中表达对时代精神的把握以及“听从纯洁的内心指使”的旨趣。在小说创作中，他们注重表现自我，挖掘自己的灵魂。林如稷的《将过去》写一个青年无法从颓废生活中自拔的经历，表现了青年一代精神上的苦闷。陈翔鹤的小说也表现了时代青年的迷惘。《断筝》通过主人公失常的精神状态和举动，批判了社会的黑暗现实对青年人的扼杀。陈炜谟的小说《狼筅将军》反映了四川境内战乱频发、民不聊生的悲惨状况。小说中的主人公因遭天灾人祸而成为“痛苦的象征，灾难的记号”，最后终于疯掉。诗歌创作方面成就最大的是冯至（1905—1993），鲁迅曾称他为“中国最为杰出的抒情诗人”。他常常抒发“怀乡思母之情”和对爱情的憧憬，如《我是一条小河》：

我是一条小河，
我无心由你的身边绕过——
你无心把你彩霞般的影儿
投入了我软软的柔波。

我流过一座森林——
柔波便荡荡地
把那些碧翠的叶影儿
裁剪成你的裙裳。

我流过一片花丛——
柔波便粼粼地
把那些凄艳的花影儿
编织成你的花冠。

无奈呀，我终于流入了，
流入了那无情的大海——
海上的风又厉，浪又狂，
吹折了花冠，击碎了裙裳！

我也随了海潮漂漾，
漂漾到无边的地方——
你那彩霞般的影儿

冯至手迹

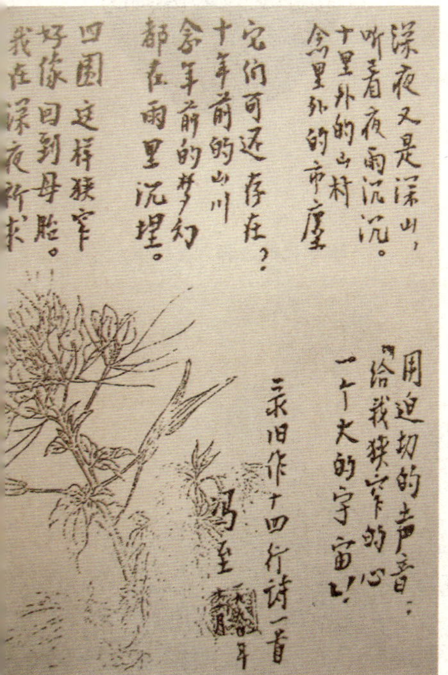

竟也同幻散了的彩霞一样！

写小河虽然流过美丽的森林、花丛，却又无可奈何地流入了无情的汹涌的大海，过去的美丽幻影也都飘散了。从这些诗的情绪中可以窥见当时知识青年的心灵苦闷。《蚕马》则改造了古代传奇，写一匹马对一位女子的忠贞不渝的爱。在戏剧方面，杨晦成为了沉钟社的主干。他相继发表了《哭泪树》等八部剧作，大多以辛酸的笔调反映人生的悲剧。

未名社和莽原社是鲁迅直接培育的两个文学社团。莽原社成立于1925年4月，以《莽原》杂志创刊为标志；未名社成立于1925年8月，以《未名》杂志创刊为标志。这两个社团人员构成大致相同，主要有鲁迅、向培良、高长虹、冯文炳、冯沅君、李霁野、台静农、章衣萍、韦素园等人。他们要求在文学上"率性而言，凭心立论"，注重文学"真"的品格。鲁迅在《莽原》上发表过《论"费厄泼赖"应该缓行》等杂文，号召青年们向封建势力继续斗争。高长虹在《莽原》上发表过《一个心的解剖》、《天上，人间》等散文，热情地袒露心灵，冷静地抨击时弊。后来，高长虹、向培良又组织狂飙社。韦素园的散文往往以自己的生活为对象，《端午节的邀请》、《"窄狭"》、《别》等文章真实地记录了自己与一位姑娘的初恋与爱情，以及爱情消泯后的忧伤。他们的小说则多描写乡村生活。台静农（1903—1990）的小说承继了鲁迅开创的乡土文学传统，不仅描写了在军阀、地主压榨下农民的悲惨遭遇，而且揭示了人们精神上的痛苦。《蚯蚓们》在激烈的阶级矛盾冲突中揭示了农民生活和精神的双重苦痛。主人公李小最后无法逃避将妻儿卖掉的悲惨命运，只有以麻木来医治痛苦。另外，小说还涉及到了女知识青年的心灵历程等主题。台静农《白蔷薇》中的表姐，向培良《静子》中的静子姑娘，被五四解放潮流所鼓动而追求自由爱情，却因缺乏行动的能力终于无法获得爱情。黄鹏基的《月色》则揭示了青年女性在个人与传统对峙失败后的悲剧命运。

郑振铎全家照

五四新文化运动和文学革命运动也是现代话剧诞生的主要摇篮。狂飙突进的时代精神和借鉴、移植外国话剧的形式，为现代话剧的发展开辟了宽阔的道路。1921年3月，沈雁冰、郑振铎、陈大悲、欧阳予倩、汪仲贤、熊佛西等13人在上海发起组织民众戏剧社，出版了现代第一本戏剧专刊——《戏剧》月刊。他们宣告"当看戏是消遣"的时代已经过去，戏剧在现代生活中"是

洪深像

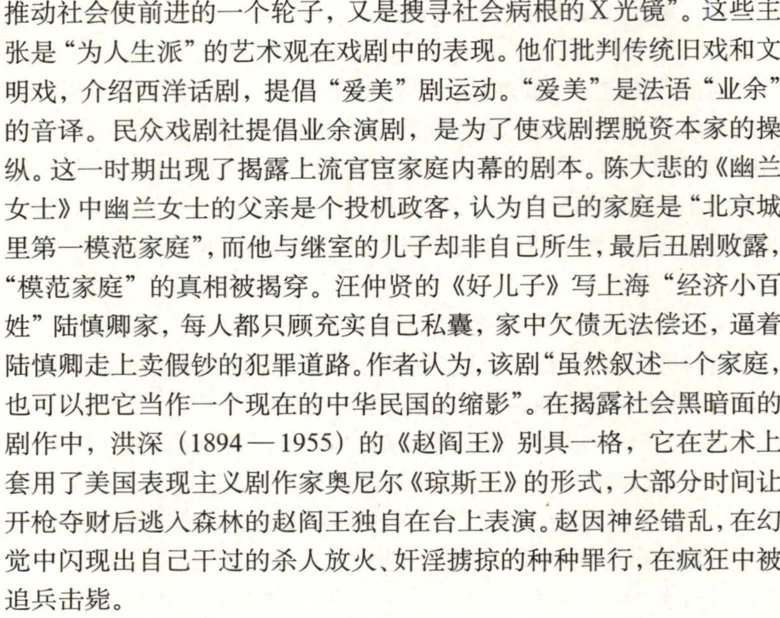

推动社会使前进的一个轮子，又是搜寻社会病根的X光镜”。这些主张是“为人生派”的艺术观在戏剧中的表现。他们批判传统旧戏和文明戏，介绍西洋话剧，提倡“爱美”剧运动。“爱美”是法语“业余”的音译。民众戏剧社提倡业余演剧，是为了使戏剧摆脱资本家的操纵。这一时期出现了揭露上流官宦家庭内幕的剧本。陈大悲的《幽兰女士》中幽兰女士的父亲是个投机政客，认为自己的家庭是“北京城里第一模范家庭”，而他与继室的儿子却非自己所生，最后丑剧败露，“模范家庭”的真相被揭穿。汪仲贤的《好儿子》写上海“经济小百姓”陆慎卿家，每人都只顾充实自己私囊，家中欠债无法偿还，逼着陆慎卿走上卖假钞的犯罪道路。作者认为，该剧“虽然叙述一个家庭，也可以把它当作一个现在的中华民国的缩影”。在揭露社会黑暗面的剧作中，洪深（1894—1955）的《赵阎王》别具一格，它在艺术上套用了美国表现主义剧作家奥尼尔《琼斯王》的形式，大部分时间让开枪夺财后逃入森林的赵阎王独自在台上表演。赵因神经错乱，在幻觉中闪现出自己干过的杀人放火、奸淫掳掠的种种罪行，在疯狂中被追兵击毙。

随着上海戏剧社、南国社等戏剧组织的成立以及中国第一个戏剧刊物《戏剧》的创刊，剧本文学突起于文坛，剧作家有三四十位，创作的剧本在百部之上。纵览这些剧作，最多的是社会剧，它们或反映下层人民的疾苦，或揭示青年在婚姻爱情生活上的痛苦，或针砭社会的黑暗和统治者的愚昧，或呼喊妇女的解放。而从剧种上看，则出现了悲剧、喜剧、正剧、诗剧、默剧等多种形式。喜剧家代表是丁西林（1893—1974），他在“五四”时期创作了多部喜剧，对封建意识进行带有诙谐意味的婉讽。《一只马蜂》中的吉老太太企图包办儿子的婚姻，儿子只好假装生病住院与所爱的护士余小姐亲近，表现了“社会真是一个不自然的东西”的主题。《压迫》中的房东太太要管束女儿，不肯将房子租给单身汉，而女儿追求自由恋爱，不肯将房子租给有家室的男人。于是，房子就一直租不出去，后来一对男女冒充夫妻才租下了房子。这个剧作反抗“社会上一切的压迫与欺负”的主题是严肃的，在表现形式上则寓庄于谐，形成了喜中有悲、轻松诙谐的独特风格。

田汉像

田汉（1898—1968）是本时期有突出成就的剧作家，他是创造社的成员之一。留日期间，他创作了《灵光》、《午饭之后》等作品。《咖啡店之一夜》中的大学生林泽奇为被纨绔子弟李乾卿抛弃的咖啡店侍女白秋英打抱不平，抨击了资产阶级的市侩作风，颂扬了妇女的人格独立和反抗精神。1922年田汉回国，两年后与妻子易漱渝创办了《南国》刊物，从此开始了长达八年的“南国”艺术生涯。1924年他在《南国》上发表《获虎之夜》。剧本中的流浪儿黄大傻与富农魏福生的女儿莲姑相恋，却遭到了魏福生的驱逐。黄大傻为了爱情宁肯乞讨也不愿离家出走，在莲姑被父亲许配给另一家富户的前夕，大傻到山上看莲姑窗前的灯光时中了魏家打虎的枪，最终为爱情而自尽。《获虎之夜》被洪深称为当时“最优秀的一个剧本”，反映了封建门第观念和包办婚姻给青年带来的痛苦。在话剧创作中，历史题材同样也受到了重视。郭沫若《三个叛逆的女性》借历史人物卓文君、王昭君等之口，显示了她们不屈强权、追求个性解放的精神，洋溢着壮烈、悲怆的浪漫主义激情，成为时代精神的展现。欧阳予倩（1889—1962）写于1926年的《潘金莲》把女主人公塑造成一个追求爱情而不得的人物，敢于为她做翻案文章，显示出作家不凡的创作姿态。其他的一些著名的剧作家如熊佛西、余上沅、郑伯奇等，也从不同方面对戏剧文学作出了一定的贡献。

众多的文学社团的出现，以及众多的作家所贡献的多姿多彩、风格各异的作品，共同烘托出这一时期文学百花竞放的局面。

七、风格多样的散文

在“五四”后的文学创作中，散文的创作取得了很大成绩，在某种程度上说，散文小品的成绩已经超越了戏剧和诗歌。鲁迅就指出，这一时期的散文包含了取法于英国的随笔，文字雍容幽默，写法漂亮缜密，成为对旧文学的示威。

作为一个现代文学史上有影响的散文家，周作人（1885—1968）最早从西方引入“美文”的概念，并形成一整套的散文理论，强调以自我为中心，提倡“言志”的小品文，认为它是“个人的文学的尖端”。他自己的散文有“浮躁凌厉”和“冲淡平和”两种，前者多收入《谈虎集》、《谈龙集》中，有着积极的思想意义和社会作用；后者则反映了他的艺术特性，成为他对现代文学艺术的独特贡献。

1931年的周作人

从五四时期周作人就开始在《新青年》上发表白话杂感散文，多为“人事的评论”，收入《谈虎集》中。其中既有对封建思想的批判，如《祖先崇拜》、《重来》等，也有对封建军阀的讽刺，如《前门遇马队记》、《碰伤》等；既有对各种时弊的针砭，如《卖药》、《资本主义的禁娼》等，也有对愚昧落后的国民性的鞭挞，如《罗素与国粹》、《不讨好的思想革命》等。在作品中，作者的主观感情往往隐藏在平淡的语句之中。《前门遇马队记》一文揭露了北洋政府用马队冲散学生，只说骑在马上的人是和善的，只是“马是无知的畜生”，“不知道什么是共和，什么是法律”，在平淡的话语之内蕴含着作者愤怒的情感。此外，周作人写故乡和北京生活场景、民俗景观的散文也很多，写故乡的如《故乡的野菜》、《乌篷船》、《菱角》等，回忆故乡生活的有《夏夜梦》、《怀旧》等，写北京的有《北京的茶食》、《鸟声》等，另外还有一些写喝茶饮酒、谈鬼听鸟的，如《喝茶》、《谈酒》、《苦雨》等等。这类小品往往带有知识性和趣味性的艺术品格，作者用恬淡清逸的笔调，从容舒缓地讲述一些小题材，寄寓着一种清闲悠游的情趣。作品也表现出作者对生活的广泛兴趣和细致观察，对现代散文的题材和样式也是一种开拓。《喝茶》中讲：“喝茶当于瓦屋纸窗下，清泉绿茶，用素雅的陶瓷茶具，同二三人共饮，得半日之闲，可抵十年的陈梦。”这里蕴含着一种强烈的“出世”情绪。另外一些散文小品，如写坐乌篷船、采野菜等，抒发着作者的乡土之情和对民俗的兴趣。周作人的散文集有批判性很强的议论散文，也有抒写闲适情趣的小品文，成为他思想矛盾在创作上的反映。大概在整个20年代，他都处于这种矛盾之中，不过消沉的情绪愈加浓重，战士的色彩也越来越淡了。

俞平伯像

在其他的言志派散文家中，俞平伯（1900—1990）的散文如《陶然亭的雪》、《西湖的六月十八夜》等多构成一种朦胧、空灵的境界，透露出玄妙的哲理与感伤的意绪。钟敬文善于写咏物小品，如《荔枝》、《茶》、《黄叶小谈》等；也有许多情思清朗的游记，如《钱塘江的夜潮》、《太湖游记》等。他有着与周作人相似的归隐思想和平淡隽永的美学追求。冯文炳的作品专写乡村宁静生活里的人事，对小人物寄予同情。《竹林的故事》带有浓厚的抒情气息，刻意营造一种朴讷的风格。

林语堂与廖翠凤于1919年在波士顿

林语堂（1895—1976）是中国现代文学史上一位有着鲜明特色的散文家，他的创作基本上以人道主义为思想核心。其早期散文指从1924—1926年在《语丝》上发表的作品，汇编成《剪拂集》出版。其中在《论性急为中国人所恶》、《给玄同的信》等文章中指出，中国人存在着“惰性慢性”、“中庸哲学”等精神弱点，并主张一个“精神复兴”运动来对此进行思想改造。《“发微”与“告密”》一文揭露了北洋军阀政府蓄意制造“三一八”惨案的暴行，在当时的思想文化战线起到了强有力的批判作用。1927年林语堂来到了上海，先后创办了《论语》、《人间世》、《宇宙风》等杂志，提倡幽默，抒发性灵，承续了《语丝》的趣味主义和自由主义的一面，而回避了《语丝》当年“无所顾忌，任意而谈”的风格。围绕着他形成了一个独具特色的文学团体，这就是论语派。在《〈人间世〉发刊词》中，林语堂宣称刊物内容“包括一切，宇宙之大，苍蝇之微”，皆可取材，故名之为《人间世》，提倡“以自我为中心，以闲适为格调”，强调“较闲适之笔调

语出性灵”，“惟看各篇能淡出味道来，便是佳作”。这一时期，林语堂先后结集了《大荒集》、《行素集》、《披荆集》、《进行集》和《有不为斋文集》等。这些散文小品以闲淡幽默的风格确立了林语堂的散文家地位。林语堂认为理想的散文“乃得语言自然节奏之散文，如在风雨之夕围炉谈天，善拉扯，带情感，亦庄亦谐，深入浅出，如与高僧谈禅，如与名士谈心，似连贯而未尝有痕迹，似散漫而未尝无伏线，欲罢不能，欲删不得，读其文如闻其声，听其语如见其人”。林语堂主张自由抒发性灵，“性灵就是自我”，在《秋天的况味》中他甚至对抽鸦片也生发出赞美之情：“在烟灯上烧，听那微微哔剥的声音，也觉得有一种诗意。”他的一些谈论人生哲理的作品如《读书的艺术》，以平实的话语表达自己独到的人生感受，是这一时期散文创作的佳品。林语堂的文学主张与周作人有合拍之处，代表着30年代散文发展中的一种思潮。

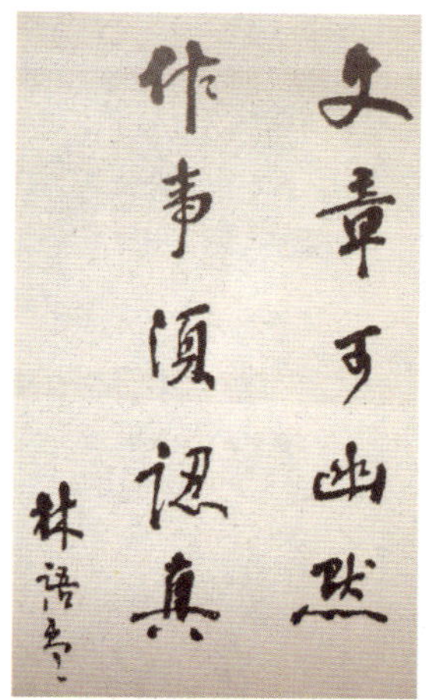

林语堂手迹

这一时期散文的成就还体现在风格的多样性上。文学研究会作家朱自清（1898—1948）的散文以清新隽永而闻名。他在20年代先后写下了《桨声灯影里的秦淮河》、《绿》、《生命的价格——七毛钱》、《背影》、《荷塘月色》等一系列佳作，这些有着相当多自述传色彩的作品揭示了人生的悲苦。《背影》通过描述自己家庭衰落的凄凉困窘以及父慈子孝的真情实爱，从侧面映射出阴冷灰暗的世态。《给亡妻》抒发了作者对亡妻无限深挚的悼念之情，在一定程度上反映了社会人生的凄凉和冷漠。

1923年仲夏之夜，朱自清和挚友俞平伯共游秦淮河，归来同以《桨声灯影里的秦淮河》为题作文一篇，文章各尽其趣，同被世人传颂。而朱自清的这一篇更以其独特的风格成为作者写景抒情类散文的代表作，被誉为“白话美文的模范”。作者写这篇散文的时代正值五四运动高潮过去，新文化运动阵营出现分化的时期，朱自清感到迷惘和苦闷。他叹息说“除非在梦中，在醉后，在疯时”，才能“使烦激的旋涡得以暂时的平恬”。所以，他邀俞平伯同游秦淮，也是有意寄此安慰自己苦涩的灵魂。于是，作者内心复杂矛盾的情绪就十分浓厚地流露在作品中，使景物描写涂抹上一层浓郁的感情色彩。这篇散文是作者情思与眼前景物完美的融合，他泛舟于秦淮河上，绿绿的水、淡淡的云、朦胧的月、柔柔的波、抑扬的歌声和嘈杂的琴声，都使他情由景生，那颗“苦涩久了”的心，受到大自然的“润泽”后，便沉醉其间，怀恋起秦淮往昔的繁华和艳迹，于是，“船便成了历史重载了”。作者祈求内心的宁静，可是现实却不放过他——歌妓船来纠缠，“我于是很张皇了”，虽然他“被四面的歌声诱惑了，降服了”，但因恪守“道德律”而不忍听唱，内心“颇是昏乱”，作者内心理智与情

朱自清与陈竹隐于1932年在上海

朱自清不领美国“救济粮”，于1948年8月病饿而死

感的斗争成为全文结构的主峰，形成全文的高潮。接下来，作者进行了大段的议论，表明作者虽想沉浸在秦淮河梦境般的美景中求得解脱，但他内心从来没有得到快乐，任何一个偶发的事件都可以使这种梦境骤然幻灭。“桨声灯影里的秦淮河”无处不带上作者本人的个性色彩，开始时隐隐的喜悦，结束时淡淡的哀愁，都反映了作者想超脱现实而不得的矛盾心理。朱自清这篇浓墨重彩的现代散文完成以后，一度被誉为“美文”的典范，朱自清也因此成为现代文学史上的散文大家。

八、象征诗派

象征派的诗不用真实描写的手法，也不直接抒发自己的情怀，而是使用异乎常态的奇异的联想、隐喻、幻觉、暗示等手法展现诗人的思想、生活，带有朦胧、迷离的色彩。因为象征方法的怪异，诗句晦涩难懂，需要读者运用自己的联想去猜测，读诗如同猜谜。这种流派的形成，一方面是资本主义社会发展到一定阶段，充分地暴露了其内部的种种矛盾，一些知识分子看到并憎恶社会上的种种丑恶，但又无法找到改变这丑恶的道路，于是他们幻灭、绝望、颓废乃至疯狂；另一方面，他们要营造一个精神的归宿和灵魂的安息之所，只有依靠象征的力量才能达到。

随着白话新诗在中国的确立，体现现代艺术趋向的现代主义诗歌的出现也就具备了历史的必然性。从创作上看，具有象征倾向的诗歌创作早在“五四”第一批白话诗人那里就已有了萌芽。在郭沫若的《女神》、鲁迅的《梦》以及田汉、宗白华等人的作品中，都有着象征主义影响的痕迹。穆木天（1900—1971）的作品大都表现个人的生命感伤与在异国他乡的精神漂泊。他的作品《雨后》、《苍白的钟声》、《猩红的灰黯里》等超越了早期的浪漫主义色彩而带有象征意味。他在《谈诗——寄沫若的一封信》中提出了建设“纯粹诗歌”的理想，成为中国新诗史上有关象征主义诗歌理论的最早论述。在《苍白的钟声》中，诗人通过内容的表述和形式的编排，着意渲染了钟声的苍白无力和了无生机，下面是该诗的前两节：

穆木天像

苍白的　钟声　衰腐的　朦胧
疏散　玲珑　荒凉的　蒙蒙的　谷中
——衰草　千里　万重——
听　永远的　荒唐的　古钟

听　千声　万声

古钟　飘散　在水波之皎皎
古钟　飘散　在灰绿的　白杨之梢
古钟　飘散　在风声之萧萧
——月影　逍遥　逍遥——
古钟　飘散　在白雪之飘飘

王独清的作品如《死前》、《最后的礼拜日》中充满了颓废的情绪和死亡的意识，注意到色彩和意象的运用。冯乃超的诗歌诉诸暗示、象征和隐喻，重视直觉、梦幻和潜意识的发掘，在艺术精神上更接近于西方象征主义诗歌。他的作品《死的摇篮曲》、《冬夜》、《月光下》等都表现了爱情、悲剧和死亡的主题。下面是《月光下》：

忧郁的情绪涂抹在湖水的白练的光面上
女人底幽寂的幻影徘徊在睡莲之乡
银光泻练着　梦幻展开着　在轻软的夜色中
爱人哟　你若孤单的Nymph啜泣在喷泉的中央

冰凉的夜深　月影的寂寥的浮光中
拨开了雾霭的苍白的轻纱　游泳古梦中
怀念的情思吸啜了霜华冷露　不胜倦疲地沉重
爱人哟　飘来森林的幽阴里　我烦闷的心胸

纺你底忧郁　我为你织成缥致的霓裳
摘你底泪珠　我为你串成精致的胸饰
永远地　你为我忭舞在沉寂的睡眠之上
不绝地　我为你展开飘渺的梦幻仙乡

真正将象征主义诗歌从西方植入中国的是李金发（1900—1976），他曾留学法国学习雕塑，受到象征派先驱波特莱尔的影响，并称著名象征派诗人魏尔仑为“名誉老师”。1925年他在周作人等的支持下出版了第一部象征派诗集《微雨》，接着又出版了《为幸福而歌》、《食客与凶年》，使象征诗派在中国引起了广泛的注意。李金发的诗歌反映了“五四”后一些知识分子感到社会黑暗、生活不定、前途渺茫而产生的悲观颓丧的心理。如《印象》中写道：“世纪的衰病，攻打我金发之头，如深秋的雾气，欲使黑夜更朦胧。”李金发的诗歌

李金发像

充满了哀伤，选择的意象多是死神、朽兽、坟墓、骸骨、黑夜、空谷等，造成一种十分哀伤无望的气氛。他写《生》便是“酒肉充满台儿，／痛饮狂吞，／怕欢乐不常在！”因为他觉着“生命便是／死神唇边／的笑”（《有感》）。诗人同时把爱情视作布满暗礁的生活中的“灯塔之光”。他写了许多爱情诗，既有对美丽爱情的追怀，也写失去爱情的痛苦，塑造了一个在阴冷暗夜中无力挣扎、企望得到安慰的颓废者形象。李金发认为，诗仅仅是“个人灵感的纪录”，是“一种抒情的推敲，字句的玩意儿”，而他写诗“只求发泄尽胸中的诗意就是”。他以富有个性的诗句表现了特定的精神感受和心理状态，抒发了一种无以名状的情绪。《弃妇》中以弃妇的形象暗示对于人生的个人化感受：“长发披遍我两眼之前／遂隔断了一切羞恶之疾视／与鲜血之急流，枯骨之沉睡。”这种孤绝的生命体验使诗人把自己比作这个世界的一个“弃妇”，以对世界的隔绝来阻断它的罪恶对自我的伤害，并进入了一种内心痛苦的喧闹和灵魂的歇斯底里：“黑夜与蚊虫联步徐来／越此短墙之角／狂呼在我清白之耳后／如荒野狂风怒号：／战栗了无数游牧”，生命如草芥，人不过是永恒自然中的如落叶般的匆匆过客，表达了一种痛彻的悲哀与绝望。诗的其他三节如下：

靠一根草儿，与上帝之灵往返在空谷里，
我的哀戚惟游蜂之脑能深印着；
或与山泉长泻在悬崖，
然后随红叶而俱去。

弃妇之隐忧堆积在动作上，
夕阳之火不能把时间之烦闷
化成灰烬，从烟突里飞去，
长染在游鸦之羽，
将同栖止于海啸之石上，
静听舟子之歌。

衰老的裙裾发出哀吟，
徜徉在邱墓之侧，
永无热泪，
点滴在草地
为世界之装饰。

第十一章 现代文学的发展

中国现代文学的发展是和政治革命的发展息息相关的。早在新文学的发轫时期，文学革命的先驱者就未看轻政治革命的重要性，1928年曾有人用“从文学革命到革命文学”来概括新文学头十年的发展方向，新文学的主将鲁迅和五四时期其他的现代作家往往有相近的思想历程，那就是从倡导思想革命发展到以马克思主义为指导的政治革命，个性的解放也为社会解放的要求所代替。揭露旧阶级的反动性，剖析社会制度的不合理性，描写社会革命的进程，报道时代风云的变幻，直至歌颂人民革命的胜利，成为此后现代文学的主要内容。

随着社会矛盾的加剧以及阶级斗争的风起云涌，文学直接表现社会生活的可能性大大增加了，政治和商业介入文学的倾向逐渐增大，造成了现代文学产生时期“为人生”和“为艺术”的文学流派，分别被以“左联”为核心的左翼、努力靠近文学本体的“京派”以及充分商业化了的“海派”所分割，现代文学在30年代按照不同的意识形态呈现出自己独特的面貌。随着“文艺大众化”问题讨论的逐步深入，西方进步文学和苏联文学对中国现代文学的影响逐渐加大。

抗日战争的爆发使现代文学不得不调整自己的发展轨迹，适应战时的形势，形成了不同于二三十年代的文学景观。文学的民族形式问题成为现代文学所注意的核心问题，在解放区，现代文学和农民这一中华民族的主体产生了亲和，民间文学的价值得到了重新确立和高度褒扬，赋予了现代文学的民族化以新的推动力。在国统区，作家们在苦闷彷徨中寻求出路，从而加强了与世界文学的联系，出现了七月派和九叶诗人等深具现代主义色彩的文学团体。在沦陷区，作家们面临着个体和民族生命的困境，具备了自觉的反思意识，在文学上出现了雅与俗逐渐接近的态势，产生了像张爱玲这样出入于传统与现代之间的作家。

历时30年的中国现代文学，以崭新的思想内容、语言形式、艺术思维和表现方法反映了并且服务于中国人民的社会解放与思想解放的历程，丰富和提高了中国人民的精神生活与审美情趣，开拓了中国文学史上光辉灿烂的时代。中国当代文学正是五四之后中国现代文学的延续和发展。

一、左翼文学运动

1928年起，新文学进入了发展的第二个时期，即无产阶级文学的倡导运动。无产阶级文学当时也叫做普罗文学，它的出现是新文学发展的必然现象。当时最重要的两个文学派别“为人生派”和“为艺术派”中，都有一些作家逐渐抛弃了原来的观点而接受了马列主义。1926年后创造社已不再是一个“为艺术”的流派，而逐渐变成提倡革命文学的社团，这就是后期的创造社。1927年的“四一二”反革命政变，国共两党统一战线的破裂，国内阶级斗争逐渐激化，相应的在文学上也出现了无产阶级文学运动。

蒋光慈像

1927年10月至11月期间，被称为后期创造社“少壮派”的李初梨、冯乃超、朱镜我、彭康、李铁声回国，以创刊《文化批判》为标志，使创造社进入了一个新阶段——后期创造社阶段。在《文化批判》的发刊词上，他们引用了列宁的“没有革命的理论，便没有革命的行动”一语，宣告“它将从事资本主义社会的合理的批判”，其中就包括文艺的批判。同月的《创造月刊》上发表了郭沫若署名为麦克昂的文章《英雄树》，提出对白色恐怖要以牙还牙、以眼还眼。1928年1月，《太阳月刊》在上海创刊，标志着一个新兴的革命文学社团——太阳社成立了。它的发起者有蒋光慈、钱杏邨、孟超、殷夫、楼适夷等人，几乎都是年轻的共产党员。他们不仅有初步的共产主义信仰，而且在大革命前后都有不同程度的革命经历，经过了实际斗争的锻炼。所以他们宣称出版《太阳月刊》的目的就是把它“作为无产阶级文学的阵地”。太阳社和后期创造社一起在上海掀起了一场声势浩大的无产阶级革命文学运动，发表了许多倡导文章，有成仿吾的《从文学革命到革命文学》、李初梨的《怎样地建设革命文学》、蒋光慈的《关于革命文学》和钱杏邨的《死去了的阿Q时代》等，并由此引发了一场关于革命文学的论争。为了建设崭新的无产阶级文学，倡导者们认为应该对过去的文学展开彻底的批判，批判的对象不仅包括封建文学，而且还包括资产阶级和小资产阶级的文学。冯乃超的《艺术与社会生活》一文便把鲁迅、叶圣陶、郁达夫、张资平等都作为“社会变革的落伍者”加以批判，

鲁迅与冯雪峰两家合影

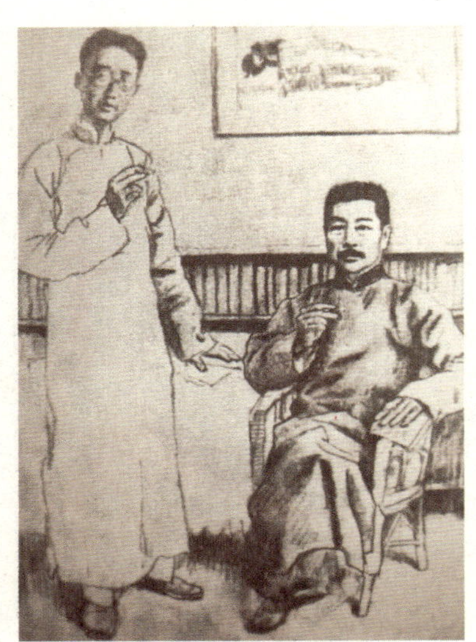
鲁迅与瞿秋白
现代·徐悲鸿

引起了鲁迅和茅盾等人的反驳。论争推动了双方认识的发展，促进了双方对于马列主义文艺理论的学习，并在共产党的支持下走到了一起。1930年3月2日，在上海中华艺术大学的一个教室内举行了中国左翼作家联盟（简称“左联”）成立大会，通过了左联的理论纲领，宣告以“站在无产阶级的解放斗争的战线上”，“援助而且从事无产阶级艺术的产生”作为左联的奋斗目标。会议选举沈端先、冯乃超、钱杏邨、鲁迅、田汉、郑伯奇、洪灵菲七人为常务委员。潘汉年、冯乃超、阳翰笙、钱杏邨、冯雪峰、叶林、丁玲、周扬等先后担任过党团书记。1931年5月以后，瞿秋白、茅盾也参与了“左联”的领导工作，与鲁迅进行了密切合作，鲁迅成为左联的战斗旗帜。

左联成立地点

在左翼文学早期，后期创造社和太阳社等的作家们自觉运用文学来为革命呐喊，以高涨的热情写出了“思想大于艺术”的作品，导致了公式化和概念化的弊病。当时流行一时的“革命加恋爱”的小说则暴露了左翼文学初期对生活的片面理解。洪灵菲（1901—1933）的《流亡》写小资产阶级知识分子型的革命者在流亡中的困境、爱情与意志，是当时的优秀作品。华汉的长篇小说《地泉》三部曲反映了大革命后从农村到城市的革命的广阔画卷。蒋光慈（1901—1931）的小说《少年漂泊者》、《短裤党》、《冲出云围的月亮》均是对重大历史事件的及时反映。他的代表作《咆哮了的土地》反映了党领导下的早期农民武装运动，纠正了其过去作品中常见的“革命浪漫谛克”的概念化倾向。柔石（1902—1931）的中篇《二月》、短篇《人鬼和他的妻的故事》、《为奴隶的母亲》等作品开始向下层劳动人民的悲苦开掘。胡也频（1903—1931）的《到莫斯科去》、《光明在我们的前面》等作品把革命者的爱情放置到宏阔的历史背景中去。左联时期，涌现了一批青年作家，他们一扫概念化地描写身边琐事的创作风气，在创作中出现了多元化的面貌。张天翼（1906—1985）是“左联”优秀的讽刺小说家，与同时代的一些作家相比，他更贴近底层人民的生活。其短篇小说《包氏父子》、《出走之后》，中篇小说《清明时节》等作品塑造了虚伪的地主官僚、庸俗的小知识分子和愚昧的乡村人物等形象，带有强烈的讽刺色彩。沙汀的成名作《法律外的航线》，既写

柔石像

20年代的萧红

张天翼1935年摄于南京

出了帝国主义对中国人民的压榨，也反映了长江两岸农村的革命之火。艾芜有过长期的底层生活经历，也有在西南边境的流浪生涯。《南行记》是他最突出的短篇集。小说以一个漂泊的知识者的眼光展现了边疆人民的下层生活，刻画出包括偷马贼、烟贩子、强盗、流浪汉等具有特殊命运的流民形象，带有强烈的传奇色彩。叶紫的短篇小说《丰收》、《山村一夜》等作品从正面表现农民的苦难、觉醒与对生活的希冀。此外，从东北流亡到内地的一些青年作者如萧军、萧红、端木蕻良、舒群、骆宾基、白朗等人，则开创了抗日文学的先声。萧红（1911—1942）的《生死场》、《呼兰河传》，萧军的《八月的乡村》、端木蕻良的《鴜鹭湖的忧郁》等作品从对人民不可征服的力量的描述，到反映整个东北城乡演进的历史画卷，都统一在雄浑的风情格调中。

萧军像

在诗歌方面，殷夫（1909—1931）的政治抒情诗热情歌颂了无产阶级革命，生动地描绘了工人运动的战斗场景。《血字》写的是五卅惨案，《别了，哥哥》表明诗人坚决地与自己出身的阶级诀别：

别了，哥哥，别了，
此后各走前途，
再见的机会是在，
当我们和你隶属着的阶级交了战火。

殷夫像

蒲风（1911—1942）是左联领导下的中国诗歌会的代表诗人，他的诗歌《茫茫夜》、《六月流火》等作品感情热烈、奔放，浪漫主义的特征甚为鲜明。在《茫茫夜》中诗人写道：

母亲，母亲，母亲，
再不能屈服此生！
我们有的是力，有的是热血，
我们有的是万众一心的团结；

《左联五烈士评传》
国民党反动派查封左联的社团，并秘密逮捕杀害了柔石、胡也频、殷夫、冯铿、李伟森五人。鲁迅被迫离家避难月余

我们将用我们的手，
建造一切，建造一切！
为什么我们劳苦了整日整年
要饱受饥寒，凌辱，打骂？
为什么他们整年饱吃寻乐
我们却要永远屈服他？
为什么天灾人祸年年报？
为什么苛捐杂税没停过？
为什么家家使用外国货？
为什么乞丐土匪这么多？……
母亲，母亲，不要惊！
为着我们大众我离开了家，
为着我们的工作离开了你和她！
母亲，母亲，别牵挂！

蒲风像

这一时期，鲁迅的杂文发挥了匕首和投枪的作用，他的历史小说集《故事新编》闪现着理想主义的光辉，带有强烈的浪漫主义色彩。左翼戏剧运动在这一时期也有较大发展，田汉、洪深等剧作家成为左翼戏剧运动的骨干，夏衍、阳翰笙、于伶、陈白尘、宋之的等人也登上了话剧舞台。田汉的《名优之死》描写了旧社会的黑暗；洪深的《五奎桥》表现了农民与封建势力的冲突；夏衍的《上海屋檐下》通过小人物来反映大时代，展现了30年代上海市民生活的真实图景，揭示了人们痛苦的根源。

夏衍、陶晶孙合影

二、茅盾和丁玲的小说

茅盾（1896—1981），姓沈，字雁冰，原名沈德鸿，浙江桐乡县人。他在文学创作、文学批评、文学理论等方面成就巨大，尤其小说创作更是卓而不群，是中国现实主义长篇小说的开拓者和奠基人。

茅盾生于工商业家庭，北京大学预科毕业后进上海商务印书馆做编译工作，开始从事文学活动。1920年参加《小说月报》的革新工作并任主编。1921年与郑振铎等人组织文学研究会，倡导“为人生”的写实主义文学，并参加革命活动。大革命失败后遭通缉，转入地下，以写作谋生。1928年去日本，同年完成第一部长篇小说《蚀》三部曲（《幻灭》、《动摇》、《追求》），次年写成小说《虹》。加入“左联”后，积极宣传马克思主义文艺理论，培养青年进步作家，为最终粉碎

反革命文化“围剿”作出了突出贡献。1932年，长篇巨著《子夜》问世，标志着茅盾的创作达到高峰。这期间，他还创作了中篇小说《路》及短篇小说《春蚕》、《秋收》、《残冬》、《林家铺子》等重要作品。抗战期间，茅盾曾赴新疆讲学，归途中又到延安鲁迅艺术学院讲学，并以此经历创作了《白杨礼赞》、《风景谈》等散文名篇。此外，他还有《腐蚀》、《霜叶红似二月花》等长篇小说问世。建国后，他曾担任作协主席、文化部长等重要职务，出版过《鼓吹集》、《鼓吹续集》、《夜读偶记》、《关于历史和历史剧》 等作品，为发展社会主义文艺事业做出了重要贡献。

1938年的茅盾

《子夜》这部小说构思宏伟，艺术形象三富多彩，对中国民族资产阶级的命运、前途和当时中国社会生活的广阔图景，作了深刻的艺术反映。书名暗示故事发生在黎明前最黑暗的年代。小说表明，“中国并没有走向资本主义发展道路，中国在帝国主义的压迫下，是更加殖民地化了”。作品以民族工业资本家吴荪甫为中心，以其与买办金融资本家赵伯韬之间的矛盾和斗争为主线，展开了对当时社会现实的纵深描绘。小说中揭示了帝国主义及其代理人买办资产阶级对中国民族经济的压榨与摧残，同时也反映了工人与资本家以及资本家内部相互间的深刻矛盾，还有地主与农民的矛盾与斗争，说明了中国民族资产阶级没有能力独立发展民族经济。

《子夜》封面

作品中不乏成功的人物形象，尤其是吴荪甫，成为中国文学史上不朽的典型。他生于封建家庭，受过良好的教育和欧美资产阶级的熏陶，是一个有胆有识、精明能干、心狠手辣、野心勃勃的民族资本家。面对同行竞争，他稳操胜券，不断吞并其他企业；面对工人的斗争，他软硬兼施，阴险狡猾；与赵伯韬较量，他时而雄心勃勃、孤注一掷，时而犹豫不决、妥协退让。他既有发展民族工商业的远大理想，又有足够的胆识与出众的才干，然而中国的现实决定了他必然失败的悲剧命运。作品通过塑造这个典型，生动地说明旧中国要发展资本主义，建立资产阶级共和国是不可能的。赵伯韬是30年代中国买办资产阶级的典型形象。他充当帝国主义的代理人，是旧中国反动政治的社会基础。他在经济上有“美国金融资本撑腰”，政治上同国民党反动政权串通一气。他诡计多端，阴险狠毒，甘为洋奴，毫无半点民族尊严、竟无耻地说：“中国人办工业没有外国人帮助都是虎头蛇尾。”在私生活上，他荒淫无耻，腐朽糜烂。吴荪甫和赵伯韬这两个形象的成功塑

茅盾（左）、老舍（中）、于立群于抗战胜利后在重庆

左翼时期的丁玲

造，是作者对中国现代文学史的重要贡献。

《子夜》的艺术成就是多方面的，最令人赞叹的是其宏伟而巧妙的结构艺术。小说同时描绘了工厂、农村和金融市场三个重要的社会侧面，展现了广阔的生活画面，富有立体感。而且，作者善于从矛盾冲突中刻画人物的性格。吴、赵两人的性格在斗争中表现得淋漓尽致，使作品透出无穷的艺术魅力。瞿秋白说，《子夜》是"中国第一部写实主义的成功的长篇小说"。

丁玲（1904—1986）出生在一个没落的官僚地主家庭，1921年她冲破封建包办婚姻的束缚，远赴上海求学。丁玲的文学道路开始于1927年第一次大革命失败后，她说过："我那时为什么写小说，我以为是因为寂寞。对社会不满、自己生活无出路，有许多话需要说出来……于是便提起了笔，要代替自己给这社会一个分析。"1927年，丁玲发表了她的处女作《梦珂》，写了一位幼稚而单纯的女知识青年，与周围龌龊的现实之间的格格不入。她的成名作《莎菲女士的日记》成篇于1927年冬，发表于1928年2月的《小说月报》上。此时的中国正处在一个虽经五四浪潮冲洗，但黑暗势力仍十分顽固的变革时期，在这个新与旧、光明与黑暗激烈搏斗的时期，丁玲便自然地将自身那种因理想与现实相冲突而产生的苦闷和孤独融入作品。小说真实记录了主人公莎菲的一段心路历程，深刻地揭示了经过五四运动洗礼后的小资产阶级知识女性的精神状态和情感取向。《莎菲女士的日记》不仅是丁玲的成名作，还是中国现代文学史上最优秀的短篇小说之一。其主人公莎菲更是中国现代文学宝库中独具特色的新女性。

丁玲与胡也频在一起

莎菲是一个彻底诀别旧家庭而勇敢追求新生活的女性。她身上充满了叛逆和幻想，倔强而脆弱，敏感又骄纵。茅盾曾说过："莎菲女士是心灵负着时代苦闷的创伤的青年女性的叛逆的绝叫者。"在冷漠的世界里，她狂热而执著地追逐着纯真圣洁的理想。这是一种在完整意义上对女性生存价值的追求，然而它在当时的社会条件下根本无法实现。苇弟挚爱她，却不能理解她的感受；凌吉士更是只知用"浅薄的情意"对她；朋友们也只是在生活上关心她，无法与她的精神世界对话。苦闷的莎菲只能感叹："莎菲生活在世上，所要人们的了解她体会她的心太热烈太恳切了，所以长远的沉溺在失望的苦恼中，但除了自己，谁能够知道她所流出的眼泪的分量？"正是因了这种对相互理解相互尊重基础上的感情的追求，莎菲离开了苇弟和凌吉士，决计搭车南下，"悄悄的活下来，悄悄的死去"。可见，给了莎菲如此深切痛苦的正是那个与她的追求有着强烈反差的冷酷社会，莎菲的抗争因此是苍白的，她的悲剧正是理想主义者的悲剧，也是社会的悲剧和时代的悲剧。莎菲的出现震撼了中国现代文坛，在中国现代文学史上

具有独特的价值。莎菲在冷酷的社会中极力地证明着自身的价值，为肯定女性“人”的地位而不断努力着，这使她远远高出了同时期的其他女性形象。

1930年1月，丁玲的《韦护》开始在《小说月报》连载，标志着她创作倾向朝革命知识分子题材的转变。小说写了革命与恋爱的冲突，革命者最终为了革命而放弃了恋爱。接着，丁玲以1931年全国16省大水灾为背景，写了《水》这部小说。“水”在作品中含有象征意义，既描写自然灾害的洪水给农民带来的苦难，又指出不堪政府和地主趁机打劫而愤怒反抗的农民像洪水一样的气势。它以粗犷奔放的笔调，浮雕般地凸现出农民与洪水搏斗的巨幅场景，表明丁玲此时已经走出孤寂苦闷，自觉地将生命与时代进步融为一体，对当时的左翼文学创作也有不小的影响。

三、老舍、巴金、曹禺、臧克家、李劼人的创作

1938年的老舍

老舍（1899—1966）是中国现代文学史上与人民群众有着密切联系的一位文学巨匠。他原名舒庆春，字舍予，满族人，生于北京一个城市贫民家庭。他早年丧父，靠母亲苦心抚养成人。老舍十分熟悉下层市民生活，这为他以后成为现代文学家中用纯熟的北京语言描写北京市民生活的“圣手”奠定了坚实的基础。1913年进北京师范学校学习，爱好文学并尝试创作。1924年去英国，在伦敦大学东方学院教中国语文，并写下三部以市民生活为题材的讽刺性长篇小说《老张的哲学》、《赵子曰》、《二马》，以讽刺幽默的情调和轻松酣畅的文笔见长，从此正式步入文坛。1930年归国途中，老舍在新加坡逗留，创作了童话《小坡的生日》。回国后先后在济南和青岛任教，创作了《猫城记》、《离婚》、《牛天赐传》、《骆驼祥子》等长篇小说和《赶集》等短篇小说集。抗战期间，他积极投身抗战文学创作，写了《残雾》、《国家至上》（与宋之的合著）等剧本、长篇小说《火葬》以及大量短篇小说、诗歌、曲艺作品。1947年，其长达百万字的长篇小说《四世同堂》问世。建国后，老舍创作了《龙须沟》、《春华秋实》、《西望长安》、《茶馆》等剧本及长篇小说《无名高地有了名》等，被授

老舍为齐鲁大学文学院写的讲义

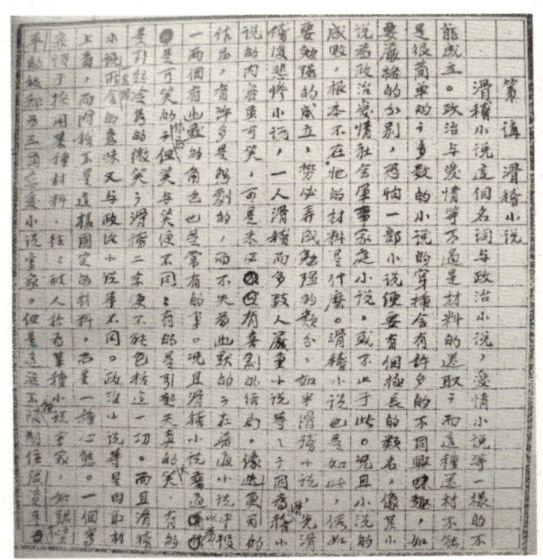

第 講 滑稽小說

滑稽小說這個名詞與政治小說，愛情小說等一樣的不能成立。

电影《骆驼祥子》镜头

予“人民艺术家”的光荣称号。1966年，老舍于“文革”中含冤自沉颐和园昆明湖。

《骆驼祥子》是中国现代文学史上第一部以“血与泪”深刻细致地描绘城市劳动人民苦难生活和奋斗历史的小说，成功地塑造了个体劳动者祥子的典型形象。作品通过祥子追求个人理想的“三起三落”的失败和走向堕落的悲惨遭遇，强烈控诉了封建军阀统治下的黑暗社会，深刻地提出了城市劳动人民如何争取解放的问题。祥子是一个勤劳、好强的洋车夫，为拥有一辆车，他埋头苦干了五六年，却屡屡碰壁：初次遇到兵抢，二次准备买车的钱被孙侦探勒索得精光，最后用虎妞的钱买的车又因虎妞的死而卖掉。祥子在婚姻上也是失败者，车老板的老处女虎妞为弥补失去的青春，诱迫祥子和她成亲。她对祥子的爱虽不乏真诚之处，但其品性和贪图剥削与享乐的想法彻底摧毁了祥子的爱情理想和企求凭勤劳致富的生活准则。小说通过对祥子“希望、奋斗、幻灭”过程的生动描写，揭露了旧社会的罪恶面目，也说明了在那个人吃人的社会，独立奋斗没有出路，只有团结起来才有成功的希望。

老舍与胡絜青结婚照

巨著《四世同堂》包括《惶惑》、《偷生》和《饥荒》三部。小说以20世纪40年代北平西城一条很平常的小羊圈胡同作为古都沦亡的缩影，以祁家祖孙四代为中心，塑造了不同系列的众多人物形象。作品展现了沦陷区人民的苦难经历及逐渐觉醒的过程，讴歌了他们不屈不挠的斗争精神，也揭露了日本强盗的残暴统治和走狗汉奸的卑劣行径。小说重点选取北平市民的亡国之痛及精神饱受摧残这一角度，强烈控诉了侵略者及其走狗的滔天罪行，这主要体现在对主要人物祁瑞宣的刻画上。他是四世同堂大家族的长孙，仪表风雅，才华出众，痛恨侵略者和汉奸走狗，愿奔赴国难。但他同时又遵循旧伦理，为了保全大家族而在敌人的铁蹄下苟且偷生，空怀义愤却不能拔剑而起。他妥协、忍让，思想上充满矛盾，最后觉醒过来奋起抗争。此外，小说还刻画出祁瑞丰、冠晓荷两张典型汉奸的丑恶嘴脸，他们与广大正直、善良的市民形象形成了鲜明对比。小说成功地再现了整个市民世界，涉及18个家庭的130多个人物，他们职业各异，个性鲜明，共同反映了那个特定年代人们的精神风貌。作者不仅批判了市民性格中保守、因循、软弱、落后的一面，也表现了他们在民族危亡和压迫的巨大事变中逐步觉醒并奋起抗争的一面。

《茶馆》是中国第一个走向世界话剧舞台的剧目，是老舍最成功的剧作。全剧分三幕，分别刻画了三个可诅咒的时代——戊戌变法失

《茶馆》剧照

败后的晚清末年，军阀混战的民国初年，抗战胜利后国民党统治时期三个黑暗、病态、荒诞的社会发展片断。通过表现旧北京“裕泰茶馆”的兴衰及茶馆掌柜王利发一生的遭遇和挣扎，生动描绘出旧社会黑暗、悲惨的生活场景。《茶馆》塑造了旧北京各行各业的众多人物形象，最成功的是王利发、常四爷和秦仲义。王利发继承父业，苦心经营，为人谨慎而灵活，一心甘当顺民，可终因茶馆被国民党霸占而自杀。常四爷是个侠肝义胆的硬汉，曾参加过义和团，仅因一句话“这大清国要完了”，就被拘捕问罪，最终沦为街头卖花生的提篮小贩。秦仲义是茶馆的房东，雄心勃勃立志实业救国，结果被国民党的接收大员抢占全部财产，落得家破人亡。这三个人物的悲惨遭遇深刻说明：在旧中国，一切所谓的改良主义、个人奋斗、“实业救国”的努力都是行不通的。《茶馆》是旧时代的丧钟，是一曲带笑的葬歌，是对旧中国严厉的鞭挞，也是对新中国热切的呼唤。

《龙须沟》是老舍建国后的佳作。剧本通过龙须沟边上一个小杂院的三户人家（丁、程、王）和一个孤老头（赵）同龙须沟的关系，反映了解放前后他们不同的命运和生活态度，揭露并鞭挞了黑暗的旧社会和反动政府，热情讴歌了党领导下的新社会和人民自己的政府。剧中没有一个集中、完整的故事，而是围绕着不同人物与龙须沟这条臭沟的关系来刻画人物，组织剧情。剧中人物个性鲜明，程疯子、王大妈、赵老头的塑造尤其令人称道。程疯子是个演唱艺人，被旧社会折磨得半疯半狂，解放后成为自食其力的劳动者，并热情歌唱新生活。王大妈是个胆小怕事、迷信守旧的老女人。赵老头是位正直豪爽的泥水匠，见多识广，敢于同恶势力作斗争；解放后，他引导王大妈、丁四组织群众协助政府整修龙须沟。该剧通过不同人物在解放前后的巨大变化，形象地说明：只有共产党领导的政府才是让人民当家作主的好政府。

青年时期的巴金

巴金，原名李尧棠，字芾甘，“巴金”是其1929年发表中篇小说《灭亡》时始用的笔名。他是中国现代文学史上激情澎湃、善于创制长篇巨著的文坛巨匠。巴金于1904年生于四川成都一个官僚地主家庭，祖父是个专横的封建家长。巴金从小受母亲“爱一切人”的人道

由曹禺改编的《家》剧照

主义思想影响，生活于轿夫、仆人、差役中间，造就了其倔强的性格和仇恨腐朽封建家庭的反抗精神。他1918年入成都青年会英文补习学校，开始接触新书刊，接受新思想。1920年，进成都外国语专门学校学习，还参加进步刊物《半月社》的活动，并于1923年与三哥一起冲破封建家庭的藩篱，来到上海，后又赴南京求学。1927年留学法国，开始创作中篇小说《灭亡》。1928年底回上海，在白色恐怖中从事文学活动。抗战前，他主要创作了代表作《家》、《爱情三部曲》（《雾》、《雨》、《电》）和许多短篇小说。抗战期间创作出《春》、《秋》，与《家》构成《激流三部曲》，这期间还写有长篇《火》、中篇《憩园》。抗战胜利后，长篇《第四病室》和《黑夜》问世。建国后，巴金曾任中国文联副主席等职，作品有《保卫和平的人们》、《赞歌集》、《新声集》、《友谊集》、《随想录》等。其作品享有国际声誉，1982年荣获但丁国际奖。

《激流三部曲》——《家》、《春》、《秋》因成功地塑造了东方型社会及专制主义统治下的民族的本质特征而获得不朽的声誉，成为中国现代文学的扛鼎力作。贯穿三部曲的总精神，是对民主精神的赞颂和对专制制度的否定。它展示了封建家族制度的罪恶并预示其必然崩溃的趋势，同时也热情呼唤年轻一代投身革命激流中去。《家》在巴金的作品中成就最高。它通过以主要人物觉慧为代表的青年一代与以高老太爷为代表的封建腐朽势力的激烈斗争，深刻暴露了封建社会和家族制度的腐败与黑暗。鸣凤、梅、瑞珏相继惨死，揭示了封建礼教的吃人本质，而觉民逃婚成功与觉慧愤而出走则表明了年轻一代的觉醒与抗争。小说旨在控诉专制制度和歌颂叛逆成长。《春》描写淑英抗婚的故事和蕙的婚姻悲剧。作品以淑英始被克明许配他人，后经觉民等人帮助勇于抗婚出走，表现了叛逆力量的进一步壮大。蕙由父亲包办婚姻，在夫家受尽虐待，最终抑郁而死，沦为封建礼教的牺牲品。专制制度下如何实现妇女解放构成《春》的主题。《秋》以长辈强迫主要人物觉新续弦开篇，以觉新娶翠环作结，进一步写出这个大家庭无可挽救的彻底没落的结局。

《家》电影镜头

三部曲最成功之处，在于刻画了众多个性鲜明、内涵丰富的人物形象，主要有三类：顽固腐朽、堕落垮掉的上层统治者，如高老太爷、冯乐山、克

定、克明、周伯涛等人；从旧家庭中冲出来的正在觉醒的叛逆的青年一代，如觉慧、觉民、琴、淑英等人；被封建制度和礼教道德吞噬了的青年一代，如瑞珏、梅、鸣凤、蕙、淑贞等人。此外，作者还成功塑造了一个性格复杂的软弱青年的典型——觉新。高老太爷是封建专制制度的总代表，是大家庭中至高无上的主宰。他以“教孝戒淫”书来管教儿孙，自己却玩小旦、写艳诗，花甲年纪还要娇艳的姨太太相伴。他不只是一个虚伪透顶的假道学，更是一个无比专横的“暴君”。他蛮横包办子孙的婚姻，残忍地制造了一连串青年人的爱情悲剧：梅悒郁而死，婢女鸣凤投湖自尽，婉儿被逼入火坑。接替其家长地位的克明也是一个维护礼教的顽固派，当得知淑英出走时，他竟绝情地说：“在我看来二女已经死了。”克定、克安之流吃喝嫖赌，更暴露了统治者的荒淫奢侈，也加速了这个封建大家族的覆灭。以觉慧为代表的叛逆者是令这个大家族最后崩溃的决定力量。觉慧是个“幼稚”而“大胆”的叛逆者，他反抗专制家长，支持觉民逃婚，并最终离家出走。觉民是成功的叛逆者。他勇敢机智、坚韧果断，在《家》中，他争取到爱情上的胜利；在《春》、《秋》中，他办《利群周报》，反抗专制，并卫护淑英、淑华走上背叛旧家庭的道路。通过这些形象，作者唤醒民众：只有反抗斗争，才会有出路，才有幸福的生活。

作品还通过年轻一代的惨遭戕害，警示人们认清封建礼教的吃人本质。《家》写鸣凤投湖自尽，梅抑郁而死，瑞珏难产丧命；《春》、《秋》写蕙的死、淑贞的死和梅的死。尤其是蕙的死，更说明封建礼教是如何慢慢吞噬了她美好的生命的，具有更广泛的批判意义。觉新也是封建礼教的牺牲品，他被别人玩弄、残害、利用，同时，由于其软弱和退让，又成为不自觉的礼教维护者，成为害人者不自觉的帮凶。从小养成的百依百顺的“无抵抗主义”与孝顺观念相结合，构成了他在新旧嬗替时代的病态文化心理和自己“只有做牺牲品的资格”的价值观。另一方面，由于受新思想影响，他也有自己的新追求，对觉新、觉慧的叛逆有同情、理解的一面。觉新这个艺术形象表明了传统思想的强大势力及铲除封建礼教的艰巨性。《家》、《春》、《秋》正是通过这些光彩照人的艺术形象，反映了旧中国广阔的社会现实，揭示了封建家族制度和封建礼教必然灭亡的历史命运。

青年时期的曹禺

曹禺（1910—1996），原名万家宝，出身于没落官僚家庭。他的父亲与天津当时一个官僚买办大家族有较密切的往来，使曹禺在年幼时就对封建家庭和上层人物的生活有相当多的了解。1929年曹禺入清华大学西方文学系学习，认真研读了希腊三大悲剧家、莎士比亚、契诃夫等人的剧作。经过五年的酝酿，他于1933年完成了第一部话剧《雷雨》，并一举成名，成为现代最著名的剧作家之一。《雷雨》以

《雷雨》剧照

曹禺饰周朴园

1925年前后的中国社会为背景，描写一个发生在带有浓厚封建色彩的资产阶级家庭中的悲剧。周朴园是统治这个大家庭的主人，30年前，他引诱公馆的女佣人侍萍，当她生出两个儿子后，周朴园留下大儿子周萍，抛弃了她和刚出生的小儿子（鲁大海），与世家小姐结婚。30年后，成年的周萍与继母发生乱伦关系，又与家中的下女四凤恋爱，然而周萍与四凤却是同母异父的兄妹。侍萍被抛弃后，带着小儿子投水自尽，遇救后，嫁给鲁贵，母子都改姓鲁，两人又生下女儿四凤。鲁贵后来成了周家的管家，是他介绍四凤做了周家的女佣。在这些微妙复杂的人物关系基础上，作者精心设计了一个纵横交错的故事网，展开了紧张激烈的戏剧冲突：蘩漪名义上是周朴园的妻子，实际上却是受到周朴园精神虐杀和人格摧残的奴隶，她误把周萍作为脱离苦海的救生船。当她发现周萍与四凤关系暧昧时，便力图掐断两者的关系。蘩漪的儿子周冲对四凤抱有纯真的爱情幻想，也被卷入到矛盾的旋涡中。周朴园与侍萍意外相逢，顿时惊慌异常，对其威逼利诱。鲁大海与周朴园虽是父子，却因工人阶级和剥削阶级的矛盾反而成了敌人。剧中人物心情复杂、矛盾重重，剧情一步步走向了高潮。在大雷雨之夜，各种矛盾聚焦冲突在一起，人物之间的血缘关系和人为掩盖的假象被揭破。堕入情网的四凤和天真无邪的周冲触电身亡，愧疚不已的周萍开枪自杀，侍萍变成了疯子，鲁大海下落不明，只剩下悲剧的制造者周朴园在孤独和冷漠中苦度余生。该剧以发人深省的悲剧深度和震撼人心的悲剧力量，向人们展示出命运悲剧、性格悲剧、爱情悲剧、社会悲剧等多重悲剧，揭露了中国资产阶级家庭中根深蒂固的封建性，深切地传达了反封建的时代主题。

曹禺接着又在1935年完成了《日出》，作品通过交际花陈白露的生活遭际将腐朽没落的上流社会和底层社会勾连在一起，展现了一幅半殖民地都市社会的全景。1936年曹禺又写出了《原野》，展示了社会的黑暗和底层人民命运的不幸。这三部剧作的出现标志着中国话剧艺术走向了成熟。40年代曹禺又创作了《北京人》，描写了曹氏封建家庭的没落，从思想文化的角度挖掘出封建家族崩溃的秘密，全面展示了封建阶级及其文化必然腐烂的命运。曹禺还根据巴金的同名小说改编出话剧《家》，这是一次创造性的改编，把重点放在封建婚姻造成的悲剧上，揭示了封建统治阶级是悲剧的根源这一主题。

臧克家（1905—2004），字士光，号孝荃，是受新月派特别是闻一多的影响而成长起来的诗人。他出身于农村破败的封建家庭，对农民生活有较多了解，使他成为30年代以来描写农民苦难的现实主义诗人。《烙印》是他的第一部诗集，也是他最有影响的诗集。其中有一类诗最为重要，这一类表现了诗人对生活的体验，如他在《生活》中写道：

青年时期的臧克家

> 这可不是混着好玩，这是生活，
> 一万只暗箭埋伏在你周边，
> 伺候你一千回小心里一回的不检点，
> 灾难是天空的星群，
> 它的光辉掩着你的命运。

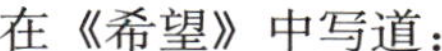

在《希望》中写道：

《生命的○度》封面

> 自从宇宙带来了缺陷，
> 人类为了一种理想发狂，
> 精神上化出了一个影象，
> 那就是你——美丽的希望。
> ……
> 你在人类脸前安上个明天，
> 他们现在苦死了也不抱怨，
> 你老是发着美丽的大言，
> 从来不知道什么叫红脸。
> 人类追着你的背影乞怜，
> 你从不给他们一次圆满，
> ……

诗人对生活产生了深刻的质疑，并有着无法掌握自己命运的悲哀。面对着生活的险恶，臧克家在诗中提出了“个人的坚忍主义”，就是不灰心，不颓废，忍受困苦的磨难。他在《生活》的末尾处写道：“当前的磨难就是你的对手，／运尽力气去和它苦斗”，只有这样，才能“活着带一点倔强，／尽多苦涩，苦涩中有你独到的真味”。闻一多曾说过，臧克家的诗歌虽然以农民为题材，但如《生活》之类的作品却使他的创作总体显得厚重。

臧克家所说的“坚忍主义”，既表明了他受农民思想的影响，也是他描写农民的一贯眼光。他的名篇《老马》以一种具有象征性的意象实写人生：

1940年臧克家与姚雪垠（左一）、田涛（左二）、碧野（右一）摄于老河口

总得叫大车装个够，
它横竖不说一句话，
背上的压力往肉里扣，
它把头沉重地垂下！

这刻不知道下刻的命，
它有泪只往心里咽，
眼里飘来一道鞭影，
它抬起头望望前面。

在马头的俯仰之间，隐藏着它多少生命的苦涩，老马代表着某种悲剧型的农民特性，又鲜明地表现出了一种坚忍不拔的人生观。臧克家认为农民勤劳、朴实、硬朗，有一颗光亮的良心，因而他深受农民性格的感染。正如他在《海》中所说：

乡村
是我的海，
我不否认人家说
我对它的偏爱
我爱那
红的心，
黑的脸，
连他们身上的疮疤
我也喜欢。

抗战后，农民题材的诗歌仍然在臧克家的诗中占相当大的比重。《三代》中以极其简约的文字概括了农民的命运：

孩子，
在土里洗澡；
爸爸，
在土里流汗；
爷爷，
在土里葬埋。

在写其他劳动者的诗中，《罪恶的黑手》是重要的一首，描述建筑工人在铁鞭之下，用“罪恶的黑手”建起了雄伟的教堂，捏出慈祥的耶稣，把工人的艰苦劳动同揭露宗教的伪善结合在一起。

李劼人像

李劼人（1891—1962）是30年代创作长篇小说的重要作家，他亲身经历了辛亥革命，参加过四川保路运动，因此成为近代历史题材的重要作家。1925年他就开始酝酿以辛亥革命前后的社会生活为题材的小说，直到1936、1937年才连续发表了《死水微澜》、《暴风雨前》、《大波》（一、二、三部）。这几部小说依时间顺序，从中日甲午战争一直写到辛亥革命，描写了四川许多重大历史事件，构成了现代文学史上重要的长河小说。《死水微澜》以中日甲午战争到义和团起义失败为历史背景，描写成都城外村镇上哥老会与教民的冲突。《暴风雨前》以成都官宦子弟郝又三为中心，表现了维新派的活动。由于排满思潮开始进入四川，一些有资产阶级改良思想的青年成立了文明合作社，这正是辛亥革命“暴风雨前”的酝酿时期。在革命思潮的激荡下，郝又三参加了同盟会，却又犹疑不定，踌躇不前，终于丧失了前进的信心，沉溺于女色。三部《大波》描写了四川保路运动所造成的轩然大波。第一部写1911年夏以立宪派人物蒲殿俊为首的保路运动，遭到四川总督赵尔丰的镇压。第二部写同盟会的革命党人，联合哥老会，建立同志军，与赵尔丰的新军展开了战斗。第三部写满清政府派川汉铁路督办大臣端方，率领湖北新军入川镇压保路运动。湖北新军在同盟会员的领导下起义，惩治了端方。这一套长河小说，就所反映的社会生活面而言，一部比一部广阔，在现代历史题材的小说中，像这样描写真切、规模巨大的，它首屈一指。所以曾为李劼人同学的郭沫若曾评介说：“我是想称颂劼人的小说为‘小说的近代史’。至少是‘小说的近代《华阳国志》’。”

四、现代诗派

新月诗派衰微之后，在诗坛上又兴起了现代派的诗歌。现代派得名于《现代》杂志，并因他们以“现代”为标榜。该刊编者施蛰存在《又关于本刊中的诗》中说：“《现代》中的诗是诗。而且是纯然的现代诗。他们是现代人在现代生活中所感受的现代情绪，用现代的词藻排列成的现代诗行。”现代派诗是20年代象征派诗的发展，他们不赞成新月派的格律诗主张，强调形式的自由，不讲求整齐和押韵，同时注重意象的显现，诗意朦胧晦涩。《现代》的另一编者苏汶说过：“一个人在梦里泄漏自己底潜意识，在诗作里泄漏隐秘的灵魂，然而也只是像梦一般的朦胧的。”所以诗的“动机是在于表现自己与隐藏自己

《现代》封面

戴望舒正望着上海的大街小巷

之间”。

现代派最主要的诗人戴望舒（1905—1950），曾留学法国，受到法国后期象征诗派的影响。1928年他发表《雨巷》一诗，声名大震，获得了“雨巷诗人”的美称。诗中写道：

撑着油纸伞，独自
彷徨在悠长、悠长
又寂寥的雨巷，
我希望逢着
一个丁香一样地
结着愁怨的姑娘。

她是有
丁香一样的颜色，
丁香一样的芬芳，
丁香一样的忧愁，
在雨中哀怨，
哀怨又彷徨；
……
她静默地走近
走近，又投出
太息一般的眼光，
她飘过
像梦一般地，
像梦一般地凄婉迷茫。
……
在雨的哀曲里，
消了她的颜色，
散了她的芬芳，
消散了，甚至她的
太息般的眼光，
丁香般的惆怅。
……

戴望舒于马德里堂·吉诃德像前

《雨巷》中的独行者在一个“寂寥的雨巷”这样特定的环境中，希望能够遇到一个“像我一样”的姑娘，这姑娘像丁香一样的“结着愁怨”，投出“太息一般的眼光”，“像梦一般地凄婉迷茫”。这个在“我”的

想象中所描画出来的姑娘，是“我”的主观情绪的外化，表达了一种空茫哀怨的心境，因其制造了一种回荡的旋律和流畅的节奏，被誉为开辟了新诗音节的新纪元。在戴望舒的诗中，到处都能感受到深切的幻灭感和失落感。《我的记忆》中写记忆生存在“燃着的烟卷上”、“绘着百合花的笔杆上”、“喝了一半的酒瓶上”、“往日的诗稿上”、“压干的花片上”，这些象征代表着一个小资产阶级知识分子的生活和感情寄托，但这一切都留在了往日，于今天只剩下记忆了。如果说李金发诗中的颓丧情绪多少给人以强说愁之感，那么戴望舒的这种情绪就是真实而深沉的。只有少量的诗还保留着一点亮色，《断指》写诗人保留着一位牺牲的革命者的断指，“这断指上还燃着油墨底痕迹，／是赤色的，是可爱的光辉的赤色的”。

卞之琳像

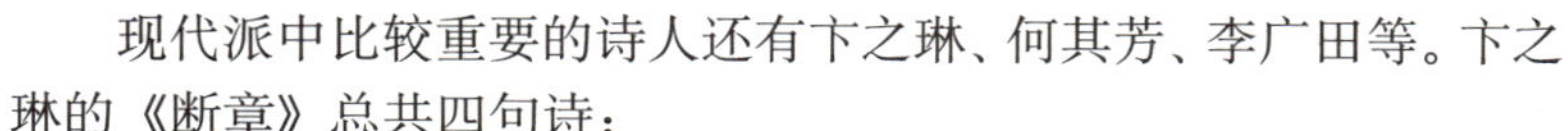

现代派中比较重要的诗人还有卞之琳、何其芳、李广田等。卞之琳的《断章》总共四句诗：

你站在桥上看风景，
看风景人在楼上看你。

明日装饰了你的窗子，
你装饰了别人的梦。

这首诗能够引申出多种理解。《奈何》表现了一种落寞而不知所从的情绪，《长途》一面写长途像一条压在肩上的沉重的扁担，一面也表示“不能不向前望”的心态。何其芳的诗歌以细腻的笔触表现出诗人敏锐的感觉，他的诗大都收在《预言》中。李广田的诗歌则相对浑厚一些，表现一种彷徨的心情以及对现实的执著。

《文学季刊》封面

五、京派作家

“京派”主要是指20世纪20年代末到30年代，当文学的中心南移到上海之后，继续留守在北京或其他北方城市的一个自由主义作家群，当时也称“北方作家派”，他们是“左联”之外最重要的文学派别。京派并没有正式结社，主要是由几个大学的师生松散组合而成的，他们以《文学季刊》、《骆驼草》、《水星》、《大公报·文艺副刊》、《文学杂志》（朱光潜主编）为阵地，展开自己的文学论述。京派作家们把人生的理想寄寓自然美和人性美（尤其是乡土的人性之美）中来与现实存在的丑相对抗。他们强调文学是作者感受的强烈表现，并有

1922 年的沈从文

意识地让它与政治保持一定的距离。他们的文风朴实，对人生有一种执著的追求，文学修养比较深厚，作品接近于普通人民的生活，有的作家更是直接来自底层，因此他们反对脱离社会的唯美派文学，与左翼作家也有很大的区别。京派作家在小说、散文、诗歌、戏剧、文学理论和批评方面都有所建树，其中成就斐然的有沈从文、废名、萧乾、芦焚等人。

沈从文（1902—1988）是京派主要代表作家之一，他出生在湘西的凤凰县。这块荒蛮之地使他从小便得以感知种种未经“现代文明”浸染的风物人情，熟悉了不少奇异多样的边城民俗，形成了对于民间情趣的偏爱。沈从文出身行伍世家，身上流淌着汉族和苗族的血液，这就赋予了他一种特殊的气质，对生命有着深切的认识。他在小学毕业后按照当地的风俗进入了地方军队，目睹了士兵的勇武暴烈以及数不清的残酷杀戮，直接从社会这本大书中汲取生命的智慧。这种特殊的生活经历使他“对于农人和兵士，怀了不可言说的温爱”，在自己的作品中永远充满了一种对美好人性的渴求。《贵生》写财主不经意娶了一个姑娘做妾，却是伙计贵生一生幸福的所在。《丈夫》写老实的青年农民在一次探望在河船上为娼的妻子时所感受到的痛苦。《柏子》中叫做柏子的水手，每月一次花尽用生命换来的金钱，去与相好的妓女见面，然后继续在一条随时可能倾覆的船上无所顾忌地航行。这里没有尖锐的阶级压迫，所描述的只是那些历经磨难而又能坚忍生活下去的底层人民的本性。1934 年出版的《边城》是沈从文的代表作，描写了撑渡船的老人和他的外孙女翠翠相依为命的纯朴生活，以及当地掌水码头团总的两个儿子天保和傩送同时爱上了翠翠所导致的悲剧。翠翠和沈从文其他小说中少女形象如《三三》中的三三、《长河》里的夭夭一样，是作者美的理想化身：温柔、纯净、忠贞于爱情，形成了沈从文式的乡土抒情体作品。《边城》中塑造了一个没有邪恶、贪欲和嫉妒，人人都那么的和善、诚挚和豪侠重义的返璞归真的理想境界。作者曾自道在其中创造了一种“人生形式”，即“一种优美、健康、自然，而又不悖乎人性的人生形式”。《边城》描述了一种爱，它不仅仅是翠翠刚刚萌芽了的情爱，也不仅仅指爷爷和外孙女之间的关爱，而是一种更为广泛的包括全体人在内的爱。不同于“五四”以来的表现压迫和反抗以及批判愚昧落后、挖掘民族创伤的乡土文学传统，《边城》用“梦”与“真”构筑全篇，展现了沈从文与左翼作家思想的分野。就连《阿黑小史》这样描写青年两性相悦的作品，所透露出来的也是一种粗野而又不乏真诚的爱情观。沈从文有一种回头看民族历史的

1935年沈从文与夫人张兆和在苏州

倾向，他要人们从他的作品中去认识“这个民族过去伟大处与目前堕落处”。这种人道主义的爱国理想，使得沈从文面对旧社会的污浊，设想用农村原始的人情美来改造社会，恢复民族性格，重铸民族品德。当沈从文以乡下人的眼光，掉转头来观察商业化的都市时，便不禁流露出尖锐的讽刺来。《顾问官》、《绅士的太太》、《八骏图》等作品均以一个乡下人的眼光揭示“现代文明”的堕落扭曲，对官僚地主、绅士阶级和某些知识者发出讥笑，表现他们人性的沉沦。

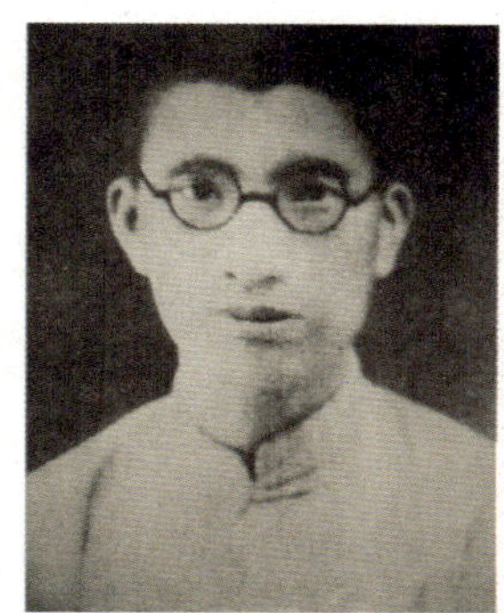
废名像

废名（1901—1967），原名冯文炳，他的小说主要有《莫须有先生》。主人公莫须有先生是一个堂吉诃德式的人物，一个尚有赤子之心的遁世者。作者通过其一系列迂阔的言行，从侧面讽刺了当时的社会，而在关于人生的思索上又堕入了佛理的玄妙之中。在这个时期崭露头角、到40年代趋向左倾的师陀（1910—1988）是在1931年到北京后，使用“芦焚”的笔名开始写作的。他的短篇小说集《谷》曾获得《大公报》文艺奖金，代表了他早期的京派倾向。小说取材于他的故乡河南的生活，哀叹着北方农村的没落，时而流露出对丑恶人生的诅咒，带有悲哀的抒情色彩。他后来的小说运用传奇性的寓意讽刺笔调，写出了整个中国城乡社会的停滞与倒退。

萧乾在英国剑桥大学

萧乾（1910—1999）是后起的京派作家。他生于北京，自幼贫苦，靠半工半读完成学业，因此他对京华贫民的生活比较了解。在他的第一个短篇小说集《篱下集》中，作者以独特的视角反映了当时社会的污浊和人间的不幸。《依依》等篇揭穿了帝国主义精神侵略的罪行，写出了殖民主义者所办教会学校的黑幕。《栗子》从一对夫妻的离异中写出了“一二·九”爱国运动对青年一代的庄严考验。《梦之谷》是作者一部自叙传式的作品，具有强烈的个人反抗的色彩与抒情气质。

在中国近现代现实主义文学思潮的发展过程中，京派是不可忽视的一脉支流。它在30年代社会矛盾空前尖锐的时空背景下，自身存在着政治与艺术之间的不解矛盾，正反映了这一批作家的温情与理想。京派在现实主义创作方法中融入了浪漫的、讲究主观个性表现的新气象，并开创了现实主义多样发展的途径，取得了不容忽视的艺术成就。

六、海派与新感觉派小说

中国现代消费型文化环境的形成，集中表现在20世纪30年代的上海。这个时代的上海社会正面临着一个大的转型期，资本主义经济

左起：叶灵凤、戴望舒、徐迟于40年代初在香港

刘呐鸥像

的发展以及现代书报业、出版业的发达为海派文学带来了一个良好的发展契机。最初，海派作家以新文学的体裁写一些在趣味上向市民大众倾斜的作品，延续着鸳鸯蝴蝶派的文学创作商业性的传统。张资平、叶灵凤等人的创作，与政治性、社会性强烈的主流文学拉开距离，表现市民的生活形态。在他们的笔下，现代都市文明已经显露出它不同于中国传统的农业文明的面貌，并首次出现了“都市男女”这一主题，性爱小说成为他们表现现代都市人生的一个试验场。由于他们受到了西方唯美主义的影响，在小说中增添了“性自由”的因素，而形成了一种“新式的肉欲小说”。张资平在1928年后的四五年中，以每年平均四部长篇的速度出书，都清一色地充满了肉欲的气息，被鲁迅冠以“三角多角恋爱小说家”的称号。张资平的海派性爱小说，是将创造社本来就有的青年“生与性”的双重苦闷扩大化，并带上了浓重的商业媚俗色彩。比起旧的市民言情小说，他的小说增添了广泛的性心理描写，包括性烦闷、性变态、性虐待等内容，一方面使小说增添了现代社会中人们心理状况的内容，另一方面也使他的小说陷入了低级趣味的泥沼。叶灵凤是以感伤的恋情小说作为自己的创作起点的，这些小说追求现实与梦境的融合，有着突出的浪漫主义和神秘主义色彩，不时也有性暴露、性挑逗的文字出现。1931年之后，叶灵凤一改自己伤感的风格，在作品中增添了对都会时髦女性的刻画，《紫丁香》、《流行性感冒》、《第七号女性》、《忧郁解剖学》等作品都用跳动不定的乃至充满感官刺激的意象来表现都市男女。《七颗心的人》中的女主角家中挂着七次叠印的全身X光摄影照片，自称“有七匹猫的温柔的性格”和“七颗最不可靠的女人的心”，成为现代都市新的人物典型。此外，叶灵凤的通俗长篇小说《时代姑娘》、《未完的忏悔录》、《永久的女性》等作品，也将上海的下层市民纳入了自己的创作视野。其他写性爱小说的海派作家还有曾虚白、章克标、徐渭南等人。

30年代在上海出现的新感觉派标志着西方现代主义文学在中国进入了一个稳定的发展时期。新感觉派小说上接20年代末的张资平、叶灵凤等性爱小说之余绪，下连40年代以张爱玲为代表的沪港市民传奇，成为海派承上启下的一个重要阶段。新感觉派小说的“新”来源于它第一次用现代人的眼光来打量上海，用一种新颖的现代形式来表达对都市的新鲜感受。刘呐鸥（1900—1939）的小说集《都市风景线》描写了当时在上海刚刚形成的现代生活和男女社交情爱场景，在他的笔下，飞机、电影、Jazz、摩天楼、色情狂等现代物象纷纷出现。《残留》运用了内心独白手法，造成一种意识流的效果，充分表现了都市给人造成的极度压抑。《游戏》、《两个时间的不感症者》、《礼仪与卫生》等都是以男女两性关系为题材，从都市街头到家庭生活全面展示了现代都市社会里逢场作戏的情欲泛滥，表明了现代都市人的人性已经被金钱所异化，人已经堕落为毫无理性的行尸走肉。穆时英（1912—1940）被称作是“新感觉派的圣手”，是风靡一时的海派作家。从1932年起，他开始写作新感觉主义小说，有了《公墓》、《上海的狐步舞》、《黑牡丹》、《白金的女体塑像》等名噪一时的作品。他的小说用充满色彩的象征、动态的结构、时空的交错以及充满速度和曲折的表达方式，表现上海由金钱、性所构成的喧闹场景。《夜总会里的五个人》将五个人物聚集在周末的夜总会，展现了他们的不同命运：金子大王胡均益破产，大学生郑萍失恋，市政府秘书缪宗旦失业，交际花黄黛茜容颜已逝，研究《哈姆雷特》版本的学者季洁自我迷失。他们均带着极大的苦恼涌进了夜总会，以疯狂的放纵作为发泄，最后胡均益开枪自杀，其余人为他送葬。《上海的狐步舞》则进一步揭露了上海这个半殖民地都市的本质。小说没有连贯的情节，而是以感觉主义、印象主义和意识流的方法描写了令人眼花缭乱的都市风景：黑社会的暗杀、后母与儿子的乱伦、富商的荒淫、工人的惨死、舞厅里男女的调情……展示了都市的没落疯狂的状态。穆时英在《公墓》和《白金的女体塑像》这两个主要的具有新感觉派特征的小说集中，对畸形都市风景的描绘和其间流露出来的不无欣赏的心态是海派文学的一种典型特征。

青年时期的穆时英

施蛰存像

施蛰存是新感觉派小说中文学成就最高的作家，他以弗洛伊德精神分析学说为基础创作的新感觉小说，主要集中在《将军底头》、《梅雨之夕》和《善女人行品》三个集子中，具有强烈的心理分析色彩，在30年代的中国文坛上占有一席之地。历史题材的小说如《将军底头》、《石秀》、《李师师》等，用精神分析来重新解释历史人物和事件。《将军底头》写了“种族和爱的冲突”。主人公唐代将军花惊定奉命征讨土蕃，在途中遇见一位美女并产生了强烈的爱慕和欲望，但是军纪和道德都压抑着他的情欲。当他在战场上被杀头之后仍然策马回到心爱的姑娘身边。小说以神怪、魔幻的故事情节展现了情欲与道德的矛盾。施蛰存的小说也显示了封建观念对人性的压抑。《雾》写神父的女儿素贞偶然在火车上遇到一位令她颇为心动的男士，但当她得知这个男子是个电影演员时，便受到了打击，产生了排斥的心理，展示了封建等级观念对人的戕害。新感觉派的后续作家还有黑婴、禾金等人。黑婴出生在印度尼西亚，只身来到上海，擅长写都市的“流浪女性”，尤其是舞女、妓女、侍女以及适应都市后报复都市的摩登女郎。禾金的作品描写了现代都市社会的病态特征，风格上类似于穆时英。

新感觉派小说是海派文学重要的一支，它借用了外国现代派文学的框架，提高了都市在文学中的地位，受到了大学生和职员读者群的青睐。海派文学经过新感觉派的洗礼，实现了先锋性和通俗性的融合，并向四十年代的新市民小说发展而去。

七、国统区、沦陷区的文学

陈白尘像

1937年的卢沟桥事变标志着中国进入了全面性的抗日战争时期，也开始了新文学发展的新时期。“左联”自动宣布解散，具有不同思想倾向的作家们联合发表团结御侮宣言，发起了抗日救亡文学运动。上海戏剧界首先作出反应，夏衍、陈白尘、阿英、郑伯奇等16人集体编出了抗战时期第一部抗战题材的三幕剧《保卫卢沟桥》，掀起了抗战文艺高潮。在国共合作的新条件下，中国共产党在国统区取得了合法地位，加强了对抗战文艺运动的领导。1938年3月27日，中国全国文艺界抗敌协会在汉口成立，500多名作家出席了成立大会。这个协会包括了各个阵营的作家，提出“团结一切不愿做日本帝国主义者底奴隶的文艺作家，从文艺的道路上参加这个光荣的民族解放事业”，标志着文艺界抗日统一战线的最终形成。协会提出了“文章下乡”、“文章入伍”的口号，组织作家战地访问团，帮助作家深入前线和民间，描写抗战现实，以激发人民群众抗战到底的意志。同年4月，负责抗战宣传工作的军委会政治部第三厅成立，由从上海抵武汉的郭沫若任厅长。

周恩来、邓颖超、郭沫若、阳翰笙、洪深、于立群与第三厅工作人员合影

抗日战争爆发后，大片国土沦陷，全国实际上分为国民党统治区、解放区和沦陷区三大部分，文学也因此形成国统区文学、解放区文学和沦陷区文学同时并存的格局，并生发出各自不同的文学景观。它们在相对独立的发展中有着大体一致的目标，就其主流来说，都比较自觉地继承了“五四”以来新文学的革命精神和战斗传统，各尽所能地为民族解放的大业努力奋斗。

在抗战初期，国统区的文学创作充满了昂扬的民族心理和时代品格，出

现了小型化、轻型化的趋势，速写化的小说、墙头诗、朗诵诗、传单诗、街头剧风行一时。作家们真诚地放弃了自己的个性追求，投入到抗战题材作品的创作中去，大部分作品都具有报告文学色彩，文学获得了战斗性和时代性，个性化的色彩逐渐淡化。抗日战争进入相持阶段之后，国内政治形势急剧逆转，社会心理与时代情绪为之一变。作家们从抗战初期那种激昂的乐观主义转向了清醒的现实主义。文学在表达坚持抗日、反对分裂的时代主题之外，又增加了对现实的批判和对历史的反思，使这一时期的文学呈现出凝重沉郁的格调。许多作家开始了对传统文化和民族性格的讨论。萧红的《呼兰河传》、老舍的《四世同堂》、曹禺的《北京人》等作品都通过对传统的重新认识来为民族的振兴寻找出路。同时，作家们主体意识的强化也给文学带来了多元化的风格，路翎的《财主底儿女们》、沙汀的《困兽记》、夏衍的《法西斯细菌》、艾青的《火把》等作品使知识分子题材作品的创作得到了强化。抗战后期，国统区内民主运动高涨，作家们对黑暗的诅咒和嘲讽以及对光明的期待体现在文学上，使讽刺成为了这一时期文学的主要倾向，现代文学的戏剧品格得到了发展。钱钟书的《围城》、张恨水的《八十一梦》、陈白尘的《升官图》、袁水拍的《马凡陀山歌》等作品都在这一时期产生了很大的影响。

萧红与端木蕻良

抗战前期，在上海“孤岛”的特殊环境中，以戏剧创作为核心，进步文艺活动曾相当活跃。于伶的《夜上海》、阿英的《明末遗恨》、李健吾改编的《王德明》等风靡一时。“孤岛”沦陷后，留沪的爱国作家们用鲜血和沉默抗拒着敌伪的暴虐和汉奸们的“和平文学”。稍后，进步文学界和爱国的通俗文学作家达成默契。柯灵改造了“鸳鸯蝴蝶派”的刊物《万象》等，王统照、师陀、楼适夷、傅雷等在此刊物上发表文章。女作家张爱玲、苏青等着力于女性与家庭、婚姻题材，以女性的立场与视角致力于女性生存困境的开掘。东北在”七七”事变后，包括抗日反满文学在内的新文学逐渐复苏，北满的抗联文学和《营口日报·星火》副刊代表着革命文学的成就。此外，以《文选》和《文丛》等刊物为中心也聚集了一大批作家，如山丁、秋萤、袁犀等，他们提倡乡土文学，正视现实，关注民族的苦难，作品中暗含对异族统治者的抵制和曲折表达的爱国热情和民族意识。华北沦陷区文学以北平为中心，敌伪刊物《中国文艺》、《艺文杂志》刊登最多的是周作人及其弟子的小品类文章。40年代初出现了“新进作家”群，其中较有特色的是从东北入关的梅娘和袁犀。梅娘的小说集《鱼》、《蟹》写都市风情，尤其是妇女的婚恋问题，对女性意识的开掘很是精细，和张爱玲的小说形成一种呼应，当时有“南玲北梅”之说。袁犀的长、短篇小说大多写都市青年男女，其主题指向了对道德人性的探索。

于伶像

阿英（钱杏邨）像

与其他的沦陷区相比，台湾因为有着长达半个世纪的日本占领，其文学表现又一个特殊的面貌。在五四运动的直接推动下，台湾在20年代产生了新文学和白话文运动。张我军的新诗集《乱都之恋》以及新小说《斗闹热》、《买彩票》等描写了台湾社会中警察的肆虐和民众的苦痛生活。赖和是台湾新文学的先驱，他的新小说《善讼人的故事》，揭示了日本殖民者统治下台湾人民的苦难，对杨逵、吴浊流等人都有影响。“七七”事变后，日本殖民者强化对台湾的思想文化统治，强调“皇民化文学”，进步文学进入了一个低潮期。吴浊流的小说《先生妈》、《陈大人》抨击了“皇民化运动”。1943年至1945年，他冒着生命危险创作了长篇小说《亚细亚的孤儿》，通过主人公胡太明曲折的一生反映了台湾人民“孤儿意识”的由来和立志投入祖国怀抱的普遍心理，被称为“一部雄壮的叙事诗”。

八、七月派

在抗日战争爆发后的中国文坛上，七月派是一个十分重要的现实主义文学流派，它因胡风（1902—1985）编辑的《七月》文学周刊而得名，围绕着《七月》的办刊思想，形成了一个以诗歌和小说创作为主的文学流派。

胡风与夫人梅志及子女1939年在重庆

早在抗战之前，胡风就意识到组建文学团体对文学发展的积极意义。在《七月》的“代致辞”《愿和读者一同成长》中，胡风明确地指出了七月派作家的艺术追求就是“用坚实的爱憎真切地反映出蠢动着的生活形象”，并“在这反映里提高民众底情绪和认识，趋向民族解放的总路线”。在胡风看来，三四十年代的文学创作中存在着严重的“客观主义”和“公式主义”倾向，形成了“抗战八股”，因此，他提出了“主观战斗精神”，要求作家用强烈的主观战斗精神去拥抱现实、突入现实，从改造现实的角度去把握现实。同时，胡风提倡作家要揭示人民“精神奴役的创伤”，去寻找带有血泪的人生，寻求支配历史命运的潜在力量。胡风的文艺理论主张对七月派作家有着很大的影响，他们的作品明显地带有以痛苦为基本色调的情绪世界和富有力感的美学特征。

七月派的小说作家主要有路翎、丘东平、彭柏山、贾植芳等。路翎（1923—1994）出身于一个大家庭，曾目睹过上一代人为争夺财产而使显赫世家风飘云散的情景，为以后创作《财主底儿女们》打下了基础。路翎小说的一个很突出的特点

就是面向灵魂的拷问。中篇小说《饥饿的郭素娥》描写了女主人公郭素娥灵与肉两方面的饥饿感受。她在逃荒中遭遇土匪，被衰老的鸦片鬼刘寿捡到，但女主人公无法得到欲望的满足，于是和刚愎而又凶猛的机器工人张振山产生了恋情，在灵与肉的矛盾纠葛中，郭素娥完成了自己的悲剧人生。作者在叙述郭素娥的灵肉冲突时，表达了对“人民的原始的强力”的赞颂。路翎的小说中出现了众多的人物类型：乡绅、地主、流浪汉、工人、农民等等，他对底层劳动者的描写尤以挖掘其精神状态为特色，表现人民强力的原始性，成为作者揭示人民群众中“几千年精神奴役的创伤”的独特方式。《燃烧的荒地》、《蜗牛在荆棘上》、《两个流浪汉》等小说的背景已经放在了旷野上，小说中的人物也呈现出一种野性的、燃烧着生命之火的“旷野特征”。

路翎像

《财主底儿女们》是路翎的代表作品，这部长达89万字的长篇小说，融叙事、抒情、议论为一体，形成了路翎式的浑厚而悲壮的交响曲。它的上部描写了一个风雨飘摇中的封建大家族的分崩离析。苏州城的头等富户蒋捷三统治下的封建家庭在内部的纷乱中已经无法保持原来的荣华，大家庭内部不仅出现了像蒋少祖、蒋纯祖这样的叛逆子弟，而且也有阴险毒辣如王熙凤一般的长媳金素痕。最后，这个古老的世家已经破落到连旧宅也卖给了从前的仆人，而这些财主的儿女们就此在抗战时期进入了一个漂泊无常的生活状态。小说的下部主要写蒋纯祖逃离南京，沿长江漂泊到重庆和四川农村所经历的精神流亡和幻灭的过程。蒋纯祖虽然在封建家族中长大，却是在旷野的生命气息中生长着叛逆性的现代知识者。他在家庭中目睹了人与人之间相互残杀的现实之后，便如同猛兽一般冲出了家庭。蒋纯祖穿越广袤的战火，经历了战乱中人性的堕落、乱兵的作恶以及人们的自相残杀。而在救亡的青年团体中教条主义横行，在主人公求得心灵救赎的办学实践和爱情波折中，他英雄式的梦想和周围灰暗保守的乡村世界无时不发生着冲突。他在一场场精神炼狱里饱受煎熬，终于心衰力竭，在孤独中告别了这个时代。“青春的史诗”这一主题贯穿在蒋纯祖的精神求索中，呈现出青年中不同的精神走向以及他们新生的艰难。

七月派部分作家合影

丘东平的小说则洋溢着一种战士特有的战斗激情和庄严的道德感。《第七连》中的新任连长从军校派往前线，在残酷的战争环境中战胜了自己的心理弱点，经受住了考验。《一个连长的战斗遭

艾青 1929 年在巴黎

遇》中的林青史把生命交给了民族战争，也因此获得了生命的崇高价值。彭柏山的小说《一个义勇军队员的前史》写了一个绰号叫“太古糖”的人物，他的性格中既有着淳厚善良，也有精神上的愚昧。《某看护底遭遇》写了负伤的义勇队员和护士的爱情故事，他们一见钟情，并在对方身上寻找到了新生的希望。七月派的小说创作写出了在特殊环境中人物在物质和精神上的双重饥渴，拓展了现代文学的艺术空间。

较之于小说创作，七月派的诗歌创作也颇为引人注目。艾青和田间是七月诗派的重要诗人，此外还有绿原、牛汉、曾卓、彭燕郊等人。艾青（1910—1996）于1934年发表的《大堰河——我的保姆》一诗，以真挚的情感和对细节的刻画，展现了一个贫苦善良的农村妇女形象，她和大地一样纯朴，又和大地一样承受苦难，具有强烈的艺术感染力。抗战后，艾青辗转南北，目睹了人民为抗日所作的牺牲，写下了《雪落在中国的土地上》、《我爱这土地》、《旷野》、《向太阳》等诗作，表明中华民族已经从屈辱中觉醒和诗人对祖国的热爱。诗人在《我爱这土地》中写道：

艾青手迹

> 假如我是一只鸟，
> 我也应该用嘶哑的喉咙歌唱：
> 这被暴风雨所打击着的土地，
> 这永远汹涌着我们的悲愤的河流，
> 这无止息地吹刮着的激怒的风，
> 和那来自林间的无比温柔的黎明……
> ——然后我死了，
> 连羽毛也腐烂在土地里面。
>
> 为什么我的眼里常含泪水？
> 因为我对这土地爱得深沉……

《大堰河》封面

写于1937年的《太阳》中的太阳象征着古老民族在火中的新生，也给抒情主人公带来灵魂的新生。田间（1916—1985）的诗歌创作受到苏联诗人马雅可夫斯基艺术精神和形式的影响，以“擂鼓诗人”的姿态创作了《给战斗者》等一系列诗歌，赞扬了抗日英雄的牺牲精神，洋溢着强烈的爱国主义情怀：

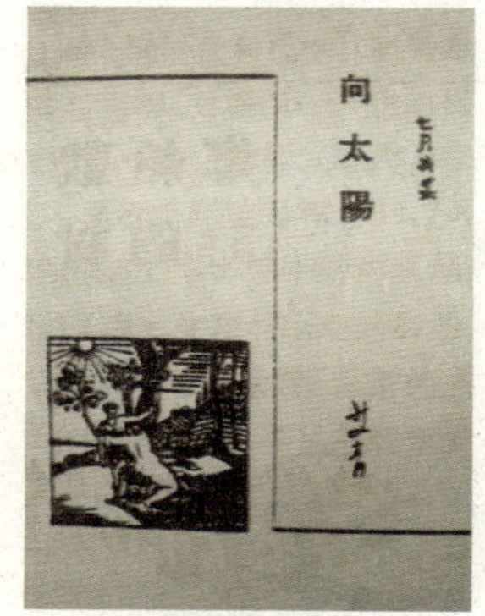

《向太阳》封面

> 亲爱的

田间 1938 年在西安

人民！
抓出
木厂里
墙角里
泥沟里
我们的
武器，
挺起
我们
被火烤的，被暴风雨淋的，被鞭子抽打的胸脯，
斗争吧！
在斗争里，
胜利
或者死
……

田间的诗歌还有《假如我们不去打仗》、《义勇军》、《赶车传》等。在《假使我们不去打仗》中写道：

假使我们不去打仗，
敌人用刺刀
杀死了我们，
还要用手指着我们骨头说：
　　“看，
　　这是奴隶！”

九、九叶诗派

《九叶集》封面

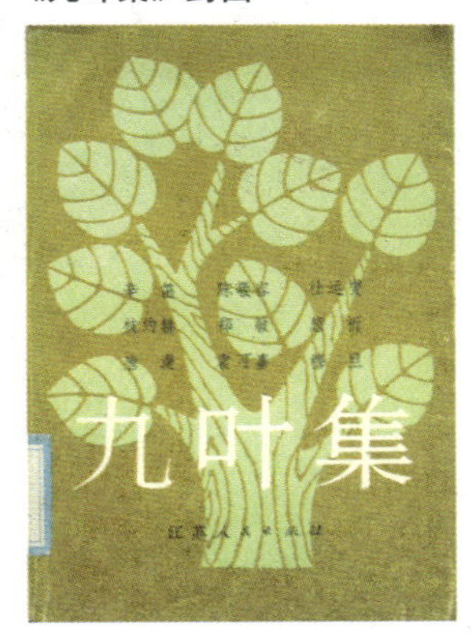

以穆旦为代表的九叶诗派，成员有穆旦、辛笛、陈敬容、杜运燮、杭约赫（曹辛之）、郑敏、唐祈、唐湜、袁可嘉等。他们有的学习研究外国文学，有的从事文学翻译工作，都在不同程度上接受了西方现代诗派的影响，写作时也运用现代派的构思、技巧和手法，风格较为接近，因此他们互相认同，形成了一个流派。九叶诗派的由来则是因为他们在文坛上被淡忘了三十多年后，于1981年出版了九个人的诗歌合集《九叶集》，因而得名。

九叶派诗人在40年代的国统区，借鉴西方的现代主义手法，继

承了五四新诗的艺术传统，抒写中国的社会现实，审视自我的生命，取得了可观的成绩。如穆旦的诗歌具有更为浓烈的西方现代派的意味，但是他们中的更多人接受了“五四”以来新诗的传统，从现实主义和浪漫主义中汲取了丰富的养料。从他们的诗歌中可以感受到各种艺术元素的融合交汇，尤其是在40年代的后期，新中国的曙光已经出现在地平线的时候，他们的诗歌创作便一扫二三十年代象征派、现代诗中那种浓重的幻灭感和失落感，即使是描写内心的矛盾和斗争也没有往昔的那种颓废和阴郁。如陈敬容的《从灰尘中望出去》用哀怨的笔调诉说那“脱不尽的枷锁，唱不完的哀歌”，但突然柳暗花明，从蜷伏在厚重的灰尘下望出去，却看见“一角蓝天”，就从这里射进照亮全诗的光。《珠和觅珠人》则表达了把生命投入一个新世界的热切期望。郑敏在《寂寞》一诗中也曾喊出“我是寂寞的”的心灵独白，但最终表现出来的还是诗人为了克服寂寞、寻找生命的真义的努力。在象征诗歌和现代诗歌中的一些基本命题如生与死等，在九叶诗人那里也有了一个新的理解。郑敏的《时代与死》中把高贵的心化为黑夜的流光，照亮夜行者的脚步，光明虽然消失，却已经溶入生者的血液，并指向了未来，于是，这样的死也就是最高尚的生。诗人写道：

郑敏在西南联合大学

在长长的行列里
“生”和“死”不能分割，
每一个，回顾到后者的艰难，
把自己的肢体散开，
铺成一座引渡的桥梁，
每一个，为了带给后者以一些光芒，
让自己的眼睛永远闭上。
……
倘若恨正是为了爱，
侮辱是光荣的原因，
“死”也就是最高潮的“生”，
这美丽灿烂如一朵
突放的奇花，纵使片刻间
就凋落了，但已留下
生命的胚芽。

《生的美》则以树木变为煤作比喻，说明只有在地下忍受黑暗与挤压，让痛苦深深浸透身体，灵魂才能燃烧，吐出光和力。这些都是诗人在沉思和辨析中悟出的生活哲理。

另外一些诗人开始将内心向外开放，与广大人民群众的情感融为一体。辛笛在1946年的《布谷》中写道：

二十年前我当你
是在歌唱永恒的爱情
于今二十年后
我知道个人的爱情太渺小
你声音的内涵变了
你一声声在诉说
人民的苦难无边
我们须奋起
须激斗
用我们自己的双手
来制造大众的幸福

九叶诗人笔下开始出现受压迫、受侮辱的下层人物和劳动者，如郑敏的《小漆匠》和《人力车夫》，唐祈的《挖煤工人》和《老妓女》，唐湜的《偷穗头的姑娘》等。这些诗歌并不着重于细致地刻画人物的面貌，而是借这些人物形象展现诗人的独特思考和感受。在这些诗歌中，小漆匠纯洁无邪的眼睛中包含着希望，引起诗人极大的痛楚和同情；而在像野兽一般爬行在矿穴、被太阳所摒弃的挖煤工人身上，诗人却看到了“地下已经有了火种”。这种在苦难中不放弃希望的人物恰恰反映了九叶诗人向广大的受压迫人民靠拢的思想倾向。同时，在40年代后期，九叶诗人以热切的心情期盼着新中国的诞生。陈敬容在《力的前奏》中表现人们正怀着热情，在痛苦的挣扎中守候着黎明的到来：

歌者蓄满了声音
在一瞬的震颤中凝神

舞者为一个姿势
拚聚了一生的呼吸

天空的云、地上的海洋
在大风暴来到之前
有着可怕的寂静

全人类的热情汇合交融
在痛苦的挣扎里守候
一个共同的黎明

唐祈在《最末的时辰》中宣告，“当另一只军队／跨着六尺的阔步开到”，那阴森恐怖的旧中国“最末的时辰终归来到”。杜运燮的《雷》全诗以奔放的声调喊出了十二个“他们来了！”的预言，酝酿出一种滚雷般的巨大气势，标志着人民胜利的日子步步接近，也是对五四诗歌中那种狂飙突进式的“翱翔！欢畅！”精神的继承。诗中写道：

随着陆陆续续的闪电警告：他们来了！
阵阵风都传播着到来的确讯：他们来了！
每一叶片每一枝条都遥指着：他们来了！
每双眼睛在渴望，每张嘴在颤动：他们来了！

越过一张又一张被撕掉的树叶标语，他们来了！
越过一个又一个监狱的铁窗，他们来了！
越过一条又一条报纸上的捏造消息，他们来了！
越过一堆又一堆难忘的血泊，他们来了！

为着撕人心肺的被窒息的呻吟声，他们来了！
为着惨绝人寰的最底层的挣扎声，他们来了！
为着回响在无数街道和炕头的怒吼声，他们来了！
那就是冲破冰冻严寒的春雷欢呼声：他们来了！

1938 年穆旦在昆明

九叶派诗人中最具特色、成就也最大的是穆旦（1918—1977）。这时期他写有诗集《探险队》、《旗》和《穆旦诗集》。唐湜在一篇题为《诗的新生代》的文章中把穆旦称为“现代的哈孟雷特”，“永远在自我与世界的平衡、寻求与破毁中熬煮”。他的诗歌最显著的特征就是“丰富的痛苦”，那种“诗人的自我分析与人格分裂，甚至自我虐害的抒情”。由于穆旦对于死亡、恐怖等的关注，所以他是最接近西方现代派的，所以唐湜称他为“自觉的现代主义者”。但穆旦的痛苦与忧愤比西方现代派诗人要深广得多，当他看见“在幽深的谷里隐着最含蓄的悲哀，／一个老妇期待着孩子，许多孩子期待着／饥饿，而又在饥饿里忍耐”，当他叹息“我们无言的痛苦是太多了”，而又终于对“在耻辱里生活的人民，佝偻的人民”宣称：“我要以一切拥抱你，

你，／我到处看见的人民呵，／在耻辱里生活的人民，佝偻的人民，／我要以带血的手和你们一一拥抱。／因为一个民族已经起来”（《赞美》）时，就已经在表明不管外在的形式多么地同西方现代派相似，但其骨子里的思想感情，以至思维方式和诗的意象都是东方式的。诗人在《赞美》的最后写道：

一样的是这悠久的年代的风，
一样的是从这倾圮的屋檐下散开的
无尽的呻吟和寒冷，
它歌唱在一片枯槁的树顶上，
它吹过了荒芜的沼泽，芦苇和虫鸣，
一样的是这飞过的乌鸦的声音。
当我走过，站在路上踟蹰，
我踟蹰着为了多年耻辱的历史
仍在这广大的山河中等待，
等待着，我们无言的痛苦是太多了，
然而一个民族已经起来，
然而一个民族已经起来。

穆旦的情诗《诗八首》既没有徐志摩浪漫主义爱情诗的热烈和缠绵，也没有卞之琳象征主义爱情诗的成熟和恬淡，而是以一种深刻的理性态度剥落了“爱情女神”身上不可或缺的玫瑰色面纱，直露出内里黑色的恐怖，但是在死尸般冰冷的深层仍有炽烈的爱火，这依旧是东方式的爱情。

九叶诗人在诗坛上出现较晚，而且处在了社会大变动的前夜，他们的影响虽然不及七月诗派，但在思想上艺术上都有自己的长处。九个人在现代文学史上的地位没有一个人能有李金发、戴望舒那样的名声，但是他们在吸收和运用西方现代派艺术，使诗歌艺术逐渐具有中国性格的努力却是不容忽视的。

张恨水在修改小说

十、社会言情派小说

上海是言情小说的发源地，民国初年的鸳鸯蝴蝶派小说曾风靡一时。在周瘦鹃编辑的《礼拜六》周刊中明确提出文艺是人们茶余饭后享乐的消遣品的

《啼笑因缘》封面

办刊宗旨，注重小说的传奇性和趣味性，曾出现了《玉梨魂》、《广陵潮》、《江湖奇侠传》、《啼笑因缘》等著名的作品。

张恨水（1895—1967）是中国现代文学史上一位有影响的多产作家，创作了超过100部的中、长篇小说，其创作量之大是中国现代作家中少有的。1924年张恨水的成名作《春明外史》开始在《世界晚报》的副刊上连载。这部约百万字的作品开始显示出张恨水创作的特色，虽然还有着明显的鸳鸯蝴蝶派作品的痕迹，但是已经带上了社会批判的色彩。因它活现了北洋军阀时期北京社会各阶层的状况而被人称为“京华野史”。《金粉世家》是张恨水的第二部力作，也是一部近百万字的长篇，它以金燕西和冷清秋夫妇的恋爱、结婚、反目、离散为线索，展现了上层社会奢侈的生活，传达出盛衰无常的佛学气息。《啼笑因缘》是张恨水的代表作，是他所有作品中最著名、影响最大的一部长篇章回小说。小说中来北京读书的杭州青年樊家树和关秀姑、沈凤喜、何丽娜的多角恋爱成为故事的主线。沈凤喜屈从军阀财势而失身，关秀姑此时便显现出侠女本色，力促樊家树和沈凤喜二人破镜重圆，然而沈凤喜在与樊家树相会后被军阀刘国柱打疯。关秀姑父女二人深明大义，经过周密计议，在西山洞房花烛之夜杀掉了破坏别人幸福的刘国柱，救出了被强人绑取的樊家树。为了成就樊家树与何丽娜的姻缘，关秀姑毅然出走，使有情人终成眷属。这部小说的不同凡俗之处在于它比一般的鸳鸯蝴蝶派小说有着更为强烈的反封建色彩，敢于正面揭露军阀的丑恶嘴脸，引起人们对被压迫者的同情和共鸣。特别是小说通过樊家树、沈凤喜、何丽娜的爱情故事，鲜明地提出了男女平等、婚姻自主的民主思想口号。

张爱玲像

沦陷区时期的上海文坛在经历了短暂的沉寂期之后，许多作家在日本帝国主义统治的险恶环境下，既不能认同“汉奸文学”和“和平文学”，也疏离于民族反侵略战争的抗战文学创作，通俗言情小说成为这一时期沦陷区作家创作的主要形式。以《小说月报》、《紫罗兰》、《大众》、《春秋》等刊物为依托，活跃着一批作家如包天笑、程小青、秦瘦鸥、谭正壁以及刚登上文坛的张爱玲、苏青等。他们的创作注意吸收西方现代派艺术的某些技巧，多以现代都市市民阶层的婚恋故事为题材，也增添了人性和文化的反思的意味。主要有李涵秋的《战地莺花录》，苏青的《结婚十年》、《歧途佳人》，叶灵凤的《永久的女性》，章克标的《银蛇》以及张爱玲的《传奇》等，尤以女作家张爱玲、苏青的小说在四十年代的上海滩最为流行。她们善于将女性敏锐细腻的感受同一些人生问题的剖析结合在一起。

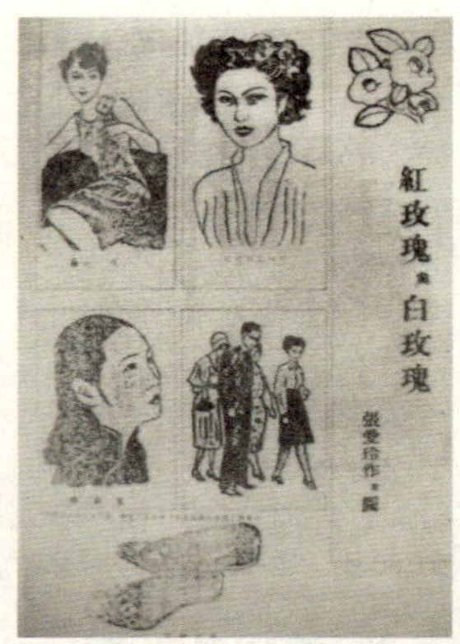

张爱玲自己设计的封面

张爱玲（1921—1995）出身名门，家道的中落、奇艳的才情以及青春的寂寞使她出手不凡，发表于《紫罗兰》杂志的《沉香屑——

第一炉香》便取得很大反响，随后发表的《传奇》更是在上海畅销一时。张爱玲的小说多以沪港社会为背景，以洋场世界摩登青年男女畸形的婚恋故事为中心，在一出出爱情游戏、婚姻赌博的闹剧中，感叹社会的荒唐和苍凉。张爱玲的小说笔致精微、意象繁复，长于描写动荡的社会中灰暗的人格与心理。《倾城之恋》讲述了出身于没落之家的大小姐白流苏为逃避家族的倾轧和守寡的凄凉，决定利用自己做一次人生的赌博。她和纨绔子弟范柳原几经情场上斗心斗智的较量角逐，终于在香港陷落时得以结合。正如小说中所写："香港的陷落成全了她，但是在这不可理喻的世界里，谁知道什么是因，什么是果？谁知道呢？也许就因为要成全她，一个大城市倾覆了……"小说中的男女主人公，一个是旧家庭中的新式女人，一个是现代风月场上的高手；一个要结婚来改善处境，一个只不过偶露真情而仅想做个情人，双方既有爱的真意又有相互算计的精明，就在双方相互试探的过程中，战争这个非人力所能控制的因素却使两个人走到了一起。这个男女婚姻的"传奇"故事展现0出沪港上流社会浮荡的爱情和虚伪的人性。

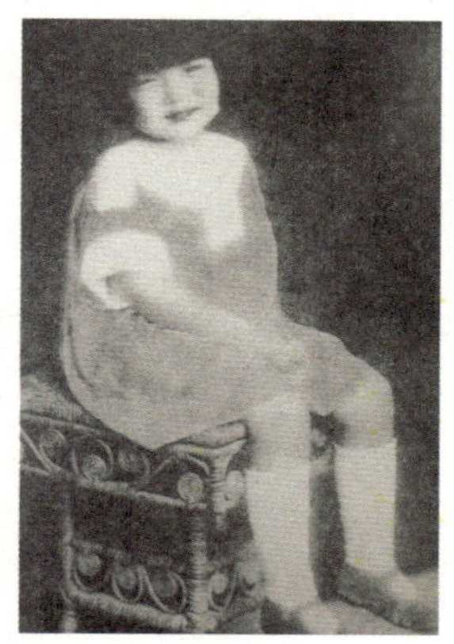
童年时期的张爱玲

张爱玲笔下的白流苏

张爱玲笔下的曹七巧

《金锁记》讲述了小家碧玉曹七巧嫁给了姜姓大户人家，丈夫的残疾使得七巧饱受情欲的压抑，而姜家壁垒分明的等级观念又使她遭受了许多精神上的摧残。她与小叔子调情又被拒绝，从此在郁闷中痛苦地生活着。丈夫的死使七巧获得了自由并得到了她梦寐以求的财产，于是她以百倍的疯狂与残忍竭力扼杀了儿子的幸福，并不惜编造谎言结束了女儿的爱情。小说通过描写曹七巧在物与欲的泥潭中挣扎变态的心理人格，表现了张爱玲一种"惘惘的威胁"的人性观。《红玫瑰白玫瑰》讲述了"最合理的中国现代人物"佟振保在情人红玫瑰和妻子白玫瑰之间的情感经历：一个是热情如火、敢爱敢恨的漂亮女人，却已经是朋友之妻；一个是温柔顺从却使他厌倦的妻子。一边是爱欲，一边是责任，主人公迷失在道德与欲望的冲突中。小说展示了在上海这个殖民地化的城市里文化的畸形所造成的人格分裂。

苏青（1914—1982）家庭的衰落和婚姻的失败使她体味到了人生的悲凉，为了生计，她做过各种职业，并最终以职业作家的身份在社会立足。她的小说多取材于婚姻家庭生活中现代女性的遭遇，将自己的情感和经历融入其中，作品带有强烈的自叙传色彩，着重表现女性在生命进程中由于性别原因而造成的悲剧，有着鲜明的女性意识。《结婚十年》小说集的中心话题就是婚姻的不幸，主人公苏怀青就因为是女子，就得遵从妇道侍奉公婆、生养孩子、照顾丈夫，否则就有失体统。她一连生了三个女孩，受到了丈夫和公婆的责骂，而她写文稿反遭家人的嘲讽。离婚后，她又遇到舆论的指责以及抚养子女、寻找职业等一系列烦恼，陷入困顿和迷惘之中。小说以家庭的日常起居为重点，表现女子在社会文化认定的角色里挣扎奋斗的艰难，从而指出“性别文化”是造成女子悲剧的最终根源。

40年代的言情小说包含着深厚的现实人生内容和文化批判意味，艺术上擅长心理分析以及采用新颖的意象，使小说具有散文化、抒情化的特点，表明了言情小说在通俗化的基础上逐渐具有了鲜明的文化品格。

十一、讽刺文学

在上海抗战时期的文学中，有一类作品在文学史上占有独特的地位，那就是师陀、钱钟书等创作的暴露或讽刺殖民地都市生活和知识社会腐朽的作品。

师陀像

师陀（1910—1988）早期以芦焚为笔名写的小说，可以列入京派小说的范畴。1936年他到了上海，创作了短篇小说集《野鸟集》、《果园城记》，中、长篇小说《马兰》、《无望村的馆主》、《结婚》等，由写农村的凄凉生活进而暴露都市生活的腐朽，在抒情的笔调之外又加上了讽刺的因素。在整个上海“孤岛”和沦陷期文学受到环境的压迫，越来越倾向于曲折迂回和隐喻的背景之下，师陀那种特有的充满哀伤的抒情讽刺，显得分外突出。《果园城记》写了一个小城的历史和各种小人物的命运，这些一个个独立的小故事，汇总起来构成了“那个黑暗、痛苦、绝望，该被诅咒的社会”。里面有大家族的倾颓和后代的毫无出息，有向金钱低头而失去青春的青年，也有封建思想对新女性的残害，烘托了一种黯淡无光的人生风景，仿佛时光在小城内也停滞了。《结婚》是师陀最好的讽刺长篇小说，主人公胡去恶原是一个纯洁善良的青年，他的理想在现实中处处碰壁，禁不住肉欲和功利的诱惑，逐步堕落下去。师陀从鲁迅所写的封建性的吃人主题，过渡到这种殖民地洋场社会的吃人主题，展现了一出以个人力量不择手段地对抗社会的极端利己主义者的历史悲喜剧。师陀本来擅长抒情，当他转向对社会的讽刺时，便给讽刺文学加上了传奇的色彩和寓言的含义。他笔下的人物，无论是地主、知识分子、商人或者流浪农民，都有一个迷梦般的过去、悲惨的现在以及不可知的未来，这象征了作家心目中当时的中国。《结婚》的结尾处胡去恶暗杀钱亨后又遭到巡捕的枪击而亡，以及生梅毒而导致失明的假博士与妖怪一样的老处女结婚的场景都充满了怪诞，展现了作者以奇幻和暴露相结合的手法对历史的反思。

40年代的钱钟书

钱钟书（1910—1998）是40年代一位学者型讽刺作家。《人·兽·鬼》作为钱钟书的第一本短篇小说集，显示了他天才的幽默和学识，集中收录了《上帝的梦》、《灵感》、《猫》和《纪念》四篇小说，以荒诞的手法呈现出深刻的人生哲理。《猫》中的女主人公爱默，在美国人办的时髦女校毕业，她在自己的周围建立起一个由教授、作家、记者等组成的王国，习惯于操纵丈夫和朋友。而当丈夫带了平庸的情人出走之后，她便褪下了虚荣的外衣，体会到深深的幻灭。小说集通过对各种留学知识分子的无情剖析，展开了对中国化了的西方文明的再审视。

《围城》是钱钟书用两年的时间完成的一部蜚声世界的杰作，自1947年出版以来，久畅不衰。小说在一个比较宽阔的抗战背景下，对庞大的知识分子群进行集中的描绘，作者以天生的讽刺风格，把深刻的悲剧意味藏于喜剧精神之中，在颇具辛辣色彩的笔调中到处洋溢着哲理的精妙，形象地表达了“婚姻像一座被围困的城堡，城外的人想冲进去，城里的人想逃出来”这一经典主题。小说中的主人公方鸿渐就深深地陷入这“被围困的城堡”中，他出身于败落的绅士家庭，长期的封建家庭影响，形成他气量狭小、软弱屈从的性格。家庭为他包办定了婚，但未婚妻夭折，他出于对岳父的怜悯，写信慰问，得到岳父的欢心，出巨款送他到欧洲留学。方鸿渐在国外只是想痛快地“游学”，“四年中换了三个大学，伦敦、巴黎、柏林；随便听了几门功课，兴趣颇广，心得全无”。最后为了满足父亲和挂名岳父的愿望，不得不买了一纸莫须有的美国克莱登大学的博士文凭，结业回国。当时国内正是全民奋起抗战之时，他却成为情场和名利场上的追逐者。然而在这场漫长的追逐中，方鸿渐却是个彻头彻尾的失败者，他先后与四个女人发生过恋爱或婚姻关系：和妖冶风流的鲍小姐厮混过，结果受到了她的欺骗；和谙于情场斗法的文学博士苏小姐的“恋爱”，结果被她害得身败名裂；又遭到情场“后起之秀”唐晓芙的拒绝；最后和三闾大学英语助教孙柔嘉结婚，婚后回到上海经常争吵，使他陷入了痛苦的“围城”，彷徨、茫然地徘徊于人生之路。

《围城》封面

《围城》描写了抗战时期上层知识分子空虚、灰暗的精神生活本相。全书围绕着方鸿渐一共出现了60多个人物，他们和方鸿渐一样大都是学界人物。孙柔嘉在柔顺外表下的深藏机心，苏文纨的矜持与才女的矫情，学术骗子李梅亭的庸俗和贪婪都写得入木三分，小说因此也成为一幅“现代文明社会”中知识者的画像。在小说中，方鸿渐等人由上海赴内地三闾大学的一路遭遇，如金华欧亚大旅社的牛奶咖啡与跳蚤，李梅亭大铁箱里的卡片与西药，鹰潭的客栈与下等妓女，构成了一个个绝妙的讽刺片断。三闾大学内部人事上的明争暗斗，表

现出中国知识分子某种官场化的内幕。与左翼文学重大的社会讽刺不同，钱钟书的讽刺小说集道德、风俗、人情的批判于一体，使一种机智型的讽刺手法得以确立，在鲁迅、老舍、张天翼、沙汀之后，成为现代文学史上又一位优秀的讽刺小说家。

十二、解放区的文学活动

1942 年 5 月延安文艺座谈会的召开和毛泽东《在延安文艺座谈会上的讲话》在次年的公开发表，是抗战时期解放区文学运动最重要的历史事件。

工农红军长征到达延安后，开始了根据地的文学活动。1936 年 11 月，陕北第一个文学团体——中国文艺协会成立，1937 年底又成立了陕甘宁边区文化界抗日救亡协会，成仿吾、周扬等为负责人。协会在动员解放区文艺工作者迅速投入到抗日文艺运动方面，发挥了积极的作用。抗战以来，根据地吸收了大量的知识分子，向往延安者络绎不绝，为解放区的文艺发展准备了作家队伍。1942 年以前，创作方面的成绩以诗歌较为突出，田间、何其芳、艾青都创作了许多和时代精神相协调的作品。在小说方面，丁玲的《在医院中》写了来根据地的小资产阶级知识分子思想改造过程。但是在这些知识分子同延安根据地相互了解的过程中，许多人按照自己既定的艺术价值和标准进行创作，和工农大众产生了相当大的隔膜，于是在演出中出现了外国戏和古典戏的风气，描写延安日常生活的戏则常常是反映一些病态的现象，出现了讽刺暴露延安的“黑暗”的杂文。

延安文艺座谈会就是在这样特定的历史背景中召开的。1942年5月2日、23日，毛泽东分别作了重要讲话，其中心就是要解决文艺为群众及如何为群众的问题，目的在于得到文艺界对革命的有力支持。

毛泽东、朱德等与参加座谈会的代表合影

《在延安文艺座谈会上的讲话》要求文艺工作者“站在无产阶级的立场上”，使文艺为人民大众，首先“为工农兵”服务，这就从根本上为革命文艺指明了方向。《讲话》从解放区的实际出发，要求文艺工作者在学习马克思主义的同时，必须“深入工农兵群众，深入实际斗争”，从而为作家世界观的转变和创作源泉的获得提供了途径。《讲话》指出文艺源于生活，“却可以而且应该比实际生活更高，更强烈，更有集中性，更典型，更理想，因此就更带普遍性”；《讲话》也指出要借鉴吸收中外文化遗产中的精华，同时也说明这只是“流”而不是“源”。在文艺与政治的关系中，《讲话》强调文艺从属于政治，并提出政治标准第一，艺术标准第二的口号。总之，《在延安文艺座谈会上的讲话》是对马克思主义文艺理论的丰富和发展，对解放区文学和新文学产生了巨大的影响。

赵树理（中）与陈荒煤（左）、于黑丁合影

《小二黑结婚》插图

《讲话》以后到建国前，解放区的文学创作取得了很大的发展，在这一时期，文学的工农兵方向得到了贯彻，文艺对革命事业的配合更为有力，文学创作在民族化和大众化等方面也获得重大的进展。在题材上通过对民族斗争和阶级斗争以及劳动生产的描写，反映了根据地人民的生活与斗争，因而为农民所喜闻乐见。赵树理（1906—1970）的小说《小二黑结婚》、《李有才板话》、《李家庄的变迁》等在抗日根据地广为流传。贺敬之等集体创作的新歌剧《白毛女》、战斗剧社的《刘胡兰》、李季（1922—1980）的长篇叙事诗《王贵与李香香》等都曾在群众中产生过巨大的影响。在这些作品中，工农兵群众成为了主人公，小二黑和李有才、喜儿和刘胡兰、王贵和李香香等人物都从不同角度反映了新一代农民的成长，他们从被压迫、被损害的对象变成了推动历史前进的力量，第一次成为被歌颂的对象。这些作品在运用农民式的形式和语言方面取得了很大的成绩，与中国民间的文艺传统保持了一种紧密的联系，如《王贵与李香香》直接使用了陕北民歌信天游的形式，赵树理的小说采用的新评书体，吸取了诸多旧小说的长处，他的语言几乎是地道的农民口语。

丁玲像

除了赵树理的小说之外，孙犁的《荷花淀》，丁玲的《太阳照在桑干河上》，周立波的《暴风骤雨》，马烽、西戎的《吕梁英雄传》，孔厥、袁静的《新儿女英雄传》，柳青的《种谷记》，欧阳山的《高干大》，刘白羽的《无敌三勇士》，华山的《鸡毛信》，管桦的《雨来没有死》，康濯的《我的两家房东》、《春种秋收》，马加的《江山村十日》等从不同方面反映了解放区的生活斗争。解放区散文创作的成就主要集中在报告文学、速写和文艺通讯方面，著名的散文作家有华山、吴伯箫

《兄妹开荒》受到欢迎

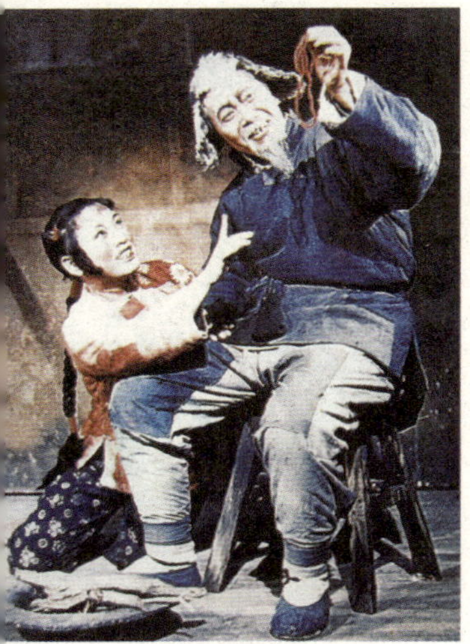
《白毛女》剧照

等。在戏剧方面，主要体现在对旧剧的改编和对地方戏曲的新编上。在群众性的新秧歌运动的推动下，出现了不少以秧歌形式写成的新秧歌剧，如《兄妹开荒》、《栽树》等。这些新秧歌剧摒弃了旧秧歌剧不健康的思想内容，选择了现实生活题材，描绘了崭新的工农兵形象而受到大众的欢迎。新歌剧有《白毛女》、《血泪仇》、《赤叶河》和《刘胡兰》等。《白毛女》以40年代流传于河北某地的"白毛仙姑"为素材，摒弃了原故事所渲染的传奇色彩和封建迷信色彩，融进了阶级斗争的思想内容。剧本通过对喜儿的遭遇表达了"旧社会把人逼成鬼，新社会把鬼变成人"的主题，它运用了民歌的曲调，吸收了中国古典戏曲的传统歌唱技巧，还借鉴了西洋歌剧注重表现人物性格的方法，为新歌剧的创作提供了样本。中国的民歌民谣有着悠久的历史传统，产生过许多优秀的作品。在40年代解放区文学追求大众化的潮流下，"民歌体"新诗出现了李季的《王贵与李香香》和阮章竞的《漳河水》等优秀作品，展现了爱情自由、妇女解放等时代主题。李季在《王贵与李香香·掏苦菜》中写道：

山丹丹开花红姣姣，
香香人材长得好。

一对大眼水汪汪，
就像那露水珠在草上淌。

二道糜子碾三遍，
香香自小就爱庄稼汉。

地头上沙柳绿蓁蓁，
王贵是个好后生。

身高五尺浑身都是劲，
庄稼地里顶两人。

玉米开花半中腰，
王贵早把香香看中了。

小曲好唱口难开，
樱桃好吃树难栽；
……

《王贵与李香香》插图 现代·周令钊

第十二章 当代文学

从1949年新中国成立至今，中国当代文学已经走过了五十多年的沧桑历程。相比于有着三千年悠久文学历史的中国文学来说，当代文学只是短暂的一瞬。但是它已经取得了难以忽视的成就，它所具备的现代意义的文学特质以及深刻丰富的历史经验，也是以往任何时代的文学无法比拟的。

中国当代文学是指1949年中华人民共和国成立后的文学。当代文学首先以历史胜利者的身份出现在文学史上。于是，初期出现了一批力图再现历史的“史诗性”作品，如《红旗谱》、《创业史》、《红岩》、《青春之歌》等“红色经典”。它们以现实主义为创作方法，表达了一种豪迈激越、乐观向上的艺术风格。这一时期的创作在“文学为政治服务”的观念指导下，主要表现形式就是对现实的歌颂和对异端的批判，在诗歌、散文、小说、戏剧等多种文体的创作中，常常以革命斗争和社会主义建设为主要题材，工农兵成为这一时期文学作品的主要人物形象。然而创作上的单一模式使当代文学逐渐和生活脱节，背离了现实主义的初衷，当代文学的道路也越走越窄，于是，到了十年“文革”期间，当代文学步入了一个万马齐喑的局面。

从1978年到今天被称作是“新时期”。新时期的文学首先从恢复被异化了的现实主义着手，以《伤痕》、《班主任》为起点，人道主义传统逐渐恢复并在文学创作中占据了主导地位，相继出现了“伤痕文学”、“反思文学”、“改革文学”等一系列文学思潮。由于注重了“文学是人学”的艺术规律，因而新时期的文学很快就超越了“十七年文学”的成就，朝着人性和文化的深层掘进。与此同时，不少作家开始采用多种多样的、更能表达自己艺术个性的手法，意识流、荒诞、存在主义等在小说、诗歌以及戏剧等艺术形式中出现。接着，文学开始寻找中华民族的“根”，标明了文化意识在当代文学中的日渐凸显，但由于“寻根文学”对现实社会和时代的隔膜，到了90年代逐渐走向沉寂，出现了新写实小说以及当下的“新生代”的创作。这些创作关注着凡庸的小人物的生存状态，强调个人体验的重要性。

谈及一个整体性的中国当代文学，就不能忽略大陆母体之外的台湾、香港、澳门地区的文学。由于历史的暂时分裂和地理上的相对隔离，台湾、香港、澳门地区的文学在半个多世纪的时间里走了一条与大陆文学几乎完全不同的发展道路，形成了自己的文学品格和特色。但是从整体上看，这些地区的文学都是中国文学的一个有机组成部分，与大陆母体文学形成了一种相得益彰的互动和互补的关系。

一、新中国的文学运动

1949年10月1日，伴随着中华人民共和国的成立，文学艺术进入了一个全新的发展阶段——当代文学时期。建国初期至1978年间的文学创作虽然与五四新文学传统具有内在的精神牵连，但它更多和更直接地继承了解放区文学的创作传统。新中国成立之初，作家们面临着一个全新的生活场景，在高度的文学热情鼓动下，把目光全部集中在政治运动和社会工作上，因此，他们的文学创作大多以具体的政治理念为导向，政治运动导引了这一时期的文学思潮和运动。

1949年7月2日至19日，在北平召开了第一次中华全国文学艺术工作者代表大会。大会通过了《中华全国文学艺术界联合会章程》。周扬代表全国文联领导机构作了《新的人民的文艺》即关于解放区文艺运动的报告，特别强调了解放区的文学传统："毛主席的《在延安文艺座谈会上的讲话》规定了新中国的文艺的方向，解放区文艺工作者自觉坚决地实践了这个方向，并以自己的全部经验证明了这个方向是完全正确的，深信除此之外再没有第二个方向了，如果有，那就是错误的方向。"大会总结了"五四"以来文艺运动的历史经验，确定了新时代为工农兵服务、与人民大众相结合的文艺总方针，即确定了建国后文艺发展的方向。

50年代对电影《武训传》的批判以及此后一系列的文学批判运动，开始了以政治思想批判取代文艺论争的运动方式。《武训传》记录了终生行乞、兴办义学的清末人物武训的一生，引发了《人民日报》、《文艺报》的批判。毛泽东指出这部电影"说明了我国文化界的思想混乱达到了何等的程度"。随即在1953年于北京举行的第二次全国文学艺术工作者代表大会上，周扬的主题报告《为总路线而奋斗的文艺工作者的任务》就强调了作家必须首先写光明、写正面人物的任务。大会将社会主义现实主义创作方法和塑造英雄形象问题提到了前所未有的高度，对此后的文艺创作和批评都产生了很大影响。于是，在诗歌、散文、小说、戏剧等各种文学领域内，

毛泽东、周扬、茅盾、郭沫若出席第一次文代会

50年代初的俞平伯

“颂歌”成为了主要的表现方式。

1954、1955年毛泽东先后发动了对俞平伯的《红楼梦研究》和胡风及其所谓的“反革命集团”的批判。俞平伯的《红楼梦研究》颇受胡适实用主义的影响，注重实验和证据。当青年学生李希凡、蓝翎著文批驳时，得到毛泽东的支持，由此引发了一场反对“资产阶级唯心论”的斗争，并从文艺界一直扩大到全国思想领域。对胡风文艺思想的批判，早在40年代就已经开始。新中国成立后，胡风的文艺思想和主流意识形态之间的距离越来越大。1953年，他向中央递交了对文艺工作意见的《关于几年来文艺实践情况的报告》（即有名的“三十万言书”）。从1955年开始，中国作家协会决定对胡风文艺思想展开批判，不久就升格为对“胡风反革命集团”批评的政治运动，对一切与胡风有关系的人进行政治审查，并将一部分人定为“胡风分子”，逮捕入狱。直到1979年，中共中央宣布“胡风反革命集团”为冤假错案，对胡风以及其他相关人员陆续予以平反。“胡风事件”是建国之后文艺界历时最长的一场悲剧。

關於胡風反革命集團的材料的序言

《关于胡风反革命集团的材料》的序言

光明日報

知识界谈论“百家争鸣”

1956年，毛泽东提出了“百花齐放，百家争鸣”的文艺方针，使当时的作家们备受鼓舞。秦兆阳写出了《现实主义——广阔的道路》，强调了现实主义的真实性及其对社会生活的干预作用；巴人的《论人情》、钱谷融的《论“文学是人学”》则对文学中的人性和人道主义进行了深入的探讨。同年，文坛上提出了“干预生活”的口号，要求文艺工作者正视人民内部的矛盾，发挥文艺的批判作用。于是，在1956年前后文学创作有了很大的成绩。王蒙的《组织部新来的青年人》、刘宾雁的《在桥梁工地上》等作品均展现了人民内部的复杂矛盾，揭露和批判了官僚主义和其他消极现象以及政治经济体制上存在的种种弊端。这一时期的文学创作无论在反映生活的广度还是在深度上都有所开掘，现实主义的力量加强了，由单一的“颂歌”转为歌颂与暴露并重。

但是文艺界这一欣欣向荣的局面很快就被打破了。1957年在文艺界引发了“反右”运动，并逐渐在全国范围内开展起来，一大批作家、艺术家、理论家和编辑家被打成“右派分子”，严重地影响了当代文学的发展。1958年，在经济建设领域出现了“大跃进”风潮，与之相呼应，在文艺创作上以“革命现实主义和革命浪漫主义相结合”作为指导思想，出现了大量不切实际的“大跃进民歌”。毛泽东在1963、1964年作出的两个批示，指出许多艺术形式“问题不少”、“跌到修正主义的边缘”。于是在文艺界掀起了批判资产阶级、修正主义毒草的整风运动，对田汉、夏衍、阳翰笙等30年代左翼文艺理论家和“中间人物”等理论进行批判，极“左”路线愈演愈烈。

周立波像

二、新中国的小说

新中国的成立，给了从旧中国走过来的作家极其深刻的影响。波澜壮阔的革命历史图景和新旧两个社会的截然对比，使作家们凭借着饱满的政治热情和高度的社会责任感，努力在作品中表现出对历史本质的认识。五六十年代出现了一大批革命历史题材的长篇小说，其中描写革命历史斗争的有：吴强的《红日》、曲波的《林海雪原》、梁斌的《红旗谱》、杨沫的《青春之歌》、欧阳山的《三家巷》、罗广斌、杨益言的《红岩》等；描写工农业建设和社会主义改造的有：柳青的《创业史》、周立波（1908—1979）的《山乡巨变》、艾芜的《百炼成钢》、周而复的《上海的早晨》等；反映明末农民起义的长篇历史小说有姚雪垠（1910—1999）的《李自成》（第一卷）；表现少数民族生活和斗争的有：玛拉沁夫的《茫茫的草原》（上部）、李乔的《欢笑的金沙江》等，出现了朱老忠、杨子荣、许云峰、江竹筠、林道静、沈振新、周大勇等一批革命者形象，成为中国当代小说发展史上的第一个高峰。这些作品大都追求史诗性的结构，具有鲜明的纪实性风格。在中短篇小说创作中，茹志鹃的小说《百合花》、《静静的产院》刻画了在战争中成长的普通人形象，从人物的心灵美中折射出时代的光芒。峻

艾芜像

王愿坚像

电影《林海雪原》镜头

1945年峻青在胶济前线

1943年的马烽

电影《李双双》镜头

青的小说取材于胶东半岛的革命斗争生活，以悲剧性的故事显示出中国革命的伟大悲壮。王愿坚的小说如《粮食的故事》、《党费》、《七根火柴》等截取革命生活的一个断面，展现革命者高尚的精神世界。

1956、1957年是当代小说取得突破性进展的重要阶段，在当时“干预生活”潮流的影响下，出现了一批反映人民内部矛盾以及批评干部僵化保守意识和官僚主义作风的作品。王蒙的《组织部新来的青年人》、耿简的《爬在旗杆上的人》、李国文的《入党》都是颇有影响的作品。与此同时，爱情小说也取得了很大的收获，宗璞的《红豆》、陆文夫的《小巷深处》、邓友梅的《在悬崖上》等作品真实地描绘了和平建设时期生活中出现的形形色色的爱情关系，同样也是“干预生活”文学潮流的一个表现。此外，在农村题材的创作中也出现了一批作品。赵树理于1950年2月发表的《登记》出色地塑造了新旧交替时期日渐觉醒的农村妇女形象。小飞蛾面对着公婆的歧视和丈夫的虐待，在内敛中积蕴着反抗意识。她争取自由的启蒙意识的觉醒也是新旧时代转折的特定产物。李準的《李双双小传》中的女主人公要求从家务中解放出来，将自己的力量投入到火热的社会生活中去，反映了一种历史的必然要求。而“山药蛋”派作家群则有意识地按照农民的思想感情和美学趣味去创作，发表了一批真正现实主义的作品。赵树理的《套不住的手》、马烽的《我的第一个上级》、西戎的《赖大嫂》等都是成功的农村题材小说。

孙犁与郭小川、李冰合影

孙犁（1913—2002）在解放后的创作继承了《荷花淀》的风格，激荡着对边区生活的深切怀念。1956年他发表了中篇《铁木前传》，写木匠黎老东和铁匠傅老刚之间深厚友谊的破裂以及他们儿女六儿和九儿爱情的波折，表现了农村在土地改革后人

与人之间关系的变化。在这个抒情性的故事中，展示了作家对纯朴真挚的友情在现实生活中的变异的忧虑。他还创作了长篇小说《风云初记》，这篇以抗战为题材的小说如同作家的其他作品一样，并不在于描写“那些激流中的滔滔巨浪”，而是描写“在它周围继续展开的明亮的波纹”。小说围绕着建立抗日根据地、开展游击战争这条主线，安排了春儿和芒种的爱情。他们在互相帮助中产生了爱情，在共同斗争中成长和成熟起来。小说展示了一幅幅生动的抗战年代的农村风俗画，以清新优美、富有个性的语言刻画出人物丰富的内心世界。

柳青（1916—1978）在1952年5月率领全家到陕西省长安县黄甫村安家落户，以一个农民和党的工作者的身份参加农村合作化运动。他曾于1951年发表以沙家店战役为背景的《铜墙铁壁》，通过对陕北人民支援前线的描写，体现了“战争的伟力之最深厚的根源，存在于民众之中”这一主题思想。1958年，他发表了中篇小说《狠透铁》，第二年发表《创业史》。这部小说通过对蛤蟆滩这一典型环境的真实描写和对各种各样典型人物的精心塑造，展示了农村最初社会主义改造的胜利进程，细腻地刻画了农村不同阶层人物在运动中的行动、思想和心理的变化过程。小说成功地塑造了一组个性鲜明、血肉饱满的人物形象，如梁生宝、梁三老汉、郭振山、郭世富、姚士杰等。《创业史》虽然不可避免地带上了时代的局限性，但是它所取得的成就是不能忽略的，是反映中国农村社会主义革命的史诗性著作。

《创业史》封面

梁斌（1914—1996）于1953年开始写作《红旗谱》，这部作品是在中国整个民主革命的广阔时代背景之上，绘制的冀中人民革命斗争的波澜壮阔的历史长卷。小说通过朱老忠和严志和两个家庭的变迁，层次分明地描写了从20世纪初开始的三代农民的斗争史。小说的“楔子”描写了第一代农民大闹柳树林的故事。第二代农民朱老忠是全书的中心人物，他继承了上一代的反抗性格，又有丰富的斗争经验，他的口头语“出水才看两腿泥”象征着他坚韧顽强、充满胜利信心的战斗精神。他在斗争过程中逐渐认识到穷人们联合起来的力量，从一个反抗地主压迫的草莽英雄成长为一个坚强的无产阶级战士。第三代青年农民如运涛、江涛、大贵等人性格各有特点，最后走上了同样的革命道路。《红旗谱》是“一部具有民族气魄”的小说，它带有传奇色彩的故事情节、宏阔的历史场景以及丰满的英雄形象使它在当代文学史中占有独特的位置。

电影《红旗谱》镜头

杨沫（1914—1995）的《青春之歌》是建国以来第一部描写学生运动、塑造革命知识分子形象的优秀长篇小说。它以“九一八”到“一二·九”这一历史时期为背景，以学生运动为主线，描绘了当时中国知识界形形色色人物的精神面貌，展示了中国知识分子不断成长

电影《青春之歌》镜头

50年代的浩然

的历史进程。小说的主人公林道静出生在一个大地主家庭，特殊的生长环境造就了她典型的小资产阶级知识分子的思想性格。单纯的性格和强烈的进取心，促使林道静拒绝了地主养母为她安排做官太太的生活道路。她毅然出走，但是丑陋的社会现实沉重地打击了她的生活理想，使她感到了绝望。在这个时候她认识了余永泽，获得了生命的一丝慰藉。但林道静逐渐意识到对方的冷酷和平庸，在火热的现实生活牵引下林道静终于与余永泽分手，投入到游行的革命队伍中去。《青春之歌》展示了小资产阶级知识分子自我改造的艰巨道路，具有很强的概括力和艺术感染力。

浩然于1957年开始构思和创作长篇小说《艳阳天》。小说通过京郊一个农业社在麦收过程中的生活故事，展现了农村中两个阶级、两条道路的尖锐斗争，全部故事主线集中在麦收十几天的时间内。在小说中，东山坞党支部书记萧长春和坚决走社会主义道路的积极分子以及广大贫下中农为一方，以混进党内的阶级异己分子马之悦、地主分子马小辫等少数坏人和暂时受他们操控的几个富裕中农为另一方，围绕着土地分红、闹粮、城乡资本主义势力串联、抢仓、退社等一系列事件，展开了旗帜鲜明的两军对垒。最终社会主义力量粉碎了敌人的进攻，巩固了自己的阵地。小说在总体上呈现了当时的历史真实，但是已经带上了概念化的倾向。

三、新中国的诗歌

新中国的诗歌是诞生在五四新文学运动中的现代新诗在新中国成立后的自然延伸，它经历了一个曲折的发展过程。新中国的成立激发了诗人火热的创作激情，因此，赞颂伟大的祖国和领导者以及美好生活的颂歌成为这一时期诗歌创作的主旋律。许多著名诗人都写下了热情洋溢的诗篇，如郭沫若的《新华颂》、艾青的《国旗》以及胡风的《时间开始了》。胡风在《时间开始了》中写到：

《胡风的诗》封面

诗人但丁
当年在地狱门上
写下了一句金言：
　　“到这里来的，
　　一切希望都要放弃！”
今天
中国人民的诗人毛泽东

在中国新生的时间大门上
写下了
但丁没有幸运写下的
使人感到幸福
而不是感到痛苦的句子：
　　“一切愿意新生的
　　到这里来吧
　　最美好最纯洁的希望
　　在等待着你！”

何其芳在《我们最伟大的节日》中写道：

中华人民共和国
在隆隆的雷声里诞生。
是如此巨大的国家的诞生，
是经过了如此长期的苦痛
而又如此欢乐的诞生，
就不能不像暴风雨一样打击着敌人，
像雷一样发出震动着世界的声音……

蔡楚生为即将出席新中国政协会议的部分文艺界代表拍的合影

前排左起：艾青、巴金、史东山、马思聪

后排左起：曹靖华、胡风、徐悲鸿、郑振铎、田汉、茅盾

这个时期，诗歌充分表现的另一方面内容，是刚刚开始的经济建设以及在劳动中体现出来的英雄精神。许多诗人奔赴工业战场的第一线，亲身体验着劳动的光荣和诗意，李季来到了玉门油矿，冯至来到了鞍钢；戈壁舟赞颂“命令秦岭开路”的英雄，徐迟诗中发出钻机的轰鸣。而刚刚崭露头角的青年诗人们如邵燕祥、顾工、梁上泉、雁翼等人，也纷纷投入到对工业领域的书写中去，以极大的热情描绘劳动和建设的动人场景。勘探队的井架和帐篷、开山的炮声、拂晓山谷工地上的灯光、高炉上的红云、马达的轰鸣、森林般的烟囱……是这一时期诗歌中大量涌现的意象。

1956年以后，诗歌创作在“双百方针”的指引下发展很快，除了题材范围比以前开阔、样式比以前丰富以外，诗歌在表现生活矛盾的深度、在形成独特的艺术个性上都有了较大的发展。艾青在经过多年的艺术求索后写下了《在智利海岬上》，标志着重新找回了在三四十年代树立的艺术自我；郭小川在《致大海》和《雪与山谷》等诗中，显示了他对于思想独创性的执著追求。郭小川在《致大海》中写道：

《郭小川诗选》封面

大海啊！
我又一次
来到你的奇异的岸边。
……无须频频的招手，
也不用那令人厌倦的寒暄，
厚重的情谊，
常像深层的海水
——并不荡起波澜。

流沙河的《草木篇》则接触到了生活中的阴暗面，给予揭露和抨击。《草木篇·梅》中写道：

在姐姐妹妹里，她的爱情来得最迟。春天，百花用媚笑引诱蝴蝶的时候，她却把自己悄悄地许给了冬天的白雪。轻佻的蝴蝶是不配吻她的，正如别的花不配被白雪抚爱一样。在姐姐妹妹里，她笑得最晚，笑得最美丽。

蔡其矫的《川江号子》、《雾中汉水》，把握了人民生活和情感中存在的历史负累的沉重一面；穆旦的抒情诗，真实地揭示了处于过去和未来、感情和理智的复杂矛盾中的知识分子的心路历程。这一时期，还出现了《将军三部曲》（郭小川）、《复仇的火焰》（闻捷）、《杨高传》（李季）等表现历史斗争生活的几部优秀叙事长诗。

60年代初，由于“大跃进”的错误路线和严重的自然灾害，国家出现了暂时的经济困难。面对着严峻挑战，诗人们感受到了人民战胜困难的顽强意志和决心，出现了不少反映英雄主义乐观精神的佳作。郭小川的《林区三唱》、《甘蔗林——青纱帐》等作品，是体现这种精神的代表作。另一方面，诗人们各以自己熟悉的生活侧面，描绘人民崭新的生活和精神面貌。李瑛写战士火热的生活和美好的感情；严阵、沙白为江南农村画出美丽而轻盈的画卷；张志民用白描的手法，勾勒出公社社员辛勤劳动的动人场景；梁上泉、雁翼描写了巴山蜀水的新貌；傅仇抒发了对祖国大森林和伐木者的热情赞颂……这一时期，诗歌艺术比前一阶段显得成熟，注重艺术构思的新颖完整以及诗歌意境的创造。随后诗歌创作又有了新的内容，颂扬革命者伟大的革命精神和心路历程的政治抒情诗成为诗坛的主旋律。郭小川写下了《昆仑行》，贺敬之创作了《雷锋之歌》。其次，诗人通过旅行记述祖国大好河山和人民生活新貌的诗歌为对革命圣地的赞颂所替代。南湖的船、雨花台的雨花石、井冈山的哨口等成为常被咏叹的对象，红

李瑛诗集《山草青青》封面

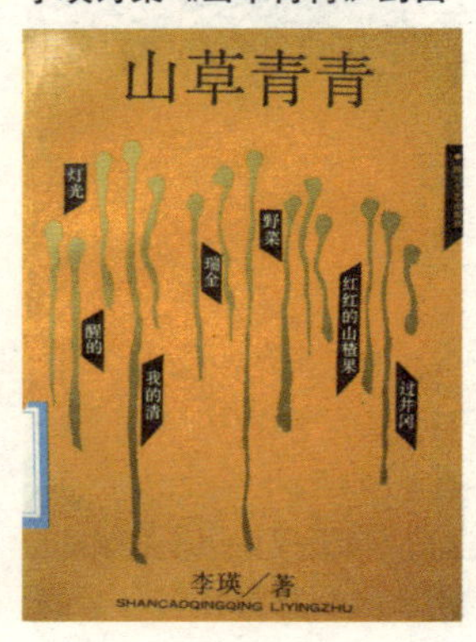

日、红旗、烈火、青松、暴风雨等成为诗歌中大量出现的意象，充分表现了诗人们澎湃的革命热情和历史想象，然而这也使诗歌带上了概念化和空泛化的弊病。

艾青建国后到1957年的作品收在诗集《宝石的红星》、《春天》和《海岬上》中。他在诗歌中赞美社会主义建设生活和劳动者形象，尝试着用民歌体创作关于斗争的叙事诗，如《女司机》、《官厅水库》、《藏枪记》。然而这些作品都因为诗人和对象的隔膜而没有获得成功。不过，他的《双尖山》、《下雪的早晨》等抒情诗，却因保留了诗人原有的感情特征和艺术风格而具有了动人的韵致。50年代中期，艾青写下了《大西洋》、《在智利的海岬上》等诗歌，以写实和象征手法的交替运用提高了诗的思想感情内涵。

田间、沃渣、沙可夫、沙飞、周巍峙在一起

田间在新中国成立后，为了适应表现新生活的需要，也为了实现理想中的艺术境界，而进行了努力的探索。“诗是一种风声，诗是一种火光，诗是一种雷电”，“每一首诗，似乎是世界的一个缩影”（《田间诗抄》小引），是诗人对诗歌功能的认识。他写内蒙开发矿藏的勘探队姑娘，写芒市卖橄榄的傣族女子，都不着眼于她们具体的劳动生活场景和具体的形象，而着力刻画她们个性化的生活形态，表现了草原与山寨的历史变迁和光明未来。对于中国和邻邦人民的友好关系，田间摆脱了对于具体生活现象的琐细的描述，而用富于地方色彩的清新意象加以表现。在《马头琴歌集》、《芒市见闻》中诗人将历史传说、地方风情和新的生活风貌结合起来，描绘这些土地上新出现的沸腾的生活场景。此外，田间还写了《赶车传》、《长诗三首》、《英雄赞歌》等长篇叙事诗。

郭小川（1919—1976）在诗歌创作中自觉追求时代色彩，他认为诗歌“要思考我们这个时代，要体现时代精神”，这使他注意选取有重大社会意义的题材，注重开掘题材中蕴含的时代生活内涵。因此他的作品有强烈的政治倾向性，是革命激情与生活哲理结合的产物。他在50年代创作了《致青年公民》组诗，号召青年人用自己的辛勤汗水去创造美好的生活。他的长篇叙事诗《将军三部曲》在月下、雾中、风前的背景上，描绘出战争年代我军高级指挥员壮美的胸襟和丰富的内心世界。60年代的《厦门风姿》、《甘蔗林——青纱帐》、《林区三唱》等作品，赞颂了革命战士积极乐观的精神。

贺敬之的作品中包括篇幅比较短小的抒情诗，有的感情朴实真挚，如《回延安》，有的意境韵律优美，如《桂林山水歌》和《三门峡歌》中的《梳妆台》。代表贺敬之成就的是《放声歌唱》、《雷锋之歌》、《西去列车的窗口》等诗作，诗人将浓烈的情感和对历史深沉的思索凝结于诗篇中。贺敬之在《放声歌唱》中写道：

春天了
　　又一个春天。
黎明了
　　又一个黎明。
呵，我们共和国的
　　　　万丈高楼
　　　　　　站起来！
它，加高了
　　　一层——
　　　　　又一层！
来，我挽着
　　　　你的手，
　　你挽着
　　　　我的胳膊，
　　在我们
　　　　如花似锦的
　　　　　　道路上，
　　　　前进呵
　　　　　　一程——
　　　　　　　　又一程！

《贺敬之诗书集》封面

李季《石油六歌》封面

《雷锋之歌》在当时人们心灵中产生了巨大的震撼，这主要是因为诗人站在时代和现实的高度上去阐发雷锋这一形象出现的意义，气势雄浑壮丽，既生动又有很强的概括力。

李季在1952年来到了玉门油田，致力于书写石油工人火热的生活。《玉门诗抄》等诗集都着力于提炼“黑色的琼浆”——石油中的诗意。后来，李季动笔写作长期酝酿的长诗《杨高传》，记述了三边地区一个无家可归的放养娃羊羔（杨高）在党的引导下参加了红军，经过多次生死磨难和考验，成长为一个坚强的革命战士的传奇经历。在当代诗歌史上，李季被认为是诗歌艺术与劳动人民结合的最为紧密、收获也最大的诗人。他的诗歌感情真挚纯朴，注意提炼生活中的细节。

四、新中国的戏剧和电影文学

新中国的剧本文学创作也经历了一个曲折的发展过程。新中国的成立使来自解放区和国统区的两支戏剧队伍得以会合，为新中国剧本文学的发展奠定了坚实的基础。老一辈的剧作家，如曹禺、老舍、郭沫若、田汉、阳翰笙、夏衍、陈白尘、宋之的等，满腔热情地投入到新生活中去，努力谱写社会主义时代新篇章。其中老舍的创作最有代表性，建国后十几年间就有20多部剧作问世，其中包括堪称杰作的《龙须沟》和《茶馆》。《龙须沟》写的是一条水沟在新时代里的变化，《茶馆》写的是一个茶馆在旧社会里的兴衰，尽管题材不同，时代背景迥异，但在纵情讴歌新时代这个根本问题上是一致的。老舍以精炼、生动和性格化的语言营造了剧中浓郁的京华气息，为新中国剧本文学发展做出了巨大的贡献。

《龙须沟》剧照

多方面地反映现实社会生活，是这一时期剧本文学创作的重要特征。社会主义革命和建设成为剧本文学中的主旋律，以革命斗争和工农业建设为题材的剧作数量最多，成绩也较显著。如陈其通的《万水千山》、宋之的《保卫和平》、沈西蒙的《杨根思》、杜宣的《无名英雄》、夏衍的《考验》、王炼的《枯木逢春》、杨履方的《布谷鸟又叫了》、张海默的《洞箫横吹》等。城市生活的变化，带来了一系列新的问题和矛盾。反映社会主义时期矛盾和斗争以及青年一代健康成长等题目吸引着剧作家们的注意力，出现了沈西蒙《霓虹灯下的哨兵》和丛深《祝你健康》（又名《千万不要忘记》）等优秀剧作。《霓虹灯下的哨兵》以南京路上好八连的事迹为题材，描写上海解放初期席卷南京路上的一场惊心动魄的斗争，塑造了陈喜、春妮等一系列个性鲜明的人物形象。这部剧作以独特的构思回答了时代提出的中国向何处去的问题。《祝你健康》则通过丁少纯和季友良两个不同青年形象的对比展现了作者对于青年一代的忧虑和期待。

电影《霓虹灯下的哨兵》镜头

历史剧的创作也出现了一个空前的繁盛期，郭沫若的《蔡文姬》、

电影《上甘岭》镜头

《武则天》，曹禺的《胆剑篇》、《王昭君》，田汉的《关汉卿》、《文成公主》，陈白尘的《大风歌》，老舍的《茶馆》、朱祖诒等执笔的《甲午海战》等作品灿若繁星。这些作品并不是简单的历史复原，而是站在新的时代高度为历史赋予崭新的意义。《蔡文姬》、《文成公主》、《王昭君》等作品异曲同工地歌颂民族团结，展望了社会主义民族团结大家庭的美好前景。这一时期还出现了一种新的艺术形式——新歌剧，它在我国传统文化基础上，继承了民族歌剧的优秀传统，为人们所喜闻乐见。《白毛女》、《洪湖赤卫队》是其中的代表作，剧中的人物形象既有鲜明的时代特征，又富于传统的民族特性和民族气质，熔注了广大人民群众的思想感情和情趣爱好。这种新艺术形式的出现标志着剧本文学这种取自外国的艺术形式在民族化和大众化的道路上取得了长足的进步。

电影《柳堡的故事》镜头

在“文艺为工农兵服务”的时代背景下，新中国的电影文学呈现出新的面貌，人民大众工农兵成为了银幕上的主角，党和人民以胜利者的姿态出现在电影文学和银幕中，历史赋予了这一年轻的文艺样式以新的主题。1949年底新中国第一部故事片《桥》摄制完成，这部电影表现的是工人阶级为支援前线而艰苦创业的事迹，第一次在银幕上塑造了新中国主人公的崭新形象，成为电影文学为工农兵服务的开端。

中国共产党领导的新民主主义革命成为了电影文学所要表现的重点。《智取华山》、《渡江侦察记》等作品以惊险的样式和曲折的情节，讲述了解放军侦察分队的故事；《平原游击队》、《上甘岭》则把战争中人物个性的刻画提高到一个新的层次；《柳堡的故事》从一个独特的视角描写了抗战时期，新四军战士李进和农村姑娘二妹子的爱情故事，具有十分浓郁的抒情色彩。

电影《五朵金花》镜头

从1958年底开始，新中国的电影创作进入了一个高峰期，许多剧本在思想性和艺术性上都达到了建国以来的最高水平，在题材和风格上都向多样化发展。《林则徐》是一部以鸦片战争这一重大历史事件为题材的历史故事片，又是以林则徐为主要对象的历史人物传记片。它以真实鲜明的形象刻画和曲折复杂的历史事件的发展，来展示反帝这一重大主题。夏衍改编的《林家铺子》描写风雨飘摇的30年代，在帝国主义和官僚资本主义的双重压迫下，民族工商业趋于破产的悲剧。《青春之歌》是杨沫根据自己的同名小说改编的电影剧本，反映了一代知识分子寻找革命道路的曲折复杂的思想历程。这一时期的

电影剧本佳作还有《五朵金花》、《我们村里的年轻人》、《万水千山》等。

电影《红色娘子军》镜头

60年代初期，由于意识形态斗争日趋激烈，电影《洞箫横吹》等受到了批判，电影界面临困境。经过调整，到了1962—1964年间，创作的剧本质量有了明显的提高，出现了一大批具有鲜明民族特色的优秀作品。《红色娘子军》通过描述吴琼花这个30年代的女奴成长为革命战士的过程，深刻地揭示了党领导的革命斗争与中国妇女解放道路的关系。《李双双》通过一个新型农村妇女的生活，歌颂了社会主义农村的新风尚。《早春二月》将以小资产阶级人道主义思想为主题的作品搬上了银幕，描写了一个游离于革命之外，还没有丧失良知的知识分子矛盾彷徨的精神历程，在电影题材上是一个大胆的突破。此外的优秀作品还有《农奴》、《英雄儿女》、《枯木逢春》、《阿诗玛》等。

电影《早春二月》镜头

五、新中国的散文和报告文学

以反映现实生活的广阔和迅速见长的散文创作，同社会变革有着直接和密切的关系。新中国成立以来，散文创作的发展经历了50年代初期和中期的欣欣向荣和60年代初的空前丰收，以及新时期以来散文朝着多元化的方向开拓。

50年代初期，散文的题材逐渐扩大，散文家的笔触不断开辟着新的领域。他们不但重视重大题材的写作，而且注意从平凡的生活中发掘动人的诗意，出现了一大批散文佳作，如魏巍的《谁是最可爱的人》、巴金的《生活在英雄中间》和《忆鲁迅先生》、杨朔的《香山红叶》、秦牧的《社稷坛抒情》、冰心的《小桔灯》、何为的《第二次考试》、碧野的《天山景物记》等。尤其值得一提的是，散文开始触及到生活中的矛盾，出现了像《在桥梁工地上》这样反思性的作品。60年代的前三四年是散文创作的空前丰收期。当时暂时性的经济困难更加激发了人们的斗争意志，散文家同全国人民一起投入到建设中去，出现了一个前所未有的散文丰收期，其中抒情散文的收获最为巨大。如何发扬革命传统，继续艰苦奋斗，酿造更加美好的生活成为这一时期抒情散文的主旋律。许多散文作家的艺术风格都是在这一时期臻于成熟的，涌现了许多广为传诵、脍炙人口的散文佳作，如刘白羽的《长江三日》和《樱花》、杨朔的《荔枝蜜》和《茶花赋》、

青年时期的冰心

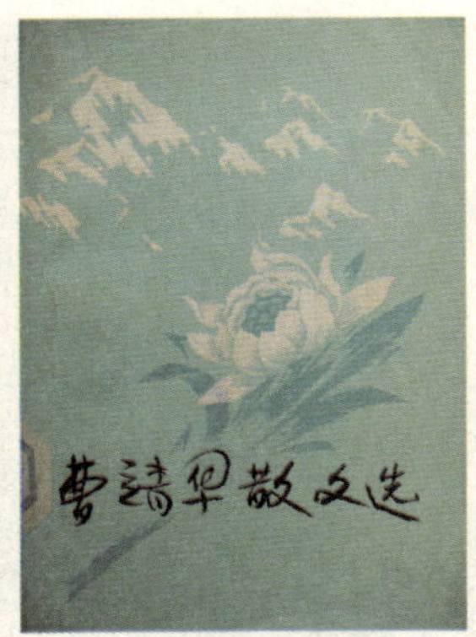

《曹靖华散文选》封面

巴金的《从镰仓带回的照片》、冰心的《樱花赞》和《一只木屐》、吴伯箫的《记一辆纺车》、曹靖华的《忆当年，穿着细事且莫等闲看》、方纪的《挥手之间》和《桂林山水》、翦伯赞的《内蒙访古》、李健吾的《雨中登泰山》、袁鹰的《青山翠竹》……

吴伯箫（1906—1982）散文创作中成就最为巨大的是回忆延安生活的作品。作者曾在延安生活八年之久，参加过轰轰烈烈的大生产运动，对于这段生活，他怀有极其深厚的感情。吴伯箫的作品渗透着浓烈的情愫，正像作家在《记一辆纺车》中所说："那种感情，是凯旋的骑士对战马的感情，是'仰手接飞猱，俯身散马蹄'的射手对良弓的感情"，这正是他散文感人至深的原因。吴伯箫在作品中深入开掘，做到由小见大。如他从一辆纺车入手，写到延安的纺线运动和劳动竞赛，最后升华到"跟困难作斗争，其乐无穷"的思想高度。《菜园小记》、《歌声》、《窑洞风景》等作品的写法也是如此，大大增加了作品思想内容的广度和深度。

吴伯箫与臧克家合影

在中国当代散文发展史中，杨朔（1913—1968）是有重大开拓与贡献的作家。他自觉地把诗与散文结合起来，大大提高了散文的美学价值。杨朔的散文中，有辛勤塑造人民江山的普通人民"老泰山"（《雪浪花》），有用智慧的双手在戈壁滩上创造春天的石油工人（《戈壁滩上的春天》），有在柔和的外表之下隐藏着火一样斗争愿望的日本下女（《樱花雨》），有看守金字塔而将儿子献给祖国的埃及老人（《金字塔夜月》）。杨朔的散文追求诗的意境，善于运用古典诗词中托物言志、借景抒情的手法，将写景和写人巧妙地交织在一起，在《荔枝蜜》中，一面写蜜蜂，一面写辛勤的养蜂人；《茶花赋》中也是将抒写茶花和对养花人的赞美结合在一起，两者相映成趣，有着浓郁的诗意。

杨朔像

刘白羽建国之后创作的散文集中在《红玛瑙集》中，这部抒情散文集展现了革命战士在战斗间隙里的庄严思索。在作者的笔下，不论是壮丽的"日出"，还是灿烂的"灯火"；不论是读书随笔，还是山水游记，都萦绕着庄严的、崇高的战斗情思。不少篇章如《日出》、《长江三日》、《红玛瑙》、《秋窗偶记》、《樱花漫记》等作品，或有磅礴的抒情，或有深刻的寓意，都注重意境的创造。刘白羽散文代表作《长江三日》写的是作者乘"江津"号轮渡自重庆顺流直下，穿过三峡的沿途见闻与感受。这是一个在激流中破浪前进的战士的见闻与感受，最后归结到"曙光就在前面，我们应当努力"的庄严思想中去，使作品充满了一种时代精神、战斗激情和英雄风采。

碧野在建国之后深入祖国的边疆，因此，在他的散文中，对大自然的赞颂和对新生活的呼唤成为一个十分突出的主题。作者对西北边疆和鄂西山区非常熟谙，他的散文不仅描绘了绮丽迷人的自然风光，

而且更展示了人民改造大自然的宏伟气魄。《雪路云程》、《在冰山河谷里》、《月亮湖》、《月夜青峰》、《金水银水话南漳》等作品，都反映了具有夺目光彩的普通建设者形象。《天山景物记》是碧野散文创作的代表作，以清丽的笔触展现了雄伟瑰奇的天山，以及山中的雪峰、溪流、森林、牧场、天然湖和各种奇珍异品。碧野的散文善于营造意境，具有强烈的艺术感染力。

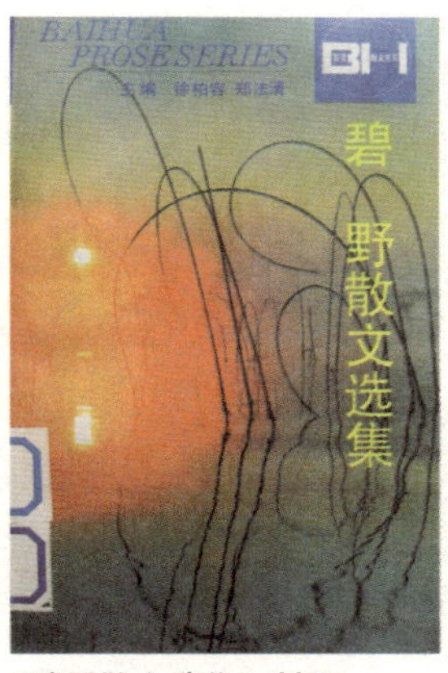

《碧野散文选集》封面

秦牧（1919—1992）是一位涉猎广博而又敏于思索的散文家。他于建国后共发表了几百篇散文作品，收录在《贝壳集》、《潮汐和船》、《艺海拾贝》、《花城》、《长河浪花集》等文集中。他的代表作《土地》以深广的联想、丰富的知识表现了人民热爱土地的深厚感情，保卫土地的悲壮斗争和建设土地的伟大劳动；《古战场春晓》通过对1840年三元里人民反帝斗争的缅怀，热情讴歌了中国人民的革命斗争精神；《潮汐和船》则歌颂了人类征服海洋、传播文明的历史伟绩；《社稷坛抒情》回溯和赞颂了古代思想家和劳动人民创造文明的功绩；《花城》以诗意的笔触和绚丽的色彩描绘了花光灯影、溢彩流芳的南国花城盛况，赞美了劳动人民的智慧。秦牧的散文题材广阔、知识丰富、见解独到、文笔动人，读来常有海滩拾贝的新鲜感。

《秦牧散文选集》封面

紧贴时代前进，带有鲜明思想倾向性的报告文学，在新中国成立后便进入了一个蓬勃向上的发展期。这一时期，涌现了新中国报告文学的第一个创作高峰。首先是报道抗美援朝战争的优秀作品，如巴金的《我们会见了彭德怀司令员》、刘白羽的《朝鲜在战火中前进》、靳以的《祖国——我的母亲》等，这些高奏革命英雄主义、爱国主义和国际主义精神的凯歌，产生了很大反响。此外，报告文学也发挥了它反映现实新气象快的特点，为社会主义建设摇旗呐喊，出现了一批讴歌社会主义建设的佳作。50年代后期，报告文学进入了一个曲折发展期，报告文学在磨砺中成长，在思想性和艺术性上都有了较大的突破，出现了一批影响深远的作品，如穆青等的《县委书记的榜样——焦裕禄》，佟希文的《毛主席的好战士——雷锋》，王磊、房树民的《为了六十一个阶级兄弟》，郭超人的《英雄登上了地球之巅》等，它们艺术地记录了当时的社会风貌，产生了巨大的社会影响。“文革”期间，报告文学的创作陷入了低谷，除了几篇通讯如《一不怕苦、二不怕死的共产主义战士》、《中国工人阶级的先锋战士——铁人王进喜》等作品外，几乎一片荒漠。

《谁是最可爱的人》之一页

魏巍在建国后曾经两次赴朝鲜同中国人民志愿军生活战斗在一起，先后写下了《朝鲜人》、《谁是最可爱的人》、《年轻人，让你的青春更美丽吧》、《这里是今天的东方》等15篇报告文学。1958年志愿军回国时作者又饱蘸浓郁的感情写下了《依依惜别的深情》。在这些

魏巍像

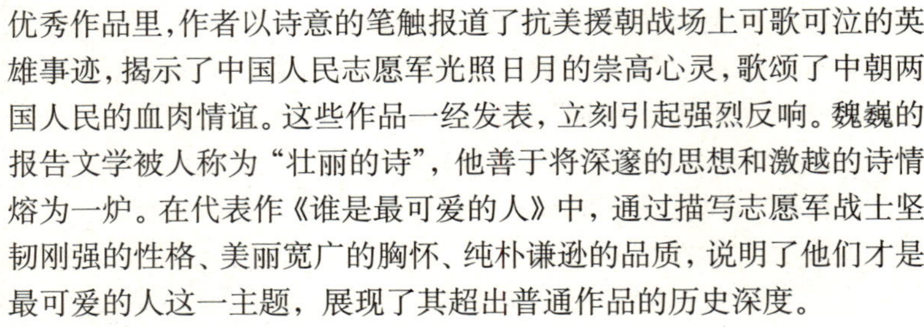
优秀作品里，作者以诗意的笔触报道了抗美援朝战场上可歌可泣的英雄事迹，揭示了中国人民志愿军光照日月的崇高心灵，歌颂了中朝两国人民的血肉情谊。这些作品一经发表，立刻引起强烈反响。魏巍的报告文学被人称为“壮丽的诗”，他善于将深邃的思想和激越的诗情熔为一炉。在代表作《谁是最可爱的人》中，通过描写志愿军战士坚韧刚强的性格、美丽宽广的胸怀、纯朴谦逊的品质，说明了他们才是最可爱的人这一主题，展现了其超出普通作品的历史深度。

六、“文革”十年的文学运动

1966年5月至1976年10月，是中国进行“文化大革命”的十年。这场中华民族历史上的大浩劫，是十几年来“左”倾政治路线恶性发展的结果。1962年之后，“千万不要忘记阶级斗争”的不断警告和宣传，已经煽动起整个民族的狂热情绪，为这场“革命”作好了舆论和思想上的准备。在阶级斗争的名义下，中国文学隔断了和外国文学的交流，也隔断了和中国古代文学以及“五四”以来的新文学的继承关系。在这种历史情境下，所谓的“文革文学”，也就是在这种近乎荒漠化的社会文化环境中畸形生长的文学；“文革文学”的主流形态，就是直接服务于“阶级斗争”理论和纲领的极端意识形态化的文学。

30年代在清华任教时的吴晗

1965年11月，上海《文汇报》刊登了姚文元的文章《评新编历史剧〈海瑞罢官〉》，指责吴晗的《海瑞罢官》这部历史剧是“为彭德怀翻案”，成为了“文化大革命”的导火索。1966年2月，江青在上海召开“部队文艺工作座谈会”，会后发表的《纪要》的核心就是“文艺黑线专政论”，认为建国以来的文艺界被所谓的“反党反社会主义的黑线”所控制，进而宣称要“进行一场文化战线上的社会主义大革命”，成为全面发动“文化大革命”的标志。《纪要》将“双百”方针、调整文艺政策影响下产生的一些文艺理论认定为“黑八论”，如“写真实论”、“现实主义广阔道路论”、“现实主义深化论”、“中间人物论”等，并进行彻底的清查和批判。在对现实主义文学理论进行批判的同时，江青等人逐步形成了自己的一套文艺理论和创作模式，主要有“根本任务论”、“主题先行论”以及“三突出”、“三陪衬”等。

“根本任务论”来源于江青等人将京剧改革成果篡改为样板戏的“经验”总结中。在《部队文艺工作座谈会纪要》中就提出了“要努力塑造工农兵的英雄人物，这是社会主义文艺的根本任务”的理论。这个理论在事实上歪曲了社会主义文艺的基本性质，把为人民服务狭隘地理解为塑造工农兵英雄形象这一简单的任务，并从唯心史观出发，把少数英雄豪杰看成社会发展的主宰力量，使文艺作品的思想内容和艺术表现变得更加单调呆板，而为大众所喜闻乐见的山水诗、风景画、抒情歌曲等无力完成“根本任务”的艺术品种、艺术样式都被打入另册。

《红灯记》剧照

所谓的“三突出”就是在所有人物中突出正面人物，在正面人物中突出英雄人物，在英雄人物中突出中心人物。“三陪衬”就是以成长中的英雄人物来陪衬主要英雄人物，以其他正面人物来陪衬主要英雄人物，刻画反面人物以陪衬主要英雄人物。这些僵死的理论将丰富的社会生活切割为机械的教条，使文艺彻底丧失了自己的本性，沦为政治斗争的工具。在这套模式的控制下，“文革”中的主流文学就是高度意识形态化的革命样板戏以及某些诗歌和小说。

所谓革命样板戏，原指1964年全国京剧现代戏观摩演出大会推出的一批优秀作品，是广大文艺工作者集体智慧的结晶，“文革”中被江青等人据为已有并按照“三突出”的模式加工改造，最后定型为八个“样板戏”：革命现代京剧《红灯记》、《沙家浜》(原名《芦荡火种》)、《智取威虎山》、《奇袭白虎团》、《龙江颂》、《海港》以及革命现代芭蕾舞剧《红色娘子军》和《白毛女》等。“样板戏”主题政治化、人物类型化、结构模式化。其基本内容离不开“路线斗争”和“阶级斗争”，其主要人物往往是“高大全”而又不食人间烟火的英雄。虽然这些作品被打造得十分精致，但因为缺乏真正的艺术灵魂因而是苍白的。

《芦荡火种》剧照

完全按照江青等人的文艺观点创作的“样板小说”则是《虹南作战史》。它是“文革”期间最早的一部长篇小说，作者署名为“上海县《虹南作战史》写作组”，实际上它是“四人帮”操纵的上海市委写作组炮制出来的。这部小说以“路线斗争”为主线叙述虹南村农业合作化运动的历史，小说中的事件都与路线斗争有关，层层设置所谓的走“刘少奇修正主义路线”的“走资派”，使小说成为对文革政策的图解。浩然写的《金光大道》、《西沙儿女》等作品也是按照“文革”的文艺法规创作出来的。电影《欢腾的小凉河》、《反击》，话剧《盛大的节日》等按照授意完成的作品也已沦为政治阴谋的工具。

《智取威虎山》剧照

由于江青等人的文艺法规对政治功利主义的极端化强调，最终导致了“文革”文学中真正的文学精神的缺失，逐渐成为文化专制主义的傀儡，必然遭到广大人民

芭蕾舞剧《红色娘子军》剧照

《奇袭白虎团》剧照

群众，特别是有艺术良知的文艺工作者的反对。于是在“文革”中后期的文学中出现了不同的声音和不同的表现形式，一批力图冲破政治功利主义的作品也逐渐生长起来。

从1972年以后，“文革”从一个“横扫一切牛鬼蛇神”和“全面夺权”的阶段逐渐过渡到一个相对持久的“斗、批、改”的阶段。1971年林彪事件发生以后，中国的政治形势相对明朗了一些，一些作家从禁锢中解脱出来，一些文艺刊物也纷纷复刊。姚雪垠的《李自成》这一史诗性的作品，以宏大的规模、壮阔的气势反映了宽广的社会历史生活，再现了明末波澜壮阔的农民战争，具有深远的悲剧内蕴。小说十分注意表现明末社会的特点，它以崇祯十一年（1638）清兵入畿辅，崇祯与杨嗣昌等密谋向清求和而全力绞杀农民起义为开端，基本铺垫了全书的基本矛盾。此后，小说在重点表现李自成领导的农民起义军活动的同时，也写了张献忠的起义斗争，把农民战争和民族战争这两大矛盾的消长变化、各种军事力量的斗争及全国的形势发展呈现出来。《李自成》成功地勾画出中国封建社会晚期的社会面貌，填补了“五四”以来我国长篇历史小说的空白。

1952年的姚雪垠

“文革”文学中一个不容忽视的特殊文学现象就是一些“手抄本”小说和诗歌的广泛流行，这是人民群众在政治高压下进行的特殊形式的斗争。影响较大的手抄本小说有张扬的长篇小说《第二次握手》，靳凡的中篇小说《公开的情书》，以及北岛的中篇小说《波动》。影响较为巨大的手抄诗歌除了“天安门诗歌”之外，还有被后来称作“朦胧诗”的地下创作，代表性诗人有“白洋淀诗派”的芒克、根子、多多等。他们的诗歌不仅突破了“文革”文艺理论的清规戒律，而且还在艺术形式上有了明显的突破，超越了传统的现实主义诗歌的审美规范，带有鲜明的现代主义特征。这些文学作品的出现不仅预告了“文革”文学的破产，也宣告了占统治地位的“左”倾文艺规范的解体。

七、新时期的文学思潮

以1976年粉碎“四人帮”和“文化大革命”的结束为标志，当代文学的发展进入了一个新时期，而此后的文学也被称为“新时期文学”。相比前两个时期，新时期文学以快速的发展变化、全新的审美面貌、纷繁的文学现象、自由的文学论争和多姿多彩的文学创作成果，在中国当代文学史上占有重要的位置。

新时期文学的开端是从对过去、尤其是十年“文革”中所推行的极“左”文艺政策和文艺观念的批判开始的。在拨乱反正、思想解放的时代潮流中，新时期文学担当了先锋者的角色。1978年5月11日《光明日报》发表《实践是检验真理的唯一标准》的重要文章，引发了“真理标准问题”的全国性大讨论，标志着新时期思想解放运动的真正深入。文学界开时代之先河，先后出现了《班主任》、《歌德巴赫猜想》、《一月的哀思》、《伤痕》、《内奸》、《报春花》、《小草在歌唱》、《爱，是不能忘记的》、《西线轶事》等一大批优秀作品。

在新时期文学初期，1979年10月至11月召开的第四次全国文艺工作者代表大会是一个重要的事件，它标志着文艺界的全面“解冻”。邓小平在大会的《祝辞》中指出：“艺术创作上提倡不同形式和风格的自由发展，在艺术理论上提倡不同观点和学派的自由讨论”，对新时期文学在恢复中逐步走向繁荣起到了积极的推动作用。文艺界开始了对现实主义的重新认识和争鸣，它围绕着现实主义“真实性”诸方面的问题展开，并通过对相关作品的具体分析而逐步深入。如《乔厂长上任记》、《我该怎么办》、《女贼》、《人到中年》、《公开的情书》、《人啊，人》以及“朦胧诗”等，涉及到了诸如悲剧问题、题材问题、歌颂与暴露、人性与人情以及人道主义如何表现的问题、爱情观问题等方面的争论。对这些问题的争论都进入到了现实主义的核心问题——真实性的内部：如生活事实与生活真实、生活本质，写真实与写本质，生活真实与艺术真实，真实性与倾向性等。这些讨论不仅为新时期的文学回归现实主义指明了道路，而且也初步廓清了新中国成立以来关于现实主义的一系列似是而非的观念，对以“真实性”为核心的现实主义在辨析中达成了共识，从而确立了新时期文艺复苏的导向。

《班主任》插图

新时期的文学在对“极左”观念进行全

蒋子龙自传封面

面清算和大规模重新辨识的基础上，开始了重建的过程，开始对西方现代文学思潮重新引介，对西方现代派作品的价值进行重估，对意识流、存在主义、潜意识学说等都有所涉及。对文学中人性、人情、人道主义等问题的讨论是20世纪80年代前期规模最大、对文学产生广泛影响的文学思潮，它几乎贯穿了80年代前期的文学发展历程。对人性、人道主义和异化问题的关注，是从对“文革”十年的历史反思开始的，随后逐步演化到对新中国成立前后历次政治运动，特别是“反右”运动的全面反思。基于过去政治运动或多或少地存在着对“人”的践踏的情形，这场文学中的讨论呼唤人的尊严、人的价值和人的权利，启发文学从“人”的角度来反思历史，以“异化”来对人的悲剧进行形象化的解释。

80年代中前期的文学思潮一直走在时代思想解放的前列，担当了其他人文学科的许多职责，处于时代和社会的中心位置，在一次次产生轰动效应的同时，也暴露了文学如何回归自身的问题。80年代中后期的文学思潮从题材选择、主题升华、手法翻新到价值范畴、审美风格等方面，开始显示出新时期文学逐渐向文学本体回归的努力。文学论争的焦点从对具体作品的探讨过渡到纯理论问题，如文学批评方法、文学的主体性、小说艺术创新、文学“寻根”等等，而在80年代前期的“现代派”热也逐渐降温，文学有了强烈的主体意识，不再从向西方学习中寻求动力，而是立足于中华民族的现实。

与80年代相比，虽然90年代文学思潮的变化依然根源于社会生活的变化，但是文学的地位已经在商品化的时代大潮中逐渐边缘化，文学界只能依靠自身来获得存在意义，成为这一时期文学的一个突出特点。此外，90年代以后出现了许多“后”理论，如后殖民主义、后现代主义等，都形成了90年代文学思潮的独特面貌。

“新写实”思潮是在小说领域中形成的一股文学思潮，特指方方、池莉、刘震云等作家的创作，这股创作思潮关注人们当下的生存状态和生活原貌，它不再努力去反映历史的必然趋势，而试图用生活的“平常性”来消解现实的厚度，提出了对生活的“零度介入”理论。此外的一个大的文学思潮就是民间话语在文学中的崛起，一些先锋派作家于90年代经历了一个转型时期，莫言、苏童、余华、叶兆言等人通过消解历史事件的意识形态化，借助民间立场将正史所遮蔽和忽略的民间传奇凸现出来；陈忠实的创作则表明了民间正统观念（包括风俗传统）的强大生命力和合法性；张承志、张炜的创作则从民间文化中挖掘出对抗商业社会冲击和道德沦丧的理想主义精神，呈现出文化保守主义的色彩。此外，在90年代后半期的“现实主义冲击波”创作思潮中，一些基层干部如乡长、厂长等成为民间疾苦的代言人，作

《小说月报》封面

莫言的小说被搬上银幕
电影《红高粱》镜头

家在他们身上寄寓了民间的期望。

在这一时期，作家们意识到了自己无法继续担当“精神导师”的角色后，开始自觉地调整自己的写作视角，不再以“作家”或“知识分子”的身份出现，而是以一个普通人的身份出现，返回到自身，从自己的生活体验中寻找写作资源。如新生代作家中对后现代都市生活场景的描写以及女性作家对自己身体话语的迷恋等等。

自80年代中后期，各种西方文艺思潮轮流占据中国文学批评的主导地位，而批评家在引入西方话语的时候往往会忽略中国本身的文学语境，使“文学批评”逐步转变为“文化批评”，而从文学的领地撤离。事实上，文学本身并不是关乎国计民生的大事，而在一个特定的历史时期居于话语中心本来就不是一个正常的状态。在一个以经济建设为中心的社会，文学没有必要也不可能重新返回社会和时代的中心，位居边缘并以全新的姿态在边缘处发出自己的声音是文学应有的定位。

八、新时期的小说

苏童的《米》封面

余华的《许三观卖血记》封面

“文革”结束后，尤其是1979年之后，新中国的小说创作进入了一个新的发展时期，题材范围比以前扩大了，艺术手法也日趋多元化。新时期首先出现的是伤痕文学，揭露和控诉十年“文革”对人们心灵造成的巨大苦痛。1977年11月发表于《人民文学》上的刘心武的短篇小说《班主任》，揭露了十年动乱所造成的“心灵灾难”，道出了我们民族的内伤和隐患。卢新华的《伤痕》描写一个母女生死离别的故事，展现了动乱给中国人最为珍视的亲情的戕害。伤痕文学中有影响力的作品还有陈世旭的《小镇上的将军》、从维熙的《大墙下的红玉兰》、宗璞的《我是谁》等。随着伤痕小说创作的逐步深入，作家们将笔触向历史的纵深掘进，探求这场浩劫的根源，从而出现了第二个创作思潮——反思文学。茹志鹃的《剪辑错了的故事》是最早出现的反思小说，写了近三十年我国农村曲折演变的历史以及日益恶化的干群关系；高晓声的《李顺大造屋》和“陈奂生系列”从农民的基本生存条件出发，反思了农民的坎坷命运和他们精神上的弱点；张一弓的《犯人李铜钟的故事》对50年代末“大跃进”的历史真相进

刘心武自传封面

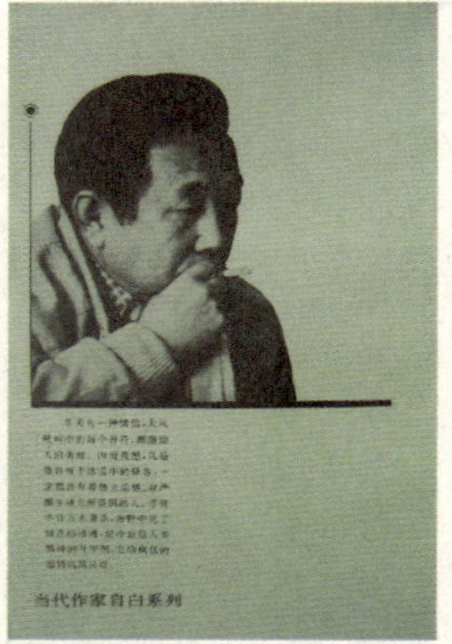

从维熙自传之一页

《王蒙年谱》封面

行了重新审视；古华的长篇小说《芙蓉镇》通过一个小镇的历史变迁，展示人们命运交错复杂的变化；王蒙的《蝴蝶》则深刻揭示了现实社会中人的地位和意识的变异过程。

面对着80年代扑面而来的改革大潮，小说家以饱满的热情投入到改革题材小说的创作中去，开篇之作首推蒋子龙的《乔厂长上任记》，小说展示了拨乱反正时期改革所遇到的严峻现实，以及社会中新旧力量的复杂斗争及光明前景。主人公乔光朴知难而进、立志改革、大刀阔斧、感情炽烈，成为新时代改革人物的典范。于是，改革小说犹如雨后春笋般出现，张洁的《沉重的翅膀》、柯云路的《新星》、贾平凹的《腊月·正月》等作品均全景式地展现了中国改革大业的生机勃勃的面貌。一批富有生气的青年小说家，则以更具现代气息的文学观念登上了文坛。张承志的《黑骏马》和《北方的河》、张抗抗的《北极光》、路遥的《平凡的世界》等，均从不同侧面对人生展开了深沉的思索。铁凝的成名作《哦，香雪》中象征着外部文明的火车开进了小山村，村里唯一的中学生香雪怀着憧憬和愿望走进了火车厢，在开动的火车上，她用了积攒的鸡蛋换回了朝思暮想的自动开关铅笔盒。新一代乡村青年对现代文明的渴望在小说中得到了诗意的展示，这也是作者以纯净的心灵拥抱新生活的乐观精神的反映。

当作家们从“左”倾思想和艺术教条主义的束缚下挣脱出来之后，便开始从广阔的社会生活中选取题材，从审美的和文化的视角来观察社会生活，出现了一批艺术风格迥然的作品。汪曾祺的《受戒》、《大淖记事》，邓友梅的《那五》、《烟壶》，刘绍棠的《蒲柳人家》等都给人耳目一新的感觉。高晓声的“陈奂生小说”系列在主人公陈奂生的种种行状中，揭示出农民精神弱点在新时期的变异；陆文夫的小说描绘着苏州小巷里的各色人物；冯骥才的《神鞭》则讲述着旧时代天津卫的世情传奇；李杭育的“葛川江”系列小说展现出吴越文化的情韵；阿城的《棋王》表现出传统的艺术人格。此外，贾平凹的商洛山区、郑万隆的关东密林、扎西达娃的青藏高原、张承志的北方大地等都以独特的地域文化风貌和民间文化色彩在文坛上独树一帜。这些作品蕴含着民族传统文化的情致和神韵，有着浓重的文化意识。1985年寻根文学旗帜的正式出现和关于文化寻根的论争，又强化了创作界文化意识。

80年代中期，小说的观念、文体的发展等问题受到了重视，小说家在创作实践中开始了对形式的探索。王蒙在1979年之后创作的小说和以前的作品在表现手法上有着明显的变化。从写作中篇《布礼》开始，作者又写了《夜的眼》、《风筝飘带》、《蝴蝶》、《春之声》、《海的梦》，突出人物的意识活动，以意识流手法改变了小说创作的面

貌，一时形成了一股意识流冲击波。王蒙借鉴了西方的意识流手法以展现人物的内心世界，《春之声》即以物理学家岳之峰出国考察回来、又搭车返回家乡路上所见所闻引起的感受与回忆为线索，真实地展现了历史转折时期中国贫困而又充满生机的新面貌。1985 年扎西达娃发表了《系在皮绳扣上的魂》，讲述了两个年轻人寻找人间净土和“我”虚构的一篇小说中的人物从纸袋里走出寻找新世界的故事，象征着藏族人民从封闭走向开放的艰难过程。马原的《冈底斯的诱惑》描述了西藏迷人的景致和神奇的风俗，在叙事方式上显示出一种“叙述圈套”的趋向。刘索拉的《你别无选择》描写了音乐学院一群青年学生空虚的生活，带有存在主义的荒诞性特征。残雪的《山上的小屋》等作品以一种梦魇和幻觉的形式将生活的原生态转变成为一种超验的梦幻世界，描绘出一幅荒诞、错乱、丑恶的世界景观。格非的小说重视对叙事“迷宫”的设置，《褐色鸟群》、《迷舟》等作品都以一种曲折回环的方式，使小说中的一切都似有若无，真幻难辨，让读者有坠入谜团的阅读感受。

刘绍棠于16岁时发表的《青枝绿叶》

80 年代后期，随着社会商品经济的发展，人们的生活方式和价值观念均发生了根本性的变化，逐渐形成了一种疏离社会政治、消解理想主义、关注物质实利的世俗化倾向。作家们敏锐地感应到了时代变迁的脉搏，把关注的目光转向了世俗生活中芸芸众生的生存困境。1986 年以后，由于寻根文学对现实和时代的冷漠，逐渐淡出人们的视野。池莉、方方、刘震云等人的作品，则关注着凡庸卑琐的小人物的生存状态，从而呼应了广大读者的内心感受。池莉的《烦恼人生》在新写实小说中具有代表性，作者把人物的生存困境转化为一种心理氛围，从中能感受到生活中难以言说的无尽烦恼。刘震云的《单位》等小说通过小林从一个充满理想和追求的大学生逐渐蜕化为一个庸俗的市民的过程，展现了普通人灰色的人生风景和难以逃脱的悲剧宿命。或许是新写实小说困惑于形而下的世俗生活，先锋派作家在创作中通过发掘人的精神痛苦来展现人的生存苦难，把描写的对象从物质的人转向了精神的人。余华的《呼喊与细雨》写了孙光林童少年时期孤苦无依的人生经历和忧郁灰黯的情感体验。《许三观卖血记》通过对许三观为了养家糊口几十年卖血生涯的描写，突出了普通人的生存苦难。苏童的《米》则展现了五龙从流浪汉到黑社会头目这一过程中的精神裂变和心理变态。北村在《玛卓的爱情》、《张生的婚姻》、《施洗的河》等作品中，刻画了一颗颗无所依归的灵魂，这些人痛苦地寻求救赎之路，却终究走向绝望的境地。

《神鞭》封面

马原作品封面

与先锋作家不同，新生代作家从一开始就强调个人体验的重要性。陈染、林白、海男等女性作家，从女性个体生命的感官和心灵出

《一个人的战争》插图

现代 · 李津

发，写出了女性对外部世界的感受，以私人化的方式与世界对话。陈染的《私人生活》以生活碎片连缀出女性成长的生命隐秘。林白的《一个人的战争》等作品，以女性的直觉表达着独特的生存感受，成为私人化写作的代表作品。邱华栋、何顿、朱文的欲望化写作，展现了浮华都市欲海中沉浮的人们的生存状态。邱华栋的《手上的星光》、《天使的洁白》等作品，以消费人生的短暂化解了对理想的追求，小说中的主人公只能以欲望的满足来填充精神的空虚。

九、新时期的诗歌

自1976年起，诗歌创作进入了一个新的发展时期。从50年代起因政治原因而被迫沉默的诗人开始“复出”，其中有艾青、公刘、邵燕祥、流沙河等人。20年放逐后归来的艾青，把自己的第一个诗集题名为“归来的歌”，他的诗作中包含着对生活中普通事物进行哲理反思的抒情短诗，如《光的赞歌》、《镜子》、《海水和泪》等。诗人在《镜子》中写道：

仅只是一个平面
却又是深不可测

它最爱真实
决不隐瞒缺点

它忠于寻找它的人
谁都从它发现自己

或是醉后酡颜
或是鬓如霜雪

有人喜欢它
因为自己美

有人躲避它
因为它直率

公刘诗集《梦蝶》封面

甚至会有人
恨不得把它打碎

此外他还写有域外题材的诗歌，如《重返维也纳》、《古罗马的大斗技场》、《芝加哥》等。艾青的这些创作表明他继续着从写诗起就确立的关注民族和人类命运的艺术道路，“揭示和同情人民的苦难和确信人类再生”成为他作品中一以贯之的主题。曾卓的《悬崖边的树》塑造的是自己也是同代人的形象，一代人弯曲变形伤痕累累的肢体上展现了历史的风暴：

《流沙河诗集》封面

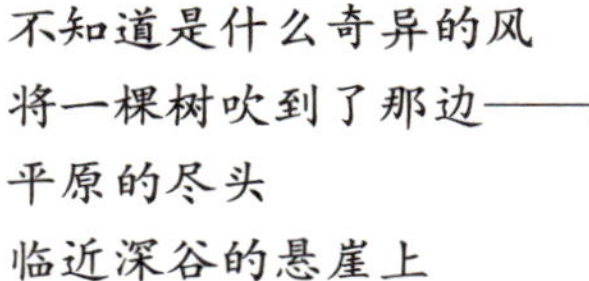

不知道是什么奇异的风
将一棵树吹到了那边——
平原的尽头
临近深谷的悬崖上

它倾听远处森林的喧哗
和深谷中小溪的歌唱
它孤独地站在那里
显得寂寞而又倔强

它的弯曲的身体
留下了风的形状
它似乎即将倾跌进深谷里
却又像是要展翅飞翔……

《曾卓抒情诗选》封面

牛汉的诗作《半棵树》以一个极端变形的意象“半棵树”象征着不屈的生命和知识分子在苦难中顽强的抗争精神，带有强烈的理想主义色彩。

80年代诗坛上出现了舒婷、江河、北岛等人的诗歌。和上一代诗人不同，他们在开始诗歌创作的时候，就充分地认识了生活的真实面貌，并在复杂的人生道路上获得了丰富的生活体验，成为一个个有着独立思想的意识个体，他们的创作也呈现出复杂多样的形态。他们的作品大都以回首十年动乱留下的心灵伤痕和个人悲剧为主题，在艺术手法上大量运用隐喻、暗示和象征等手法，以心灵独白和自我倾诉为出发点，朦胧诗逐渐成为诗歌的主潮。北岛的诗《回答》：

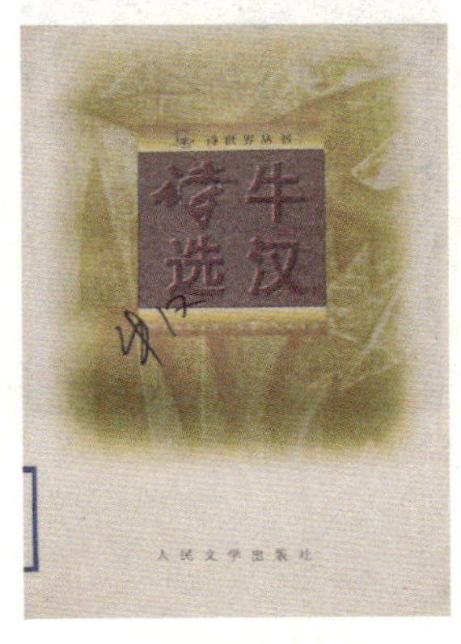

《牛汉诗选》封面

《北岛诗选》封面

卑鄙是卑鄙者的通行证，
高尚是高尚者的墓志铭。
看吧，在那镀金的天空中，
飘满了死者弯曲的倒影。

冰川纪过去了，
为什么到处都是冰凌？
好望角发现了，
为什么死海是千帆相竞？

我来到这个世界上，
只带着纸、绳索和身影，
为了在审判之前，
宣读那些被判决的声音：

江河《太阳和他的反光》封面

告诉你吧，世界
我——不——相——信！
纵使你脚下有一千名挑战者，
那就把我算作第一千零一名。

我不相信天是蓝的；
我不相信雷的回声；
我不相信梦是假的；
我不相信死无报应。

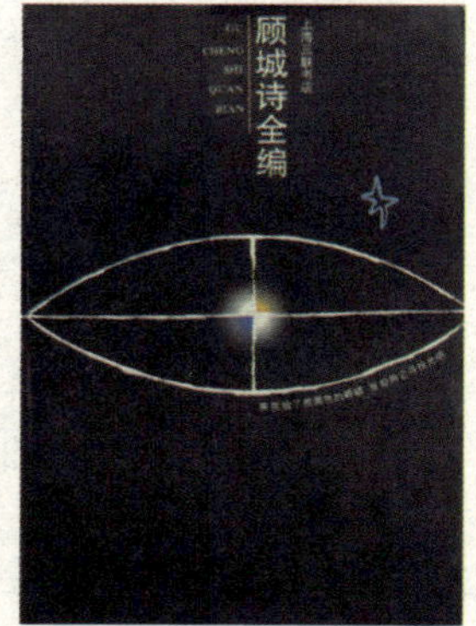

《顾城诗全编》封面

顾城的诗《一代人》：

黑夜给了我黑色的眼睛，
我却用它寻找光明。

顾城诗集插图

两诗在青年人当中广为传诵，它们分别代表了朦胧诗批判性和理想主义的两个不同流向，表达了一代青年从迷惘到觉醒的情感轨迹，抒发了人的情感的曲折和复杂性。作为“女性意识”觉醒的先行者和女性诗歌的发起人，舒婷善于以一个真实、独特的女性心灵来感受世界。她在《致橡树》中写道：

我必须是你近旁的一株木棉，

舒婷《最后的挽歌》封面

做为树的形象和你站在一起。
根，紧握在地下，
叶，相触在云里。
每一阵风过，
我们都互相致意，
但没有人，
听懂我们的言语。
你有你的铜枝铁干
像刀，像剑，
也像戟；
我有我红硕的花朵，
像沉重的叹息，
又像英勇的火炬。
我们分担寒潮、风雷、霹雳；
我们共享雾霭、流岚、虹霓；
仿佛永远分离，
却又终身相依。

这些诗句及“不仅爱你伟岸的身躯／也爱你坚持的位置、足下的土地”等，不仅宣扬了一种爱情观念，更展现了女性对人格独立和人生理想的追求。朦胧诗后期深入到对文化寻根的追求，汇入到寻根文学的潮流。

90年代是新诗在社会变革过程中重新寻找出路的时代，由于外在生存环境的巨变，新诗在探寻生存和发展的道路上呈现出多元的风貌。李瑛的诗集《生命是一片叶子》体现了生命思考和使命意识的融合，使诗歌具有了开阔的人生与艺术视野。《纤道》思考了历史与现实，既有深远的历史感，又有凝重的现实生命体验。韩东、于坚的“平面化”诗歌则呈现了另外一种样式。韩东的《有关大雁塔》已经消解了诗歌中具有的浪漫情致和英雄主义色调，“为了爬上去”，“然后下来”，成为失去深度、遗忘历史的后现代语境下的写作：

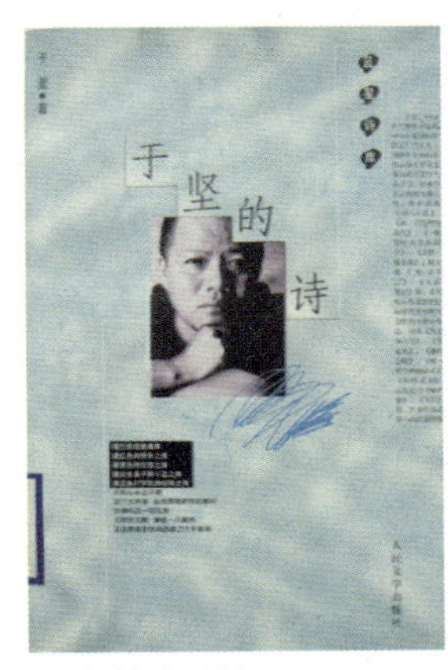

《于坚的诗》封面

有关大雁塔
我们又能知道些什么
有很多人从远方赶来
为了爬上去
做一次英雄
也有的还来做第二次

韩东《白色的石头》封面

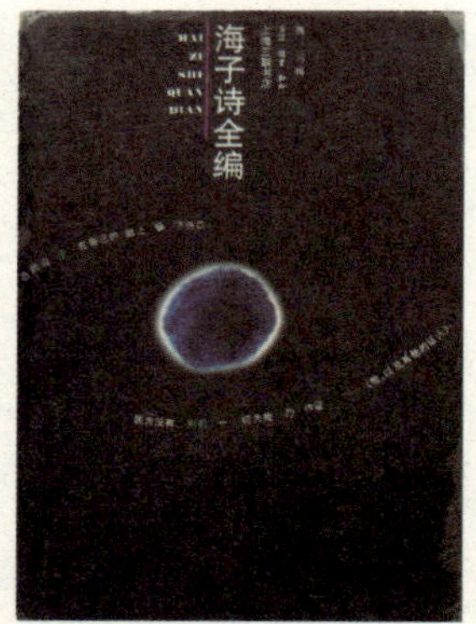

《海子诗全编》封面

或者更多
那些不得意的人们
那些发福的人们
统统爬上去
做一做英雄
然后下来
走进这条大街
转眼不见了
也有有种的往下跳
在台阶上开一朵红花
那就真的成了英雄
当代英雄
有关大雁塔
我们又能知道些什么
我们爬上去
看看四周的风景
然后再下来

翟永明《称之为一切》封面

此外，海子、欧阳江河、西川的“泛文化诗”以及翟永明、伊蕾的女性诗歌，也是此时期诗歌创作中有影响力的作品。

十、新时期的戏剧和电影文学

“文革”后，剧本文学创作呈现了崭新的风貌。首先出现的是对历史杰出人物的颂歌。宗福先的《于无声处》开风气之先，苏叔阳的《丹心谱》、金振家和王景愚的《枫叶红了的时候》、丛深的《悲喜之秋》等一批剧作接着陆续登台。《丹心谱》通过方凌轩、丁文中、庄济生等艺术形象的塑造热情讴歌了伟大领袖周总理。以此为题材的剧本创作，还出现了《西安事变》、《曙光》、《东进，东进》、《陈毅出山》、《陈毅市长》、《杨开慧》、《秋收霹雳》等剧作，一些杰出的人物如孙中山、詹天佑、张学良、白求恩等登上了戏剧舞台，成为剧本创作题材开拓的可喜收获。

剧本文学随着现代化建设的展开而逐步起飞，各种各样的社会问题戏和以改革为题材的剧作应运而生，涌现出不少优秀作品。如崔德志的《报春花》、赵国庆的《救救她》、赵梓雄的《未来在召唤》、高行健的《绝对信号》、马中骏和贾鸿源的《街上流行的红裙子》、宗福先的《血，总是热的》等，深刻地反映了中国命运的历史性变迁，以及新时期人民群众的心灵呼声。《血，总是热的》里故意把主人公罗心刚置于被动位置，用镜头插入等特殊方式，塑造了被告席上的原告、一个被审判的英雄的动人形象。这些作品生动地反映了人民群众在现代化进程中的生活面貌，也起着"干预生活"的作用。在军事题材剧作的创作中，出现了《高山下的花环》、《火热的心》等好作品。

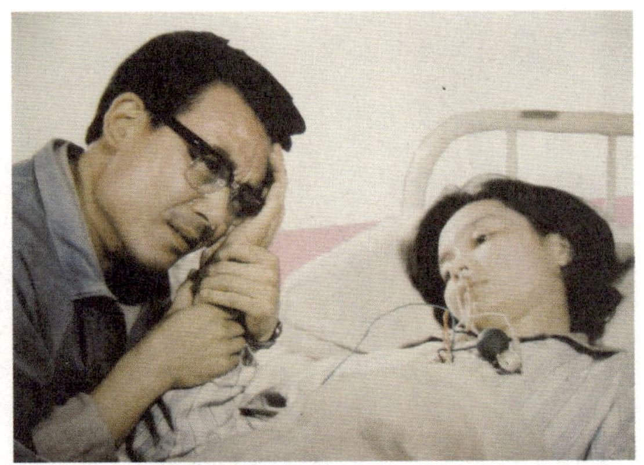
电影《人到中年》镜头

一些锐意创新的剧作家，特别是初露锋芒的青年作家，在剧本创作中进行了各方面的有益探索，打破了"三一律"、"第四堵墙"等传统的戏剧艺术规律。像《陈毅市长》的结构方式，就是将若干生活场景或事件如"冰糖葫芦"般巧妙地串在一起，真实地刻画出陈毅市长的性格特征。高行健《绝对信号》中虽有主人公和车匪斗争的线索贯穿，但回忆式的场景不断穿插，为人物赢得了心理时间，从而使剧作向人物的思想深处掘进，展示了一种不同以往的思想深度。

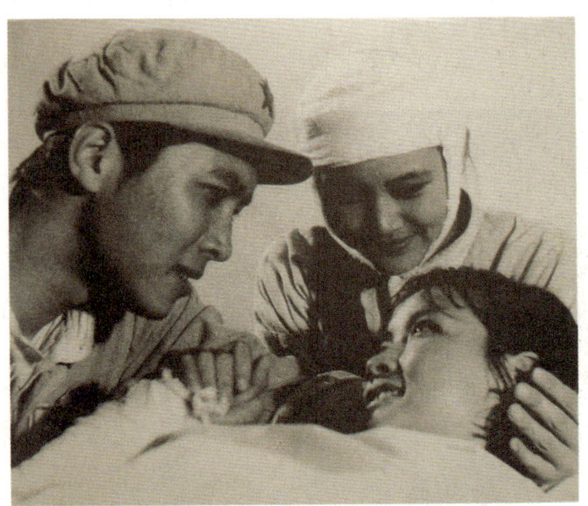
电影《小花》镜头

新时期以来，电影文学复苏并很快地赶上了60年代的水平，同时又有了新的发展。"人的发现"成为电影创作的主题，一大批社会主义新人如乔光朴（《乔厂长上任记》）、陆文婷（《人到中年》）、解净（《赤橙黄绿青蓝紫》）等成为了银幕的主角。作家开始将笔触伸向以往不敢涉及的人情人性领域，彻底打破了"三突出"的人物模式，塑造了一大批性格鲜明、血肉丰满的人物形象。1979年的电影《小花》通过描写赵永生三兄妹的命运冲突，展示人物的性格和情感，感人至深。《天云山传奇》（1980）描写一代知识分子在"反右"扩大化政治斗争中的悲欢离合和命运沉浮，通过女主人公宋薇的心理活动串连出知识分子的历史境遇，直面建国以来的"左"倾弊端。

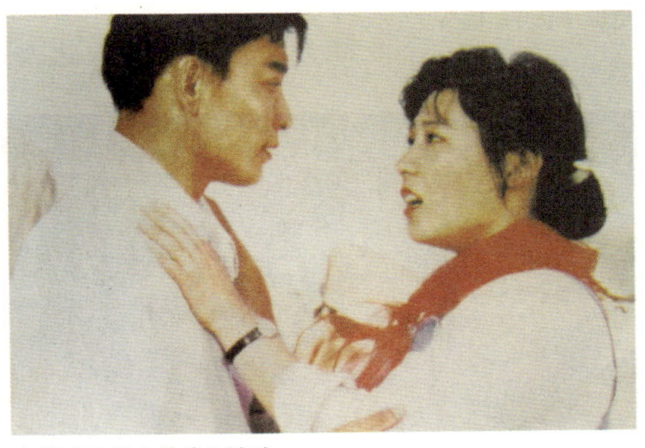
电影《天云山传奇》镜头

电影《大决战》镜头

80年代之后，中国电影逐渐摆脱政治教条，进入了所谓的“为艺术的阶段”，以陈凯歌、张艺谋为代表的“第五代”导演把艺术电影推向了高潮，他们致力于电影语言革命并突出影像造型自身的美学风格，电影开始走向抽象化、哲理化和意念化。革命历史题材的电影盛行不衰，因为呈现了民族的和时代的主导精神而被称为“主旋律电影”。重要的作品有《孙中山》、《巍巍昆仑》、《开天辟地》、《焦裕禄》、《大决战》等等，力图通过对细节的刻画，把人物放到特定的历史背景中加以展示，来捕捉历史的真实。电影《人生》、《过年》等作品反映了当代社会以及普通中国人生活的变迁。

电影《老井》镜头

1984—1988年中国的艺术电影进入了一个短暂的辉煌期。李唯的《黑炮事件》在荒诞不经的故事情节之后隐藏着严肃的主题，揭示出中国传统文化中根深蒂固的反智主义倾向，作品呼吁在物质现代化的同时，亟待增强政治的透明度以及人的精神的现代化。《老井》描写一个为打井而不断同人、同自然进行抗争的故事。主人公孙旺泉既有浓厚的保守思想，亦有坚忍不拔的抗争精神，代表着传统中国人格的弱点和血性。这一时期追求艺术本位的电影文学还有《一个和八个》、《黄土地》、《孩子王》、《猎场扎撒》、《本命年》等，代表了艺术电影的实绩。

进入90年代，电影全面市场化，商业电影得到了迅速的发展。这一转型深深影响了电影文学的发展，使这一时期绝大多数供电影拍摄的脚本已经根本不能算作是文学了。《芙蓉镇》无疑是一部相当出色的商业电影，寓政治风云于风俗民情之中，通过人物命运的变迁展现变动中的大时代。影片《站直啰，别趴下》以一种自我解嘲式的口吻表现了

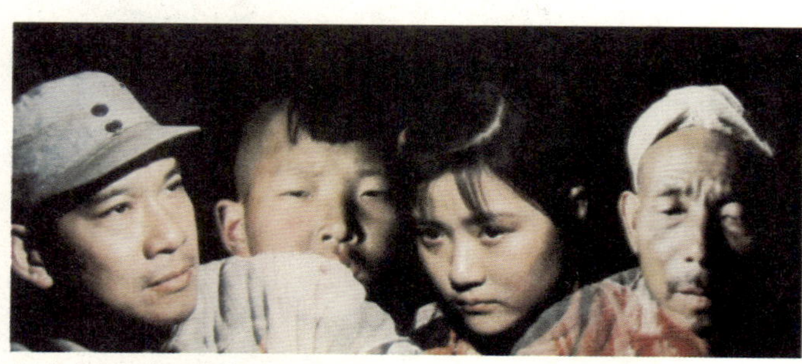
电影《黄土地》镜头

知识分子在社会转型期的尴尬命运。张艺谋的《秋菊打官司》通过一个民告官的故事，表达了创作者维护弱者人格尊严的初衷。

《奇异的书简》插图

十一、新时期的报告文学和散文

1978年之后，报告文学这支文艺的"轻骑兵"广泛地涉及到了社会的各个领域，在科学领域出现了像徐迟《歌德巴赫猜想》、柯岩《奇异的书简》、黄钢《亚洲大陆的新崛起》等一批优秀作品。报告文学勇于揭示生活中的矛盾，出现了陈祖芬《祖国高于一切》、陶斯亮《一封终于发出的信》等作品。此外，报告文学在艺术手法上也得到了新的发展，注重从其他艺术门类中汲取营养，出现了长篇报告文学，如鲁光反映中国女排奋斗成长的《中国姑娘》，其"文学性"也进一步增强。

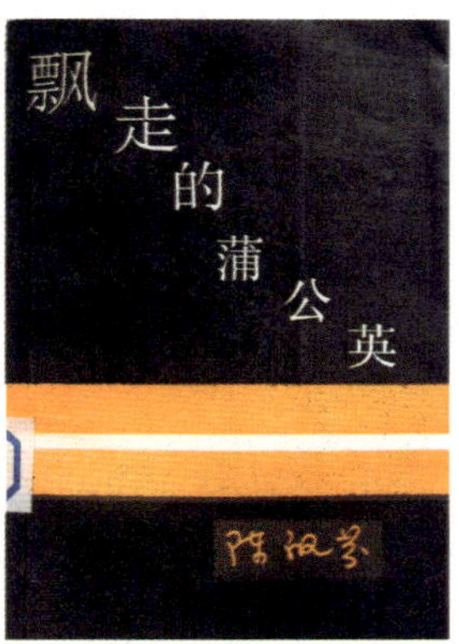

陈祖芬著作封面

徐迟（1914—1996）在新生活的感召下曾先后访问了许多工厂、矿山和工地，写出了报告文学集《我们这时代的人》、《庆功宴》、《鱼的神话》、《祁连山下》等佳作。真正标志着徐迟报告文学成就的是报告文学集《歌德巴赫猜想》的问世，它包括《地质之光》、《歌德巴赫猜想》、《生命之树常绿》等脍炙人口的作品。作为工人阶级一部分的知识分子形象，第一次集中辉煌地出现于新中国文学的画廊。作品生动地刻画了李四光、陈景润、蔡希陶等一批光辉的知识分子形象，其中《歌德巴赫猜想》中的陈景润是塑造得最为动人的一个。"把全部心智和理性"都奉献给科学事业，是陈景润性格中的核心，正因为如此，他才无视于生活中的种种磨难，投身于抽象而神奇的数学王国。激情和理智的统一，是徐迟报告文学的特点。

黄钢在新中国成立后的代表作有《朝鲜——晨曦清亮的国家》、《拉萨早上八点钟》、《亚洲大陆的新崛起》等。黄钢十分强调报告文学的真实性，重视发挥它的思想深度和艺术力量，因此，他的作品不仅有强烈的政论色彩，而且还具有磅礴的气势。他的代表作《亚洲大陆的新崛起》描写了中国爱国知识分子李四光的人生经历，以有力的思辨和浓郁的诗意展现了一位爱国知识分子的广阔胸怀，如文中描写李四光受到周总理接见后的激动心情："一阵阵巨大的暖流冲击着李四光的心房。即使是印度洋上的冬季的巨浪，

徐迟与陈景润、周明、黄宗英、秦牧等人在一起

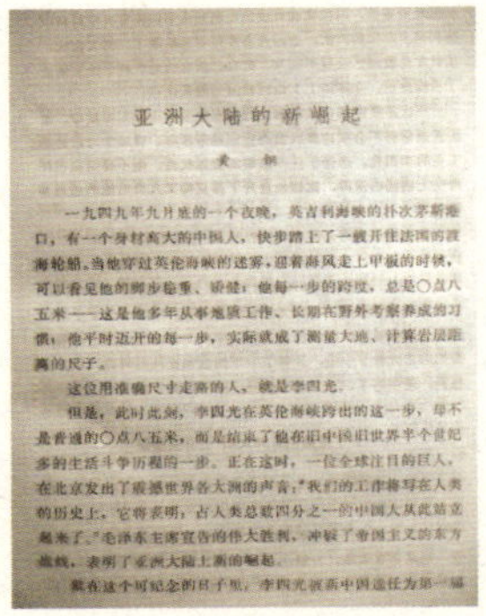

亚洲大陆的新崛起

黄钢

一九四九年九月底的一个夜晚，英吉利海峡的朴次茅斯港口，有一个身材高大的中国人，快步踏上了一艘开往法国的渡海轮船。当他穿过英伦海峡的迷雾，迎着海风走上甲板的时候，可以看见他的脚步稳重、矫健；他每一步的跨度，总是〇点八五米——这是他多年从事地质工作、长期在野外考察养成的习惯；他平时迈开的每一步，实际就成了测量大地、计算岩层距离的尺子。

这位用准确尺寸走路的人，就是李四光。

但是，此时此刻，李四光在英伦海峡跨出的这一步，却不是普通的〇点八五米，而是结束了他在旧中国旧世界半个世纪多的生活斗争历程的一步。正在这时，一位全球注目的巨人，在北京发出了震撼世界各大洲的声音："我们的工作将写在人类的历史上，它将表明，占人类总数四分之一的中国人从此站立起来了。"毛泽东主席宣告的伟大胜利，冲破了帝国主义的东方战线，表明了亚洲大陆上新的崛起。

就在这个可纪念的日子里，李四光被新中国选任为第一届

黄钢著作之一页

也不曾使他受到这样的震动！”在简洁的文字后蕴藏着激越的感情。

黄宗英在50年代就因写出《特别姑娘》、《小丫扛大旗》等作品而获得好评。80年代后，她的一些反映落实知识分子政策问题的报告文学，在社会上有较大反响，先后出版的文集有《星》、《桔》、《小木屋》等。其中《大雁情》、《桔》获得全国优秀报告文学奖。她的报告文学写的都是“行进中的人们”，写“胜利者”，更写“失败者”，她要“为最需要援之以手的人们，助一‘呼’之力”。她的作品《大雁情》、《桔》、《小木屋》分别写的是西安植物园研究实习员秦官属、柑桔专家曾勉和林学家徐凤翔的境遇，他们都不是胜利的英雄，而是艰难的跋涉者。黄宗英对他们的命运十分关注，有着“同甘苦、共命运去迎艰涉险，痛饮黄龙”的感情，使得她的作品有着炽烈的抒情色彩。

青年时期的黄宗英

理由自1977年开始出版的报告文学作品集有《痴情》、《她有多少孩子》、《纯情》等。理由报告文学的主题并不是那么尖锐，他笔下的人物身上也没有汇聚多少矛盾冲突，他在作品中写人生，写命运，写纯情，呈现出题材上的多样性和广泛性。他的作品《扬眉剑出鞘》写的是我国著名击剑运动员栾菊杰的故事，着意烘托一种不怕流血、奋勇竞争的栾菊杰精神。《希望在人间》的主人公黄宗汉，虽然身为东风电视机厂厂长，但由于家庭的熏陶，颇有艺术家的气质，展现了人物性格的丰富性。理由具有敏锐的思想视野和丰厚的才情，在作品中善于借鉴别的艺术门类的长处。

在新的历史时期，散文的发展是与小说的发展基本同步的。散文中容纳的个性与思考的成分比过去增多了，题材领域有了更大的拓展。作家们普遍重视表现自己最熟悉的题材，事情无论巨细，只要为自己亲感至诚，便信手拈来，涉笔成文，而且力求写得坦率真诚，不避个性。老一辈作家的创作里面多表现对于人生的总结和回忆，并常常带着内省与自剖，如巴金的《随想录》、孙犁的《耕堂书录》、冰心的《关于男人》等，皆以深邃的人生况味和炉火纯青的文字引人入胜。中青年作家的散文创作，则以其思想观念的敏锐和新颖而闪现出散文特有的灵动之美。同时，散文作家的眼界也较以前开阔了，在对我国古典散文、现代散文和外国散文学习借鉴的基础之上，探索着散文形式的创造革新。宗璞的《废墟的召唤》、贾平凹的《一棵小桃树》、王友琴的《未名湖，你听我说……》和张洁的《拣麦穗》等都较早地透露出这样一种趋向。新的散文样式如抒情体、游记体、随笔、小品、书信、序跋、散文诗等也纷纷涌现，不

巴金《随想录》五卷

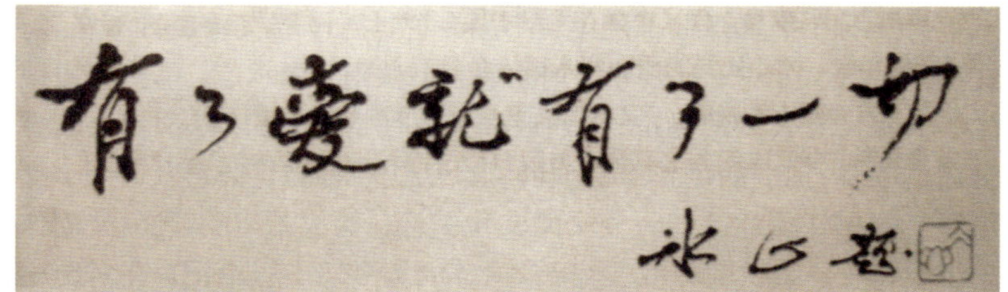

冰心手迹

一而足。贾平凹的文学创作是“小说、散文、诗三马并进的”，他往往借用散文自由灵活地记录下对生活的种种思索和感受。他早期的散文创作风格明净，如收在《月迹》中的《一棵小桃树》、《丑石》等篇，呈现出来的便是单纯和天真。1982年以来，作者将视线投注于陕南地区在时代变迁中发生的细微而深刻的变化上。他连续发表了《五味巷》、《十字街夜市》、《商州初录》、《商州又录》等作品，艺术风格逐渐变得成熟和深沉。贾平凹的散文视角特异：一块极丑而且无用的“丑石”却能让人悟出不平凡的价值观念(《丑石》)；一条平凡的“小巷”，却能使人感受到炽烈的酸、甜、苦、辣、咸的人生况味(《五味巷》)，使贾平凹的散文呈现出中国传统式的凝重与空灵相和谐的美学风范。

贾平凹《在商山》封面

90年代文学一个很大的现象就是出现了“散文热”，不仅散文刊物增多，“晚报”、“周

汪曾祺国画

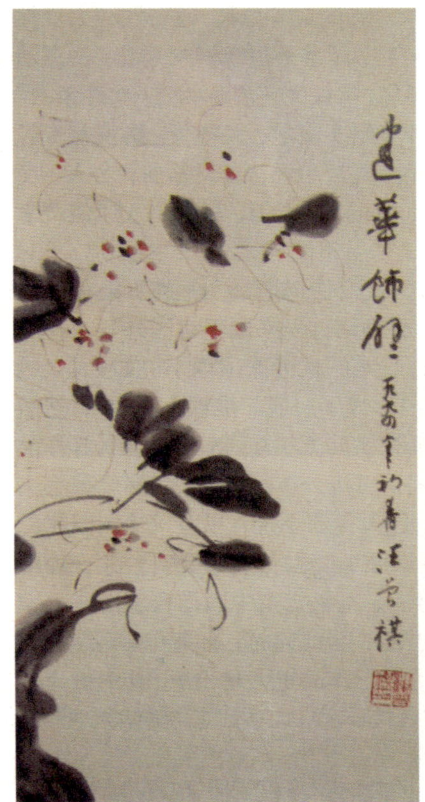

汪曾祺与沈从文合影

史铁生《我与地坛》封面

末”类报纸几乎都开辟了随笔、小品专栏，创作散文者也日渐增多。在众多的散文家中，汪曾祺、刘心武、余秋雨、张承志、张炜、史铁生等人保持着较高的品位，他们或以文人性情见长，或以现代人的睿智通达取胜；他们的创作有的面向社会历史，有的走向自我心灵，都用散文的形式表达了知识分子的文化关怀，构成了90年代散文创作的主要特征。余秋雨的散文集《文化苦旅》和《山居笔记》在对历史的反顾中追问中国文化的来路，将自然山水置于人文山水的层面上，从中探寻中国文人艰辛跋涉的脚印，挖掘积淀千年的文化内涵，成为文化“大散文”的典范。史铁生的散文《我与地坛》围绕着人应当怎样看待生命中的苦难这一问题，并由个人的苦难上升为对人类命运的思考，在对生死进行感悟的同时追问生命的意义，诉诸一种超越性的对人类命运的终极关怀。

十二、通俗文学概览

通俗文学是一种具有广泛群众基础的文学总称，通俗性和大众性是它的主要特征。它与纯文学相对应，侧重于追求群众趣味，注意消遣性和娱乐性，商业运作也非常明显，常被文艺界称为“一次性消费”的文学，如商业广告型的报告文学、纪实文学、大特写、影视及专题片脚本，感官刺激类的言情、色情、武打小说，有关领袖、名人、明星及宫帏密闻的隐私和黑幕小说、传记、传奇等，都可列入通俗文学的范畴。

80年代初期，由于政治形势的改变使得通俗文学在大陆得以复归，并形成一股通俗文学热潮。这股热潮首先来源于对国外同类作品的介绍和对通俗文学传统的发掘。日本的社会派推理小说如《大众饭店》、《日本的沉没》等率先在国内形成了一股“推理小说热”，然后是西方的侦探小说，如《福尔摩斯探案》、《东方列车谋杀案》等作品都深入人心。中国古代的《杨家将》、《济公传》、《包公案》等公案小说，《好逑传》、《青楼梦》等才子佳人狭邪小说，以及《啼笑因缘》、《霍桑探案》、《秋海棠》等鸳鸯蝴蝶派小说也有很大反响。到了80年代中期，又出现了“新武侠小说热”，主要是指中国港台地区三大家金庸、梁羽生、古龙的新派武侠小说；与此同时，台港作家琼瑶、亦舒、岑凯伦等的言情小说及三毛的游记作品也大量出版。其中最为突出的是金庸的武侠小说和琼瑶的言情作品，几乎到了“洛阳纸贵”的地步，并持续到80年代末。

青年时期的金庸

金庸的小说在当代香港文学史上占有一席之地。他从50年代以

来，先后创作了《书剑恩仇录》、《射雕英雄传》、《神雕侠侣》、《笑傲江湖》、《天龙八部》、《倚天屠龙记》、《鹿鼎记》等15部长篇小说，这些小说博大精深，一经出现便风靡了全球华人世界，奠定了作家在新派武侠小说中的翘楚地位。金庸用通俗小说的形式、中国传统文化的观点，表现了他的理想、美学追求和对人生、社会和历史的阐释，使武侠小说的品位得以提高，成为一种雅俗共赏的文学形式。金庸的小说规模宏大、气势磅礴、场面壮观，充分体现了他奔放不羁的历史想象力。小说突破了传统武侠小说限于个人恩怨情仇、家庭悲欢离合的局限，而将民族历史作为人物活动的广阔背景，融入了强烈的民族意识、侠义思想和爱国主义精神。其小说大多选取在宋末、元末、明末、清初、宋辽对峙、南宋蒙古对峙等历史关结点，皆是在民族矛盾激化、社会动荡不安的历史背景下展开，使小说具有强烈的历史感。金庸说过："我写武侠小说，就是写人性。"他小说中塑造了形形色色个性鲜明的人物形象，超越了旧派武侠小说只追求故事情节的旧模式。在小说中，金庸善于写人一生的经历及成长过程，大多发生在其由"侠"而"义"而"情"的转变中，如《射雕英雄传》中的郭靖、《书剑恩仇录》中的陈家洛、《碧血剑》中的袁承志，他们都是作者所着力塑造的"侠之大者"形象，他们关注民族存亡，把抵御外族入侵当成自己最高的使命，这是侠中的最高境界。

从60年代起，琼瑶先后发表了《窗外》、《六个梦》、《几度夕阳红》、《幸运草》、《烟雨濛濛》、《庭院深深》、《在水一方》、《我是一片云》、《月朦胧鸟朦胧》等40余部中长篇小说，写出了女性在传统与现代、感情与理智之间徘徊不已的心态，具有唯美、婉约的风格。作品发表后引发了一股"琼瑶热"，这股热流席卷了文学与电影两大领域，在海峡两岸和东南亚的华人社会具有较大影响。琼瑶的作品带有她自我心路历程的深深印记，铺陈的大都是痴情男女的爱情故事，揭示了造成爱情悲剧的历史根源和现实及性格因素。琼瑶倡导青年男女要大胆而真诚地追求真正的爱情，同时又认为大胆的爱也要遵循传统的伦理，即"发乎情止乎理"。与《我是一片云》中没有处理好情与理的关系而酿成悲剧的段宛露相比，琼瑶更崇尚《在水一方》中杜小双美丽而忧伤的等待或《几度夕阳红》中李梦竹的恪守妇道。有评论者说："琼瑶的作品渗透了中国式的人生、伦理道德，中国的人情味，特别是她的作品中表现出来的中国女性的智慧、生活的涵养、灵秀的思维、柔美的情调。"

电影《窗外》镜头

这一时期大陆作家所创作的通俗作品虽有一定的

《王朔文集》封面

叶永烈著作封面

《北京人在纽约》、《王起明回北京》封面

数量，却没有出现和海外同类作品并驾齐驱的佳作，这也许是长期的空白造成的缺陷。不过，随着时间的推移，80年代中国大陆已初步形成了一支通俗作家队伍，其中有老一辈的鸳鸯蝴蝶派作家，如秦瘦鸥、郑逸梅；也有一批纯文学作家，如王蒙、冯骥才、刘绍棠、彭荆风、马识途等；更有一批新兴作家，如聂云岚、残墨、郭君祥等。同时出现了一批力作，如《玉娇龙》、《津门大侠霍元甲》、《括苍山恩仇记》、《夜幕下的哈尔滨》、《便衣警察》、《黑猫旅社》、《民国风云》等，它们在读者中也获得一定的知名度。通俗文学在80年代逐渐形成了五个比较大的门类：武侠小说、言情小说、法制文学、传奇文学和纪实文学等。而在这一时期，通俗文学作家创作数量的丰富和涉足生活的深度广度，都达到了建国以来前所未有的程度，从历史到当代，从本土到异域，从宏观到微观，对历史和社会的曝光程度都是建国三十年来没有过的。它所涉及的种种不正常的社会现象，如乞丐流浪、香烟走私、卖淫嫖娼、特权问题、中学生早恋、拐卖妇女、知青命运、文物走私、中国富翁心态问题、黄潮危害问题等，对现代社会的深层曝光程度都达到了建国以来的一个新程度，也充分反映了文学艺术生命力的解放。这批通俗作家及作品的涌现，为通俗文学在中国大陆文坛与纯文学形成鼎足之势，为90年代大陆通俗文学的全面发展打下了坚实的基础。

到了90年代，随着大众文化市场的迅速发展，通俗文学较纯文学更能吸引普通读者的注意，如署名雪米莉的系列作品、汪国真的诗歌、王朔的小说、权延赤及叶永烈等人的传记文学，都在社会上引发极大的反响。此外，留学生文学或称“域外题材文学”也是90年代通俗文学家族中的一位佼佼者。继《曼哈顿的中国女人》、《北京人在纽约》之后，周励与曹桂林又分别推出《哦，还是我，周励》和《绿卡——北京姑娘在纽约》，他们小说中的异域生活正迎合了国内的出国热潮，从而掀起了一股留学生文学热。王刚的《梦巴黎》、王周生的《陪读夫人》这两部作品已深刻地反映东西两种不同文化的隔阂、碰撞和冲突、交流，标志着域外题材文学已向纯文学靠拢。这类以反映社会现实为主的通俗文学作品均大胆地捕捉人们所关心的热点问题，以题材取胜，呈现出尖锐犀利的风格。